MARTIN THEIS

END
ZEIT
REISE

**Als mein Sohn mich fragte,
wann die Welt untergeht**

TROPEN SACHBUCH

Die Rahmenhandlung spielt in einer fiktionalen Wirklichkeit. Die Erzählungen dazwischen sind Realität, die eigentlich nicht wahr sein darf. Wo nötig, wurden Namen zum Schutze der Protagonist:innen geändert.

Das vorangestellte Zitat stammt aus: J. A. Baker. *Der Wanderfalke*, aus dem Englischen von Andreas Jandl und Frank Sievers ©2013 MSB Matthes & Seitz Berlin Verlagsgesellschaft mbH.

Tropen
www.tropen.de
© 2023 by J. G. Cotta'sche Buchhandlung
Nachfolger GmbH, gegr. 1659, Stuttgart
Alle Rechte vorbehalten
Redaktionelle Bearbeitung: Benjamin Mildner
Umschlag: © Steve Marshall, 2022
Gesetzt von C.H.Beck.Media.Solutions, Nördlingen
Gedruckt und gebunden von GGP Media GmbH, Pößneck
ISBN 978-3-608-50498-9
E-Book ISBN 978-3-608-12020-2

Bibliografische Information der Deutschen Nationalbibliothek
Die Deutsche Nationalbibliothek verzeichnet diese Publikation in der
Deutschen Nationalbibliografie; detaillierte bibliografische Daten
sind im Internet über http://dnb.d-nb.de abrufbar.

»Am schwierigsten ist es, das zu sehen, was tatsächlich da ist.«

J. A. Baker, Der Wanderfalke

Für Kofi

INHALT

Am Ende *(Newtok, Alaska)* **11**

Bis hierher lief's noch ganz gut **17**

Gelobtes Land *(Newtok, Alaska)* **34**

Das versicherte Leben **46**

Am Wasser gebaut *(Rockaway Peninsula, New York)* **63**

Zuhause **77**

Großstadtnomaden *(Ulan Bator, Mongolei)* **89**

Das Übel an der Wurzel **100**

Mission Erde I *(Manhattan, New York)* **111**

Ach, Nichts **114**

Am Rande des Wahnsinns *(Bedburg, Rheinland)* **129**

Die Offenbarung des Jan Udo **138**

Josefs Schatz *(Csibrák, Ungarn)* **145**

Vom Ausbleiben der Zwickibussis **149**

Und wird nicht gebrochen *(Tübingen, Baden-Württemberg)* **156**

Mitarbeiter Nummer 78 **170**

Veni, vidi, Venezia *(Lido, Venedig)* **180**

Die Entstehung der Welt **197**

Tropfen auf den heißen Torf *(Ulan-Ude, Sibirien)* **208**

Das Habitat **218**

Watapata Tabu Sana *(Stone Town, Sansibar)* **229**

Die Operation **241**

Mission Erde II *(Manhattan, New York)* **253**

The Hessians **256**

Schon immer Hannelore *(Kuckum (neu), Rheinland)* **273**

2050 **285**

Mission Erde III *(Manhattan, New York)* **298**

Die Sauberkeit unserer Frontscheiben **303**

Das Experiment *(Harvard University, Cambridge)* **310**

Blackout **321**

Die Arche Ben *(Grenzgebiet, Sachsen)* **333**

Du musst dein Leben ändern **344**

Am Anfang *(Guntershausen, Baunatal)* **349**

Letzte Worte **352**

AM ENDE
Newtok, Alaska

Ich trete so nah an den Ninglick heran, wie es die weiche Erde erlaubt. Vor mir rauscht der gewaltige Strom, aufgepeitscht von Sturm und Regen der vergangenen Tage. Er drängt in Richtung Beringsee, ist hier im Delta selbst schon fast Meer. Hinter mir liegt Newtok, eine Ansammlung versackender Blechhütten auf Stelzen. Dort leben Yupik, die indigenen Bewohner dieser Sumpflandschaft. Entlang der steilen Küste klaffen Risse im Grün. Grasbüschel hängen von der Abbruchkante. Die Erde zergeht, und der Strom nimmt sie mit sich, Brocken für Brocken, auf Nimmerwiedersehen. Bald stürzen die ersten Hütten ins Wasser.

Permafrost. Der dauerhaft gefrorene Boden bedeckt ein Viertel der Landfläche auf der Nordhalbkugel. Seit Tausenden von Jahren sind dort gigantische Mengen CO_2 und Methan gespeichert. Eingefrorene Pflanzenreste enthalten bis zu 1600 Gigatonnen Kohlenstoff – etwa doppelt so viel, wie sich in der gesamten Atmosphäre befindet. Noch. Denn das Eis, das zwischen Gestein, Sedimenten und Erde in die Tiefe reicht, hat zu tauen begonnen.

Als ich mich nach vorne beuge, sehe ich Rinnsale aus der dunklen Erde treten und in den Ninglick laufen. Ich denke an das Wort *Wasserlassen*. Das Tauwasser wird Teil des großen, erdumspannenden Blaus, das sich immer mehr Land nimmt.

Im Boden unter mir erwachen uralte Mikroben zum Leben. Sie zersetzen das organische Material und die Treibhausgase entweichen. Der tauende Permafrost könnte die Welt endgültig über die Schwelle katastrophaler Erhitzung stoßen. Hier vollzieht sich eine Rückkopplung, von der Erwärmung zum Tauen zur Erwärmung und so weiter. Schon kurze Wärmephasen reichen aus, um große Mengen Permafrost zu vernichten. Weil er auf vielfältige Weise mit der Umgebung reagiert, ist es schwer, die Folgen vorherzusagen. Sicher ist: Ich stehe auf einer tickenden Zeitbombe.

Ich hebe den rechten Fuß und der Boden zieht mir fast den Gummistiefel aus. Mit einem Schmatzen löst sich die Sohle, in ihrem Abdruck sammelt sich Wasser. Es riecht nach Schlick, Benzin und Scheiße. Alaska habe ich mir anders vorgestellt, so wie ich mir überhaupt alles ganz anders vorgestellt habe.

Wegen Newtok verpasse ich Nimos zweiten Geburtstag. Jasmina sagt, das sei typisch, und ich sage, wir brauchen das Geld. Ein zwischenmenschliches Gerichtsverfahren. Und immer ist es kalt in unserer Kellerwohnung.

Wie soll ich Nimo das alles eines Tages erklären?

»Wer bist du?«, fragt hinter mir jemand auf Englisch. Ich drehe mich um und stehe vor einem drahtigen Yupik-Teenager, der mir bis zur Brust reicht. Er vergräbt die Fäuste in den Ärmeln seines Kapuzenpullovers. Sommersprossengalaxien krümmen sich in seinen Grübchen.

»Ich bin Kevin«, sagt er.

Martin. Mar-tin. Mmmm. Arr. Tin. Mein Name klingt hier draußen wie eine haltlose Behauptung. Er bedeutet so viel wie ein Abiturzeugnis im Urwald oder ein Seepferdchenabzeichen in der Wüste.

»Woher kommst du?«, fragt er.

Ja, von Deutschland habe er schon mal gehört.

Kevin spuckt eine braune Masse neben sich, holt eine silberne Blechdose aus seiner Hosentasche und hält sie mir hin. Der Kautabak ist dunkel und weich wie der Boden unter Newtok. Ich stecke mir einen Batzen hinter die Oberlippe und es schmeckt, als würde ich an einem schmutzigen Stromkabel lutschen. Er nickt zufrieden, als ich das Gesicht verziehe.

»Wie heißt der Fluss dort, wo du zu Hause bist?«

»Das kommt drauf an, was das heißen soll, *Zuhause*«, sage ich.

Ich denke zuerst an den Neckar, nahe unserer Kellerwohnung in der schwäbischen Provinz, wo wir studiert haben und wegen Nimo auch geblieben sind. Dann denke ich an die Fulda, einen Steinwurf von meiner alten Schule in Kassel entfernt. Und schließlich an die Bauna, ein Flüsslein, das durch Baunatal fließt, am Wohngebiet meines Vaters vorbei und durch die Dörfer, bis es in die Fulda übergeht.

»Welche Fische fangt ihr dort?«, fragt Kevin.

Was das angeht, weiß ich wenig über meine Heimat.

Aber was nützen mir Fische. Jasmina besteht darauf, dass ich mir einen richtigen Job suche. Geschichtenerzählen, das ist doch nichts. Wir müssten endlich raus aus der kalten Kellerwohnung und leben wie erwachsene Leute. Wenn ihr Vater, ein Unternehmer aus Rotterdam, uns finanziell nicht aushelfen würde, säßen wir schon auf der Straße, sagt sie. Woher nur die Kälte in dieser Wohnung komme, diese elende Kälte, da bekomme das Kind eine Lungenentzündung. Ich könne doch für die Universität Mitteilungen tippen, im Bereich Presse und Öffentlichkeit, oder gefrorenes Gemüse ausliefern. Hauptsache geregeltes Einkommen.

»Als ich klein war, reichte das Ufer bis dort hinten«, sagt Kevin und hebt den Arm. »Bis zur Hälfte des Flusses.«

Als ich klein war, fror bei uns hinter dem Wohngebiet in Baunatal der Leiselsee zu, spätestens im Januar.

Gemeinsam schauen wir hinaus.

Ich hätte es wissen können. Nein, ich habe es gewusst. Und doch trifft es mich wie ein Schlag in den Nacken.

Ungefähr in Kevins Alter hörte ich zum ersten Mal das Wort *Kli-*

mawandel. Herr Böhme verteilte im Politikunterricht einen Text des amerikanischen Politikers Al Gore. Der tourte mit seiner Diashow durch die Welt, mit der er die Menschheit über die Folgen des Treibhauseffektes aufklären wollte, über die arktische Eisschmelze, den steigenden Meeresspiegel und die Verwüstung fruchtbarer Landstriche. Er projizierte den Teufel an die Wand. Es hieß aber, mit ein paar mehr Windrädern würden wir das wieder in den Griff bekommen.

Böhme war der einzige Lehrer mit Doktortitel und hatte mit seiner Ehefrau Bücher über Tai Chi Chuan verfasst. Er unterrichtete mit halb geöffneten Augen und konnte mit Gleichmut vom drohenden Kollaps unserer Zivilisation sprechen. Neben mir saß Max, der ab der großen Pause bekifft war. Chill mal, meinte er, als ich mich aufregte, das sei alles noch hundert Jahre hin.

»Sind wir wirklich so behindert?«, sagte ich und klopfte mir gegen die Stirn.

Ich war wohl laut geworden. Böhme regte sich nicht und schien durch mich hindurchzusehen. Von seinen Augenbrauen standen einzelne, sehr lange Haare ab. Wahrscheinlich massierte er sich in diesem Moment die inneren Organe per Froschbauchatmung, um sein Chi zu pushen. Da witterte Max seine Chance.

»Ich find's schwul, dass du *behindert* als Schimpfwort benutzt«, sagte er und legte die Stirn in Falten wie George W. Bush. Was für ein Spast, dachte ich damals.

Der Ausstoß von Treibhausgasen ist seitdem nur noch gestiegen. Der Wandel aber vollzieht sich schleichend, sodass ein Menschenleben kaum auszureichen scheint, um ihn zu begreifen. Als ich aufwuchs, galten Hitzerekorde als gute Nachrichten. Sie wurden mit Bildern von Schwimmbädern und tropfenden Eiskugeln illustriert. Irgendwann habe ich verdrängt, was Böhme uns erzählt hat. Wenn, dann würde es die übernächste Generation treffen. Und niemals würde ich Kinder bekommen, dachte ich.

Niemals.

Jetzt ist alles anders.

Der Boden scheint zu beben. Ich breite die Arme aus, um nicht umzukippen.

»Haut rein, oder?«, grinst Kevin. »Du bist weiß wie der Mond, Bro.«

Ich spucke den Flatschen neben mich, doch werde den Geschmack nicht los. Kevin hält mir einen Flachmann hin. Er fragt, ob ich einen Mammutstoßzahn kaufen wolle. Keinen ganzen natürlich. Er hält seine Zeigefinger eine Armlänge auseinander. So lang. 300 Dollar.

Wenn die Erdbrocken in den Fluss rutschen, lösen sich die Fossilien und sinken auf den Grund. Bei Ebbe stapfen die Jungs aus dem Dorf mit Stangen durchs Watt und stochern nach Schätzen, die sie bei den weißen Händlern zu Geld machen. Die nennen es »ethical ivory«. Kevin ist egal, wie sie das nennen, er will hier raus und dafür braucht er Geld. Ich schüttele den Kopf.

»Was zu rauchen?«, fragt er. 50 Dollar das Gramm.

Er sagt, er könne im Grunde alles besorgen, habe gute Verbindungen nach Fairbanks, einer tausend Kilometer entfernten Stadt im Nirgendwo. Aber eigentlich habe er jetzt andere Pläne.

»Die Army ist meine einzige Chance, dem Delta zu entkommen«, sagt er. Gerade trainiere er für die Aufnahmeprüfung. Liegestütze. Sit-ups. Dann zwei Meilen rennen. »Ich hab eine Scheißangst, dass die mich ablehnen.«

Kevin setzt sich auf einen alten Quadreifen im Schlamm. Er zieht zwei Buttermesser aus seiner Bauchtasche. Aus einer zweiten Blechdose fingert er eine kleine Cannabisblüte, die er auf seinem Knie ablegt. Die Messerspitzen erhitzt er über einem Sturmfeuerzeug, dann nimmt er die Blüte damit auf und presst sie zusammen wie mit einem Waffeleisen. Er zieht den aufsteigenden Rauch ein und hält die Luft an. Dann atmet er aus, geht runter auf den Boden und macht Liegestütze mit enganliegenden Ellenbogen. Seine Hände sinken in den Schlamm. In Newtok stirbt man keinen Heldentod. Von hier aus betrachtet ist der Dienst an der Waffe eine gute Option.

Ich habe schon länger das Gefühl, dass auch meine Welt untergeht.

Eines Nachts, nach einem weiteren Streit in unserer kalten Kellerwohnung, habe ich mich an Nimos Bett gehockt und seinen Atemzügen gelauscht. Wie von selbst formte sich in mir ein Versprechen: *Für dich mache ich alles gut.* Jetzt weiß ich, dass diese Worte mehr Gewicht hatten, als ich tragen kann.

Kevin hält die Flamme des Sturmfeuerzeugs an die Spitzen seiner Messer.

»Solange ich es nicht versucht habe, ist noch alles möglich«, sagt er.

Ich werde mir keinen vernünftigen Job suchen.

Wir sind Optimisten, Kevin und ich, jeder auf seine Weise.

BIS HIERHER LIEF'S
NOCH GANZ GUT

Sobald wir außer Sichtweite der Autovermietung sind, fahre ich rechts ran. Dort haben sie schon so erschrocken geguckt, als ich die Tüten mit den Tomatenpflanzen auf die Rückbank der Limousine gestellt habe – Berner Rose, Ochsenherz, Noire de Crimée, Japanische Birne und Andenhorn. Das Folgende wäre sicher zu viel gewesen.

Vom Beifahrersitz aus überreicht mir Nimo das große Gurkenglas wie einen kostbaren Kelch. Wir haben es mit Wasser gefüllt und den Deckel durchlöchert. Darin schwimmt Carlos, unser Urzeitkrebs der Gattung Triops.

»Vorsicht, Papa, Vooorsicht«, sagt Nimo.

Die Triops leben in stillen Gewässern.

Ich reiße lange Streifen vom schwarzen Panzertape und befestige unser Aquarium damit auf dem Armaturenbrett. Die bevorstehende Fahrt des Urzeitkrebses erinnert vage an das Schicksal all der Hunde, Katzen, Frösche, Quallen, Ameisen, Fruchtfliegen, Mäuse und Affen, die Amerikaner und Sowjets bei ihrem Wettlauf um die Mondlandung ins All geschossen haben. Auch Carlos ist hier weit außerhalb seiner natürlichen Komfortzone. Mit dem Unterschied nur, dass Nimo auf ihn Acht geben wird, bis er in Sicherheit ist.

»Keine Angst, es wird ihm gut gehen«, sage ich, auch zu mir selbst.

Carlos darf nicht sterben. Ich stelle die Klimaanlage auf 25 Grad, denn er mag es warm.

Wir wollen von der schwäbischen Provinz nach Nordhessen

fahren. Meine Mutter hat mich ermahnt, bloß nicht den Zug zu nehmen. Neueste Forschungen würden belegen, wie gefährlich das Virus auch für jüngere Menschen sei. Sechs Jahre nach Newtok sind die dringendsten Krisen eine Pandemie und ein Krieg in Osteuropa.

Der Urzeitkrebs ist schon etwa so lang wie Nimos Zeigefinger. Sein Schwanz ist dem einer Garnele nicht unähnlich, vorne geht sein grünlich schimmernder Panzer in die Breite. Man kann beinahe durch ihn hindurchsehen. Über den eng zusammenstehenden Punktaugen hat er noch ein drittes Auge, mit dem er Änderungen in der Helligkeit wahrnehmen kann. »Triops« heißt »der Dreiäugige«. Wie auf Schwingen gleitet er durch sein Habitat. In Sand und Nährboden haben wir hellgrüne Pflänzchen gesetzt. Froschlöffel, Mooskugel und Feinfiedrige Haarnixe tragen hoffentlich dazu bei, dass er sich auch unterwegs zu Hause fühlt. Das Blatt eines Seemandelbaums soll als natürliches Fungizid wirken.

Nach den Hitzerekorden der vergangenen Monate sind die Böden rissig geworden und das Gras kräuselt sich gelb auf den Grünflächen entlang der Hauptstraße. Dazwischen strahlt mancher Garten in einem satten Grün, obwohl die Regierung dazu aufgerufen hat, kürzer zu duschen und, wenn möglich, die Pflanzen nicht zu bewässern. Ich spüre wieder so ein Pochen im Kiefer, diesmal links oben.

Die Sommer sind nicht mehr das, was sie mal waren. Ich habe Nachforschungen dazu angestellt, Daten von Wetterstationen gesichtet, Klimaforscherinnen und Klimaforscher interviewt und meinen Großvater befragt, der jedes Jahr aus unterschiedlichen Gründen sagt: *Dieser Sommer ist nichts.* Im letzten Jahr etwa hat es ständig geregnet und die Tomaten der Nachbarschaft waren von einer braunen Fäulnis befallen. Es hagelte Eisbälle, weshalb aus unseren vor Blüten sonst überquellenden Balkonkästen nur kahle Stängel ragten. Jetzt werden die Blätter gelb vor Hitze.

Der Blick in das Gurkenglas hat etwas Tröstliches.

Das Wasser liegt während der Fahrt still wie ein Gebirgssee. Nur ein leichtes Vibrieren meine ich an der Oberfläche ausmachen zu können, bevor ich lieber wieder auf die Fahrbahn schaue. Im Radio singt Cher *Do you believe in life after love*.

Die Straße ist noch schwarz von der Nacht. Sie wird uns nicht an den Strand und nicht in die Berge führen, wir werden weder Urwälder durchwandern noch Pyramiden erklimmen. Wir machen nur Urlaub in Baunatal, einer Mittelstadt, die so ist wie jede andere. Mein Vater hat mich gebeten, in den Ferien seinen Kater zu füttern und *auf das Haus aufzupassen*, was auch immer das bedeuten soll. Er selbst will mit dem Wohnwagen nach Kroatien aufbrechen, mit seiner Renate auf dem Beifahrersitz und dem Vorsatz, den Kontakt zu anderen Leuten aufs Nötigste zu beschränken.

Mit Nimo kann jede Reise zum Abenteuer werden.

Bei Stuttgart fahren wir auf die A81, in Richtung Norden. Das heißt, wir fliegen fast. Ich habe einen VW Golf bestellt, dann aber eine Mercedes E-Klasse bekommen, weil sie nichts Kleineres mehr dagehabt haben. Es ist, als würden wir auf einem Magnetfeld dahingleiten. Als wir hinter Leonberg in einen Tunnel schießen, leuchten die polierten Armaturen violett. Nimo nennt es *das schöne Licht*. Hinter den getönten Scheiben der Seitenfenster rauschen noch die orangen Lampen des Tunnels vorbei, dann ein Industriegebiet und dahinter gelbe Felder mit Windrädern. Wenn alles gut geht, werden wir Carlos in ein paar Stunden ein neues Aquarium einrichten.

Noch ehe wir das Schwabenland verlassen haben, berichten sie im Radio von einer großen Flut, in Indien, Pakistan oder Bangladesch. Erst habe ich nicht hingehört, dann sagen mir die Ortsnamen nichts. Sie sagen, ein Drittel des Landes stehe unter Wasser.

Aus Ostdeutschland werden wieder Waldbrände gemeldet. Es heißt, nie zuvor habe die Brandenburger Feuerwehr so viele Einsätze gehabt.

Nach ein paar Songs kommt ein Beitrag zur Jahrhundertflut letzten Jahres in Westdeutschland. Die Untersuchungen dazu sind jetzt abgeschlossen und die Kommission hat ihren Bericht vorgelegt. Man ist zu dem Ergebnis gelangt, dass Dutzende Leben hätten gerettet werden können, wenn die Behörden auf die Unwetterwarnungen des Deutschen Wetterdienstes gehört hätten. Über Nacht waren Flüsse zu Sturzfluten angeschwollen, hatten Felder abgetragen, Dörfer überschwemmt und Hauswände fortgerissen. In wenigen Stunden war damals Regen für einen ganzen Monat gefallen, und die Wassermassen haben die Leute in ihren Häusern überrascht. Wieso hat niemand sie gewarnt? Es wird noch einmal der O-Ton eines Ministers abgespielt, der von Mitgefühl sprach, aber auch zur Besonnenheit riet. Dies sei eben das Wesen von Katastrophen, sagte er, dass niemand sie vorhersagen könne.

Ich will das Radio abschalten. Im Lenkrad gibt es einen Knopf dafür, nur wenige Zentimeter von meinem Daumen entfernt. Solche Nachrichten umkreisen Nimos Kopf bloß wie Weltraumschrott und kollidieren irgendwann vielleicht mit seinem zerbrechlichen Glauben. Doch wenn ich jetzt abschalte, wird er erst recht hellhörig werden und mich genauestens zu dieser Sache befragen, mit kleinen Sorgenfalten zwischen seinen blonden Augenbrauen. Also lasse ich es laufen. Ich hoffe, dass die Sendung bald vorbei ist oder dass Nimo zumindest nicht so genau hinhört – obwohl ich ja weiß, dass er das tut.

Die Sprecherin addiert Millionensummen und Menschenleben, um den Schaden zu beziffern. Eine Frau erinnert sich mit bebender Stimme, wie sie nachts auf dem Dach ihres Hauses ausgeharrt hat, inmitten der Fluten. Die Wetterwarnungen sind zwischen ungeklärten Zuständigkeiten und dem Optimismus lokaler Politiker verebbt. Im Rauschen des brüchigen Radiosignals hören wir die Stimme eines Meteorologen: »In der Welt, in der unsere Kinder einmal leben werden, werden solche Fluten leider zur Normalität gehören«, sagt er. Das Radio verstummt, als wir in den nächsten Tunnel fahren.

»Papa?«, sagt Nimo.

»Ja?«

»*Die Welt, in der unsere Kinder einmal leben werden*, das ist die Welt, in der ich einmal leben werde«, sagt er. »Weil ich dein Kind bin.«

Ich umklammere das Lenkrad so fest, dass meine Handknöchel weiß werden. Vielleicht muss ich mich jetzt zu dieser zukünftigen Welt erklären. Er weiß von meinen Recherchen. Und obwohl es einiges zu sagen gäbe, folgen lange Sekunden des Schweigens. Es ist nicht so, als würde mir dazu nichts einfallen. Vielmehr ist mein Kopf verstopft mit Satzanfängen, die sich im Nichts verlieren, mit Bildern der Verwüstung und einem Stimmengewirr von Menschen, denen ich seit Newtok begegnet bin, in Sansibar und New York, in der Lagune von Venedig, der mongolischen Steppe, am Rande des Tagebaus, in einer alten DDR-Kaserne und immer wieder in Tübingen, wo wir wohnen.

Ich sage, wir könnten uns jetzt etwas anderes anhören.

Mein Vorschlag ist *Superschlaue Tiere*, Nimo aber besteht auf *Maya und Azteken*. Über den Bildschirm neben der Geschwindigkeitsanzeige wähle ich das Hörbuch aus. Das Intro kann er schon mitsprechen: *Wann war die Blütezeit der mächtigen Maya? Was ist mit ihnen geschehen? Wie viel ist von ihren ehemals prächtigen Städten noch heute zu sehen?*

Nimo will Archäologe, Paläontologe und Fußballer werden. In einem Vortrag hat Nimo seiner Klasse erklärt, dass wir die Farben der Dinosaurier nicht kennen, weil wir ja nur ihre Knochen und versteinerte Hautreste untersuchen können. Man vermute jedoch, dass zumindest die Pflanzenfresser farblich an ihre jeweilige Umgebung angepasst waren. Dies hätte ihre Überlebenschancen erhöht und sei überall in der Natur zu beobachten – die Farbe der Triops etwa ähnelt dem Bodengrund ihres Biotops, sodass sie im meist trüben Wasser fast unsichtbar und vor Angriffen durch Vögel geschützt sind.

Im Zwielicht der Geschichte liegt auch der Grund dafür, warum die Maya bereits im 9. Jahrhundert einige ihrer Städte im Tiefland aufgegeben haben; warum die große Halbinsel Yucatán im Inneren bald menschenleer gewesen ist, während die Mayakulturen an den Küsten sowie im Hochland noch viele Male erblühten. Ihre alten, auf Rindenbast aufgetragenen Schriften jedenfalls können keinen Aufschluss mehr darüber geben, weil Diego de Landa, der katholische Bischof von Yucatán im 16. Jahrhundert, die Faltbücher hat verbrennen lassen und heute nur noch vier Stück davon übrig sind. *Sind die Maya vor Eroberern geflohen? Hat eine große Seuche sie dahingerafft? Oder haben sich die Dürren gehäuft, sodass ihre Ernten verdorrten und die Gegend unbewohnbar wurde?* Sie selbst haben jedenfalls zu großer Trockenheit beigetragen, indem sie ihre Wälder abholzten, um Platz für Felder und Städte zu schaffen. Im Nachhinein ist es leicht, ihren Übermut zu erkennen.

Die Geschichten der Maya-Metropolen folgen der Struktur *Aufstieg – Blüte – Niedergang*. Es ist der Lauf des Universums und aller Dinge darin. Nimo lauscht, schließt manchmal die Augen oder nickt, als würde er dem Gesagten so erst zur Gültigkeit verhelfen. Er merkt sich die Details seiner Hörbücher über Monate hinweg, und ich muss allmählich aufpassen, was ich ihm erzähle. Es scheint, als würde er nichts davon je wieder vergessen.

Ungefähr auf der Höhe von Hildesheim fragt Nimo, was das eigentlich genau sei, eine Zivilisation. Ich berühre den rissigen Bildschirm meines Smartphones.

»Was ist eine Zivilisation?«, frage ich, ins Auto hinein.

»Die Gesamtheit der durch den technischen und wissenschaftlichen Fortschritt geschaffenen und verbesserten Lebensbedingungen«, kommt es aus den Lautsprechern zurück.

Die Maya sind bekannt für den Maisanbau, die Erfindung der Schrift in Mittelamerika und die Verwendung der Null in der Mathematik, als den Europäern noch jeder Sinn für das Nichts fehlte. Außerdem haben sie einen Kalender entwickelt, aus dem esoterische Kreise den Weltuntergang am 21. Dezember des Jahres 2012 abgeleitet haben, weil an diesem Tag das dreizehnte Baktun endete, ein großer astronomischer Zyklus. Ich nahm das damals zum Anlass, einen Einführungskurs im örtlichen Schützenverein zu buchen. Maya hin oder her, wann immer die Welt untergehen würde, könnten Grundkenntnisse an der Waffe nicht schaden.

»Welche Zivilisation sind wir?«, fragt Nimo.

»Wir sind die westliche Zivilisation«, sage ich.

Aber was soll das bedeuten?

Ich denke an eine Demokratie der Männer in der griechischen Polis, an den heiligen Bonifatius, wie er die Eiche fällt, die dem germanischen Donnergott Donar geweiht ist; ich denke an Meinungsfreiheit, die Erfindung der Public Relations durch den Neffen von Sigmund Freud in den USA, an Hitler im Mercedes mit den runden Scheinwerfern, Zitrussteine fürs Klo, den Marlboro-Mann und das Jobcenter; denke an Globuli, Paracetamol, Fußbodenheizung, Coca-Cola, Würstchen im Speckmantel und die Serie *Friends;* an das Weiß in den Augen der Kohlekumpel und wie es aus den schwarzen Gesichtern sticht; denke an Beate Uhse und Beate Zschäpe; an Hollywood und die Penner neben dem Walk of Fame, an Bayern München, Ärger um Katar und die *Kritik der reinen Vernunft.* Ich denke an den 39-jährigen Spanier, der neulich in der Nähe von Barcelona kopfüber im Bein eines Stegosaurus aus Pappmaché gestorben ist, einer Werbestatue für ein längst geschlossenes Kino, weil er sein Handy dort hat hineinfallen lassen, beim Versuch es zu bergen steckenblieb, und dessen Körper erst Tage später gefunden wurde. Und daran, dass wir uns in einer motorisierten Kapsel auf einer Hunderte Kilometer langen Asphaltbahn fortbewegen, in 4-D-Surround-Sound ein Hörbuch aus einem weltumspannenden Datennetz streamen, ein Achtjähriger bei stabilen 25 Grad Innentemperatur und einer Geschwindigkeit von 212 Stundenkilometern eine Packung Schwäbische Knusperbrezeln öffnet und jetzt Salzkrümel auf seinen mit Rinderhaut bespannten Polstersitz rieseln.

»Werden unsere Städte auch mal Ruinen sein?«, fragt Nimo und richtet sich auf.

»Nichts ist ewig«, sage ich. »Aber niemand weiß, wann es so weit ist.«

Ich dachte immer, wenn ich einmal so ein Gespräch mit ihm führen müsste, hätte ich längst einen Weg gefunden, sagen zu können: *Alles wird gut.* Aber so ist es nicht. Ein Abgrund klafft zwischen dem, was ich zu wissen glaube, und dem, was ich Nimo gegenüber zugeben kann. Es gilt, seine Vorfreude auf eine Zukunft zu wahren, in der theoretisch noch alles möglich ist. Andererseits dringen die Nachrichten über den Zustand der Welt an ihn heran. Er erfährt es aus den Autoradios, der *Sendung mit der Maus,* aus *Wunderwelt Ozean* und *Paradies Regenwald,* durch Andeutungen der Lehrerinnen in der Schule oder Gespräche unter Erwachsenen.

Ich habe in den Abgrund geschaut und jetzt schaut der Abgrund zurück.

Eines Tages wird Nimo selbst die Wüsten und Urwälder dieser Erde durchkämmen, zwischen seinen Spielen für den FC Barcelona oder Manchester United, auf der Suche nach Knochensplittern und den Spuren einstiger Hochkulturen. Sein größter Wunsch ist es, dabei etwas zu entdecken, von dessen Existenz noch niemand etwas ahnt. Das fünfte erhaltene Faltbuch der Maya, das uns etwas über den Untergang einer bestimmten Stadt verraten könnte; den Schädel einer unbekannten Art von Flugsauriern; die Grundfesten einer in Staub und Sand begrabenen Stadt, die uns mahnt: Jedem Anfang wohnt ein Ende inne.

Irgendetwas muss ich sagen.

»Was würdest du werden, wenn du dich für einen Beruf entscheiden müsstest?«, frage ich Nimo.

»Dann würde ich Archäologe werden.«

»Und warum?«

»Weil ich herausfinden will, wie die Menschen früher waren«, sagt er. »Und warum willst du Journalist sein?«

Ich zähle drei Atemzüge.

Ich weiß es selbst nicht mehr genau. Aber ich kenne ein paar Narzissten, die behaupten, sie wollen die Welt zu einem besseren Ort machen.

»Weil ich herausfinden will, wie die Menschen heute sind«, sage ich. Nimo nickt.

»Dein Vorteil ist, dass du nicht graben musst«, sagt er. »Wenn ich Archäologe bin, muss ich oft sehr lange graben, ohne irgendetwas zu finden.«

Was ich nur nicht mehr finde, das sind die positiven Ausblicke in eine bessere Zukunft. Mein Geld verdiene ich jetzt vor allem mit Texten über Rasenmähroboter für das Kundenmagazin der Firma Greenbot. Dabei kommt es darauf an, eine Wahrheit so zu formulieren, dass sie zum Kauf anregt. Insofern ist das dem Journalismus nicht unähnlich.

Nimo schraubt den durchlöcherten Deckel vom Gurkenglas und hält ein Thermometer ins Wasser. Seit fast zwei Wochen ist Carlos jetzt einer von uns. Dass er damit bereits ein Sechstel seiner statistischen Lebenserwartung erreicht hat, ist ein Problem, über dessen Bedeutung ich bei Gelegenheit nachdenken will.

Nur nicht jetzt.

Die getrockneten Eier der Triops sind in Zysten verkapselte Embryonen. Wir haben sie in ein kleines Aquarium gegeben, es in Nimos Zimmer unter eine 60-Watt-Lampe gestellt und den Abstand dazwischen austariert. Bei 21 Grad Wassertemperatur sind nach einigen Tagen zwei Dutzend Nauplien geschlüpft. Wir haben die zuckenden Larven mit Algenpulver gefüttert, ihnen gut zugeredet und abends Meditationsmusik für sie gespielt. Nimo hatte in einem seiner Bücher gelesen, dass Wasser die Schallwellen aufnimmt. Bald aber sind die ersten Babykrebse gestorben. Die Schwachen haben, einem uralten inneren Signal folgend, Platz für die Stärkeren gemacht. Einen Minikadaver nach dem anderen haben wir mit einem Plastiklöffel herausfischen und in den Zimmerpflanzen beerdigen müssen, bis nur noch Carlos übrig war und Nimo jedes seiner Entwicklungsstadien verfolgen konnte, bis jetzt.

Carlos ist empfindlich. Evolutionär gesehen sind die Urzeitkrebse aber Ikonen des Überlebens. Die *Triops cancriformis* haben den Ruf, die älteste Art auf dem Planeten zu sein. Man nennt sie *lebende Fossilien*, was nicht ganz korrekt ist, denn obwohl ihre Karosserie über mehr als 220 Millionen Jahre hinweg die gleiche geblieben ist, hat sich ihr Inneres kontinuierlich gewandelt und ist erst seit circa 25 Millionen Jahren auf dem jetzigen Stand. Wie dem auch sei – sie haben mehrere Wellen des Aussterbens auf diesem Planeten überstanden.

Das letzte Massenaussterben nahm seinen Anfang ausgerechnet auf der Halbinsel Yucatán, wo später das Reich der Maya gelegen hat. Der Chicxulub-Krater erinnert noch heute an den Tag vor 66 Millionen Jahren, als ein Asteroid von 14 Kilometern Durchmesser in die Erde eingeschlagen ist. Er leitete das Ende der Dinosaurier ein sowie eines großen Teils der damaligen Tier- und Pflanzenwelt. Erdbeben, Tsunamis und Flächenbrände überzogen die gesamte Erde, Staub und Ruß verteilte sich in der Atmosphäre. Über Monate hinweg drang kein Sonnenlicht hindurch, weshalb eine jahrzehntelange Eiszeit hereinbrach. Dann folgten Zehntausende Jahre Hitzestress, getriggert durch Milliarden Tonnen von Kohlendioxid, die der Einschlag freigesetzt hatte. In einer Kettenreaktion wurden ganze Ökosysteme auf die Werkseinstellungen zurückgesetzt. Die Urzeitkrebse aber haben einfach weitergemacht wie zuvor.

Manche sagen, jetzt sei es wieder so weit. Dass wir bereits mittendrin seien im nächsten großen Sterben der Erdgeschichte. Die Menschen seien daran schuld. In unserem faradayschen Käfig aber sind Nimo und ich gut aufgehoben. Blitze werden uns verfehlen, die Langstreckenraketen der Russen, alle bösen Gedanken der Welt und Asteroiden erst recht. Der Anstieg der globalen Mitteltemperatur ist hier drin von untergeordneter Bedeutung und selbst die Staumeldungen, die uns automatisch ins Hörbuch funken, drücke ich weg. Jeder Laster, den wir überholen, scheint aufzuheulen.

Ich könnte lange erklären, warum ich den motorisierten Individualverkehr ablehne – die Umwelt und das Klima, die Vorteile der Schiene, die Fehler der Stadtplanung seit Adolf Hitler. Doch ich fühle jetzt auch, dass der Mercedes mir eigentlich zusteht. Ich finde, die einen haben auf der linken Spur nichts mehr zu suchen, während zwischen mir und den anderen, denen in den edleren Karossen nämlich, ein stilles Einverständnis über die Rangordnung auf der Straße herrscht.

Vor Würzburg tauchen die Weinberge auf.

Nimo schläft, als wir das Reich der Azteken erreichen. Begleitet von der Stimme des Hörspielsprechers fahren wir in die Hauptstadt Tenochtitlán ein. Schon oft haben wir sie erkundet, auf unseren Expeditionen.

Mit bis zu 200 000 Einwohnern war Tenochtitlán beinahe so groß wie das heutige Kassel und damit eine der größten Städte der Welt. Das Kriegervolk hatte die Siedlung auf Inseln im Texcoco-See errichtet und mit Tausenden Pfählen gegen das Absinken gestützt. Sie hatten den Ort gemäß einer Prophezeiung ausgewählt, so erzählt man sich, weil sie dort einen Adler gefunden hatten, der auf einem Feigenkaktus sitzend eine Schlange fraß. So sitzt er heute noch auf der Nationalflagge Mexikos. Tenochtitlán war durch strenge Linien in rechteckige Blocks unterteilt und über fünf Dammbrücken mit dem Festland verbunden. Den Mittelpunkt bildete eine steinerne Pyramide, die höher war, als ein Mann einen Pfeil schießen konnte (was vielleicht eine Übertreibung ist, doch so erzähle ich es Nimo sonst, anstatt zur Beschreibung von Größen den Eiffelturm oder Fußballfelder heranzuziehen, die unserer Zivilisation entlehnt sind). Großzügigere Gebäude, vor allem am Stadtrand, hatten eingezäunte Gärten. Die mehrstöckigen Wohnhäuser der unteren Gesellschaftsschichten hingegen standen dichter gedrängt im Inneren. Den Azteken ging es gut, weil sie ihre Nachbarvölker unterjochten und hohe Tribute forderten – Früchte, Kakao, Jade, die bunten Federn des Quetzal oder Jaguarfelle.

In den Hörbüchern sagen sie den Kindern nie die ganze Wahrheit. Sie geben sich aber auch Mühe, nicht zu lügen.

Mitte des 16. Jahrhunderts wurde Tenochtitlán nacheinander von einer Heuschreckenplage, einer Hochwasserkatastrophe und einer Hungersnot heimgesucht. Die Stadt konnte sich kaum noch aus eigener Kraft ernähren. Viele Einwohner flohen, mussten als Sklaven dienen oder ihre Kinder verkaufen. Unter ihrem Herrscher Moctezuma II. führten die Azteken immer mehr Kriege für immer mehr Tribute. Dafür, dass die Hohepriester noch mehr Gefangenen das Herz aus der Brust reißen und die Leiber die Treppen des großen Tempels hinunterstoßen konnten, um die Götter zu besänftigen, auf dass die Sonne nicht stehenbliebe.

Laut ihren Geschichten war die Welt schon mehrfach untergegangen. Das Blut der Feinde würde die nächste Apokalypse allenfalls hinauszögern. So riefen sie Huitzilopochtli an, den Gott des Krieges und der Sonne, und Tlaloc, den Regengott, der bei Dürren Kindsopfer verlangte. Dürren gab es reichlich. Doch auch die Götter waren der kosmischen Ordnung unterworfen und mussten sich selbst oder einander opfern, damit die Welt weiterexistieren konnte. Erst der Tod ermöglichte das Leben. Der Sonnengott hatte seine Schwester, die Mondgöttin, gleich nach seiner Geburt zerstückelt.

Der nächste Weltuntergang braute sich jedoch längst zusammen.

Das Pech der Azteken war es, dass Hernán Cortés, der Sekretär des spanischen Statthalters von Kuba, zu jener Zeit Ärger mit seinem Vorgesetzten hatte. Der Statthalter wollte Cortés zwingen, eine Frau zu heiraten, die er nicht liebte, und warf ihn ins Gefängnis, bis er nachgab.

Zweimal hatte der Statthalter schon Schiffe nach Mexiko gesandt und vom großen Reichtum der dortigen Völker erfahren. Mit der dritten Mission beauftragte er Hernán Cortés, der in den Häfen schon Schiffe gemietet und Männer für die Flotte rekrutiert hatte. Der Statthalter fürchtete, Cortés könne aufgrund der erlittenen Schmach abtrünnig werden und die erhofften Goldschätze für sich behalten. Er zog den Auftrag zurück. Cortés aber stach in See, mit nicht ganz siebenhundert Mann. Um von Kubas Statthalter unabhängig zu werden, gründete er die Kolonie Oaxaca im Namen des spanischen Königs. Diesem sandte er Gold und edle Stoffe, die ihnen Moctezuma zur Begrüßung hatte bringen lassen.

Moctezuma hoffte, dass die Eindringlinge mit ihren Geschenken rasch wieder verschwänden. Hernán Cortés aber ahnte jetzt, wie reich die Azteken waren. Er wusste, wenn er in der neuen Welt keinen Erfolg hätte, würden sie ihn in Spanien für seinen Ungehorsam in den Kerker werfen. So verbündete er sich mit einem der Völker, das die Azteken unterjocht hatten, und versenkte die Schiffe seiner Flotte, um seinen Leuten den Rückzug unmöglich zu machen. Sie marschierten gen Tenochtitlán, bewaffnet mit Schwertern, Kanonen und dem Glauben an den Herrn Jesus Christus. Moctezuma konsultierte die Hohepriester, rief die Götter an und ließ seine Hellseher samt deren Familien töten, weil die Prophezeiungen nichts mehr taugten. Der Herrscher tobte – doch er musste die Spanier schließlich empfangen.

So quartierte er sie im Palast seines Vaters ein, wo sie einen Raum mit blutverkrusteten Wänden und verkohlten Menschenherzen vorfanden sowie eine mit unermesslichen Reichtümern gefüllte Schatzkammer. Aus Angst vor den Aztekenkriegern nahmen sie Moctezuma gefangen, zwangen ihn, fortan mit ihnen im Palast zu leben, und benutzten ihn als ihre politische Marionette. Bei Aufständen soll er schließlich von seinem eigenen Volk gesteinigt worden sein. Die Spanier mussten eines Nachts aus dem Tempel und der Stadt fliehen, wurden am Kanal entdeckt, von den Azteken mit Kanus gejagt und mit Pfeilen beschossen. Wer zu schwer mit Gold beladen war, der starb – und das waren die meisten. Cortés selbst entging dem Tod nur knapp.

Während sich die spanischen Streitkräfte erholten und neue Allianzen schmiedeten, brach eine Pockenepidemie aus, die ein Drittel der indigenen Bevölkerung dahinraffte. Die Spanier hatten die Krankheit eingeschleppt und blieben vom Schlimmsten verschont. Durch diese für sie glückliche Fügung konnten sie schließlich auch die Hauptstadt der Azteken einnehmen.

Sie machten Tenochtitlán dem Erdboden gleich und zerstörten jede Spur der alten Kultur. Aus den Trümmern bauten sie ihre eigenen Häuser. Aus Tempeln wurden Kirchen. Und auf dem Fundament des früheren Herrscherpalastes errichteten sie den Palast ihres Anführers, der einst aus Kuba aufgebrochen war, um frei zu sein: Hernán Cortés de Monroy y Pizarro Altamirano, Marqués del Valle de Oaxaca.

Und wenn sich heute ein Weißer auf Reisen in südlichen Gefilden die Seele aus dem Leib scheißt, dann nennen wir das *Moctezumas Rache*, in Anlehnung an den besiegten Herrscher der Azteken.

An einer gealterten Shell-Tankstelle im Knüllgebirge stelle ich das Auto so an die Zapfsäule, dass Carlos noch ein paar Sonnenstrahlen abbekommt. Ich tanke voll. Dann schleichen wir vorbei an einer picknickenden Familie in identischen Trainingsanzügen und pinkeln durch den Maschendrahtzaun, in Richtung der Felder.

Nimo sagt, er wolle sich von nun an professioneller ausdrücken oder, anders gesagt, *in Rätseln sprechen*. Also zum Beispiel nicht: *Ich kriege keine Luft*, sondern *Mir fehlt Sauerstoff*. Dies sei die Sprache der Wissenschaftler. Als ich in Richtung Tankstelle gehen will, hält mich Nimo zurück.

»Hast du nicht was vergessen, Papa?«, fragt er.

Mit seinen Händen buddelt er in der Luft. Dann gleitet er über den Parkplatz wie durch Wasser, seine Arme zu Schwingen gebreitet. Also gut.

Ich mache mich daran, das Panzertape vom Armaturenbrett zu entfernen.

Die Schiebetüren der Tankstelle öffnen sich und ich bin sofort beruhigt, als ich die lückenlos gefüllten Regale sehe. Die Zivilisation sagt: *Ich war, ich bin, ich werde sein.* Nimo hält das Gurkenglas mit beiden Händen umklammert und läuft etwas nach hinten gebeugt. Ich sehe aufgeplusterte Packungen Chips, Nachos und Flips, zwei Drehständer mit Sonnenbrillen, Bier an Bier, Tiefkühlpizza, Thunfischdosen und haltbare Milch. Alles, was hier am Abend fehlt, wird automatisch registriert, nachbestellt und in kürzester Zeit ersetzt. Dafür operiert tagtäglich ein weltweites Netzwerk von Menschen und Maschinen, das produziert, transportiert und – digitalen Signalen folgend – dafür sorgt, dass alles den Weg in die richtigen Lagerhallen und Container, auf das richtige Schiff und den richtigen Lastwagen findet, bis irgendwann im Morgengrauen, am Ende einer langen Kette von Dienst- und Rechenleistungen, ein gähnender Shell-Mitarbeiter im Knüllgebirge die Regale befüllen kann und alles von vorn beginnt.

Früher hätte man eine Tankstelle nicht mit einer Maske betreten dürfen, heute geht es nicht mehr ohne. Ich denke wieder an die Azteken und daran, wie es endgültig um sie geschehen war, kaum fünfzig Jahre nach Ankunft der Spanier.

Der Erreger *Salmonella enterica Paratyphi C* brachte eine der tödlichsten Epidemien der Menschheitsgeschichte über die indigenen Völker Mittelamerikas. Wer sich ansteckte, den packte hohes Fieber und eine Magen-Darm-Infektion, der blutete bald aus Augen, Mund und Nase, bis er nach wenigen Tagen starb. Die Aztekenpest, die sie *Cocoliztli* nannten, dünnte die Bevölkerung Mexikos aus, bis sie auf etwa ein Zehntel dessen zusammengeschrumpft war, was Hernán Cortés vorgefunden hatte, als er mit seinen Leuten an Land gegangen war. Die Zeit der neuen Siedler aber hatte gerade erst begonnen. Sie legten den Texcoco-See trocken und errichteten Mexiko-Stadt auf den Ruinen der alten Welt, um das einstige Zentrum der

Aztekenhauptstadt herum. Heute leben dort 22 Millionen Menschen, in – abermals – einer der größten Städte der Welt.

Jedem Ende wohnt ein Anfang inne.

Ich hole zwei Magnum Mandel aus der Eistruhe und halte sie mir an den linken Oberkiefer, bis die Kassiererin ihre Hand ausstreckt.

»Und einmal die Drei«, sage ich.

»Das macht 76 Euro 13«, sagt sie. »Wollen Sie für 40 Cent vielleicht noch was für die Umwelt tun und ein paar Bäume pflanzen?«

Bei all den Großkonzernen, die so konsequent den Regenwald aufforsten, ist es beinahe ein Wunder, dass davon kaum noch was übrig ist. Dass die Ökosysteme weiter schwinden und somit nicht zuletzt die Gefahr durch Zoonosen steigt, Krankheiten also, die vom Tier auf den Menschen überspringen, wie das Virus, wegen dem wir nun alle Masken tragen.

»Nein, nein und nochmals nein«, sage ich und spüre Nimos Blick von schräg unten.

»Mmmokay, vielen Dank«, sagt sie, aber in ihrer Stimme liegt eine gewisse Enttäuschung. Ich stehe also inmitten gerodeter Landstriche an der Autobahn und schäme mich vor dieser Frau, die eine Schirmmütze mit dem eingestickten Logo eines Mineralölkonzerns trägt.

»Dann hätten wir heute noch zwei Snickers für zwei Euro«, sagt sie.

Das Geld muss ich in einen Bezahlautomaten unter dem Tresen stecken, und während sie mir nun eigentlich das Wechselgeld überreichen sollte und ich mich bedanken würde, sirrt bloß der Automat. Sie steht nur da, schaut mich an und hebt die Schultern, als wollte sie sagen: *Tja.* Als die Münzen in das Auffangbecken klimpern, können wir uns endlich voneinander verabschieden. Ich trete wieder hinaus und greife nach Nimos Hand, doch er ist verschwunden.

Ich finde ihn drinnen beim Zeitschriftenregal, das Gurkenglas zu seinen Füßen. Er steht vor dem Drehständer mit den Tageszeitungen und liest die Titelseiten, in einer Hand noch eine eingeschweißte Detektivzeitschrift mit Plastikfernglas. *Monster-Flut in Pakistan – Schäden sogar aus dem All sichtbar* steht da, *Apocalypse now* und *Feuer-Inferno in Brandenburg – evakuierte Dörfer*. Die Bild-Zeitung zeigt das Foto eines im Chaos verschollenen Mannes, auf dem er ziemlich happy aussieht, was ja immer das Problem ist mit diesen Fotos, oder vielleicht genau die Absicht.

Nachdem ich das Auto von der Zapfsäule auf den Parkplatz gefahren habe, essen wir unser Eis an einem schattigen Picknicktisch aus Beton. Gänsehaut überzieht Nimos Beine. Das Gurkenglas behält er auf dem Schoß, aus Sorge, das Wasser könnte sonst abkühlen.

»Papa, glaubst du die Welt geht bald unter?«, fragt Nimo.

»Ich wünschte, ich hätte darauf eine einfache Antwort«, sage ich.

»Wenn du mir keine einfache Antwort geben kannst, dann kannst du mir auch eine komplizierte geben«, sagt Nimo.

Gegenüber stecken die Leute die Zapfpistolen in ihre Tanks und drücken den Abzug.

Wenn ich Nimo von meinen Reisen erzählen würde, müsste ich in Newtok beginnen.

Ich atme tief ein und rieche das Benzin.

GELOBTES LAND
Newtok, Alaska

Die Reise von Deutschland nach Newtok dauerte zwei Tage, führte durch die Wartehallen immer kleinerer Flughäfen und über die Sitze immer kleinerer Flugzeuge. Zuletzt kauerte ich in einer dröhnenden Propellermaschine, die auf dem Flugplatz des Städtchens Fairbanks gestartet war, mitten in Alaska. Sie trug uns gen Westen über das Sumpfgebiet des Yukon-Kuskokwim-Deltas, einer endlosen Camouflage aus Tundra, Tümpeln und Seen, durchzogen von den Verästelungen großer Flussläufe. Meine Zähne klapperten von der Vibration des Motors und ich ahnte, wie stabile Schrauben die großen wummernden Teile dieses Materialmantels gerade so zusammenhielten. Mit an Bord waren der Fotograf Sascha sowie eine Handvoll Yupik und Athabasken mit Gepäckballen, die zurück in ihre Dörfer flogen. Der Pilot saß so dicht vor mir, dass ich ihm die umgedrehte Baseballkappe hätte vom Kopf nehmen können.

Peninsula Oilers stand darauf.

Alaska hatte in hundert Jahren so viel Erdöl zu Geld gemacht, dass sie Sportteams danach benannten. Der reichste Bundesstaat der USA zahlte jeder Einwohnerin und jedem Einwohner zwischen 1000 und 2000 Dollar pro Jahr als Dividende aus dem Geschäft. Weil die Welt sich im rauschenden Fest fossiler Verbrennung verlor, hatte die Wirtschaft Alaskas wachsen können.

Zusammen mit einem Haufen zugeklebter Kartons setzte uns

der Pilot auf der Landebahn inmitten der Tundra ab. Weil niemand uns abholen kam, liefen wir den Hügel hinunter ins Dorf. Blecherne Häuschen und Holzverschläge standen aufgebockt inmitten der Tümpel, darüber Stege, die alle Gebäude miteinander verbanden. Zwischen Räucherhütten rotteten Köpfe von Elchen und Moschusochsen. Auf Dächern waren Felle zum Trocknen ausgelegt. Hinter der brüchigen Küste floss der Ninglick.

Wir gingen auf ein großes Bretterhaus zu. Die Schule stand auf Pfählen und Balken, wie alles hier. Eine weiße Lehrerin in Gummistiefeln und Wollpulli schloss uns die Tür auf. Besuch war im Ort seltener als die Obstlieferung und hatte meistens genau denselben Grund.

»Seid ihr Wissenschaftler, die messen wollen, wie wir ins Meer stürzen?«, fragte sie.

»Wir sind Journalisten«, sagte ich.

»Ach so, ihr seid Journalisten, die berichten wollen, wie wir ins Meer stürzen.«

Sie drehte sich um und ging.

Rektor Grant Kashatok stand im Flur und putzte sich die Zähne. Der kräftige Yupik mit dem knitterfaltigen Hemd seufzte, als er uns sah. Kashatok hatte aufgehört, unsere Mails zu beantworten, wohl in der Hoffnung, wir würden aufgeben, ihn in Ruhe lassen und zu Hause bleiben. Er spuckte Zahnpastaschaum in das Becken des Wasserspenders, wischte sich den Mund ab und lächelte wie ein dicker Buddha.

»Willkommen auf unserem Land«, sagte er.

Wir sollten ihm folgen.

Auf den Gängen hingen stumpf die Jagdwaffen der Ahnen: geschnitzte Speere, Messer, Pfeile und Bögen, mit denen die Yupik früher Robben, Fische und Vögel gejagt hatten. Seit sie Gewehre hatten, schossen sie in der Tundra auf alles, was sich bewegte. Hundeschlitten und Kajaks waren mittlerweile durch Schneemobile,

Motorboote und Quadbikes ersetzt worden. Statt Geschichten am Lagerfeuer gab es jetzt ein paar Dutzend Fernsehkanäle.

»Ich muss dafür sorgen, dass die Kinder keine Idioten werden«, sagte Kashatok. »Wir überleben hier seit 3000 Jahren und es wäre schön, wenn das so bleibt.«

Zu Hause sprachen die Familien Yupik, eine Sprache, in der ganze englische Sätze zu einzelnen Wörtern kondensierten. Die Schülerinnen und Schüler mussten also lernen, ihre eigene Sprache zu entpacken und in die englische Sprache zu übertragen, wie sie von den Herrschenden ihres US-Bundesstaates gesprochen wurde, der größten Exklave der Welt. Ein abgehängtes Volk seien sie, sagte der Rektor. Die Kids säßen in Alaska inmitten der Sümpfe und in ihren Schulbüchern sähen sie die U-Bahn von New York und den Strand von Kalifornien. Das habe nichts mit ihrem Leben zu tun.

Doch andere Bücher gab es nicht.

»Ich versuche ihnen zu vermitteln, dass es trotzdem okay ist, ein Yupik zu sein«, sagte er. Wenn es okay für sie war, merkte er das daran, dass sich weniger Teenager das Leben nahmen. Es gab rund 200 solcher Dörfer an den Küsten Alaskas. Überall war es das Gleiche.

Der Rektor holte zwei zusammengeklappte Feldbetten aus einer Abstellkammer und zeigte uns die Bibliothek, in der wir schlafen durften, für 100 Dollar die Nacht. Als wir zwischen den Bücherregalen unser Lager aufbauten, war Kashatok plötzlich verschwunden. Die Kinder der Schule aber scharten sich um uns. *Wie heißt der Fluss, an dem ihr lebt? Geht ihr auch jagen? Gibt es in Deutschland Eskimos?* Sie zeigten uns den »seal hop«, eine Disziplin der Eskimo Indian Olympics, für die sie trainierten. Dazu gingen sie in die niedrige Liegestützposition, die Arme angewinkelt, die Finger so eingeklappt, dass die Hände zu kleinen Flossen wurden und sich die vorderen Knöchel in den Boden drückten. Sie sprangen gestreckt vorwärts, nur auf Knöcheln und Zehenspitzen, im Hopsergang der Robbe, bis sie lachend zusammenbrachen.

Im Physikunterricht berechneten sie, wie lange es dauern würde, bis es ihr Dorf nicht mehr gäbe. Zur Küste hin hatten sie markierte Pfähle in die Erde gesteckt.

Nicht mehr lang.

Vor zwanzig Jahren schon hatte die Dorfgemeinschaft beschlossen, eine neue Siedlung zu gründen, eine halbe Stunde flussabwärts, auf dem festen, höher gelegenen Vulkangestein der Insel Nelson. Sie wollten sie Mertarvik nennen, was so viel bedeutete wie *Ort, an dem die Quelle entspringt*. Doch niemand wusste, woher sie das Geld dafür nehmen sollten. Sie benötigten Hunderte Millionen von Dollar, und Katastrophenhilfe gab es erst nach einer Katastrophe und nicht davor. Material per Schiff herzuschaffen war teuer, die Arbeiter brauchten Unterkünfte, verlangten hohe Löhne und konnten hier nur in den Sommermonaten bauen. Mit den ersten mühsam eingeworbenen Millionen hatten sie gerade mal fünf Häuser dort drüben errichtet. In Newtok lebten aber rund 400 Leute. Ihnen rannte die Zeit davon.

Wir hatten den Auftrag, die Geschichte dieser beiden Orte zu erzählen, Newtok und Mertarvik, das alte Leben und das neue. Also mussten wir auch die Siedlung sehen, in der sie ihre Geschichte fortschreiben wollten. Die Menschen von Newtok galten als die ersten Klimaflüchtlinge der Welt, die Vorboten einer gigantischen Völkerwanderung, die mit der Erderwärmung einsetzen würde, als Folge gefluteter, verwüsteter oder überhitzter Landstriche. Fragen und Konflikte, die auf die Menschen von morgen zukamen, beschäftigten dieses Volk schon heute. Sie waren Pioniere.

So plötzlich, wie der Rektor verschwunden war, stand er abends wieder im Türrahmen. Er hielt mir eine Plastikschüssel mit einem glatten, dunkelroten Klumpen hin, den er in Scheiben geschnitten hatte.

»Ihr sollt nicht denken, dass ich unhöflich bin«, sagte er. »Die Yupik haben kein Wort für *Goodbye*.«

Die gefrorene Robbenleber schmeckte nach Eisen.

In Bayern, sagte ich, da haben sie 32 Worte für Schnee.

Um acht Uhr morgens begann der Matheunterricht zwischen unseren Feldbetten, in der Bibliothek, die nur ein Klassenraum mit Bücherregalen war. Ich zog also in den Regen hinaus, auf der Suche nach Anschluss, auf dass mir jemand sein Leben erzählen würde oder uns für etwas Geld stromabwärts brächte, ans andere Ufer. Von der Schule zum Dorfladen und zur Kirchenhütte ging ich, vorbei am windschiefen Posthäuschen, zur Schule zurück und dann wieder von vorn. In den Taschen meiner Regenjacke bildeten sich Pfützen, und ich hatte die Kapuze so eng gezogen, dass mein Gesicht in den Reflexionen der verrammelten Fenster wie ein blasser Mond aussah. Newtok gab keine Auskunft. Die Menschen schwiegen, wiegelten ab, nickten oder lachten mich aus hinter den Fensterscheiben, als ahnten sie, dass ich nur ein Geist war.

Außer mir patrouillierte noch der alte Paul auf den Stegen, ein gebeugtes Männlein mit schütterem Haar, das in den Kragen seines Mantels wetterte. Als Kind sei ihm ein Ölfass auf den Kopf gefallen, hatte mir der Rektor erzählt. Er wähne sich auf einer Mission zur Rettung des Dorfes, für die er wohl auf und ab laufen müsse, tagein, tagaus. Wir nickten uns zu, immer wenn wir aneinander vorbeigingen. Ich hatte keinen Grund zur Eile. Von einem Ende des Dorfes zum anderen brauchte ich zwölf Minuten. Manchmal schaffte ich es in dreizehn.

Wir bekamen diesen und jenen Tipp, klopften an Fenster und Haustüren, wurden abgewimmelt und weitergereicht. Manche sagten zu und waren dann am nächsten Tag wie ausgewechselt. Dann war angeblich der Motor kaputt oder die See zu stürmisch, dann hatten sie keine Zeit mehr oder sagten: *Fuck off*. Die Menschen hier draußen waren ganz anders als die Kinder in der Schule, die aber doch mit ihnen verwandt sein mussten. Ich fragte mich, wann sich die Verwandlung vollzog, vom Strahlen zur Müdigkeit.

Einmal ließ uns eine alte Dame ein. Sie hieß Maria und mit Nachnamen Fairbanks, wie die tausend Kilometer entfernte Stadt. Ihr gehörte das fünfte fertiggestellte Haus in der neuen Siedlung Mertarvik, doch lebte sie noch immer in ihrer aufgebockten Holzhütte am Rande Newtoks. Bei starken Stürmen stieg das Wasser aus einem Seitenarm des Flusses bis an ihre Türschwelle und ihre Söhne mussten sie mit dem Boot evakuieren. Die Wand im Wohnzimmer war getäfelt mit Familienfotos – Einschulungen, Halbwüchsige mit Gewehren und Frauen in Fellstiefeln, die beim Lachsbeerenfest ihre traditionellen Tänze aufführten. Sie erzählte von ihren elf Kindern, von denen drei bereits gestorben waren. Die Risse in ihrem Fußboden hatte sie mit Panzertape geflickt und die Wände wackelten im Wind. Sie habe schon manchmal Angst, sagte sie. Doch wolle sie Newtok nicht ohne ihre Kinder und Enkel verlassen. Über ein Funkgerät unterhielt sie sich mit einer Freundin, die ebenfalls Maria hieß und schon auf der anderen Seite lebte. Wir könnten gerne später wiederkommen, sagte sie.

Als wir dann aber noch mal bei ihr klopften, öffnete sie nur einen Spaltbreit, winkte ab und schloss die Tür vor unserer Nase.

Eines Morgens kam Bürgermeister Tom John in die Turnhalle der Schule, um seine wöchentliche Ansprache zu halten. Die Kinder und Jugendlichen nahmen im Schneidersitz Platz. Er erzählte davon, wie sich die Zeiten geändert hatten. Die Kinder würden einmal ganz andere Fähigkeiten brauchen, um für ihre Familien zu sorgen. Er erklärte, wie wichtig es sei, dass sie in der Schule etwas lernten, dass manche von ihnen vielleicht aufs College gehen und dann hoffentlich zurückkehren würden, um die Dorfgemeinschaft in die Zukunft zu führen. Nur wenn sie selbst den Wandel meisterten, könnten sie auch das Wissen der Yupik bewahren, all ihre Geschichten, Lieder und Tänze. Als einer von wenigen im Dorf beherrschte der Bürgermeister noch die Kunst der traditionellen Robbenjagd mit Speer und Kajak.

Noch konnte niemand mit Sicherheit sagen, wo ihre Zukunft lag.

»Nicht die Stärksten überleben, sondern die, die sich am besten an die Bedingungen ihrer Umwelt anpassen«, sagte der Bürgermeister.

Am Ende seiner Rede aßen sie alle gemeinsam das Frühstück aus der Schulküche, die Alten aus dem Dorf und die Kinder. Dabei hinterließen sie einen Haufen Müll, wie richtige Amerikaner – Papierunterlagen von den Plastiktabletts, Einmalbesteck, Becher und Teller, zwei Tonnen voll.

Bürgermeister Tom John, 65 Jahre alt, hatte den vielleicht schwierigsten Job im Delta. Im Blechhaus der Verwaltung saßen sie zu dritt und wussten kaum, wo sie anfangen sollten – bei den durchgerosteten Blechtanks, aus denen das Benzin tropfte? Bei den morschen Planken der Stege, die laufend erneuert werden mussten? Bei den Hütten, die sie versetzen wollten, weil sie bei Flut schon im Wasser standen wie einsame Inseln?

Der Staat investierte nichts mehr in dieses Dorf, das dem Untergang geweiht war. Sie hatten nicht einmal ein Abwassersystem hier, weshalb die Leute die *honey buckets* mit ihren Exkrementen in den Seitenarm des Ninglick kippten und die Nächsten mit ihren Gummistiefeln darin herumwateten und den Dreck zurücktrugen, weshalb immer wieder Krankheitswellen durchs Dorf fegten. Außerdem hatten sie den kläglichsten Stromgenerator in ganz Alaska. Das schwor zumindest der Handwerker, den sie »Buschmechaniker« nannten und der aus der Hauptstadt auf die Dörfer hinausflog und zweimal im Monat auch in Newtok vorbeikommen musste, um seine heilenden Hände aufzulegen.

Schließlich war da noch der Umzug des Dorfes, für den anscheinend keine US-Behörde zuständig war. Nie waren staatliche Fonds für Zwecke wie diesen eingerichtet worden. Und dann der Dschungel aus Vorschriften: Familien mit Kindern konnten nicht in einen Ort ohne Schule ziehen – allerdings baute die US-Regierung an einem Ort, an dem nicht mindestens zehn Kinder wohnten, keine

Schule. Es schien, als würden die Yupik durch die Maschen eines Systems fallen, das ihre ganze Misere erst verursacht hatte. Umzüge waren für ihr Volk nie ein Problem gewesen. Eigentlich waren sie Nomaden.

Früher hatten sie in Lehm-Iglus gelebt und waren je nach Saison zwischen ihren Quartieren am Ninglick und der Beringsee hin und her gezogen. Im Sommer hatten sie ihre Boote genommen und im Winter waren sie auf dem zugefrorenen Fluss mit Hundeschlitten zurückgefahren. Dann hatten die Weißen gesagt, ihre Kinder müssten nun auch zur Schule gehen. Die Regierung hatte mit Holz und Blech beladene Schiffe landeinwärts gesandt. Wo sie nicht mehr weitergekommen waren, hatten sie ein Schulhaus in den Sumpf gebaut.

Der Ninglick war noch kilometerweit weg gewesen und die Hütten im Winter so eingeschneit, dass nur noch die Schornsteine herausragten. Morgens hatten sie die Hauseingänge der Lehrerinnen und Lehrer freischaufeln müssen, damit die überhaupt in die Schule kamen. Jetzt, da der Permafrost taute, wurde fester Boden zu Schlammtümpeln. Schief standen die Kreuze auf den Gräbern der Ahnen. Strommasten drohten zu kippen und wurden von Balken gestützt. Manche Fischart, welche die Alten in ihrer Kindheit noch gefangen hatten, war nun verschwunden. Das Sumpfgras wuchs hüfthoch und sie konnten sogar kleine Tomatenpflanzen hinter ihren Fenstern züchten. Das Packeis, das die Küste bei Sturm vor Erosion geschützt hatte, hielt nur noch wenige Winterwochen.

Im Büro des Bürgermeisters bewahrten sie die Pläne für das neue Dorf auf wie Wertpapiere. Darauf eingezeichnet war das gelobte Land, die Siedlung der Zukunft – Grundrisse moderner Ökohäuser, Wasserleitungen und eine Klärgrube. Ein Gemeindezentrum mit Schutzraum für Evakuierungen würde es dort geben und ein Schwimmbecken, das im Winter als Schlittschuhbahn dienen könnte. Der Ausblick von dort oben sei im Sommer so schön, sagte Bürgermeister Tom John, beinahe unwirklich.

»Früher habe ich mir nicht vorstellen können, dorthin zu ziehen«, sagte er. »Jetzt kann ich es kaum erwarten.«

Doch er fürchtete, der Umzug könnte nicht rechtzeitig gelingen und das Dorf müsste eines Tages evakuiert werden. Der Staat würde sie auf Wohnsiedlungen im weit entfernten Fairbanks verteilen. Vorbei wäre es mit der Gemeinschaft, dem Lachsbeerenfest und der Robbenjagd. Es würde nicht lange dauern, bis die Kinder vergessen hätten, woher sie kamen. Wenn der Staat für Newtok keine Lösung finden würde, dann würden sie für all die anderen Dörfer erst gar keine Lösung mehr suchen und es *Gleichbehandlung* nennen.

Es schien, als stünde mit Newtok das Schicksal eines ganzen Volkes auf dem Spiel.

Eine Woche in Newtok fühlte sich an wie zwei Wochen.

Ich lag auf dem Feldbett in der Bibliothek und schaute hinaus auf den Ninglick. Graue Wolkentürme hingen über dem anderen Ufer und das Wasser regte sich auf.

»Ich weiß, warum niemand mit euch reden will«, sagte eine Stimme hinter mir. Ich drehte mich um und sah in das Buddha-Lächeln.

»Wegen des alten Streits, der unser Dorf spaltet«, sagte der Rektor. »Sie wissen nicht, auf wessen Seite ihr steht.«

Siebzehn Jahre lang hatte der frühere Bürgermeister Stanley mit seinem Dorfrat regiert, ohne Wiederwahl. Dann waren 312 000 Dollar verschwunden, die der Staat der kleinen Verwaltung als Hilfe überwiesen hatte. Keiner konnte sagen, wo das Geld geblieben war – schon gar nicht der alte Dorfrat und am allerwenigsten Bürgermeister Stanley. Es hatte sich einfach in nichts aufgelöst, was den Bau der neuen Siedlung verzögert und die Regierung dazu veranlasst hatte, vorerst keine weiteren Zahlungen an Newtok zu leisten. Und als wütende Bürgerinnen und Bürger die Clique um den alten Bürgermeister mithilfe ferner US-Gerichte aus dem Amt gejagt hatten, da hatte er eine große Blechhütte in den Sumpf gestellt und darin einen zweiten Dorfladen eröffnet, der größer und prächtiger war als der erste. Gott allein wusste, woher er das Geld dafür gehabt hatte. Es war wie aus dem Nichts gekommen.

Weil der alte Bürgermeister und seine Leute bis heute fanden, ihnen sei großes Unrecht widerfahren, hielten sie weiterhin ihre Sitzungen in der kleinen grünen Hütte ab, in der sie auch illegale Bingo-Abende für die Alten veranstalteten. Sie erließen Beschlüsse, druckten sie aus und pflasterten mit den eng beschriebenen Blättern die Wände – bis der Tag käme, an dem sie ihre Macht über Newtok zurückerobern und alles Stück für Stück umsetzen würden. Die Menschen von Newtok kämpften nicht nur gegen den Niedergang ihres Dorfes, sondern auch gegeneinander. Und während sie beschäftigt gewesen waren mit diesem und jenem, hatte der Fluss, der einst weit hinten am Horizont geflossen war, das Dorf erreicht.

Der Rektor beobachtete das Wasser mit einem Militärfernglas.

Der Wind randalierte im Dorf und das Schulhaus ächzte.

Der Bau war erst wenige Jahre alt. Eines Tages sollte die Schule in ihre Einzelteile zerlegt werden und mit dem Dorf umziehen. Das war die Theorie. Die Balken, auf denen sie stand, waren tief im Boden verankert. Nur nicht tief genug, denn sie bewegten sich in der weichen Erde und versetzten das Gebäude in Spannung. Immer wieder platzten die Türrahmen aus den Wänden und der Rektor musste sie mit Nieten und Metallwinkeln sichern. Neulich, während der Mathestunde, war die Wand eines Klassenzimmers in der Mitte durchgerissen wie ein Blatt Papier.

Was, wenn sich in der Schule eines Tages der Boden auftäte?

Jetzt stand auch ich am Fenster. Grau in grau überschlugen sich die Wellen und warfen Tropfen gegen die Scheibe.

»Ich glaube trotz allem, dass sie uns helfen werden«, sagte der Rektor. Er meinte die Regierung der Weißen. »Wisst ihr, was sie pro Jahr für Atomwaffen ausgeben?«

Eine Zahl sei das, zu der selbst einem studierten Mann jede Vorstellung fehle. Wie viel genau, wollte ich wissen.

Aber da war niemand mehr.

An unserem letzten Tag hatte der Ninglick sich kaum beruhigt. Doch weil der Dorfpolizist, der eigentlich kein richtiger Polizist war, kein Geld mehr für Petroleum hatte, erklärte er sich bereit, uns nach Mertarvik zu bringen. Der hagere Mann hauste in einem Bretterverschlag, einen Meter von der Abbruchkante entfernt. Vor dem Fenster wuchs eine kümmerliche Cannabispflanze und auf dem Ofen, für den er das Petroleum so dringend brauchte, stand schon ein Topf bereit, aus dem die Schwanzflosse eines Silberlachses ragte. In Gummihosen wateten wir zu seinem Boot.

Wir fuhren die Küste entlang, die mannshoch aus dem Wasser ragte. Sie wirkte beinahe lebendig – unter hängenden Grasbüscheln rieselte dunkle Erde herab wie grobe Körner einer Sanduhr. Tauwasser floss in den Ninglick, unbemerkt von dem Rest der Welt. Es war kaum zu begreifen, dass das, was uns drohte, nicht die Titelseiten füllte. Was musste noch geschehen? Wir waren die Dinosaurier. Wir waren der Asteroid.

Nach einer halben Stunde auf dem Ninglick landete das Boot an einem Strand aus groben Gesteinsbrocken. Vulkangestein. Die Insel Nelson.

»Fuck, guckt euch mal um. Merkt ihr was?«, rief der Dorfpolizist und sprang aus dem Boot. »Nirgendwo liegt Müll!« Er war seit Monaten nicht hier gewesen.

In übergroßen Gummistiefeln schlappte er einen Kiesweg hinauf, auf die Anhöhe. Dort wuchsen orange Lachsbeeren im hohen Gras. Weiter hinten standen vier Häuser auf Metallstreben, zweimal rot, einmal grün, einmal blau. Am Wegesrand lagen umgekippte Stapel großer Plastikplatten für den provisorischen Straßenbau, daneben ein rostiger Bagger. Die Arbeiter hatten alles stehen und liegen lassen, als ihnen das Geld ausgegangen war.

Von den Häusern her kam ein alter Mann von stämmiger Statur auf uns zu. Seine Hände waren zu Fäusten geballt.

»Ihr habt hier nichts zu suchen!«, rief er schon von Weitem. »Verpisst euch!«

Erst dicht vor mir blieb er stehen. In seinen Augen waren Pupillen und Regenbogenhäute zu einer einzigen grauen Scheibe verschmolzen. Mit gesenktem Kopf trat der Dorfpolizist an den Mann heran und sprach zu ihm, mit sanfter Stimme. Der beachtete ihn nicht.

»Wer hierher will, braucht die Genehmigung von Bürgermeister Stanley«, rief er stattdessen.

»Wir haben die Genehmigung von Bürgermeister Tom John«, sagte ich.

»Zum Teufel mit ihm!«, schrie er. »Der hat nichts zu sagen in Mertarvik.«

Er drehte sich um und stapfte davon.

Der Dorfpolizist rannte in Richtung Boot. Wir sollten uns beeilen, rief er, bevor der Mann seine Leute aus Newtok herbeiriefe. Auf dem Rückweg fuhr er einen weiten Bogen. Wenigstens bis in den Ort sollten wir es schaffen. Der Arm des Gesetzes sei zu kurz für die Tundra. Es wäre jetzt auch Zeit, dass wir abreisten, sagte der Dorfpolizist, nach Hause, wo auch immer wir hergekommen waren. Wir gingen in die Schule und packten unsere Sachen zusammen. Ein Junge weinte, als wir gingen.

Ein paar Wochen nach unserem Besuch wurde Bürgermeister Tom John vermisst gemeldet. Er war zur Robbenjagd gefahren und nie zurückgekehrt. Sein Schneemobil hatten die Suchtrupps 18 Kilometer westlich von Newtok gefunden, neben seiner Ausrüstung und einer toten Robbe. Von seinem Kajak fehlte jede Spur. Die Behörden sagten, er sei bei bestem Jagdwetter verschwunden.

Sonnig sei es gewesen, das Wasser klar und warm.

DAS VERSICHERTE LEBEN

Die Asphaltspur schlängelt sich entlang trockener Wälder und kleiner Ortschaften. Bei Morschen steht auf Betonstelzen die Talbrücke der ICE-Schnellstrecke. Ungefähr ab hier fühle ich mich einem Ort nah, den ich *Zuhause* nennen könnte. Nur die nadellosen Fichten, die wie Gerippe aus den blassgrünen Hügelketten ragen, trüben die Erhabenheit dieses Moments.

Nimo sagt, Newtok, das sei noch keine Antwort.

Es sei ein Anfang, sage ich. An Newtok sehen wir, was es bedeuten kann, wenn wir die Erde aufheizen. Wir sehen aber auch, dass keine der Geschichten, die jemals über das Dorf erzählt wurden, etwas hat ausrichten können. All die Journalistinnen und Journalisten, die für 100 Dollar die Nacht in der Bibliothek der Dorfschule abgestiegen sind, haben vor allem sich selbst geholfen. Der Rektor hat gesagt, vielleicht sollten wir die Kamera einmal umdrehen und schauen, was wir dort fänden. Immerhin sei es doch das Leben der westlichen Zivilisation, das sie in Newtok imitieren sollten. Nicht, dass die Yupik wieder zurückwollten ins nackte Überleben im doch-nicht-so-ewigen Eis. Aber es sei doch möglich, dass eigentlich wir es seien, die ein Problem hätten.

»Dann müsste mal jemand eine Expedition in die westliche Zivilisation machen«, sagt Nimo.

»Wir sind schon unterwegs«, sage ich.

Nimo igelt sich auf dem Beifahrersitz ein und ich will noch sagen, dass er die Füße vom Polster nehmen soll, aber dann würde ich wie mein Vater klingen. Zu präsent ist mir jetzt auch, dass dies nicht mein Auto ist. Anders als mein Vater in meinem Alter, besitze ich nämlich gar kein Auto und habe nie eines besessen, wie ich auch kein Haus habe und nie verheiratet gewesen bin. Das, was ich früher für das Leben gehalten habe, hat es für mich so nie gegeben.

»Kann es sein, dass irgendwann eine Flut kommt und unser Haus erreicht?«, fragt Nimo und ich gehe im Kopf die Entfernung zum Neckar durch und zum Kanal des kleinen Baches, der in den Fluss mündet und im letzten Jahr bis zum Rand vollgelaufen ist. Alle Gräser und Sträucher am Ufer sahen danach aus, als hätte man sie in eine Richtung gekämmt.

»Heute nicht und morgen auch nicht«, sage ich.

»Und übermorgen?«, fragt er.

»Nein.«

»Und überübermorgen?«

»Mach dir nicht so viele Sorgen«, sage ich. »Darum versuchen sich die Erwachsenen schon zu kümmern.«

Meine Worte sind geliehen, wie das Auto. Von der Generation meiner Eltern nämlich, die uns damit hat beruhigen wollen. In Wirklichkeit haben sie sich nicht darum gekümmert. Eigentlich gibt es keinen Klimaschutz, solange die Konzentration von Treibhausgasen in der Atmosphäre nicht abnimmt.

Das durch den Menschen emittierte Kohlendioxid wird durch physikalische und biogeochemische Prozesse im Erdsystem nur sehr langsam abgebaut. Nach 1000 Jahren befinden sich davon noch etwa 15 bis 40 Prozent in der Atmosphäre. Das heißt, Menschen müssen aufhören, Kohle, Gas und Erdöl zu verbrennen, und abwarten – oder gleichzeitig Wege finden, Treibhausgase aus der Atmosphäre zu binden und einzulagern. Sonst kann man noch so oft »Klimaschutz« sagen. Man rettet etwas nicht, indem man es ein bisschen weniger kaputt macht.

»Die Erwachsenen kümmern sich also«, sagt Nimo. »Und die Politiker, das sind die Erwachsenen der Erwachsenen.« Er stemmt die staubigen Sohlen seiner Turnschuhe gegen das schwarze Handschuhfach und hinterlässt aufgefächerte Fußabdrücke wie auf einer Anleitung für Tanzschritte.

Die Nazis haben die A7 schön über das nordhessische Bergland gelegt. Die Angehörigen ihrer angeblichen Herrenrasse sollten sich beim »Autowandern« deutscher Tugenden besinnen. Heute führt die Schnellstraße von Füssen an der österreichischen Grenze bis nach Ellund bei Dänemark. Die Ordnung, die jetzt so unversehrt rechts und links der Leitplanken und Schallschutzwände liegt, ist vor nicht allzu langer Zeit aus Trümmern und Chaos emporgestiegen, so wie die Ordnung davor und so weiter.

Adolf Hitler wollte die deutschen Autobahnen höchstpersönlich erfunden haben. Angeblich war ihm die Idee im Gefängnis gekommen, nach seinem Putschversuch. Dort, so seine Legende, habe er eine Karte des Landes auf den Knien aufgeschlagen und im Lichte großer Visionen die Reichsautobahnen eingezeichnet. Dabei ist seine NSDAP in der Weimarer Republik gegen solche Entwürfe gewesen, genau wie die Kommunisten.

Die erste öffentliche Kraftwagenstraße Deutschlands hat eigentlich ein Kölner Oberbürgermeister namens Konrad Adenauer zwischen Köln und Bonn bauen lassen. Eine vierspurige Schnellstraße, auf der Fußgänger, Fahrräder und Vieh ebenso verboten waren wie Wenden und Halten. Nach deren Eröffnung konnte die Erde noch eine halbe Bahn um die Sonne ziehen, ehe die Nazis unter anderem die Straßenplanung übernahmen. Nach seiner Machtergreifung versprach Hitler dann, Deutschland zu motorisieren und damit den Entwicklungsvorsprung der USA aufzuholen. Autobahnen sollten zum Symbol deutscher Überlegenheit werden. Adenauers vierspurige Kraftwagenstraße stuften die Nazis zur Landstraße herab, womit der Erfindung der Autobahn durch Hitler nichts mehr im Wege stand. Im heutigen Schulbuchverlag Westermann erschienen

Werke wie *Ewiges Deutschland* oder *Granit und Herz – Die Straßen Adolf Hitlers, ein Dombau unserer Zeit.*

Die Schnellstraße zwischen Köln und Bonn wurde im Jahr 1958 als A 555 wieder in den Stand der Autobahnen erhoben, unter dem damaligen Bundeskanzler Konrad Adenauer. Ihr *Tausendjähriges Reich* versuchten die Deutschen da schon wieder zu vergessen. Für sie war nun ein neues Zeitalter angebrochen, das der Bundesrepublik nämlich, mit Schnapspralinen und Eierlikör, Verwechslungskomödien und beträchtlichem Wohlstand. Sie nannten ihren Aufstieg ein Wunder, und die Autoindustrie hatte den größten Anteil daran. Mehr Demokratie wagen. Mehr Volkswagen. Lange, lange ging es bergauf.

»Schau mal, Baunatal steht noch«, sage ich, als die Bergrücken den Blick freigeben. Mittelstadt. Ewiges Deutschland.

»Endlich«, sagt Nimo.

Die drei großen backsteinroten Schornsteine waren schon immer das Erste, was ich von meinem Heimatort sah. Das VW-Werk liegt zwischen den Hügeln und raucht wie eine alte Tante.

Nein – tatsächlich rauchen die Schlote jetzt gar nicht, obwohl ich sie nur rauchend in Erinnerung habe. Von unten her steigt Dampf an ihnen auf.

Das zweitgrößte VW-Werk Deutschlands verdaut Metall zu Getrieben, vier Millionen Stück im Jahr, und kann keine Pause machen. Vor dem Werksgelände, das selbst schon die Dimensionen einer Ortschaft hat, liegt das Städtchen. Es ist, als hätten die Götter einen Teppich aus Neubaugebieten ausgebreitet. Die Dachziegel sind straßenblockweise dunkelbraun oder rot, und von Weitem sieht Baunatal noch immer aus wie neu. Ich sehe das Stadion mit seinen vier Flutlichtern, den Stadtpark, den künstlich angelegten Leiselsee, alles umgeben von grünen und gelben Feldern wie aneinandergereihte Flicken.

Wo jetzt das Werk steht, produzierten die Henschel-Motorenwerke einst Flugzeugmotoren für Nazibomber. Ein Grund, warum Kassel zum Kriegsziel wurde. Britische Bomber vernichteten die Nachbarstadt und ihre Industrie im Feuersturm einer einzigen Nacht. Meine Eltern wurden hier geboren, als es Baunatal noch nicht gab, nur verstreute Dörfer auf weiter Flur, mit Fachwerkhäusern und Höfen, die nach Jauche rochen: Altenbauna, Großenritte, Altenritte und Kirchbauna. Auf dem Gelände der zerstörten Motorenwerke errichtete Volkswagen dann die Fabrik. Im Aufschwung der neuen Republik kamen Tausende Arbeiter mit ihren Familien her und die Dörfer wuchsen zum Städtchen zusammen. Später wurden noch Rengershausen, Guntershausen und Hertingshausen eingemeindet.

Mein Zuhause liegt in Altenbauna, dem neuen Zentrum Baunatals, fernab des früheren Dorfkerns und umgeben von verschiedenen architektonischen Antworten auf die Frage: Wie schafft man in kurzer Zeit möglichst viel Wohnraum?

Die Antworten fielen freundlich aus. Denn das VW-Werk liegt genau an der Grenze zu Kassel, und die junge Stadt Baunatal hatte den juristischen Streit darüber gewonnen, zu welcher Gemeinde das Werk gehören sollte und wer folglich die Gewerbesteuer kassieren durfte. Baunatal war ein kleines Brasilia des deutschen Wirtschaftswunders, mit ganzen Häuserreihen in Gelb und Orange, TÜV-zertifizierten Abenteuerspielplätzen und üppigen Blumenrabatten auf kleinen Verkehrskreiseln.

Den Anfang der Ortschaft markiert ein Kreisverkehr, auf dem drei bemalte Miniaturen des VW Käfer drapiert sind wie auf einer Torte zum Betriebsjubiläum. Auch der Käfer ist eigentlich ein Anliegen Hitlers gewesen. Der Führer wollte das erschwingliche Auto für alle. *Fünf Mark die Woche musst du sparen, willst du im eignen Wagen fahren!*, reimten die Nazis. Hunderttausende Reichsdeutsche hatten bereits einen Sparvertrag abgeschlossen, bevor das erste Werk in Fallersleben bei Wolfsburg gebaut und von Hitler persönlich eröffnet wurde. Ferdinand Porsche entwarf den »Kraft-durch-Freude-

Wagen«, der als »Käfer« bis in die Neunzigerjahre hinein das meist-verkaufte Auto der Welt war, bis er vom Golf abgelöst wurde. In Baunatal habe ich immer nur den hinteren Teil dieser Erfolgsge-schichte gehört.

Egal, in welchen Volkswagen du dich setzt, sein Getriebe ist wahrscheinlich in Baunatal produziert worden, in Sichtweite mei-nes Elternhauses. Der Konzern nennt es *Volkswagenwerk Kassel*, doch das ist schon die erste Lüge.

»Das VW« ist Baunatal, und Baunatal ist das VW.

Die Konrad-Adenauer-Allee zerschneidet das Wohngebiet. Am Anfang ist sie so breit wie eine vierspurige Bundesstraße, mit Grünstreifen in der Mitte und Inseln, die Fußgängern auf dem Weg hinüber zum Verschnaufen dienen. Als Westdeutschland aus den Trümmern stieg, hatte es den Hang zur modernen Autostadt, zu Beton und Asphalt, im vermeintlichen Triumph über das Vergan-gene. Das Mindset war Miami, der Verkehr nur Winsen an der Luhe.

Die Parkbuchten links und rechts sind halbleer, was die Straße noch breiter wirken lässt. Hochhäuser sind schräg zur Straße hin angeordnet, umgeben von noch mehr Parkplätzen voller neuer oder gut erhaltener Autos, meist von Volkswagen oder den Toch-terfirmen Audi, Seat und Škoda. Mit den Jahren sind immer mehr Wohnmobile hinzugekommen.

Je weiter entlang der Konrad-Adenauer-Allee, desto besser das Leben. Die Gebäude rücken allmählich näher an die Straße heran, Reihen von Mehrfamilienhäusern, deren Balkone vor Privatleben strotzen, mit Sonnenschirmen, polierten Grills und Geranien in den Blumenkästen. In der früheren Bäckerei hat jetzt ein Pizza-lieferdienst eröffnet. Die Allee hinunter sehe ich schon die evange-lische Kirche, ein abstraktes Gebilde aus Stahlstreben, weißen Mauern und dunkelgrünen Fensterrahmen, das keinen Eingang zu haben scheint. Ein grauer Turm aus rohem Beton ragt empor wie eine Aufforderung an kommende Generationen, ihn eines Tages fertigzustellen. Sie haben uns die Kirche in den Neunzigern mitten ins Viertel gebaut. Mir wurde damals angst und bange bei dem Gedanken, dass die Leute in diesem Gebäude für den Großteil der Seelen in dieser Gegend zuständig waren.

Als würde das Bauwerk nicht schon genügend Fragen aufwerfen, hängt an der Front nun ein großes Banner mit einem düsteren Gemälde darauf, das – im größtmöglichen Kontrast zur lichten Aufgeräumtheit des Wohngebiets – die Beweinung des gekreuzigten Christus vor schwarzem Hintergrund zeigt. Der Körper ist übersät mit Dornen, das Gesicht gezeichnet von Schmerz, und dickes Blut trieft aus einer Schnittwunde unterhalb der Brust den Sockel des Kreuzes hinab bis vor die Füße eines Lamms. Darunter steht: *Ich versuche vertrauensvoll zu Grunde zu gehen und finde so neue Geborgenheit in dir.* Die evangelische Kirche ist auch nicht mehr das, was sie mal war.

Nimo schaut hin, sagt aber nichts.

Auf der Konrad-Adenauer-Allee wohnt mein Vater am Übergang vom geilen zum sehr geilen Leben, bei den Reihenhäusern nämlich, bevor die große Straße schmaler wird, ihr Verkehr durch bepflanzte Einbuchtungen beruhigt ist und links und rechts Einfamilienhäuser mit Gärten auftauchen. Am Ende der Straße liegt der Friedhof. Mit einem Realschulabschluss hat mein Vater es bis ins Herz der Bundesrepublik geschafft, in eine Mittelschicht, die stets gewusst hat, wo und für wen sie in zehn oder zwanzig Jahren arbeiten würde. Er absolvierte im Alter von fünfzehn Jahren eine Lehre zum Versicherungskaufmann bei der Sarowa Krankenversicherung und ist dort bis zur Altersteilzeit nach seinem sechzigsten Geburtstag geblieben.

Ich parke am Rande der Brahmsstraße, die rechts von der Konrad-Adenauer-Allee abgeht. Dann löse ich das Gurkenglas vom Armaturenbrett, auf dem das Panzertape klebrige Spuren hinterlässt. Mein Vater würde sagen, dass diese Art der Befestigung eine *Scheißidee* gewesen ist.

Nimo stellt Carlos' Gurkenglas vor dem Haus ab, klingelt und versteckt sich hinter dem Rosenlorbeer. Die dunkelgraue Haustür ist neu. Mit ihr fügt sich das Haus meines Vaters noch besser ins Gesamtbild der siamesischen Geschwisterhäuser ein, weil alle Nachbarn die ehemals schwarzen Türen mit dem von Draht durchzogenen Sicherheitsglas mittlerweile ersetzt haben. Ich lehne mich an den Mercedes am Straßenrand und betrachte unser Reihenendhaus, das eigentlich immer das Reihenendhaus der Sparda-Bank Hessen war, wie meine Eltern wegen des Kredits früher sagten. Es war der Grund dafür, dass wir nie in den Urlaub gefahren sind und mein Vater T-Shirts nur im Dreierpack kaufte. Bis ich sechs Jahre alt war und wir aus einer Mietwohnung in das Haus umgezogen sind, habe ich gedacht, reiche Leute erkenne man daran, dass sie mehr als eine Toilette besitzen. Dann hatten wir selbst zwei Toiletten. Doch um reich sein zu können, hatten wir arm werden müssen.

Alle fünf Reihenhäuser sind schon einmal neu gestrichen worden – auch dabei ist mein Vater der Letzte gewesen –, sodass die Häuser jetzt wieder gemeinsam in einem frischen Pastellgelb erstrahlen. Die Dachgeschosse sind mit Holzplanken verkleidet und am Haus meines Vaters rankt roter Wein über drei Etagen bis zum Schornstein. Von keinem der Häuser geht irgendein Lebenszeichen aus.

Mein Vater öffnet die Haustür und scheint wirklich zu erschrecken, als er erkennt, was da zu seinen Füßen im Glas schwimmt. Er fängt sich jedoch wieder und spielt die ihm zugedachte Rolle – nanu, wer ist da, was hat das zu bedeuten? –, bis Nimo hinter dem Busch hervorspringt und mein Vater sich noch einmal richtig erschrecken kann. Dazu fasst er sich ans Herz und ruft *Achgottachgott*, wobei seine Augen groß hervortreten. Nimo jubelt. Mittlerweile kann der brutalistische Charme meiner Familie ihm nichts mehr anhaben. Mein Vater umarmt ihn lange und ohne zu zögern.

Er trägt zu Hause grundsätzlich eine Jogginghose. Heute hat er einen meiner alten Kapuzenpullover an und um seinen Nacken hängt ein Küchentuch. Mein Vater hat graue Haare, seit ich denken kann, mit dem Alter sind sie nur dünner geworden. Seine Stirn ist zerfurcht, wobei die Zornesfalte besonders deutlich hervortritt. Das liegt in der Familie. Aus der Küche dringt der Geruch von frischgebackenem Brot. Als wir uns umarmen, spüre ich seinen kräftigen Brustkorb, der eigentlich zu einer Arbeit wie dem Holzhacken bestimmt zu sein scheint. An seinem Rücken, oberhalb der Schulterblätter, fühle ich den Knick in der Wirbelsäule, der seinen Kopf schon leicht nach vorn drückt. Eine Folge jahrzehntelanger Schreibtischarbeit.

Nimo schiebt sich mit dem Gurkenglas an uns vorbei und läuft ins Wohnzimmer, zu dem alten Kater, der dort auf der Fensterbank döst.

»Hast du gesehen?«, fragt mein Vater und klopft auf die Tür.

»Sieht gut aus«, sage ich.

»Ist auch gut«, sagt mein Vater.

Gleich nach unserem Einzug hat mein Vater eine dicke Kette über dem alten Türschloss angebracht und den gesamten Keller mit Gittern und Riegeln gesichert. Das Aufschließen und Abschließen des Hauses ist zur immer längeren Prozedur geworden, die mein Vater morgens und abends stoisch vollzog, vom Keller über die Terrassentür bis zum Minifenster im Gästeklo. Ich konnte mich nie entscheiden, ob ich nun fand, dass die Welt damit ausgesperrt oder wir dort drinnen eingesperrt waren. Wer nie etwas besessen hat, pflegt mein Vater zu sagen, der hat darüber gut lachen.

Die neue Tür ist noch sicherer. Sie habe sechs zusätzliche Schließmechanismen oberhalb und unterhalb des Hauptschlosses, sagt mein Vater. Er dreht den Schlüssel und verschiedenartige Metallkrallen springen heraus. Wenn die Tür ins Schloss falle, rasteten die sogar automatisch ein. An den Angeln schöben sich zusätzlich vier Spikes in den Rahmen, sodass die Tür auch dort unmöglich herausgehebelt werden könne. Die Haustür meines Vaters würde Kriminalität und Chaos in nie gekanntem Maße standhalten.

Ich streiche über die Tür wie über die Stirn eines Kindes.

»Aluminium«, sagt mein Vater und geht wieder hinein. Ich klopfe, lausche der Resonanz und nicke die enorme Wertigkeit des Materials ab.

»Hier, geht wie von alleine zu«, sagt mein Vater und lässt die Tür zwischen uns ins Schloss fallen, *klick klick*, wie beim Durchladen einer Schusswaffe. Nur noch schemenhaft sehe ich ihn. Bevor er die Tür wieder öffnen kann, gebe ich der Scheibe einen prüfenden Tritt. Dumpf höre ich meinen Vater drinnen meinen Namen rufen. Er reißt die Tür auf, zwei Adern treten mittig auf seiner Stirn hervor wie ein großes V. Dann mache ich mich daran, die Pendel sämtlicher Uhren anzuhalten, die das Haus mit einem asynchronen Ticken erfüllen.

Die Fenster sind längst nicht mehr die alten, die Türen im Erdgeschoss sind aus hellerem Holz und den Teppich im ersten Stock hat mein Vater durch Linoleumparkett ersetzt. Küche und Bäder hat er renovieren lassen, wobei das Gästeklo zu einem Stillleben sanitärer Ordnung geworden ist, mit bunt verpackten Seifen auf der Ablage, präzise gefalteten Handtüchern, mehreren Desinfektionsmitteln, Muscheln und einem getrockneten Seestern. Nachdem zuerst ich ausgezogen bin, dann zwei Katzen verstorben und durch zwei neue ersetzt worden sind, meine Mutter ausgezogen und eine weitere Katze verstorben ist, riecht es auch anders. Die zahlreichen Standuhren und Wanduhren aus Holz, die mein Vater nach der Scheidung zu sammeln begonnen hat, tragen zu dem Geruch sicher bei. Er bevorzugt Modelle, bei denen das mechanische Uhrwerk von außen zu sehen ist. Zu jeder vollen Stunde tönt das Haus wie ein Glockenspiel.

Vor der breiten Fensterfront im Wohnzimmer schiebe ich Benjamini und Drachenpalmen zur Seite und stelle unsere Tomatenpflanzen dazwischen. Mein Vater mahnt, ich solle nur keine Sauerei auf dem Parkett machen. Dem Kater wird es zu unruhig. Er erhebt sich von seinem Kissen auf der Fensterbank und krümmt seinen Rücken zu einem Buckel. Dann stößt er einen Klagelaut aus. Er ist dünn geworden, immer müde, immer hungrig. Schwarz ist sein Fell, mit einem weißen Flecken auf der Brust, unterhalb seines Kinns. Meist liegt er auf der Fensterbank, reglos wie die Sphinx. Mein Vater nennt ihn Bocelli, nach dem großen Opernsänger, ich nenne ihn Bierchen, nach dem kleinen Bier. Er ist der letzte Überlebende einer ganzen Serie schwarzer Katzen und angeblich der einzige Grund, warum mein Vater das Haus nach der Scheidung nicht angezündet oder wenigstens verkauft hat.

Mein Vater ruft nach mir.

Aus den Boxen in der Küche dringt *Alalalalalong*. Mein Vater sagt, im Radio spielen sie auch immer denselben Mist. Er zieht sich das Küchentuch vom Nacken und holt damit die Brotform aus dem Ofen. Dann prüft er die Kruste mit einem Messer.

Mein Vater hätte gerne Musik studiert. Von der Dorfschule hat er als einer von zwei Jungen die Empfehlung fürs Gymnasium bekommen. Doch der Weg zur Oberschule in Kassel kam dem Neunjährigen wie eine Weltreise vor. Seine Eltern wollten, dass die Kinder möglichst schnell Geld nach Hause brachten. Er kam aus reiner Notwendigkeit in den Dienst der Versicherung, so wie seine Eltern nach dem Krieg in den Dienst der Bauern und später ans Band zu Volkswagen gekommen waren. Früher hat mein Vater an Wochenenden seinen Sessel vor die Stereoanlage gerückt, bis tief in die Nacht mit großen Kopfhörern davorgesessen, Bier getrunken und zu den Platten von Pink Floyd oder Led Zeppelin Luftschlagzeug gespielt.

Er hält mir ein Messer entgegen, auf dem ein dampfendes Stück Brot steckt. Ich ziehe es ab und probiere.

»Kann ich was helfen?«, frage ich.

»Lieber nicht«, sagt mein Vater. Er weiß, ich würde für dieses oder jenes nicht genau das richtige Messer nehmen, würde beim Eierkochen den Deckel nicht auf den Topf setzen, um Energie zu sparen, nach dem Händewaschen kein Handtuch benutzen und die Fliesen mit Wasser volltropfen. Da macht er es lieber allein. Er steht am Fenster und rührt eine Schmandsauce zusammen, wie es ihm seine Mutter Eva beigebracht hat, mit feingehackten Zwiebeln, Zucker, Kräuteressig, Salz und Pfeffer.

»Guck mal, auf dem Tisch«, sagt er.

Ich greife nach der Zeitung, die auf der Wachstischdecke liegt, und überfliege die Meldungen. *Feuerwalze kam auf Dorf zu*, steht da, *Russland weitet Angriffe aus*, *Volkswagen-Werk entlässt 600 Leiharbeiter*, *Immer mehr Wildschweine im Stadtgebiet* und *Erstmals mehr als 100 Millionen Flüchtlinge weltweit*.

»Geht alles den Bach runter«, sage ich.

»Nein«, sagt mein Vater und wischt sich die Hände an dem Küchentuch ab, das er sich sogleich wieder über die Schulter wirft. Er tippt auf eine grüne Mappe, auf die er »LV« geschrieben hat, in zackigen Großbuchstaben.

»Die Lebensversicherung, du weißt schon.«

Ich weiß schon. Die Lebensversicherung.

Mein Vater hat diesen Vertrag zu meinem achtzehnten Geburtstag abgeschlossen. Darin sind die Eventualitäten meines vorzeitigen Todes geregelt, damit meine etwaigen Kinder dank der vereinbarten Zahlung versorgt wären. Noch mehr aber ist der Vertrag als Altersvorsorge für mich selbst gedacht. Sollte ich meinen 65. Geburtstag im Jahr 2050 erleben und der Euro dann noch etwas wert sein, bekäme ich einen Betrag ausgezahlt, von dem ich ein paar Jahre zehren könnte – so der Plan. Die Lebensversicherung ist eine Art meines Vaters, zu sagen: *Ich liebe dich.*

Bis jetzt hat er die Beiträge gezahlt. Weil die Altersteilzeit aber ausgelaufen ist und er als Rentner nun weniger Geld zur Verfügung hat, soll ich den Vertrag übernehmen.

»Du musst nur noch unterschreiben«, sagt er.

Ausgerechnet am Tag vor seiner Abfahrt will mein Vater mit mir über die Zukunft sprechen. Nein, gerade jetzt, sagt er, schließlich habe uns das Virus gezeigt, wie schnell es um einen geschehen sein könne. Von seiner Arbeit bei der Sarowa kennt er Tausende mehr oder weniger wahrscheinliche Szenarien, die ein Leben zerstören können. Mancher Fall verfolgt ihn bis heute, obwohl er keinem dieser Menschen, deren medizinisches Schicksal er minutiös geprüft hat, je begegnet ist. Zusammengenommen kommen selbst seltene Krankheiten häufig vor. Der Abschluss einer Lebensversicherung ist für ihn das einzig Vernünftige.

Der Vertrag ist auch eine Wette auf die Zukunft. Mein Vater glaubt, dass die Welt in einigen Jahrzehnten noch ungefähr so funktionieren wird wie heute. Dass unsere Systeme stabil bleiben, dass es bis dahin noch eine Sarowa gibt und ihre Versprechen noch etwas zählen. Leider entspricht der monatliche Beitrag der Lebensversicherung bereits einer Übernachtung im Waldorf Astoria in Las Vegas, inklusive Frühstück. Deutlich mehr also, als ich auf die Zukunft der Welt zu setzen bereit bin. Alle zwei Jahre wird dieser Betrag um 10 Prozent steigen.

Im Jahr 2050 wäre ich genauso alt wie mein Vater heute. Ich hätte die Handlungen einiger seiner Science-Fiction-Romane überlebt, die jetzt in großen Regalen oben in seinem sogenannten Arbeitszimmer stehen, in dem er Flugzeugsimulatoren durchspielt und Siedlungen gründet in *Anno 1602*. Wenn ich mir früher die Zukunft vorgestellt habe, dann dachte ich an die bunten Zeichnungen auf deren Umschlägen, an fliegende Autos, Skat spielende Roboter und Hightech-Siedlungen im Weltall. Jetzt aber sehe ich eine überhitzte Erde, geflutete Küstenmetropolen, Dürren und Waldbrände. Ich sehe Soldaten an Grenzen auf Geflüchtete schießen, die versuchen, die verbliebenen Bastionen des Wohlstands zu stürmen.

So ähnlich versuche ich es zu erklären.

»Du jetzt wieder mit deiner destruktiven Scheiße«, sagt mein Vater.

Ein halbwüchsiger Schatten huscht an der gläsernen Schiebetür der Küche vorbei, die ich geschlossen habe, als könne sie den Schall unseres Gesprächs dämpfen.

Die Maya und die Azteken konnten höchstens ihre Nachbarn und sich selbst vernichten. Mit der Erfindung thermonuklearer Waffen hatte die Menschheit erstmals ihre eigene Ausrottung in der Hand. Wenig später schon wurden erste Bedenken laut, dass wir den Planeten mit Abfällen aus Industrie und Landwirtschaft vergiften und mit unserem Wachstumsdrang die Zukunft kommender Generationen gefährden könnten. Die Anzahl menschengemachter Risiken, die unseren Fortbestand bedrohen, ist nach zwei Millionen Jahren Menschheitsgeschichte also innerhalb kürzester Zeit von null auf zwei geschnellt. Seitdem läuft der Zähler: Bioterrorismus, Artensterben, Klimawandel. Dazu Technologien, deren Einsatz unvorhersehbare Auswirkungen hätte – einschließlich jener zur Eindämmung des Artensterbens und des Klimawandels, weil sie in natürliche Kreisläufe eingreifen, um andere Eingriffe in natürliche Kreisläufe wettzumachen.

Ich erinnere meinen Vater daran, dass die Gefahren der künstlichen Intelligenz in seinen Science-Fiction-Romanen hinlänglich beschrieben worden sind. Was würden Terroristen mit mikroskopisch kleinen Nanobots anstellen? Wie verheerend wären genetisch modifizierte Krankheitserreger? Was, wenn Staaten irgendwann mit Kampfrobotern übereinander herfallen oder sich die Maschinenwelt verselbstständigen und die für sie nutzlose Menschheit en passant auslöschen würde? Ich erwähne den britischen Astronomen Martin Rees, Gründer des Centre for the Study of Existential Risk, der eine 50-prozentige Wahrscheinlichkeit dafür sieht, dass die Spezies Mensch das Ende dieses Jahrhunderts nicht übersteht. Jede noch so zerstörerische Technologie werde irgendwann eingesetzt, so sagt Rees, dem könne man durch Verbote ebenso wenig beikommen wie dem internationalen Drogenhandel. Angesichts der Multiplikation existenzieller Risiken, schließe ich, sei der Abschluss einer Lebensversicherung also nicht weitsichtig – sondern, im Gegenteil, leichtsinnig.

Mein Vater schneidet das Brot in dicke Scheiben und sagt, er habe schon in der Handelsschule gedacht, dass bald alles vorbei wäre. Das sei während seiner Ausbildung gewesen, als er schon Hemd getragen habe, ihm aber noch kein Bart gewachsen sei. Damals hätten sie vom Club of Rome gehört und den *Grenzen des Wachstums*.

»Das ist jetzt fünfzig Jahre her und alles läuft immer noch irgendwie«, sagt er.

Tippelschritte hallen im Flur, dann fällt die Haustür ins Schloss, *klick klick*. Im Keller stimmt die Katze ihren Klagegesang an.

»Die Welt ist schon immer untergegangen«, sagt mein Vater.

Nur diesmal wird sie wirklich untergehen, sage ich, zumindest für die Menschen.

Das habe er ja auch gedacht, früher.

Und so drehen wir uns im Kreis.

Den Ordner mit den Dokumenten bringe ich nach oben, in mein altes Zimmer unter dem Dach. Dort schiebe ich ihn ins Regal zwischen Bücher und alte Zeitschriften, die ich bei Gelegenheit noch sichten will.

Nimo liegt in einer schwarzen Plastikwanne aus dem Baumarkt, auf dem halbmondförmigen Gemeinschaftsgrundstück vor den Häusern. Seine weißen Beine ragen über die Ränder, Richtung Konrad-Adenauer-Allee. Wenn die Flut jetzt käme, dann würde er Carlos ein Loch graben, sagt Nimo, mitten auf dem Rasen. Damit der Triops dort eine Familie gründen könne. Da es mit der Flut aber wohl noch etwas dauern wird und für Baunatal im Moment nicht einmal Regen angesagt ist, schlage ich vor, Carlos zunächst ein größeres Zuhause einzurichten – auf der Sonnenseite, vor dem großen Wohnzimmerfenster meines Vaters und zwischen den Tomaten. Wir könnten versuchen, die Wasserpflanzen aus seinem Glas zu vermehren.

Martin Luther wird dieser Satz angedichtet, dass er angesichts des morgigen Weltuntergangs heute noch ein Apfelbäumchen pflanzen würde. Mir selbst schwebte früher eher eine wehrhafte Farm im Gebirge vor – ein großes, von Stacheldraht umzäuntes Grundstück mit genug Platz für Dutzende Apfelbäume und einen Acker. Am besten mit eigenem Brunnen, Solarstrom, einer Kiste mit Gewehren und reichlich Munition. Vor dem entscheidenden Maya-Datum im Dezember 2012 wollte ich mich vorbereiten, Weltuntergang hin oder her, es konnte ja nicht schaden, tausend Liter Wasser im Keller zu lagern, ein bisschen Tränengas und einen Vorrat an Konserven. Doch hatte ich nicht mal einen Keller, geschweige denn Geld für Vorräte. So beschloss ich zu sterben, wie alle anderen Menschen auch.

Damit bin ich lange gut gefahren.

Nur ist dies keine Lösung, die ich Nimo anbieten kann. Seit seiner Geburt sehe ich mich als Anteilseigner der menschlichen Zukunft und habe einen beträchtlichen Teil meiner Existenz in den Fortbestand der Welt, wie wir sie kennen, investiert. Dafür will ich mein Bestes geben, was auch immer das sein mag.

Im Keller meines Vaters finden wir einen Glaskasten neben einer Sammlung leerer Einmachgläser. Meine Mutter hat ihn einst aus dem ausrangierten Inventar eines Labors geborgen, mit Schichten aus bunten Perlen aufgefüllt und zur Dekoration im Badezimmer aufgestellt. Jetzt ist er leer. Wir platzieren ihn auf einem Teewagen unter dem großen Wohnzimmerfenster.

Nach dem Abendessen warten wir auf die Dunkelheit.

Wir schleichen zum Sandkasten der Nachbarskinder und füllen ein paar Schäufelchen Sand in einen Beutel, den wir dann auswaschen und, mit etwas Nährboden gemischt, auf dem Grund unseres Aquariums verteilen. Auf dem Dachboden neben meinem alten Zimmer haben wir ein Säckchen mit Edelsteinen gefunden, von denen wir eine Handvoll hinzugeben. Mit Muscheln und dem Seestern aus dem Gästeklo meines Vaters ist der Boden bereitet.

Vorsichtig setzen wir die Wasserpflanzen hinein und beschneiden sie.

Für das Überleben der Triops im Aquarium ist das Wasser entscheidend. Leitungswasser ist zu hart und kann mit Schadstoffen belastet sein. Spuren von Kupfer etwa würden Carlos umbringen. Die höchste Schlupfrate erreicht man mit destilliertem Wasser, da dies keinerlei Schadstoffe aufweist – allerdings auch keine hilfreichen Bakterien, weshalb die Triops dann nach wenigen Wochen wahrscheinlich sterben. Am besten ist Wasser aus Flüssen und Bächen mit unzähligen Mikroorganismen, die ein biologisches Gleichgewicht bilden – und von denen sich Triops-Nauplien in ihren ersten Tagen ernähren. Für den Moment tut es auch Wasser aus dem Supermarkt. Unter dem Protest meines Vaters füllen wir den gläsernen Kasten also mit seinem stillen Caldener Mineralwasser auf und kippen Carlos hinein. Nimo sagt, ich solle den Sand unbedingt im Gurkenglas lassen, für die Rückreise. Es ist der weiße Originalsand, der zur Anzucht der Triops mitgeliefert wurde. Ich stelle das Glas zum Trocknen auf die Terrasse.

Carlos scheint das Ausmaß seiner neu gewonnenen Freiheit nicht zu begreifen. Er zuckelt darin herum, nach links und rechts, bleibt dabei aber im mittleren Drittel des Beckens, wie gefangen zwischen unsichtbaren Wänden.

Mit meinen alten Legosteinen fangen wir an, Türme zu bauen, die Wolkenkratzer sind. Wir verteilen sie auf der marmornen Fensterbank. Am Ufer sitzen jetzt Menschen und blicken hinaus aufs Wasser. Wir bauen eine Brücke, die von der Fensterbank über das Aquarium bis auf den Teewagen reicht.

Die Stadt ist New York.

Das Aquarium ist die große Bucht.

Und der überstehende Teil des Teewagens ist die Rockaway Peninsula – eine Halbinsel, die zwischen der Stadt und dem offenen Ozean liegt wie eine schützende Barriere.

AM WASSER GEBAUT
Rockaway Peninsula, New York

In einer ehemaligen Feuerwache scharten sich Teenager von der Halbinsel um den alten Geophysiker Klaus Jacob. Er erzählte ihnen vom Land und vom Meer und wie sich die Grenze dazwischen über die Zeitalter verschob. Dass der Ozean jetzt wärmer wurde und sich ausdehnte. Er erzählte vom arktischen Eis, davon, dass der Meeresspiegel noch vierhundert Jahre weiter steigen und die Landzunge schlucken werde, auf der sie lebten. Dass dies mit absoluter Sicherheit geschehe, selbst wenn die gesamte Menschheit morgen aufhören würde, Öl, Gas und Kohle zu verbrennen.

Klaus Jacob war so etwas wie ein menschliches Frühwarnsystem.

»Was glaubt ihr, wie lange eure Familien noch hierbleiben können?«, fragte er in die Runde.

Ein 13-Jähriger in Basketballshorts meldete sich: »Bis zum Ende des Jahrhunderts?«

»Du bist zu optimistisch«, sagte Jacob und fuhr sich durch den weißen Rauschebart. »Die Häuser eurer Eltern sind schon so gut wie weg.«

»Aber wenn wir unser Zuhause verlassen, wird die Gegend einfach verfallen«, sagte der Teenager.

»Hier könnte ein wundervolles Naturschutzgebiet entstehen«, erwiderte Jacob. »Die Vögel würden zurückkehren und ihr könntet an den Wochenenden Ausflüge hierher machen.«

»Wenn es okay ist, Ausflüge hierher zu machen, warum können wir dann nicht hier leben?«, wollte der Junge wissen.

»Weil ihr hier dann nur noch mit Booten unterwegs sein werdet«, sagte Jacob.

Das Einzige, was er an seinem Job nicht liebte, war die Rolle als Überbringer verstörender Botschaften. Als Erdbebenexperte hatte er einst Risikogutachten für Städte und Großprojekte auf der ganzen Welt erstellt. Heute war er 85 Jahre alt und erforschte die Folgen des steigenden Meeresspiegels. Er unterrichtete an der Columbia University in Manhattan, beriet die Stadt im New York City Panel on Climate Change und stritt bei Podiumsdiskussionen mit denen, die ihn einen Schwarzmaler nannten.

Selten hatte er das zu sagen, was die Leute hören wollten.

Mithilfe seiner Daten erschuf er Flutkarten am Rechner. Sie zeigten verschiedene Zukunftsszenarien. Was wäre, wenn? Wenn die Menschheit mit der fossilen Verbrennung aufhörte oder so weitermachte. Wenn das Meer deshalb langsamer stiege oder schneller. Wenn wir das Jahr 2050 hätten oder das Jahr 2100. Wenn nur die alltägliche Flut käme oder ein Jahrhundertsturm. Auf all diesen Karten aber drang das Blau des Meeres in das dunkle Grau der Wohngebiete, unterschiedlich weit. Eine Zehnjahresflut hätte bald die Wucht einer heutigen Jahrhundertflut, und eine heutige Zehnjahresflut wäre irgendwann etwas Alltägliches.

Der Halbinsel Rockaway gab er noch dreißig Jahre.

Es würde schleichend beginnen. Zuerst würde der Ozean die Straßen nur bei Neumond und Vollmond fluten. Zu diesen Zeitpunkten verstärkten sich die Gezeitenkräfte, weil Sonne, Mond und Erde in einer Linie standen. Wer dann noch hier lebte, würde immer öfter von Sturmfluten heimgesucht werden, weil immer weniger Wind genügte, um die Wellen über die Ufer treten zu lassen. Irgendwann würde das Wasser täglich die Barrieren überwinden und in Bungalows, Ferienhäuser und Sozialbauten dringen. Schließlich würde es bleiben.

»Ich weiß, das ist schwer zu akzeptieren«, sagte Jacob in der alten Feuerwache. »Ich lebe selbst in einer Flutzone.«

In seinem Kofferraum lagen immer ein paar Gummistiefel.

Auf der anderen Seite von New York City, den Hudson River hinauf, hatte er sich mit seiner Frau ein weißes Holzhaus in der kleinen Gemeinde Piermont gekauft. Allzu nah stand es am Fluss. Er hatte die Wahrscheinlichkeit größerer Fluten für die folgenden Jahre berechnet und gewusst, dass es nur eine Frage der Zeit sein würde. Aber das Leben war kein Rechenmodell. Seine Frau hatte dieses Haus in der Paradise Avenue in Piermont gewollt, kein anderes. Diese Ruhe. Und der Blick über die Sümpfe, über denen die Vögel ihre Formationen übten. Jacob sagte, entweder du willst geliebt werden oder du willst recht haben.

Er hatte geliebt werden wollen.

Klaus Jacob war in Stuttgart zur Welt gekommen, da hatten die Nazis gerade die Macht ergriffen. Dann war der Krieg ausgebrochen und sein Vater hatte gedacht, mit so viel Metallindustrie, mit Benz, Bosch und Hirth, konnte Stuttgart kein sicherer Wohnort sein. Ein paar Hundert Meter vom Haus entfernt stand eine Aluminiumschmelze. Also hatte der Vater seine Arbeit als Ingenieur bei den Stadtwerken gekündigt und eine neue Stelle in einem Wasserkraftwerk in der bayrischen Provinz angenommen. Ein Jahr später hatte die britische Luftwaffe Stuttgart mit einem Feuersturm überzogen und das frühere Haus der Familie Jacob mit einer Fliegerbombe zerstört. Die Familie der neuen Eigentümer war darin umgekommen.

Was sein Vater getan habe, sei konsequentes Risikomanagement gewesen, sagte Klaus Jacob. Es liege ihm im Blut.

Später hatte er in Frankfurt Geophysik studiert, mit den Leuten um Daniel Cohn-Bendit den Aufstand geprobt und sich in die US-Bürgerrechtlerin Angela Davis verliebt, die er als Gaststudentin kennengelernt hatte. Nach der Doktorarbeit war er an die Universität in Manhattan gewechselt, wo er der Unileitung mit seinem langen Bart suspekt gewesen war. Zu sehr ähnelte er den Revoluzzern, die ihren Campus lahmlegten. Feldprojekte als Erdbebenexperte hatten ihn bald nach El Salvador geführt, nach Syrien und Australien. Er hatte den Bau eines gigantischen Staudamms in Pakistan begleitet und auf den Aleuten in Alaska die Wirkung von Atombombentests untersucht (weil das US-Militär gefürchtet hatte, es könne damit Japan überschwemmen, was nach den Bomben auf Hiroshima und Nagasaki zu viel der schlechten Publicity gewesen wäre).

In New York eilte ihm der Ruf voraus, er habe den Supersturm Sandy vorhergesagt, der die Stadt 2012 verwüstet hatte und bei dem 44 Menschen ums Leben gekommen waren. Die Medien hatten Jacob zum Propheten des Untergangs hochstilisiert. Das sei natürlich Bullshit, sagte er. Niemand könne irgendwas vorhersagen. Es war eine Frage der Wahrscheinlichkeiten, wann es geschah. Doch hatte er davor gewarnt, *wie* es geschehen würde.

Mit einem Computermodell hatte sein Team zuvor herausfinden wollen, welche Folgen ein Jahrhundertsturm für die Stadt hätte. Sie hatten beim staatlichen Metrobetreiber MTA angefragt, ob dort Interesse an Flutkarten bestünde. Kein Interesse. Sie hatten die Daten des New Yorker Untergrunds dann auf eigene Faust zusammengetragen, die Maße aller Schächte, Tunnel und Zugänge. Wie viel Wasser würde in welcher Zeit wohin gelangen? Mit den Ergebnissen hatte niemand gerechnet: Laut ihres Modells würde im Falle eines Supersturms das gesamte Tunnelsystem innerhalb einer halben Stunde volllaufen. Die Stromversorgung der U-Bahnstrecken wäre zerstört, der Financial District von Manhattan – das wirtschaftliche Zentrum der USA – auf unbestimmte Zeit lahmgelegt. Mit ihren Karten gingen sie noch einmal zur MTA. Deren Ingenieure alarmierten die Manager, die sich Jacobs Daten nur widerwillig ansahen. Ein so schlimmer Sturm würde schon nicht kommen, sagten sie – und unternahmen nichts.

Kaum ein Jahr später hatte sich der Sturm des Jahrhunderts zusammengebraut.

Die MTA hatte Jacobs Flutkarten dann doch zur Hand genommen. Sie hatten sofort alle verfügbaren Arbeiter in die gefährdeten Schächte geschickt, wo diese einen Tag und eine Nacht lang alle elektronischen Anlagen demontiert hatten. Die U-Bahnwaggons hatten sie auf den höchsten oberirdischen Strecken geparkt. Supersturm Sandy hatte Wassermassen über die Dämme gewälzt und sie durch die Straßen getrieben bis über die Autodächer. Die Straßen waren zu Flüssen geworden und die Tunnel der Metro geflutet wie vorhergesagt. Dank Klaus Jacob war das U-Bahnsystem – trotz verwüsteter Haltestellen – wenige Tage später wieder einsatzbereit.

Klaus Jacob sagte, von dem, was New York bevorstünde, sei Sandy nur eine leise Vorahnung gewesen. Jetzt hörten ihm auch die Mächtigen zu.

Die Stadt hatte mehr Küste zu sichern als Miami, Boston, San Francisco und Los Angeles zusammen. Sie müsste astronomische Geldbeträge investieren, um Brücken, Tunnel und Straßen an den steigenden Meeresspiegel anzupassen. Die Stadtplaner ließen futuristische Parks mit Auffangbecken und immer mächtigere Barrieren entwerfen, die Business wie Bevölkerung schützen sollten. Irgendwann wären die aber sowieso nicht mehr hoch genug, sagte Jacob. Die einzig nachhaltige Form der Anpassung sei der geordnete Rückzug von der Küste.

New York aber wollte nicht aufgeben.

Wir stiegen in sein Auto und besichtigten die Rockaway-Halbinsel. Nach Hurrikan Sandy hatte die Stadt für Hunderte Millionen Dollar eine Betonpromenade entlang des Strandes errichtet, mit tiefem Fundament und verstärkenden Stahlträgern. Sie sollte als Flutbarriere dienen. Sandy hatte die alte Holzkonstruktion mitgerissen und durch die Wände der umliegenden Häuser geschmettert. Auf der Halbinsel hatte wochenlang Chaos geherrscht: kein Strom, plündernde Gangs, überfüllte Essensausgaben und rationiertes Benzin. Wenn die Menschen von dieser Zeit erzählten, benutzten sie sehr oft die Worte *fucking scary*.

Einst war die Halbinsel vor New York City als Urlaubsresidenz für reiche Städter erschlossen worden. Sie gehörte dazu, aber irgendwie auch nicht. Nur über zwei lange Brücken gelangte man nach Brooklyn oder Queens. In den vergangenen Jahrzehnten hatte die Halbinsel als Abstellgleis gedient, mit Wohnheimen für Alte, Kranke und Irre. Jetzt lebten hier vor allem Einwandererfamilien. Sie nannten ihre Heimat die »Rockaways«, in trotziger Anlehnung an die Hamptons, das Millionärsparadies im Osten Long Islands.

Viele Afroamerikaner und Hispanics waren in den Fünfzigern hergekommen, als der Stadtplanungshardliner Robert Moses angekündigt hatte, die Stadt von ihren Slums zu befreien – und sie dann bloß an die Ränder gedrängt hatte.

Die Sehenswürdigkeiten der Halbinsel waren der Strand und ein verfallenes Art-déco-Badehaus mit einem Parkplatz von groteskem Ausmaß. Die kellerlosen Einfamilienhäuser auf der Halbinsel hatten sie nach dem Hurrikan auf Balken gestellt. Um Wohneinheiten waren kleine Erdwälle angelegt worden. Die Verteilerkästen der backsteinroten Wohnblöcke standen nicht mehr in den Kellern, sondern in Containern auf den Flachdächern. Manche der Häuser reichten bis auf wenige Meter an das Meer heran, das nach und nach den Sandstrand abtrug.

Jacob hielt am nördlichen Rand der Halbinsel, mit Blick auf den John F. Kennedy Airport. Schräg gegenüber einer Reihe neuer Bungalows erodierte die Küste ins Meer. Trotzdem überall die Schilder: *JUST SOLD*. Die Immobilienbranche boomte und Häuser mit Meerblick waren auch in der Flutzone begehrt.

Drei Männer tranken Bier an der Abbruchkante und hielten ihre Angeln ins Wasser. Jacob schlenderte entlang der Kaimauern, die sich in Richtung Wasser neigten, als könnten sie jeden Moment hineinkippen.

»Schon was gefangen?«, rief er hinüber.

»Heute noch nicht«, erwiderte der Älteste mit einer Kippe im Mundwinkel, »außer denen hier.« Er trat gegen einen Eimer mit Strandkrabben, die er als Köder nutzte. Der glühende Grill daneben war leer.

Der Mann mit den grauen Krauselocken stellte sich als Pedro vor. Hinter ihm erhob sich ein Haus, das mit seinen hohen nackten Betonwänden wie eine Mischung aus Bunker und kalifornischem Strandhaus wirkte.

»Ich habe meinem Kumpel geholfen, dieses Haus zu bauen«, sagte er. »Einmal vor Sandy und einmal danach.«

Die Sturmflut hatte hier alles zerstört. Danach hatten sie es richtig machen wollen, hatten ein zwei Meter tiefes Fundament gegossen und das Haus auf drei Meter hohe Säulen gestellt. Pedro sagte, er habe so viel Beton und Stahl darin verbaut, dass dieses Haus eines Tages das Letzte sein werde, was in dieser gottvergessenen Gegend noch aus dem Wasser ragen werde.

»Die Leute kommen immer noch hierher und kaufen Grundstücke«, sagte er kopfschüttelnd. »Und dann muss ich mir ihren Bullshit anhören.«

Neulich hätten hier ein paar neue Nachbarn Mangrovenbäume an das Ufer gepflanzt, mit denen sie die Fluten aufhalten wollten.

»Sie erzählen mir von ihrer Zukunft hier«, sagte er. »Aber ihre Häuser sind auf Sand gebaut. Bevor die Bäume groß werden, sind die Rockaways schon verschwunden.«

Jacob nickte.

»Siehst du mein Baby da drüben?«, sagte Pedro und deutete auf ein grünes Motorboot, aufgebockt im Garten seines Kumpels und allzeit bereit zur Abfahrt. Als Sandy die Rockaways überflutet hatte, hatten sie damit Essen und trockene Kleidung an die Leute verteilt. »Wenn die nächste große Flut kommt, packe ich meine Familie da drauf und bringe sie hier raus.«

Bis dahin müsse er nur aufpassen, dass sie nicht zu fett würden.

Bis zum Ende des Jahrhunderts sollte der Meeresspiegel laut Studien zwischen 30 Zentimetern und anderthalb Metern ansteigen. Die Rockaways, Teile von Brooklyn und Lower Manhattan dürften dann längst unbewohnbar sein. Der Rest der Stadt aber würde regelmäßig mit den Folgen von Extremwetter und Sturmfluten zu kämpfen haben.

Die Politik dachte in Legislaturperioden. Die Banken dachten in Quartalen, Jahresbilanzen und Kreditlaufzeiten. Immobilienentwickler dachten in der Zeit, die es brauchte, ein Haus zu bauen und mit Gewinn weiterzuverkaufen. Die Versicherungen kannten das Risiko und verweigerten den Leuten in manchen Gegenden schon den Vertragsabschluss – Pflicht war eine solche Versicherung aber ohnehin nur zur Absicherung der Banken bei größeren Krediten. Das hieß, sehr viele Menschen würden einst auf ihren Flutschäden sitzenbleiben.

Die meisten Anpassungspläne der Stadt, die im Mayor's Office for Resiliency ausgearbeitet wurden, schauten sich mögliche Flutszenarien nur bis in das Jahr 2050 an. Jacobs Flutkarten aber zeigten: Erst danach würden die Folgen der Erderwärmung so richtig Fahrt aufnehmen.

Als Geophysiker hatte er die Veränderungen der Erde über die Jahrmillionen studiert. Wenn er von der Zukunft sprach, dann meinte er damit andere Zeiträume. Zuletzt hatten vor 125 000 Jahren ähnliche klimatische Bedingungen geherrscht wie heute, von den globalen Mitteltemperaturen bis zur Konzentration von Kohlendioxid in der Atmosphäre. Der Meeresspiegel war damals aber zwischen sechs und neun Meter höher gewesen. Weil die Menschen seit der Industrialisierung so plötzlich Unmengen von Treibhausgasen ausgestoßen hatten, brauchten die Gase noch Zeit, um ihre volle Wirkung zu entfalten.

Sein Vorschlag, den Rückzug von der Küste anzutreten und Abertausende Einwohner umzusiedeln, war trotz allem nicht sehr beliebt. Die Menschen wollten in ihren Häusern bleiben. Die Entwickler wollten weiter verdienen. Auf einer Veranstaltung hatte sich einmal ein Herr im Publikum gemeldet und gesagt: *Aber Herr Jacob, die Flächen, die wir laut Ihnen aufgeben sollen, sind Milliarden von Dollar wert.*

Klaus Jacob sagte: *Noch.*

Sein Heimweg führte über die Brooklyn Bridge in Richtung Manhattan. Die Wolkenkratzer reichten bis ans Wasser wie funkelndes Spielzeug an einer übervollen Badewanne. Wenn man nur den Zeh reinhielte, würde sie überlaufen.

Wir fuhren stop-and-go durch die Häuserschluchten im Hafenviertel. Seit Sandy säumten hier Wände aus Sandsäcken das Ufer, eingehegt in Metallgitter. Die besonders reißfesten Säcke waren für den Afghanistankrieg entwickelt worden, US-Soldaten errichteten damit Festungen in den Wüstenregionen dieser Welt. Hier sollten sie Sturmfluten von bis zu anderthalb Metern standhalten.

Am Straßenrand errichteten Bauarbeiter gerade ein neues Hochhaus. Bis zum vierten Stock hatte es weder Fenster noch wurde darin Holz verbaut. Wenn die nächste große Flut käme, sollte das Wasser dort einfach hindurchfließen. Ein Spiel auf Zeit. Denn eines Tages würde das Wasser selbst bei Ebbe im Viertel stehen.

»Werden sie dann in Amphibienfahrzeugen herkommen und durch die Fenster in den vierten Stock klettern?«, fragte Jacob.

Die Stadt habe zwei Optionen.

Entweder man sage den Leuten die Wahrheit, dass nicht jede Nachbarschaft zu retten sei. Man müsste anfangen, Menschen aus den Küstengebieten umzusiedeln, und sehr viel Geld dafür ausgeben. Oder man pumpte noch einmal Abermilliarden in den Schutz dieser Gebiete, mit hohen Mauern und Dämmen – und würde die Menschen früher oder später trotzdem umsiedeln müssen. Nur dass dann das Geld dafür fehlen würde.

»Wir wälzen das Problem auf kommende Generationen ab«, sagte Jacob.

Er parkte das Auto am Titanic Memorial Park, wo einst die Titanic hätte landen sollen und dann nie angekommen war. Das Denkmal – ein weißer Leuchtturm – wirkte klein in diesem Stadtteil, in dem alles monumental war und Kirchen die niedrigsten Gebäude. Man konnte ihn leicht übersehen. Auf einer Plakette las ich, wo er einst gestanden hatte und dass der Mineralölkonzern Exxon seine Errichtung hier finanziert hatte, zum Gedenken an die Todesopfer der Havarie.

Auch in dieser Geschichte ging es um Risikomanagement.

Der junge Funker der RMS Titanic, Jack Phillips, war am Abend des 14. April 1912 sehr beschäftigt gewesen. Am Vorabend war die Verbindung seines Funktelegrafen abgerissen und so musste er einer Station in Neufundland noch all die Urlaubsgrüße der Passagiere übermitteln, die sich angesammelt hatten. Gegen 21:30 Uhr erhielt er die Warnung von einem Kollegen auf einem anderen Dampfschiff, dass sich auf dem Kurs der Titanic ein großes Eisfeld befand. Phillips klemmte die Nachricht angeblich unter einen Briefbeschwerer und fuhr fort, die Grußbotschaften abzuarbeiten, ehe er, so nahm er sich vor, den Kapitän informieren würde. Um 22:55 Uhr erhielt er eine dringende Warnung der SS Californian, die seine Verbindung mit der Funkstation in Neufundland übertönte. Sie sollten die Klappe halten, er müsse arbeiten, gab Phillips zurück. Mindestens acht Warnungen erhielt die Titanic, bevor sie um 23:40 Uhr mit einem Eisberg kollidierte und zu sinken begann.

Die globale Fangemeinde der Verfilmung mit Leonardo DiCaprio diskutierte indes, ob der arme Jack aus der dritten Klasse nicht doch noch Platz auf der rettenden Planke gehabt hätte, mit der sich seine geliebte Rose – erste Klasse – hatte über Wasser halten können. Wieso nur hatte sie nicht darauf bestanden, dass er an ihrer Seite um sein Leben kämpfte? Vielleicht aber war dies die treffendste Metapher für die demografische Wahrheit großer Untergänge, dass sie nämlich die Ärmeren für gewöhnlich zuerst und mit größter Wucht trafen. Auch die Klimakrise war eine Krise der Gerechtigkeit. Und so passte es auch, dass Exxon der Sponsor des Leuchtturms zum Gedenken an eine vermeidbare Katastrophe war, vor der es an Warnungen nicht gemangelt hatte.

Klaus Jacob stand vor dem Leuchtturm und streckte den Arm auf Brusthöhe aus.

»So hoch war diese Straße geflutet während Sandy«, sagte er.

Bis auf wenige Zentimeter hatte das Salzwasser an die Schwelle zum Keller der Federal Reserve Bank herangereicht, wo sich mit den Wertanlagen von über sechzig Nationen das größte Goldlager der Welt befand. Dem Gold hätte das Salzwasser wohl nicht geschadet – nur hätte man die Türen zu den Tresorräumen wegen der Korrosion nicht mehr aufbekommen. Die Banker hätten dort einbrechen müssen.

Diese Straße hier heiße übrigens »Water Street«, sagte Jacob. Weil hier, wo wir jetzt stünden, einst Wasser gewesen sei.

Über die Jahrhunderte hatten Siedler die Landzunge von Manhattan stetig ins Meer erweitert. Bis in die Fünfzigerjahre hinein hatte die Stadt dafür Müll und Schutt ins Wasser gekippt. Das exklusive Viertel Battery Park City im Osten war etwa mit der Erde aufgeschüttet worden, die Bauarbeiter einst für das Fundament des World Trade Center ausgehoben hatten. Ein Teil des Roosevelt Parkways, einer sechsspurigen Schnellstraße entlang der Küste im Westen, war auf den Trümmern von Häusern gebaut, die Nazibomber während des Zweiten Weltkrieges im englischen Bristol zerstört hatten. Einige der teuersten Gegenden der Stadt waren buchstäblich auf Abfall errichtet. Und dort, wo Manhattan am härtesten von Sandy getroffen worden war, war früher nichts als Wasser gewesen. Die Flutgefahr hier, bedingt durch die steigenden Temperaturen, war im doppelten Sinne menschengemacht.

New York war keine Stadt, die gerne den Rückzug antrat. Im Gegenteil.

Der Bürgermeister wollte den Küstenabschnitt hinter den Sandsäcken noch einmal um drei Straßenblocks in den East River erweitern. Flucht nach vorn. Mehr New York schaffen. Schließlich gab es hier zu wenig Platz für normale Dämme und Schutzmauern, jeder Quadratmeter wurde genutzt. Die neue Landmasse sollte bis zu sieben Meter über dem heutigen Meeresspiegel liegen und damit den Hafen und den Finanzdistrikt schützen. Und weil die Stadt dies allein kaum würde bezahlen können, hatte sie schon die Immobilienentwickler an Bord geholt, die lukrative Bürokomplexe errichten und die Stadt von ihren Profiten bezahlen wollten.

Alle hielten das für ein gutes Geschäft.

Klaus Jacob hielt es für das alte Märchen vom ewigen Wachstum, nach dem alle immer weiter verdienen konnten, ohne wirklich etwas zu ändern.

Die städtischen Maßnahmen waren ein Spiel mit den Wahrscheinlichkeiten. Niemand wusste ja, wie schnell die Temperaturen steigen, das Eis in der Arktis schmelzen und der Ozean sich ausdehnen würde. Obwohl die Ergebnisse vieler Studien durchaus Schnittmengen hatten und ihre wahrscheinlichsten Annahmen ein großes Mittelfeld bildeten, wichen sie in ihren Extremen, den unwahrscheinlicheren Szenarien, stark voneinander ab. Die Stadt versuchte, immer zu 90 Prozent auf der sicheren Seite zu sein, wenn sie Schritte zum Schutz bedrohter Nachbarschaften erwog. Mit jedem weiteren Prozent der Sicherheit würden die Kosten exponenziell steigen. An dieser Stelle der Diskussion merkte Klaus Jacob gerne an, er säße ungern in einem Flugzeug, das mit einer Wahrscheinlichkeit von 10 Prozent abstürzen würde.

New York City plante jetzt eine fast 10 Kilometer lange Hightech-Flutbarriere im äußeren Hafengebiet, von den Rockaways im Osten bis Sandy Hook, New Jersey, im Westen. Sie sollte aus einer Reihe künstlicher Inseln bestehen, zwischen denen sich im Falle einer Sturmflut große Stahltore schließen würden. Die Stadt wäre dann, außerhalb der Sichtweite der Anwohner und Touristen, vom Ozean abgeschirmt.

Die Barriere würde um die 60 Milliarden Euro kosten – wobei Projekte dieser Art nicht dafür bekannt waren, ihre Budgets einzuhalten – und bräuchte etwa 25 Jahre Bauzeit. Und eines Tages würden die Tore dauerhaft geschlossen bleiben müssen, um die verwundbaren New Yorker Stadtteile zu schützen. Dann aber könnten die beiden großen Flüsse nicht mehr ins Meer fließen und würden die Stadt von der anderen Seite fluten. Die Barriere wäre nutzlos. Oder man müsste das Wasser abpumpen und in den Ozean leiten. Mehr Aufwand, mehr Kosten, mehr Probleme.

Nur kein Rückzug.

Die Mitarbeiter des Bürgermeisters sagten, sie könnten Klaus Jacobs Forderungen nicht erfüllen, selbst wenn sie wollten. Er hatte ihnen empfohlen, ganz Lower Manhattan samt Finanzdistrikt umzusiedeln. Dies sei unmöglich, sagte Jainey Bavishi, die oberste Resilienzbeauftragte – schließlich schlage dort das Herz der amerikanischen Wirtschaft.

Klaus Jacob wäre schon froh, wenn Umsiedlung überhaupt irgendwo möglich wäre. Zum Beispiel in seiner Heimatstadt Piermont.

»Willkommen in meiner Nachbarschaft«, sagte er, als er in seine Einfahrt bog. »Sie geht gerade am Klimawandel zugrunde.« Seit dem Tod seiner Frau vor zwei Jahren wohnte Jacob dort allein in dem weißen Holzhaus. Er musste sein Auto immer öfter umparken, weil die Straße geflutet war. Zwei Fahrzeuge hatte er schon verloren, weil er zu spät gekommen war. In Flutzeiten überwachte er den Wasserstand mithilfe einer App. Gleich nach dem Kauf hatte er das Haus anheben lassen, bis auf Brusthöhe. Mehr war nicht erlaubt gewesen, damals.

Als Supersturm Sandy nahte, hatte seine Frau noch gelebt. Jacob hatte auf seinen Flutkarten sehen können, was ihnen bevorstand. Er war nach Hause gefahren, hatte die Nachbarn gewarnt und dann alle Möbel aus dem Erdgeschoss in den ersten Stock geschleppt. Am Ende war er so erschöpft gewesen, dass er oben eingenickt war und die Flut verschlief, die unten durch sein Wohnzimmer strömte, während seine Frau von der Treppe aus Videoaufnahmen machte.

Heute wollte Jacob das Haus am liebsten verkaufen. Gerne würde er noch einmal neu anfangen, mit bald 86 Jahren, vielleicht wieder zur Columbia University nach Manhattan ziehen. Doch er wusste, dass seine ganze Straße dem Untergang geweiht war. Ein Immobiliengeschäft unter diesen Bedingungen – das wäre Betrug. Den drei Söhnen seiner Frau, denen er immer ein Vater gewesen war, hatte er gesagt, sie sollten besser nicht mit einem Erbe rechnen.

»Wir denken, die Katastrophen passieren immer anderen Menschen an anderen Orten«, sagte Klaus Jacob. »Aber das stimmt nicht.«

Sein Stromkasten war jetzt im ersten Stock. Im Wohnzimmer hatte er die Steckdosen auf Hüfthöhe montiert.

In der Paradise Avenue waren gerade wieder zwei Häuser verkauft worden. Auf dem Grundstück gegenüber bauten sie ein neues, auf meterhohen Pfählen. Die neuen Nachbarn wollten bald einziehen. Seit Beginn der Pandemie zog es die Städter wieder aufs Land.

Die Hauspreise in der Flutzone stiegen an.

ZUHAUSE

Ich erwache schon in der Morgendämmerung.

Wir haben uns unter der Dachschräge meines Jugendzimmers ein Matratzenlager eingerichtet. Nimo schläft neben mir, in einem Haufen von Kuscheltieren, die einmal meine gewesen sind. Um uns herum hat er sämtliche Playmobilfiguren aufgebaut, die ich einst in einer Kiste verstaut hatte. Früher habe ich auf der anderen Seite der Rigipswand geschlafen, in der Hälfte des Dachbodens, die auch Stauraum ist, das dunkle Unterbewusstsein des Hauses. Irgendwann habe ich mich dort nicht mehr wohlgefühlt mit den Kisten, Regalen und Einbauschränken, die voll sind mit Relikten einer vergangenen Familie. Seitdem liegt die Matratze auf dieser Seite der Wand.

Ich schaue mich um. Mein Vater hat unten im Haus reichlich Platz und steigt nach seinen Knieoperationen nur ungern viele Treppen. Dieser Raum ist verschont geblieben von der Gegenwart. Nur die kasachische Putzfrau, die zu christlichen Festen Kuchen mitbringt und auch bei meinen Großeltern putzt, betritt den Dachboden immer donnerstags, um einmal durchzuwischen. Sowohl meine Großeltern als auch mein Vater behaupten, sie mache *alles kaputt*. Ich kann keine Schäden feststellen.

Alles ist geronnene Zeit. Da stehen die Sofaecke und der alte Wohnzimmertisch aus Kirschholz, die Stereoanlage mit CD-Player, mein Schreibtisch und ein klappriger Bürostuhl, an dessen Armlehne ein Klecks getrockneter Schokopudding schon eins mit dem

Material geworden ist; die Tür, übersät mit Aufklebern und Signaturen früherer Freunde, von denen ich nicht einmal mehr die Telefonnummern habe; die Regalwand mit einer Sammlung gebrannter CDs, auf denen sich sorgsam kuratierte Songs befinden, nie gelesene Bücher und die durchgebrochenen Bretter meiner Skateboards, die ich aufgehoben habe, ohne zu wissen, wofür; an der Wand hängt *Nighthawks* von Edward Hopper, auf dem sich der Mann und die Frau am Tresen nur scheinbar an den Händen berühren, bis man genauer hinsieht und erkennt, dass jeder Mensch auf diesem Bild einsam ist, auf seine Weise.

Die frühe Stunde macht mich ratlos. Nicht einmal mein Vater ist wach, obwohl er in den Urlaub fahren und sicher *vor den ganzen anderen Arschlöchern auf der Autobahn sein* will. Ich setze mich mit dem Laptop an den Schreibtisch. Der Bürostuhl knarzt unter meinem Gewicht und ich zucke zusammen. Nimo regt sich nicht. Ich gehe auf die andere Seite der Rigipswand und lege mich bäuchlings auf den Teppich. Ich klappe den Laptop auf.

Für die Firma Greenbot soll ich dieser Tage einen Artikel über den *NextGen Climbstar Q7* verfassen. Dieser Rasenmähroboter ist die neueste technologische Errungenschaft des Unternehmens und ein Schlag ins Gesicht der Konkurrenz. Er kann Grundstücke mit einer Steigung von bis zu 75 Prozent bewältigen, während vergleichbare Geräte bei 70 Prozent an ihre Grenzen stoßen. Vier motorisierte Antriebsmodule und bewegliche Rollen sorgen dafür, dass der besonders kompakte Roboter auf der Stelle die Richtung wechseln kann. Radarsensoren erkennen umliegende Hindernisse wie Gartenmöbel und Blumenbeete, die er dann umfährt. Die technischen Details sollen separat in einem von mir zu erstellenden Infokasten stehen, allerdings auch in den Fließtext eingewoben werden, eine »spannende Reportage« wünscht sich die Marketingabteilung. Dazu haben sie mir einen 64-jährigen Ingenieur und Hobbyjäger vermittelt, Harald Kiesinger, der einen Garten mit Hanglage an der Schwäbischen Alb besitzt und den Climbstar dort als einer der Ersten einsetzt. Mein Besuch bei ihm ist schon am Nachmittag in eine Obstler-Verkostung übergegangen, in deren Verlauf er meine Hand genommen und mir seine Sorgen, nein, seine Wut über die »Systempresse« gestanden hat – also die Art, wie »die Medien« über »unkontrollierte Zuwanderung« und die Pandemie berichtet hätten, die doch eigentlich eine »*Plandemie*« sei. Den Gesundheitsminister nannte er »Klabauterbach«, wie die mittlerweile verhafteten Mitglieder der Gruppe, die dessen Entführung geplant hatte.

Um all das darf es in meinem Artikel auf keinen Fall gehen.

Ich will zunächst verschiedene Einstiege probieren, die Interesse wecken und die Leserschaft in den Text ziehen sollen. Mir fällt nichts ein. Dann schaue ich – nur ganz kurz – ein YouTube-Video zur Himmelsscheibe von Nebra, das mir vom Algorithmus vorgeschlagen worden ist. Von dort ist es nicht mehr weit zu einer Doku über einen amerikanischen Teenager, der seine Eltern ermordet und dann noch eine Party in ihrem Haus gefeiert hat, sowie einem Interview mit Elon Musk, in dem er erklärt, dass die Menschheit dringend das All besiedeln müsse, wenn sie fortbestehen wolle. Als ich mich schließlich losreißen kann, versuche ich das Weiß der leeren Seite zu überwinden. Ich schreibe etliche Anfänge.

Die grüne Revolution beginnt in Harald Kiesingers Garten.

Während Harald Kiesinger den Rasen mäht, liest er Zeitung auf der Terrasse.

Bei Harald Kiesinger geht es steil bergauf.

Und so weiter.

Dann lösche ich alles und schreibe:

Der Climbstar von Greenbot ist der einzige Grüne, auf den Harald Kiesinger nicht gerne schießen würde.

Ich klappe den Laptop zu und verschaffe mir einen Überblick über den Inhalt der Kartons auf dem Dachboden. Da sind Bücher meiner Mutter, von Hermann Hesse bis *Das Nein in der Liebe*, und ein paar Jahrgänge *Musikexpress*, die mein Vater eingelagert haben muss. Ich finde Stapel des *Monster Skateboard Magazine* von 1998 bis 2002,

Simpsons-Comics in Klarsichtfolien und Windelkartons voller Micky-Maus-Hefte aus den Achtzigern, die ich von meinen älteren Cousins übernommen habe, bevor deren Eltern vor Gläubigern in ihr Ferienhaus nach Ibiza geflohen sind und ich diesen Teil der Familie nie wiedergesehen habe. Dann bilde ich einen Stapel pro Zeitschriftengattung und beginne damit, sie alle in eine chronologische Reihenfolge zu bringen. Hin und wieder lege ich eine Pause ein, um mich durch andere Kartons zu graben.

Von unten her höre ich das Wehklagen des Katers. Es klingt wie ein Kleinkind, das im Schmerz wahnsinnig geworden ist. Die schweren Schritte meines Vaters auf der Treppe klingen noch genau wie damals.

Als wir ins Wohnzimmer kommen, liegt Bierchen wieder auf seinem Kissen. Nimo versucht ihn mit einem Ball zu locken, in dem ein Glöckchen bimmelt, doch der Kater schaut nur kurz, senkt die Lider und dämmert weiter. Carlos durchschwimmt jetzt alle Dimensionen seines Aquariums auf voller Strecke. Auch die Wasserpflanzen scheinen ihren neuen Platz angenommen zu haben. Nimo rückt die Legotürme etwas weiter vom Wasser weg, errichtet Flutmauern und verteilt Regenschirme an die Figuren. Er baut ein Auto zusammen und lässt es auf der wackeligen Brücke fahren, unter der Carlos seine Kreise zieht. In dem Auto sitze Klaus Jacob, sagt er, daneben ich. Dann beginnt er kleine Häuser auf der anderen Seite zu errichten, auf den Rockaways, wo die Brücke auf den Teewagen trifft.

Nimo will wissen, an welchem Meer New York liegt.

Der Rest des Wohnzimmers ist der Nordatlantische Ozean – und darüber hinaus wohl auch die ganze Stadt Baunatal, einschließlich des VW-Werks und der Felder und Waldhügel drum herum. Und dass hier, wo jetzt das Wohnzimmer meines Vaters ist, tatsächlich mal Ozean gewesen sein soll, ist ebenso schwer zu begreifen, wie dass hier wieder Ozean sein wird, irgendwann.

Der Himalaya sei voller Fischfossilien, sagt Nimo, weil die Land-masse einst den Boden eines Meeres gebildet habe. Das Gebirge sei durch Drifts der Superkontinente entstanden und die Berge Tau-sende Meter hoch aus dem Ozean geschossen, als Gondwanaland und Eurasien aufeinandergeprallt seien. Deswegen fänden Kletterer heute noch versteinerte Seelilien, Grätenskelette und Ammoniten auf dem Mount Everest. Wenn er Gondwanaland sagt, zieht er das erste »a« in die Länge. *Gondwaaanaland*. Ich googele seine Behaup-tungen mit schnellen Daumenbewegungen. Neulich hat er mir er-klärt, der Mond sei mal Teil der Erde gewesen. Ich habe das zu-nächst für unmöglich gehalten, dann aber einräumen müssen, dass diese Theorie wahrscheinlich stimmt.

Nimo holt eine Gurkenscheibe aus der Küche und lässt sie in das Aquarium fallen. Mit dem Gesicht dicht am Glas verfolgt er ihren Weg auf den Grund, dann sprenkelt er noch etwas Algenpulver hin-terher. Wir haben herausgefunden, dass Urzeitkrebse praktisch al-les fressen, wobei Carlos an Möhren kein Interesse zu haben scheint und Brokkoli ihn ängstigt. Es dauert eine Weile, bis er sich daran-macht, die Gurke zu zerlegen.

Die Eiertäschchen unter seinem Panzer verraten, dass Carlos wahrscheinlich ein Weibchen ist. Doch haben wir dem Triops sei-nen Namen gegeben, bevor wir dessen Biologie recherchiert haben. Männchen sind selten und kommen nur dann häufiger vor, wenn sich die Umweltbedingungen allzu drastisch verändern, als eine Immunreaktion ihrer Spezies. Urzeitkrebse vermehren sich ge-schlechtlich wie ungeschlechtlich und stehen im Verdacht, mit un-befruchteten Eizellen sogar das Wunder der Jungfernzeugung zu vollbringen. Es kann auch sein, dass Carlos eines der Zwischen-wesen ist, die nur äußerlich einem Weibchen gleichen und sich mit einer Zwitterdrüse selbst befruchten.

Das alles ist verwirrend und spielt eigentlich keine Rolle.

Für Carlos und die Triops aber schon. Nicht ohne Grund haben sie die Dinosaurier überlebt, den Tasmanischen Beutelwolf, den

Auerochsen, die Wandertaube und die Stellersche Seekuh. Und dies, obwohl ihre Populationen ausgerechnet in besonders kurzlebigen Süßwasserbiotopen erblühen – Pfützen in Erdlöchern etwa, nach Überschwemmungen oder starken Sommerregen. Die Urzeitkrebse leben schnell und nur zur Zwischenmiete. Ihre Eier legen sie an versteckten Plätzen in ihrem Habitat ab, bis zu zweihundert am Tag, im Sand oder unter Steinen. Sobald das Wasser versickert oder verdunstet ist, sterben sie. Abertausende Eier bleiben jedoch, jedes so groß wie ein Sandkorn. Sie trocknen, werden vom Winde verweht oder fortgetragen von Tieren, in Fellen, Federn und Mägen. Auf kleinster Flamme des Lebens überdauern die Embryonen in diesen Eiern Jahrzehnte, harren aus, bei extremer Hitze wie schneidender Kälte. Und wenn die nächste Flut sie findet, werden sie aktiviert und ihre Population lebt auf. Aufstieg, Blüte, Niedergang. Jedes Ei ist eine Brücke in die Zukunft.

Ein besonderer Erfolg ihrer Evolution ist aber, dass wir Menschen die Urzeitkrebse jetzt züchten, obwohl sie ganz und gar ohne Nutzen für uns sind. Wie wir die trockenen Eier all den Kinderzeitschriften und Experimentierkästen beilegen, sie über unsere Logistiknetze verbreiten und von unseren Kindern großziehen lassen. Unser Nachwuchs ist ihr Vehikel. So gelangen sie in die sichersten aller sicheren Habitate, haben es sogar bis ins Wohnzimmer meines Vaters geschafft, in Baunatal bei Kassel, wo das Leben lang ist und das Wasser ewig. Der Preis dafür ist ihre Freiheit.

Aber was ist das schon für eine Freiheit, in einer schlammigen Pfütze?

Mein Vater steht im Türrahmen, der Schweiß rinnt ihm die Stirn hinab. Das Auto sei jetzt gepackt. Renate ist gerade angekommen, wenn auch etwas später, als ihm lieb ist, und sie werden nun aufbrechen, in die kroatische Sonne. Er will wissen, wo jetzt der Ordner mit der Lebensversicherung sei.

»Sicher verwahrt«, sage ich.

»Hast du unterschrieben?«, fragt er.

Ich versichere meinem Vater, dass der Vertrag ganz kurz vor dem Abschluss steht.

Renate kommt ins Wohnzimmer, *bereit zum Abflug*, wie sie sagt. Sie riecht nach Sonnencreme. Mein Vater bittet mich mitzukommen, auf eine Tour durchs Haus, bei der er mir eine Einweisung gibt, wie alles zu sichern sei, die neue Haustür (nur zuziehen), die Tür zur Veranda (Knopf reindrücken), die Rollläden (etwas ruckeln beim Runterlassen), die Kellerfenster (Knopf reindrücken) und die Kellertür (am besten nicht anfassen). Wo all die kleinen Schlüssel für die verschiedenen Türen, Fenster und Riegel versteckt sind. Und wie ich den Kater zu füttern habe.

Er liebt das Tier und hat sich daran gewöhnt, dass es abends vor dem Fernseher auf seinen Schoß springt und vor Wonne vibriert. Dafür erträgt er, dass Bierchen nie satt zu werden scheint, dass er an anderen Tagen wiederum gar nichts frisst, aber neben dem gefüllten Napf steht und fortwährend jammert. Auch dass er sich bisweilen auf den Teppich und das beige Ecksofa übergibt, auf das man sich sonst nur mit wirklich sauberen Hosen setzen darf. Mein Vater öffnet die Schranktür in der Küche und zeigt mir, wo ich Eimer und Lappen finde, falls es wieder passiert. Er bittet mich, dem Kater im Falle des Falles zu verzeihen. Bierchen ist das Maß an Chaos in der Welt, das er zu akzeptieren bereit ist.

Mein Vater führt mich in den Vorratskeller und erklärt mir die verschiedenen Futtersorten und wie ich diese zu mischen habe, das teure, das billige und das trockene. Er öffnet eine der Dosen, fährt mit einem Löffel hinein und mit einem Schmatzen löst sich ein gelierter Fleischbrocken, den er im Napf zerteilt. Dann zeigt er mir, wie er den Löffel mit einem anderen Löffel abstreift, sodass am Ende beide beinahe sauber aussehen und keine Fleischreste eintrocknen. Leise erzählt er, im vergangenen Jahr habe der Tierarzt bei Bocelli – also Bierchen – unter anderem ein schweres Nierenleiden diagnostiziert. Es ist, als seien wir nur in den Keller gegangen, damit der Kater uns nicht hören kann. Mein Vater lehnt sich zu mir herüber und sagt:

»Der Tierarzt hat prophezeit, Bocelli würde Weihnachten nicht mehr erleben. Aber er hat nicht gesagt, welche Weihnachten.«

Das polternde Lachen meines Vaters hallt durch das Treppenhaus mit den marmornen Stiegen. Hier wird niemand sterben, solange ich die Aufsicht habe. Das verspreche ich meinem Vater.

Wir umarmen uns lang und fest. Dann stehe ich mit Nimo in der neuen Haustür und sehe zu, wie sie einsteigen. Sie drehen noch eine halbe Runde mit dem Škoda Enyaq, einem kleinformatigen SUV, an dem der Wohnwagen hängt, bis er zur Straße hin steht.

»Macht's gut, ihr Lümmel. Passt mir auf Bocelli auf«, ruft mein Vater aus dem Autofenster. »Und grüßt mir den Möller!«

Wir winken, bis der Wohnwagen um die Ecke biegt.

»Wer ist der Möller?«, fragt Nimo.

Und das frage ich mich auch.

Das Haus meines Vaters ist ein guter Ort, um unsere Expedition in die eigene Zivilisation zu beginnen. Das Selbstverständliche ist für die Augen unsichtbar. Also müssen wir vorgehen wie Archäologen, die Artefakte der Gegenwart freilegen, sie dokumentieren und daraus unsere Schlüsse ziehen. Wie konnte es so weit kommen? Und sind wir noch zu retten? Wir wissen nicht genau, wonach wir suchen, aber wir werden es herausfinden. Mit einem Notizbuch und einer alten Digitalkamera steigen wir hinab in die Katakomben.

Im Vorratskeller strotzen die Regale vor Konservendosen und Einmachgläsern, von serbischer Bohnensuppe bis Pusztasalat. Paprikawürste hängen von einem quergelegten Besenstiel und erfüllen den Raum mit ihrem Duft. An der Decke über dem Gefrierschrank haftet ein Lakritzbonbon, das ich als Kind dorthin geklebt habe. Mein Vater hat es nie abgenommen, weil es wohl keinen Grund gab, es abzunehmen. Er hat sich zwar nie dafür, aber eben auch nie dagegen entschieden.

Nimo fotografiert das Bonbon.

In der Werkstatt, die nur eine Durchgangskammer zum Heizungskeller ist, riecht es noch immer nach Holz und vergessenen Projekten. Die Werkbank liegt voll defekter Gegenstände aus der Urzeit dieser Familie, die irgendwann einmal repariert werden sollten. Ich finde einen Holzritter aus der Kollektion des kostbaren Ostheimer Spielzeugs, von dem meine Mutter gerne gehabt hätte, dass ich damit spiele, das für Kinder im Gegensatz zu beweglichem Plastikspielzeug aber völlig uninteressant ist. Daneben liegt ein grob bearbeitetes Stück Holz von ungefähr gleicher Form, mit dem mein Vater und ich den Ritter einst zu duplizieren versuchten, um letztendlich eine Armee zu erschaffen. Schon bei der ersten Figur gaben wir auf. Nimo macht ein Foto.

Den größten Kellerraum haben wir »Bar« genannt, weil der Vorbesitzer des Hauses dort eine wackelige Theke hineingestellt hat. Vor der Fototapete, die einen Herbstwald zeigt, feierten wir früher Familienfeste. Jetzt steht alles voller Gerümpel, alter Möbel und Kisten. Hier können wir erforschen, wie Raum in dieser Zivilisation all die Dinge anzieht, die fortwährend produziert und verkauft werden. Wenn man nicht aufpasst, bekommt man sie sogar geschenkt. Schnell braucht man noch mehr Räume, Häuser und Hallen. Ein Fluch ist alles, was *zu schade zum Wegschmeißen* ist. In diese Kategorie fallen Sachen, die *nur ein bisschen kaputt* sind, die umsonst waren, die es als Treueprämie gab oder als Zugabe zu einer bestimmten Transaktion. Wir finden eine Sammlung kleiner Bierlaster verschiedener Marken, derentwegen mein Vater jeweils von seiner Lieblingssorte abgewichen sein muss (früher Hütt Luxus Pils, heute ein alkoholfreies), Rucksäcke und Bälle von der Tankstelle sowie Geschenke eines Elektronikversandes, von Laserpointern bis hin zu Mousepads. Nimo fotografiert die Sammlung alter Schellackplatten meines Großvaters mütterlicherseits. *Brennend heißer Wüstensand* und *Capri-Fischer.*

Wir steigen die marmornen Stufen hinauf ins Wohnzimmer

und pirschen uns vorbei am schlafenden Kater, den wir nicht wecken wollen, weil er ein Höllenhund ist und Wächter verborgener Kammern. Zunächst untersuchen wir die Schrankwand, in der auch der große Flachbildfernseher steht. Darüber hängen Leuchten, die abends per Zeitschaltuhr angehen und die vierstöckige Schallplattensammlung erhellen, die Pfeifen, die mein Vater nicht mehr raucht, die DVDs, die Stereoanlage mit Plattenspieler und die Geduldsspiele. Ich nehme einen Holzwürfel aus dem Regal, ziehe ihn auseinander und gebe den Versuch, ihn wieder zusammenzusetzen, rasch auf. Ich ziehe noch einen auseinander, dann eine Kugel und eine Pyramide, und lege sie als getrennte Häufchen ins Regal zurück. Wenn mein Vater wiederkommt, wird er mich zur Rede stellen und ich werde einstimmen in den Chor meiner Familie – *die Putzfrau macht alles kaputt.*

Nimo fotografiert eine Schnapsflasche, die ein Leuchtturm ist.

Ich fahre über die Rücken der alphabetisch sortierten Schallplatten, die für mich als Kind tabu gewesen sind. Beethoven, Dire Straits, Erste Allgemeine Verunsicherung, Genesis, Jethro Tull und so weiter bis ZZ Top. Stichprobenartig begutachte ich die Platten darin. Nicht einmal einen Fingerabdruck kann ich darauf finden. Aus dieser Sammlung hat mein Vater mir einst Kassetten zusammengestellt, mit Liedern deutscher Interpreten, von *Carbonara* über *Der Teufelsgeiger von Eppendorf* bis zu diesem Lied von Lonzo, in dem die Dinosaurier immer trauriger werden, weil sie zu groß für die Arche Noah sind. Zwischen den Alben der Beatles, die mein Vater sich zusätzlich noch alle auf CD gekauft hat, steht ein Buch mit den Texten John Lennons: *Gimme Some Truth.*

Am Morgen des 9. Dezember 1980 ist die Welt meines Vaters zum ersten Mal untergegangen. In einem roten VW Käfer war er unterwegs zum alten Bürokomplex der Sarowa in Kassel, mit meiner Mutter auf dem Beifahrersitz. Lennon hatte einst verkündet, dass sich das Christentum im Niedergang befinde und die Beatles jetzt beliebter als Jesus seien, woraufhin Evangelikale in den USA wütend geworden waren und Beatles-Platten verbrannt hatten. Im Autoradio hörten meine Eltern dann, dass ein Mann in Manhattan auf Lennon geschossen hatte, vor dem Dakota Building neben dem Central Park. Ein paar Stunden davor hatte der Mann sein einstiges Idol noch um ein Autogramm gebeten. Der Attentäter hatte von Kindheit an Halt in den Liedern der Beatles gefunden. Auf der Suche nach einem Zuhause in dieser Welt war er zunächst daran gescheitert, ein Hippie zu werden, und dann daran, sich umzubringen. Schließlich war er Teil einer christlichen Sekte geworden. Als Lennon abends von Studioaufnahmen heimgekehrt war, hatte der Mann, dessen Name vergessen sein soll, ihm fünfmal in den Rücken geschossen. Mein Vater konnte nie begreifen, warum ausgerechnet einer erschossen wurde, der Frieden, Liebe und Freiheit gepredigt hat – obwohl man so ja eigentlich am ehesten umgebracht wird.

Nimo zieht einen Stuhl quer durchs Zimmer, steigt darauf und holt die Leuchtturmschnapsflasche aus dem Schrank. Er stellt sie an der Südspitze Manhattans auf, als Titanic Memorial.

Tausende Stunden müssen wir zugebracht haben in den Katakomben dieser Kultur. Hunger treibt uns in die Küche. An der Wand hängen zwei Pfannensets mit jeweils sechs Pfannen unterschiedlicher Größe (die mein Vater mithilfe von Magneten auch als Pinnwand nutzt). Entweder hat jede Pfanne einen spezifischen Zweck oder – was ich vermute – er hat eines der beiden Sets besonders günstig erstanden, sodass immer zwei Pfannen den gleichen spezifischen Zweck haben und man, sollte eine Pfanne kaputtgehen, noch eine Ersatzpfanne hätte.

Die Mappe mit den Dokumenten zu meiner Lebensversicherung, die ich oben in meinem Regal versteckt habe, liegt parallel zur Tischkante. Neben dem zackigen »LV« klebt jetzt ein gelber Zettel. Darauf steht »Sarowa«, in der Handschrift meines Vaters, mit Datum, Uhrzeit und einem Namen: Markus Möller. Mein Vater hat einen Profi beauftragt, der mich zur Unterzeichnung dieses Vertrages bewegen soll. Ich werde ihnen beiden das Herz brechen.

»Das hier ist eigentlich dein Zuhause«, sagt Nimo und setzt sich an den Küchentisch.

Ich stelle uns das restliche Brot hin, Käse und *Ahle Worscht* aus dem Kühlschrank.

»Es war mal mein Zuhause«, sage ich.

»Ich habe zwei Zuhauses«, sagt Nimo. »Wenn ich bei dir bin, dann freue ich mich auf Mama. Und wenn ich bei Mama bin, dann freue ich mich auf dich.«

Irgendwann muss aus meinem Zuhause das Haus meines Vaters geworden sein.

GROSSSTADTNOMADEN
Ulan Bator, Mongolei

Bevor er sich auf den langen Weg in sein verflossenes Leben machen konnte, musste Chinzorig 24 Stunden Dienst schieben. Er bewachte eine kleine, in die Jahre gekommene Krankenstation am Rande der mongolischen Hauptstadt. Auch in dieser Nacht würde nichts passieren, weil nie etwas passierte. Die Polizeistation war gleich um die Ecke. Also lag er auf der Pritsche in seiner Kellerkammer und schaute auf den Fernseher. In einem grieseligen Musikvideo galoppierten Pferde durch die weite mongolische Steppe, ein Adler kreiste am wolkenlosen Himmel und landete auf dem Arm eines Nomaden mit Fellmütze. Dazu ertönte ein Lied auf der Pferdekopfgeige, das nach Sehnsucht klang. Ohne den Blick abzuwenden, zog Chinzorig eine Zigarette aus der Schachtel.

»Die Steppe ist meine Heimat«, sagte er. »Aber zurück kann ich nur noch für ein paar Tage im Jahr.«

Zuhause war eine Landschaft.

Chinzorig trat hinaus in die Dunkelheit und steckte sich die Zigarette in den Mund. Ringsum: Wohnblocks aus der Sowjetzeit. In einem Basketballkäfig warfen Jugendliche auf metallene Körbe. Die Feuerzeugflamme erleuchtete Chinzorigs weiche, kindliche Gesichtszüge. Er war gerade 37 geworden. Schon ein halbes Leben war es her, dass er mit seinen Eltern und Geschwistern in die Stadt gezogen war. Der weiße Tod hatte ihr Vieh dahingerafft.

Für katastrophale Wetterlagen in eisigen Wintern gab es in der mongolischen Sprache ein Wort mit wiederum weiteren Unterkategorien: *Dsud*. Das Vieh der Familie hatte durch die dichte Schneedecke nicht mehr bis zum Weidegras vordringen können. *Tsagaan Dsud*. Durch den besonders dürren Sommer zuvor hatten die Tiere kaum Fettreserven angesetzt. Nicht einmal eine einzige Ziege hatte überlebt. Der totale Bankrott nomadischer Familien wälzte sich in Wellen durchs Land wie die Kälte.

Das Nomadenvolk der Mongolen lebte seit jeher inmitten klimatischer Extreme. Auf Sommer mit über vierzig Grad folgten lange Winter mit über vierzig Grad minus. Hier gedieh kaum etwas anderes als das Gras für die Schafe, Ziegen und Yaks. Die Nomaden ernährten sich von den Tieren und verdienten etwas Geld mit Fleisch, Milchprodukten und Wolle. Ein Grad mehr oder weniger konnte den Unterschied machen – zwischen Wohlstand und Hunger, Leben und Tod. Sowohl die Wirtschaft des Landes als auch die Versorgung der Menschen hingen von der Viehzucht ab.

Die Erderwärmung schritt in der Mongolei aber doppelt so schnell voran wie im weltweiten Mittel. Die Durchschnittstemperatur war seit 1940 um 2,2 Grad Celsius gestiegen, die Niederschläge um 10 Prozent zurückgegangen. Dürren nahmen zu, das überlebenswichtige Weideland drohte zu verwüsten. Zu Zeiten der Sowjetunion waren Wälder gerodet und Böden ausgebeutet worden. Anschließend tat die kapitalistische Wirtschaftsweise ihr Übriges: Die Nomadenfamilien hielten immer mehr Tiere, die immer mehr Weidegras fraßen. Mit der Nachfrage nach Kaschmirwolle stieg der Anteil der Ziegen in den Herden, die wiederum dazu neigten, die Wurzeln der Pflanzen zu zerstören, sodass die nicht nachwuchsen. All das beschleunigte die Verwüstung. Und je größer die Verwüstung, desto größer die Anfälligkeit für den nächsten Dsud.

Chinzorig hatte ein Hirte sein wollen wie sein Vater, sein Großvater und alle Männer seiner Familie davor. Seit sie in Ulan Bator lebten, hatte er auf dem Bau ausgeholfen, Waren am Güterbahnhof geschleppt und war Taxi gefahren, ohne Lizenz. Zwischendurch hatte er vier Jahre lang in einer Möbelfabrik in Korea gearbeitet, in überfüllten Baracken mit anderen Arbeitern gehaust und seine Familie nur einen Monat im Jahr gesehen.

»Alles, was ich als Nomade auf dem Land gelernt habe, ist in der Stadt nutzlos«, sagte er und trat seine Kippe auf dem Betonboden aus.

Was er verdiente, schien nie zu reichen. Er war verheiratet und hatte sechs Kinder. Seine Eltern, die mit der Familie in einer Jurte lebten, bekamen eine kleine Rente. Doch sein Vater hatte Magenkrebs, und die mongolische Krankenversicherung deckte nur wenig mehr als einen Schnupfen ab.

Chinzorig legte sich wieder auf seine Pritsche.

Die Zeit war zäh wie Ziegenfleisch.

Zuhause war eine Erinnerung.

Zwölf Zigaretten später hatte Chinzorig Feierabend.

Im Morgengrauen ging er nach Hause. Ehemalige Hirtenhunde begrüßten mit ihrem Gebell den neuen Tag und schaukelten sich gegenseitig hoch, bis das ganze Viertel kläffte. Chinzorig lief auf staubigen Wegen, entlang der Bretterwände, der unverputzten Mauern und rostigen Tore. Dahinter schauten die Dächer der Jurten hervor. Schwarzer Rauch stieg aus silbernen Ofenrohren, der sich von den Randgebieten aus über die ganze Stadt legte und Ulan Bator zu einem der versmogtesten Orte der Erde machte. Die ehemaligen Nomaden hatten die Weite ihrer Steppe gegen abgesteckte Parzellen eingetauscht. Von einem Hügel aus konnte Chinzorig über den Flickenteppich aus weißen Jurten und bunt gestrichenen Hütten blicken bis zur gleißenden Skyline im Tal.

In die Jurtenviertel um Ulan Bator, wo die Stadt in die Steppe ausfaserte, kamen jene, die das Landleben aufgegeben hatten. Vor dreißig Jahren lebten noch gut drei Viertel der Mongolen als Nomaden. Heute war es nur noch ein Viertel. Die Regierung hatte den unkontrollierten Zuzug in die Stadt zwar längst verboten, doch das war, als würde man den Wintern ihre Kälte verbieten wollen und den Sommern ihre Hitze. Die Leute schlugen weiter ihre Jurten auf, zimmerten Hütten, siedelten auch neben Müllkippen, Friedhöfen und gigantischen Strommasten, von denen ein ständiges Brummen ausging. Mehr als die Hälfte der 1,5 Millionen Einwohner Ulan Bators lebte in den Jurtenvierteln. An ihren Rändern wuchs die Metropole rasend schnell. Wer hier gestrandet war, kämpfte mit einfachsten Jobs ums Überleben. Andere gaben auf und tranken Wodka.

Die Mongolei war eine junge Demokratie mit chronisch instabiler Regierung – seit der Einführung einer demokratischen Verfassung Anfang der Neunzigerjahre hatte es sechzehn Regierungswechsel gegeben. Die Korruption war ein Dauerthema, traditionell waren alle Präsidentschaftskandidaten in Skandale verwickelt. Der vorherige Präsident hatte gemäß seines Mottos *Die Mongolei zuerst* versprochen, dass alle Mongolen stärker von den Bodenschätzen des Landes profitieren sollten. Für die Menschen in den Jurtenvierteln waren das nur leere Worte. Weil die meisten von ihnen illegal hier lebten, waren sie nicht einmal gemeldet. Das hieß, sie lebten ohne Gesundheitsversorgung, Stromanschluss und fließend Wasser.

Chinzorig hatte diesen wiederkehrenden Traum, in dem er in einem sowjetischen Geländewagen auf der schnurgeraden Straße in die Steppe hinausfuhr. Er fuhr und fuhr und sah die Jurten seiner Verwandten schon am Horizont, weiß in der Sonne leuchtend. Doch so viel Landschaft auch an ihm vorbeirauschte, er kam diesen Jurten nie näher – es schien sogar, als würden sie sich noch weiter von ihm entfernen, sobald er mehr Gas gab. Wie in diesem Traum, sagte er, so fühle er sich jetzt.

Jedes Jahr waren sie mindestens einmal hinausgefahren. In den Schulferien hatte sich die Familie mit den Großeltern auf den Weg zu den verbliebenen Verwandten in seiner Heimatregion Dsawchan gemacht, in den Nordwesten des Landes. Ein paar Tage lang hatten sie dort draußen saubere Luft geatmet, bei der Arbeit geholfen und waren mit ihren Kindern in die Steppe hinausgeritten. Im letzten Jahr aber hatte sein Vater zum ersten Mal nicht mitfahren können, weil er zu schwach gewesen war. Deshalb hatte auch die Mutter bleiben müssen. In diesem Jahr musste seine Frau auch noch als Wahlhelferin arbeiten und sein eigener Schichtplan erlaubte kaum Unterbrechungen. Die alten Weidegründe schienen in immer weitere Ferne zu rücken.

Chinzorig öffnete das quietschende Metalltor. Gerade trat seine Mutter Sarantuya aus der Jurte in den Hof. Sie war eine gewichtige Frau mit grauem Kurzhaarschnitt. Mit großem Schwung schleuderte sie eine Kelle Milchtee in Richtung Morgensonne, auf dass die Geister der Familie gewogen wären. Kinder jagten über den Hof, ein Junge zählte mit geschlossenen Augen rückwärts. Sie spielten Verstecken zwischen Reifenstapeln, Bauschutt und einer alten Badewanne.

»Ich werde mein ganzes Leben in diesem Viertel bleiben«, sagte Chinzorig. »Aber wenn unsere Kinder sich in der Schule anstrengen, können sie einen guten Job finden und sich vielleicht eines Tages eine Wohnung leisten. Dann hätte sich das alles gelohnt.«

Zuhause war eine Hoffnung.

Gebeugt trat er durch die niedrige Holztür der Jurte. Gegen den Türrahmen zu stoßen brachte Unglück, und niemals sollte man mit dem linken Fuß zuerst hineingehen. Die Zeltwand war mit bunten Tüchern behangen, davor standen ringsherum Betten. Der solarbetriebene Fernsehapparat zeigte tonlos eine Gameshow. Die alte Sarantuya ließ sich auf ihren Drehstuhl am Ofen fallen, auf dem ein großer Topf mit Milchtee stand. Von ihrem Platz aus erreichte sie alles Wichtige, ohne aufzustehen – die Kohle, den Ofen, die Wassertonne, ihre Schüsseln und das Mehl. Vor ihr stand ein elektrischer Wok, in dem sie kochte und anschließend abwusch. Neben einem Schrein, den sie zu Sowjetzeiten in einem Bretterverschlag bei den Pferden versteckt hatten, lag Chinzorigs Vater, mit Blick auf die goldene Buddhafigur und Bilder tibetischer Lamas. Er rauchte dünne Zigaretten.

Der Krebs hatte ihn ausgezehrt. Vater Budsuren nahm nur noch Milchtee und Brühe zu sich. Eine Bluttransfusion würde helfen, doch das Präparat dafür war knapp. Wer es haben wollte, brauchte gute Beziehungen oder viel Geld. Er richtete sich auf. Die Haut hing schlaff von seinem nackten Oberkörper.

»Früher war ich ein wohlhabender Mann«, sagte er mit weicher Stimme. »Die Tiere waren mein Vermögen.«

Vierzig Yaks hatte die Familie gehabt, zehn Pferde sowie Hunderte Schafe und Ziegen. Nach dem Fall der Sowjetunion waren die Herden in Privatbesitz übergegangen und der Staat hatte Startkapital verteilt. Die Marktpreise für Fleisch, Milch und Wolle waren hoch gewesen. Weil sich das Nomadenleben inmitten dieses mongolischen Wirtschaftswunders gelohnt hatte, hatten viele junge Leute die Schule abgebrochen. Auch Chinzorig hatte nach der vierten Klasse angefangen zu arbeiten.

Nach einem besonders dürren Sommer im Jahr 1999 war der Winter gekommen, der ihr Leben in neue Bahnen gelenkt hatte. Fünfzig Grad minus. Der weiße Tod. Als Familienoberhaupt hatte Budsuren versucht, mit der Herde an einen weniger kalten Ort zu ziehen. Ein Tier nach dem anderen war im Schneesturm verendet.

»Ein großer Held kann durch eine kleine Kugel sterben«, sagte Budsuren. »Und ein reicher Nomade kann in einer einzigen kalten Nacht arm werden.«

Es waren zwei weitere Dsud-Jahre gefolgt. Ein Drittel des Viehbestands der gesamten Mongolei war ausgelöscht worden.

»Ich war glücklich mit den Tieren«, sagte Chinzorig mit einer Schale Milchtee in der Hand. »Ich konnte mir nichts Schöneres vorstellen, als Nomade auf dem Land zu werden.«

Der Vater sagte, Chinzorig solle in diesem Jahr ruhig allein zu den Verwandten fahren. Sie hatten ihm bereits die Geschenke zusammengepackt: Schnupftabakdosen, Medikamente, Kleidung und Stoffe, Süßigkeiten für die Kinder und zwei Säcke Mehl. Chinzorigs Frau Munkhjargal würde für ihn eine Schicht übernehmen, auf der Pritsche der Krankenstation. Für die Reise sollte er sich den Lada Niva einer befreundeten Familie leihen.

Es war nicht dasselbe, doch es war besser als nichts.

Als er frühmorgens den sowjetischen Geländewagen bepackt hatte, stieg er den Hügel hinauf, zum Obo, einem Steinhaufen mit Gebetsfahnen und Opfergaben, wie es sie überall in der Mongolei gab. Aus dessen Mitte ragte ein Ast, an dem blaue Tuchstreifen wehten. Chinzorig umrundete ihn dreimal, murmelte ein paar Worte, legte Steinchen dazu, Bonbons und etwas trockenen Käse für die Geister. Er tat, was man tun musste für eine sichere Reise.

Etwa fünfzehn Stunden Fahrt lagen zwischen ihm und der alten Heimat. Er fuhr auf einer der wenigen befestigten Landstraßen in Richtung Westen, schnurgerade durch menschenleere Steppe. Die Mongolei war viermal so groß wie Deutschland, hatte aber nur rund drei Millionen Einwohner – das am dünnsten besiedelte Land der Welt. Jurten mongolischer Sippen standen in Grüppchen auf weiter Flur. Manchmal blockierte eine Ziegenherde die Fahrbahn. Das Gras kräuselte sich hellbraun auf der trockenen Erde. Um diese Jahreszeit hätte es so lang wie ein Finger und saftig grün sein sollen. Stattdessen Dürre.

»Die ganze Mongolei sehnt sich nach Regen«, sagte Chinzorig.

Dann verfiel er wieder in stundenlanges Schweigen, wie hypnotisiert von der Straße. Hinter einem Hüttendorf verließ er den Asphalt und fuhr über bucklige Pisten hinein in ein weites Tal. Am Horizont verliefen die Berge und in der Steppe lagen die Gräber der Ahnen, mit Kreisformationen grob behauener Steine. Vereinzelt weideten Schafe und Ziegen. Der Geruch von verbranntem Dung wehte durch die offenen Autofenster herein, begleitet vom tiefen

Grunzen einer Yakherde. Am Fluss standen drei Jurten, rosa im Abendlicht.

Chinzorigs Neffen warfen einen Ball auf einen zusammengezimmerten Basketballkorb – ein Pfahl, ein Brett, ein Eimer ohne Boden. Rasch war er in ein Match verwickelt. Dann rief ihn die Frau seines Cousins zu sich in die Jurte. Ihr Name war Munja. Sie trug ein lila Gewand und verteilte gleich Schalen mit Milchtee und geflochtenes Gebäck. Der Cousin würde noch bis zum nächsten Tag unterwegs sein, ein Bankgeschäft erledigen, erzählte sie. Die Kinder fläzten auf den Betten.

»Wie ist euer Sommer?«, fragte Chinzorig, den Arm um seinen neunjährigen Neffen gelegt. Übers Wetter zu reden war in der Mongolei keine Banalität.

»Sehr schlecht«, sagte Munja. »Die Tiere werden mager.«

Die Yaks konnten nur einmal am Tag gemolken werden, Ziegen und Schafe gaben gar keine Milch mehr.

Ihr Vater und ihr Bruder kamen in ihren langen Mänteln von der Weide und begrüßten Chinzorig per Handschlag. Sie lebten mit ihren Familien in den Jurten nebenan. Chinzorigs Haut war glatt und hell wie ein Pfirsich, die Haut der beiden Männer dagegen war dunkel und rau, geplatzte Äderchen zogen sich über ihre Wangen. Sie verbrachten die Tage bei den Tieren, in Wüstenhitze und Eiseskälte. Der Älteste reichte eine Schnupftabakdose herum. Sie luden Chinzorig ein, die Tiere mit ihnen für die Nacht ins Gatter zu treiben.

Von einem Pferd aus trieb der Älteste die Ziegen und Schafe zusammen. Sein Enkel – dreizehn Jahre alt – half ihm mit dem Motorrad. Es folgte eine tausendfach eingeübte Choreografie, in der jeder seine Rolle kannte. Chinzorig fügte sich wortlos ein. Sie umzingelten die Tiere und zogen den Kreis immer enger. Wenn eines von ihnen auszubrechen versuchte, sprangen sie ihm mit ausgebreiteten Armen entgegen: *Tschu! Tschu!* Um zehn Uhr abends dann endete der Arbeitstag der Nomaden. Die Familie versammelte sich in der

Jurte vor dem solarbetriebenen Fernseher, wo eine Sendung über eine deutsche Familie lief, die einst ein mongolisches Mädchen adoptiert hatte, das nun wiederum nach Ulan Bator reiste und sich auf die Suche nach ihrer Familie machte. Grieselige Bilder von Hochhausfassaden.

Zigarettenrauch erfüllte die Jurte und sie reichten einen Becher mit Wodka herum.

Zuhause, das waren Latten aus biegsamem Holz, sechs Lagen Filz und ein Dachkranz, durch den ein Ofenrohr stach. Drumherum weißes Leinen.

Am nächsten Tag musste eine Ziege geschlachtet werden. Weil sein Cousin noch immer nicht von dem Bankgeschäft heimgekehrt war, sollte Chinzorig dessen Aufgabe übernehmen. Bevor die Männer mit den Herden auf die Weide zogen, ließen sie ihn ins Gatter, wo er mit dem Strom der aufgescheuchten Ziegen trieb. Er visierte eines der Tiere an, packte es bei den Hörnern und prüfte, indem er die Haut der Ziege zwischen Daumen und Zeigefinger nahm, ob es genügend Fett hatte. Mit Blick auf die Winter in der mongolischen Steppe galt: Je fetter, desto besser. Dann stieg er über die Ziege, zog sie, ihren Hals zwischen seinen Beinen, aus dem Gatter heraus.

Das Weitere ging wortlos vonstatten. Chinzorig führte die Ziege auf eine freie Fläche. Die Kinder und die Frauen scharten sich um ihn. Er versetzte dem Tier einen Schlag mit dem Hammer auf die Schädelplatte zwischen den Hörnern, um es – nun ja – zu betäuben. *Pock*. Vielleicht hatte eine Spur Unentschlossenheit in diesem Schlag gelegen. Vielleicht hatte auch die Ziege im letzten Moment den Kopf bewegt, der zwischen seinen Schenkeln eingeklemmt war, und damit den Winkel verändert. Jedenfalls war sie ganz und gar nicht betäubt und sie schrie so erbärmlich, als hätte ihr gerade ein mongolischer Nomade, der nun aber schon länger in der Stadt lebte und dort keine Ziegen mehr schlachtete, mit dem Hammer auf den

Schädel geschlagen. Jetzt kam Unruhe in die Gruppe. Die Ziege wand sich, während die Frauen halfen, sie festzuhalten. Ein zweites Mal schlug Chinzorig zu und ein drittes Mal.

Die Ziege wimmerte noch, als Chinzorig sie auf den Rücken drehte. Mit einem Messer setzte er einen Schnitt am Bauch an, die Pupillen der Ziege weiteten sich, und als er die Hand in ihren Rumpf steckte und sich durch die Eingeweide nach oben tastete, war sie wieder voll da. Erst als Chinzorig zwischen Daumennagel und Zeigefinger die Hauptschlagader durchtrennte, damit kein Tropfen Blut verloren ging, erstarb ihr letzter Schrei. Der Glanz ihrer Augen war erloschen.

Nie war die Steppe stiller gewesen.

Die Ziege wurde in Teile zerlegt und wieder spielte jeder dabei seine Rolle. Ein Kind schöpfte das Blut mit einer Kelle aus dem Körper, ein anderes schleppte den prallen Magen wie eine Einkaufstüte davon und leerte das vorverdaute Gras aus. Munja füllte die Innereien in eine Schüssel und trug sie in die Jurte.

Chinzorigs Cousin Tsolmongerel kam abends, als die Eingeweide der Ziege in einem großen Topf auf dem Ofen köchelten. Er hatte eine Flasche Wodka dabei und gute Nachrichten: Die Bank hatte ihm drei Millionen mongolische Tugrik geliehen, umgerechnet rund 800 Euro. Damit wollte er ein Dorf weiter einen Reifenhandel eröffnen.

»Auch wir wollten früher in die Stadt ziehen«, sagte Tsolmongerel. »Ich bin damals mit meinem jüngsten Sohn vorgegangen und habe bei Verwandten gelebt.« Er schnitt den Darm durch, in dem das gekochte Blut schwarz und fest geworden war. »Ein halbes Jahr lang habe ich versucht, Arbeit zu finden. Dann habe ich aufgegeben und bin zurückgekehrt«, sagte er.

Mit dem Reifenhandel würden sie Nomaden bleiben – aber wären vom Wetter ein Stück weit unabhängig.

Zuhause war ein Kompromiss.

Die Cousins hatten nur diese Nacht zusammen, am Ofen der Jurte.

»Ich will mich nicht beklagen«, sagte Chinzorig. »So hat Gott mein Schicksal gezeichnet und so bin ich zufrieden.«

Am frühen Morgen wuchtete er einen Karton in den Kofferraum, in dem sich eine Kanne Milch und Ziegenfleisch befand. Dann machte er sich wieder auf den Weg, aus der Steppe und auf die Straße, zur nächsten 24-Stunden-Schicht. Er musste sich beeilen.

Nach zehn Stunden Fahrt zog ein Sandsturm auf. Chinzorig hielt abseits der Straße und beobachtete die ockerfarbene Wolke, die den Himmel schluckte. Er sagte, solche Stürme kämen in dieser Gegend nicht vor, eigentlich. Äste und Müll wirbelten umher und schlugen gegen die Karosserie. Der Wind rüttelte an den Türen und pfiff durch die Ritzen. Er wusste jetzt, er würde zu spät zur Arbeit kommen.

Da war wieder dieses Gefühl, wie in seinem Traum.

Das Auto schaukelte, als würde es jeden Moment abheben. Eine leere Flasche zerplatzte an der Stoßstange. Dann wurde es still und ringsum wirbelte der Sand. Im Auge des Sturms kippte Chinzorig die Lehne seines Sitzes nach hinten und zündete sich eine Zigarette an.

Zu Hause, was auch immer das bedeuten mochte, lag am Ende einer langen Straße.

DAS ÜBEL AN DER WURZEL

Das Pochen in meinem Kiefer lässt sich nicht mehr leugnen. Dieses Gefühl, bevor der Zahn *hochgeht*, wie mein Tübinger Zahnarzt sagen würde, wenn er jetzt nicht allzu weit weg wäre. Im Telefonschränkchen meines Vaters finde ich noch die alte Kladde mit den Telefonnummern. Unter *B* steht *Dr. Becker*, der Zahnarzt meiner Kindheit. Ich halte mir eine Kühlpackung an die Wange, als ich die Nummer wähle. Nach der Mozartwarteschleife gibt mir eine gewisse Frau Siebert einen Termin am Nachmittag.

Der verfluchte Dr. Becker.

Das Hochhaus, in dem meine Mutter wohnt, liegt auf dem Weg zu ihm. Nimo trägt eine Tomatenpflanze vor sich her, auf einem Schild in deren Erde steht *Ochsenherz*. Nimo sieht die Stadt durch das aromatische Dickicht der Pflanze. Wir passieren den Brunnen mit einem Kriegsdenkmal, der Statue einer Großmutter, die ihre Arme schützend um zwei Kinder gelegt hat. Die Großmutter hat eine regionale Bildhauerin nach dem Selbstportrait der Bildhauerin Käthe Kollwitz gefertigt, deren Werke von den Nazis zur »entarteten Kunst« gezählt wurden. Im Kiosk saufen die Säufer. Die katholische Kirche ist aus rotem Backstein, wie die Schlote des Werkes.

In dem Kirchenschiff habe ich einst gesessen und mir das Lamento des Pfarrers Schade anhören müssen. Seine Miene war wie das Leiden Christi. *Lassööööt uns beten.* Ich hielt ihn für einen Schauspieler, wie ich überhaupt alle Leute im Gottesdienst der bloßen Vortäuschung ihres Glaubens verdächtigte. Die Gotteserfahrung schien mir mit dem Neubaugebiet unvereinbar. Mit acht Jahren begann der Kommunionsunterricht und im Beichtstuhl sollte ich meine Sünden durch die Trennwand aufsagen. Ich war mir keiner Schuld bewusst, deshalb fabulierte ich, wie ich meine Eltern angelogen und Süßigkeiten gestohlen hätte. Immer abenteuerlicher wurde mein Leben dort drin, während meine Kindheit außerhalb der Kirche weitgehend ereignislos verlief. Und wog das Lügen im Beichtstuhl sicher auch doppelt schwer, so dachte ich doch, der Pfarrer sei an einer guten Geschichte mehr interessiert als an der Wahrheit. Umgekehrt erzählte er uns ja auch Geschichten, deren Historizität nicht restlos geklärt war.

Singen, Beten, Beichten. Zwei Jahre ging das so. Ich schaue zu Nimo, der summend neben mir herläuft, und denke: *Niemals, bei Gott.*

Das Inventar meines Städtchens ist das Inventar aller Städtchen. Da sind der Italiener (*Avanti*), der Grieche (*Santorini*), der Chinese (*Shanghai Wok*), die Eisdiele (*Cellino*), der Optiker (*Neusehland*), der Frisör (*Schnittgefühl*), der große Supermarkt, die Drogerie, das Sportgeschäft, der Lederwarenladen und das Reisebüro. Deutschlandkulisse. Klein- und Mittelstädte wie diese besitzen zusammen mehr Fläche als Großstädte, fassen mehr als die Hälfte der Bevölkerung und bieten die meisten Arbeitsplätze. Von hier aus verfolgen die Leute Nachrichten, die trotzdem vor allem von Großstädten handeln, wo die Journalisten leben. Darin erfahren sie von Sittenverfall, Wohnungsnot und Verkehrschaos. Selbst schuld, kann man von hier aus denken.

Meine Stadt ist eine Stadt wie jede andere – und welche andere Stadt kann das schon von sich behaupten.

Bau. Naaaa. Tal.

Die Schulferien sind hier schon vorbei. So spazieren vor allem ältere Leute durch die Fußgängerzone. Die Männer, die stumm neben ihren Frauen hergehen, die im Eiscafé sitzen oder beim Bäcker, neigen zu dünnen Armen – aber auch zu dicken Bäuchen, angefüllt mit all der Gnade, die ihnen widerfahren ist. Manche tragen kurzärmlige Karohemden oder wahllos bedruckte Shirts mit Seglerkauderwelsch, andere sind in greller Funktionskleidung unterwegs.

Es ist, als würde sie alle gemeinsam etwas Großes bedrücken, das aber niemand aussprechen kann. Schweigen als Versteck, laute Witze als Abwehr. Sie essen Kuchen und löffeln Eis, trinken Kaffee oder Pils vom Fass. Der VW Touareg ist unweit geparkt, der Audi A3, das E-Bike. Das Logo des Einkaufszentrums ist eine lachende Sonne. Der Mensch ist angekommen, im sichersten aller Habitate.

Wenn sie von *Natur* sprechen, meinen sie erweiterte Gehege bei gesicherter Infrastruktur, den nächsten Forst oder die Hügel zwischen zwei Siedlungen. Das ist auch gut so. Denn in der tatsächlichen Natur ist noch niemand *friedlich eingeschlafen, im Kreise seiner Liebsten.* In Baunatal bei Kassel aber hat jede Gefahr die richtige Größe, sodass du an einem durchschnittlichen Tag nicht um dein Leben fürchten musst. StGB und StVO gelten wie die Naturgesetze, und der Kapitalismus war zu uns persönlich immer korrekt. Das Auto für alle heißt schon lange Golf und hat sich mit jeder Auflage größer und prächtiger entpuppt. Dass die meiste Zeit über nichts Nennenswertes geschieht – genau das ist die ungeheuerliche Kraft dieses Ortes.

Der U-förmige Wohnkomplex hat zehn Stockwerke. Nimo rennt die letzten Meter zur Klingel meiner Mutter, vorbei an dem großen Parkhaus und der Reihe von Müllcontainern. Im gepflasterten Teil des Bodens befindet sich ein Loch mit schmutzigem Sand, weil es laut Vorschrift für Kinder einen Platz zum Spielen geben muss. Inmitten des Hofes bedeckt eine bucklige Hecke die Wiese fast vollständig. Ihr einziger Zweck ist es, eine Benutzung der Wiese durch Menschen zu verunmöglichen. Hier findet sich nichts, das zum Verweilen einlädt, nicht einmal eine Bank. Die Hausverwaltung weiß: Wo Menschen verweilen, da beginnen die Probleme. Im Treppenhaus ziehen wir unsere OP-Masken auf. Meine Mutter wohnt im zweiten Stock. Sie öffnet ihre Wohnungstür mit Maske und umarmt uns nur ganz kurz, als könne sie das Risiko einer Ansteckung so auf ein vernünftiges Maß beschränken.

Ich muss gleich weiter.

Dr. Beckers Praxis liegt am Rand von Altenbauna. Die Abzweigung an der Ortsausfahrt führt zur A49 und dem Eingang des VW-Werks. Ich gehe also auf die drei großen Schornsteine zu, die hinter den letzten Häuserblocks die Baumwipfel überragen. Sie bilden die Kulisse für alles, was hier geschieht, ähnlich dem Eiffelturm in Hollywoodfilmen, sobald die Handlung nach Paris führt. Von überall scheint man einen Blick auf das Wahrzeichen zu haben. So sind die drei Riesen für mich mit der Zeit fast unsichtbar geworden. Ich sehe sie erst, wenn ich mich an sie erinnere. Was die ganze Zeit direkt vor unseren Augen geschieht – das sind die Wunder, wenn überhaupt.

Ich gehe das Treppenhaus hoch und ziehe die OP-Maske wieder auf. Dann öffne ich die Tür zur Praxis, aus der mir der Duft von Zitronengras entgegenströmt. Drinnen muss ich mir die Hände desinfizieren.

Den Patientenbogen soll ich neu ausfüllen, am Tresen, neben einem Strauß Stofforchideen. Zehn Jahre lang können sie die Patientenakten aufheben, länger nicht, sagt die älteste der vier Sprechstundenhilfen, sonst müssten sie bald anbauen. Dann lacht sie kurz auf, als hätte sie einen inneren Schalter dafür. Die dunklen Holzdielen im Vorraum sind einem Cremeweiß gewichen. In der Ecke sitzt jetzt ein goldener Buddha im Lotussitz, der die Hand hebt wie zum Gruß. Rad des Lebens. Ewige Wiederkehr.

Zum Zahnarzt sagt man nicht gerne *Auf Wiedersehen*, wie auch zum Gefängniswärter, zum Scheidungsanwalt oder zum Bestatter. Ich musste aber immer wieder hin, zu Dr. Becker, bei dem wir nach langer Suche gelandet waren, weil er mir die Betäubungsspritze von allen Zahnärzten der Stadt am wenigsten schmerzhaft setzte.

Die Suche hat sich gelohnt, denn ich habe viele Spritzen gebraucht vor all den Bohrungen. Der anschließende Griff in ein großes Glas mit kleinen Plastikspielzeugen, das noch heute auf dem Tresen steht, war ein geringer Trost. Irgendwann einmal habe ich diese Tierfigürchen und Miniautos in meinem Kinderzimmer zusammengesucht und unter den Zwillingsbirken aufgeschüttet, auf dem halbmondförmigen Gartengrundstück vor den Reihenhäusern. Ich bedeckte sie mit leicht brennbarem Haarschaum und zündete den Haufen mit einem Streichholz an. Trotz aller Flüche, die ich dabei in Richtung dieser Praxis und Herrn Dr. Becker ausgestoßen habe, ist das Ritual bis heute offenbar ohne Wirkung geblieben.

Ich blättere in einer alten Ausgabe der Wartezimmerzeitschrift *GEO* und erfahre, »was wir von Spitzensportlern lernen können«. Dann bin ich an der Reihe und kann das, was ich soeben gelesen habe, endlich wieder vergessen. Eine Sprechstundenhilfe, auf deren Namensschild *Clarissa* steht, führt mich in das Behandlungszimmer. An der Wand hängt dieses Schwarzweißbild von Bauarbeitern, die auf einem Stahlträger über Manhattan ihre Mittagspause abhalten. An die Decke über dem Behandlungsstuhl ist ein Poster gepinnt, darauf eine Elefantenkuh mit ihrem Jungen. Beide haben die Rüssel ineinander verdreht. Elefanten zermalmen jeden Tag Unmengen an Rinde, Blätter und Gras. Abgenutzte Backenzähne fallen aus und wachsen fünfmal nach. Sind die letzten ausgefallen, zieht sich der Elefant zurück und verhungert.

Clarissa legt mir das Papierlätzchen um.

Dr. Becker gleitet auf seinen weißen Reebok Classics durch den Türrahmen. Seine Bewegungen sind noch immer von jener Anmut, die wohl von der vorherigen Karriere als Eiskunstläufer herrührt. Dr. Becker ist bei den Olympischen Winterspielen in Calgary im Jahre 1988 für die Bundesrepublik Deutschland angetreten. Kurz danach muss er sein Studium abgeschlossen und die Praxis seines Mentors übernommen haben. Ich sehe ihn noch vor mir mit seinen glattrasierten Wangen und dem vollen Blondschopf, wie er im Porsche Cabrio durch die Stadt gefahren ist. Er war der erste Mensch, den ich in den Neunzigern mit einem Mobiltelefon sah, groß wie ein Backstein. Jetzt treten ihm die Bartstoppeln grau aus den Wangen und seine Haare haben sich hinter die Stirn zurückgezogen.

Mit einem silbernen Mundspiegel in der Hand sitzt er vor mir, als wolle er jeden Moment loslegen. Doch es gibt viel zu erzählen. Er erinnert sich an meine Eltern, vor allem an den Vater von der Krankenversicherung und an eine vage Gesamtheit von Karieskratern, die er mir im Laufe meiner Kindheit und Jugend aufgefüllt hat. Mein Studium und meine Berufswahl hat er verpasst, ebenso Nimos Geburt und sechs Wurzelbehandlungen, bei denen mir andere Zahnärzte durch den aufgebohrten Zahn hindurch entzündetes Nervengewebe mit einer spitzen Feile ausgeschabt haben. Ich fasse also die wesentlichen Ereignisse meines Lebens zusammen und bleibe überwiegend bei der Wahrheit. Bei dem Wort »Wurzelbehandlungen« schnalzt Dr. Becker und schüttelt den Kopf. Zwei der abgetöteten Zähne wurden nach weiteren Entzündungen bereits gezogen und durch Titanimplantate ersetzt. Auch bei dem Wort »Titanimplantate« horcht er auf. Trotz der Zahnzusatzversicherung, die mein Vater für mich abgeschlossen hat, war der finanzielle Aufwand für all diese Behandlungen beträchtlich.

»Worauf sind Sie spezialisiert, thematisch?«, fragt Dr. Becker. Er riecht nach Eau de Toilette und Desinfektionsmittel.

»Derzeit arbeite ich zu Rasenmährobotern. Früher ging es um den Weltuntergang«, sage ich.

Und ehe ich mich erklären kann, ist mir sein Spiegelchen schon in den Mund gefahren und klackert an meinen Backenzähnen entlang.

»So so«, sagt Dr. Becker.

An den Weltuntergang glaube er persönlich nicht, der sei schon zu oft angekündigt worden.

Was das überhaupt bedeuten solle, die Welt?

»Die Welt, wie wir sie kennen«, sage ich, aber es klingt eher wie *Hie Hel, hie hir hie hehe.*

Natürlich wäre die Welt irgendwann wieder wie neu und würde in dem Sinne nicht untergehen. Wenn wir die Welt retten wollten, ginge es also um uns – keinesfalls um Maßnahmen dem Planeten zuliebe. Menschen hören ja auch nicht mit dem Rauchen auf, um die Luft sauber zu halten. Doch es hat keinen Zweck, mit Dr. Becker zu diskutieren, unter diesen Umständen. Er fährt mit einem spitzen Hakeninstrument meine Zahnhälse entlang und klopft mit dem Spiegel auf den Schmelz. Dabei diktiert er der Sprechstundenhilfe die sichtbaren Mängel und ich höre sie tippen. Ich solle Laut geben, wenn es irgendwo wehtue. Reglos, den Mund sperrangelweit geöffnet, schaue ich auf das Elefantenposter, ohne zu blinzeln. Mein Körper ist angespannt.

Das mit den Rasenmährobotern – interessant, dass ich das erwähne, sagt er, denn sein Nachbar habe sich kürzlich so einen Roboter angeschafft und sei begeistert. Für ihn selbst sei das nichts. Er besitze einen kleinen Rasenmähtraktor. Wenn er mit Lärmschutzkopfhörer dann seinen Garten abfahre, erreiche er einen Zustand meditativer Ruhe.

Ich stoße einen kehligen Schrei aus und meine Knie knallen von unten an Dr. Beckers Bestecktablett.

Ja, das ist der Zahn.

Dr. Becker betrachtet die Aufnahmen aus dem Inneren meines Schädels auf seinem Bildschirm. Er mache aus Prinzip nur 3-D-Röntgenbilder, hat er mir erklärt. Dabei wird einem der Kopf in ein Riesengerät eingespannt und dann von einem surrenden Element umkreist. Das Ganze kostet einen 250 Euro, weil die Krankenkasse das nicht zahlt. Er muss schon Schlimmeres gesehen haben als mein Gebiss. Andererseits habe ich ja noch Zeit, zu seinen Worst-Case-Fällen aufzuschließen.

Ob ich denn glaube, meine Großeltern hätten ein besseres Leben gehabt, inmitten der Kriegstrümmer, aus denen heraus sie sich ein Leben haben erschaffen müssen, fragt Dr. Becker. In welcher Zeit ich denn lieber gelebt hätte. Egal wann, eins sei klar – an den ganzen Entzündungen in meinen Zähnen über all die Jahre hinweg wäre ich womöglich längst gestorben. Dann tippt er mit dem Kugelschreiber auf einen grauen Schatten an der Zahnwurzel.

»Das ist die Entzündung, die Sie jetzt spüren«, sagt er und hält einen Moment inne.

Ob mir der Sonnenkönig Ludwig XIV. etwas sage, fragt er. Ob ich wisse, dass ihm sein Leibarzt alle Zähne als potenzielle Entzündungsquellen vorsorglich gezogen habe, weil dies allein der königlichen Glorie würdig und ein vollzähliges Gebiss höchstens was für Untertanen gewesen sei, bei denen es auf Leben oder Tod nicht ankam. Er beschreibt, wie der Arzt dem Roi Soleil die elendigen Maulwunden mit glühenden Eisen versengt hat und seine Majestät die Brocken ihres Essens fortan im Ganzen hinunterwürgen musste, was mit Problemen im Magen-Darm-Trakt einherging. Ein anderer Leibarzt traktierte ihn daher über Jahrzehnte hinweg mit Abführmitteln, weshalb sich der König auf dem Weg zum Klo öfter einkotete, da das Rennen eines Herrschers wie ihm ebenfalls unwürdig war – bis ihm schließlich ein Abszess so groß wie ein Blumenkohl am Hintern wuchs, woraufhin man im ganzen Land Untertanen mit ähnlichen Problemen auftrieb, an denen man die Schnitte der königlichen Operation üben konnte. Was das für Schmerzen gewesen sein mussten, als er anschließend wieder bei stundenlangen Banketten auf seinen frischen Wunden saß. Alles nur wegen der Zähne. Der Sonnenkönig, sagt Dr. Becker, müsse ein tapferer Mann gewesen sein.

Eigentlich könne ich froh sein, im Hier und Jetzt zu leben, sagt er. Bei ihm würde mir nun sogar eine ganz und gar majestätische Behandlung zuteil.

»Eine Wurzelbehandlung werden Sie bei mir nämlich nicht bekommen«, sagt er. »Diesen Zahn muss ich Ihnen ziehen, im übertragenen wie im wörtlichen Sinne.«

Auch bei ihm habe sich in der Zwischenzeit einiges verändert. Er sei nun ein Anhänger der »Biologischen Zahnmedizin« und damit gewissermaßen einer der Vorreiter in Europa. Dabei gehe es um eine ganzheitliche Betrachtung des Menschen, erklärt er, der Körper gelte ihm als komplexes System der Wechselwirkungen und die Zähne wiederum stünden jeweils in direkter Beziehung zu bestimmten Organen. Ich bin sofort begeistert.

Dr. Becker setzt sich wieder neben mich auf seinen Drehhocker.

»Nach einer Wurzelbehandlung kann kein Zahnarzt der Welt diese fein verästelten Kanäle des betroffenen Nervs keimfrei verschließen«, sagt er.

Mit den Feilen komme man nur an die Hauptkanäle. Das heiße, in den Seitenarmen hätten die Patienten dann verrottende Reste von Protein, denen toxische Stoffe entströmen.

»Leichengifte«, sagt er. »Ein toter Zahn wird somit zum Störfeld.«

Das will ich natürlich unter keinen Umständen. Dieser ungeheuerliche Vorgang muss sich schon die ganze Zeit über sechsfach in meinem Körper abspielen.

»An jedem toten Zahn hängt ein kranker Mensch«, sagt Dr. Becker.

Der kranke Mensch, das bin ich.

Da ist es doch eigentlich kein Wunder, dass mir manchmal das Gemüt beschlägt.

Die Lösung, die Dr. Becker mir präsentiert, während er mit dem Spiegelchen auf einem gefärbten Tongebiss herumfährt, ist das Ziehen des Zahns und ein Keramikimplantat nach dem Ausheilen. Wohlgemerkt nicht Titan, da Metalle im Körper allerlei unerwünschte Reaktionen hervorrufen könnten. Wir müssten nun also einen OP-Termin für die kommenden Tage vereinbaren.

Zur optimalen Knochenheilung müsse ich einen strikten Diätplan befolgen, dessen integraler Bestandteil der Verzicht auf Fleisch und Milchprodukte sei, aber auch die Einnahme diverser Nahrungsergänzungsmittel, wie hochdosiertes Vitamin D, Vitamin C, K2, Calcium, Magnesium und Omega-3. Die Liste der Mittel ist lang, doch um deren Beschaffung müsse ich mir keine Sorgen machen. Sein Sohn, Dr. Jonas Becker, mit dem er mittlerweile gemeinsam praktiziert, habe nämlich ein Unternehmen zum Vertrieb dieser Mittel gegründet. Ich könne alles gleich hier aus der Praxis mit nach Hause nehmen, zum Gesamtpreis von 240 Euro. Wir bewegten uns hier leider weit außerhalb des Horizonts einer gewöhnlichen Krankenkasse. Von den Kosten für das Implantat ganz zu schweigen. Doch es würde sich lohnen. Eine Investition in meine Gesundheit sei das, und mein Wohlbefinden die Rendite. Mein Vater würde Herrn Dr. Becker einen Quacksalber nennen.

»Patienten erleben das Ziehen kranker oder toter Zähne als enorme Erleichterung«, sagt Dr. Becker. »Mittelfristig empfehle ich auch die Entfernung der restlichen Störfelder. Bis dahin steht Ihr Immunsystem ständig unter Stress.«

Einerseits kommt auch mir eine solch pauschale Empfehlung nicht ganz seriös vor. Andererseits hat die klassische Zahnmedizin über Jahrzehnte hinweg mit erschütternder Selbstverständlichkeit Amalgam eingesetzt. Soll sich irgendetwas ändern auf dieser Welt, so müssen wir das Selbstverständliche hinterfragen. Jeder Einzelne muss Verantwortung übernehmen, auch wenn es manchmal unangenehm oder teuer wird. Außerdem glaube ich an die Macht der Fantasie. Wenn ein Eiskunstläufer gemeinsam mit seinem Sohn die Zahnmedizin revolutionieren kann, dann ist alles möglich.

Dr. Becker sagt, ich könne die Behandlung in Raten zahlen. Er druckt mir ein Rezept für Schmerztabletten aus und unterschreibt mit einer Schlangenlinie. Dann verschwindet er ebenso behände, wie er gekommen ist.

Im Flur bleibe ich vor einem Bild stehen – eine bedruckte Fotoleinwand, die den Times Square zeigt, mit seinen hohen Glasfassaden und bunten Leuchtreklamen, davor ein Gewimmel von lang-zeitbelichteten Menschen, Autos und gelben Taxis. Warum sind alle Ärzte so besessen von Manhattan, dass sie ihre Praxiswände mit Bildern dieses fernen Stadtteils behängen? Vielleicht ist New York für uns ja die Stadt überhaupt und wir schaffen all diese Ikonen von ihr, um uns zu vergewissern, dass es uns geben wird, solange es sie gibt. Dass wir gemeinsam mit ihr *too big to fail* sind und alles erst mal so weiterlaufen wird wie bisher.

»Gefällt es Ihnen?«, fragt Clarissa.

»New York ist auch nur eine Stadt«, sage ich.

»Waren Sie mal da?«

Ich versuche, meine Gedanken zu ordnen –

MISSION ERDE I
Manhattan, New York

Ich könne ihn nicht in seinem Büro am Broadway in Manhattan besuchen, hatte Dr. Gavin Schmidt mir geschrieben, weil ich dafür zunächst einen mehrwöchigen Sicherheitscheck hätte durchlaufen müssen. Nicht, dass es in Schmidts Büro oder den anderen des Goddard Institute for Space Studies große Geheimnisse zu lüften gäbe. Obwohl manche das glaubten, gab es dort weder unterirdische Labore noch Obduktionen an Außerirdischen. Doch das Institut, das den Klimawandel erforschte, gehörte zur US-amerikanischen Raumfahrtbehörde NASA. Das hieß: keine Ausnahmen.

Gavin Schmidt war der Direktor des Instituts und einer der renommiertesten Klimaforscher unseres Planeten – spezialisiert auf die Entwicklung von Computerprogrammen, die Trends in der Entwicklung des Weltklimas simulierten. Ein Schwerpunkt seines Instituts lag auf Klimamodellen der jüngeren Vergangenheit, in der vor allem menschliche Einflüsse auf das System eingewirkt hatten.

Nach der Wahl Joe Bidens zum US-Präsidenten hatte die Regierung Schmidt zum ersten Klimaberater der NASA ernannt. Mit seiner Behörde sollte er die USA auf dem Weg zur angestrebten Klimaneutralität bis zum Jahr 2050 unterstützen und Bidens Leute mit den bestmöglichen Daten versorgen.

Schmidt war unmittelbar beteiligt am Projekt Weltrettung.

Ich solle an der Pforte Bescheid geben, wenn ich da sei, hatte er gesagt.

Der Broadway war die längste Nord-Süd-Verbindung auf der Landzunge Manhattan: Von den blitzenden Hochhausfassaden in Downtown lief ich vorbei am Times Square mit seinen Riesenleuchtreklamen, an Ladengeschäften in acht-, neun-, zehnstöckigen Häusern mit silbernen Klimaanlagen an den Fenstern in der Upper Westside, ungefähr bis nach Harlem. Gelbe Taxis hupten im stockenden Verkehr, während nie versiegende Ströme von Menschen – vom Tellerwäscher zum Millionär – auf Bürgersteigen dahinflossen. Auf zwei umgedrehten Eimern stand ein weißer Mann mit langem grauem Bart und mahnte die Menschen, sich vor dem kommenden Ende zu Christus zu bekennen.

Diese Straße konnte einen mit ihrer Gegenwart überwältigen. Doch weite Teile der Route waren älter als New York selbst. Eigenwillig mäanderte der Broadway durch die sonst strengstens eingehaltenen Planquadrate der Häuserblocks.

Als niederländische Siedler im 17. Jahrhundert die Südspitze der Halbinsel erreichten, hieß sie »Manhatta« und wurde vom Stamm der Lenape bewohnt, den *wirklichen Menschen*. In den hügeligen Urwald hatten sie Pfade geschlagen. Der wichtigste war der »Wickquasgeck«, der bis in den Norden führte, vorbei an Sümpfen und großen Felsformationen. Zunächst teilten sie wohl ihr Land mit den Neuankömmlingen, tauschten Gewehre, Getreide und Wolle gegen ihre Biberfelle. Angeblich kauften die Siedler den Indigenen das spätere Manhattan im Jahr 1626 zu fragwürdigen Konditionen ab, womit deren Verdrängung ins Landesinnere besiegelt war. An der Südspitze gründeten die Niederländer »New Amsterdam« und errichteten eine Mauer, um sich sowohl die ursprünglichen Bewohner Manhattans als auch die Briten vom Hals zu halten.

Den südlichen Abschnitt des Wickquasgeck-Pfades bauten die Niederländer aus und nannten ihn »Breiter Weg«, was erst Anfang des 19. Jahrhunderts auf ganzer Strecke zu »Broadway« geändert wurde.

Ich bog zielsicher vom Broadway in die 112th Street, in der jedoch nichts auf ein NASA-Institut hindeutete. An dem Eckhaus, in dem es sich laut Google Maps befinden sollte, war neben der Tür ein Messingschild angebracht: *Columbia Business School.* An der Wand darüber hingen zwei Videokameras. Ich ging die Straße einmal ab, vergeblich suchend, bis ich zurückkehrte und die beiden Polizisten im Eingangsbereich fragte, wo ich hinmusste.

Einer von beiden legte seine Hand an den Griff seiner Pistole.

»Wer will das wissen?«, fragte er barsch.

Dann brachen sie beide in Gelächter aus.

»Hier bist du richtig«, sagte der andere.

Ich wartete am Broadway, an der Ecke von Tom's Restaurant, in dem Suzanne Vega einst den Text zu ihrem Welthit »Tom's Diner« geschrieben hatte. *I am sitting in the morning | At the diner on the corner | I am waiting at the counter | For the man to pour the coffee.* Hinter der Scheibe schenkte eine Kellnerin gerade Filterkaffee aus.

Gavin Schmidt begrüßte mich mit britischem Akzent und seinem breiten Lächeln. Er entschuldigte sich für die Unannehmlichkeiten. Die Sicherheitsbestimmungen seien ein entscheidendes Hindernis für Besuchergruppen von ausländischen Kollegen oder Austauschstudierenden. Dass das Institut so schwer zu finden sei, habe sich jedoch als äußerst nützlich erwiesen. Die NASA sei eben nicht nur das Feindbild aller »Flatearther«, welche die Erde für eine Scheibe und sich selbst für die Entdecker einer gigantischen Verschwörung hielten. Einmal hatten hier Atomkraftgegner demonstrieren wollen, weil die NASA die Sonde einer Jupiter-Mission mit einem Nuklearreaktor betrieb – auch wenn Schmidts Klimaforschungsinstitut damit rein gar nichts zu tun hatte. Ein anderes Mal waren die christlichen Hardliner von der Westboro Baptist Church aufgekreuzt, weil sie der Ansicht gewesen waren, jegliche Art der Vorhersage sei gegen Gottes Willen.

Wir gingen in Richtung –

ACH, NICHTS

»Ich unterbreche Sie nur äußerst ungern, aber wir müssten jetzt wirklich den Termin vereinbaren«, sagt Clarissa.

Sie wippt von den Fersen auf die Zehenspitzen und zurück.

»Kommen Sie bitte«, sagt sie und geht an mir vorbei, den Gang entlang und auf die andere Seite des Tresens, wo sie am Monitor durch die kommenden Tage scrollt. Wir vereinbaren die Operation zum nächstmöglichen Termin, gleich nach dem Wochenende.

Clarissa verschwindet in einem Hinterzimmer und kommt mit einer Papiertüte und einem Formular zurück. In der Tüte stapeln sich Plastikdosen mit versiegelten Schraubverschlüssen, auf den Etiketten sind die Namen der jeweiligen Mittel gedruckt, unter einem Logo mit einem dunkelgrünen B. Die Worte *Becker Biological Health and Aesthetics* bilden darum einen Kreis.

»Wenn Sie hier unterschreiben, dann können Sie gerne beim nächsten Mal zahlen«, sagt Clarissa und legt das Formular vor mir auf den Tresen.

Zur Feier unseres Paktes male ich eine Schlangenlinie auf das Papier. Kraft dieser Unterschrift kann ich an etwas teilhaben, das auf eine erhebende Weise größer ist als ich selbst. Ich greife in das Glas neben mir, arbeite mich durch kleine Plastikautos und Gummitiere bis zu einem glatten Stückchen Holz in Form eines Brontosaurus. Meine Hand, jetzt zur Faust geballt, bekomme ich kaum noch durch die Öffnung des Glases.

Der goldene Buddha lächelt, als ich gehe.

Ich laufe die Kirchbaunaer Straße entlang, die einst noch breiter war als die Konrad-Adenauer-Allee. Als vierspurige Straße mitten durch das Städtchen angelegt, ist die jeweils äußere Spur beider Richtungen mittlerweile zurückgebaut worden. Dafür hat man den Bürgersteig um je einen Radweg erweitert, der sich in seinem Grau kaum vom Grau des Bürgersteigs abhebt. Baunatal wurde vom ADFC zweimal zur fahrradfreundlichsten Stadt Deutschlands bis 50 000 Einwohner gewählt. Die Autostadt erklärte dazu, sie wolle alle Verkehrsteilnehmer gleichberechtigt behandeln.

In der Mitte der Straße befindet sich ein Streifen aus Pflastersteinen mit Verkehrsinseln, der wohl mal ein Grünstreifen gewesen ist. Die Gebäude mit den Ladengeschäften, einer Laptopklinik und kleinen Imbissen sind wieder seltsam weit der Straße entrückt. Links von mir liegt das Hotel Scirocco, auf dessen Dach ein ganzer VW Scirocco montiert ist (und an der Seitenwand seit einigen Jahren einer der Mini-Käfer). Dieses Sportcoupé ist auf technischer Basis des Golf entwickelt und nach dem heißen Wüstenwind benannt worden, der von der Sahara in Richtung Mittelmeer weht. Der Geruch von Pommes Frites. Ich habe gehört, man könne im Restaurant dieses Hotels *gut Schnitzel essen*, und das hieß im Baunatal meiner Kindheit, dass das Schnitzel wenig kostete, über den Tellerrand lappte und schmeckte *wie immer*.

Hinter dem Verkehrskreisel hat die Polizei die Straße abgesperrt, mit orangen Hütchen und Mannschaftswagen.

Sie scheinen auf etwas zu warten.

Rechts der Straße, auf der anderen Seite des Fahrradweges, liegt die Shell-Tankstelle.

Aus Richtung des Einkaufszentrums bewegt sich nun eine Menschenmenge auf den Kreisel zu, wohl um dann den abgesperrten Teil der Kirchbaunaer Straße entlangzugehen. Die vorderste Reihe trägt ein Banner – *Finger weg von unseren Kindern*. Von einer Durchsage per Megafon verstehe ich nur Fetzen, es geht aber darum, dass man den Abgeordneten seines Wahlkreises jetzt Protestbriefe schreiben sollte. Ich überquere die Hauptstraße, kurz nachdem die Prozession vom Kreisel her abgebogen ist, lose gerahmt von Polizisten in Kampfmontur, die ihre Helme in den Händen halten. Ich lasse mich auf der Straße ein Stück mittreiben. Mit Plakaten wehren sich diese Menschen gegen eine *Impfpflicht durch die Hintertür* und den *Terror der Pharma-Lobby*, andere fordern, endlich die Pipeline nach Russland zu öffnen, damit uns im Winter nicht das Gas ausgeht. *Liebe, Liebe, Liebe.*

»Was muss passieren, damit der deutsche Michel aufwacht«, sagt eine Frau neben mir. Es klingt nicht wie eine Frage.

An der Shell-Tankstelle schere ich aus und hole mir ein kleines Pils aus dem Kühlschrank, ein *Hütt* aus der Brauerei an der Autobahn. Ein Teenager mit schwarzen Haaren kommt herein und fragt den Kassierer, ob er drei Pappbecher haben könne. Der junge Mann an der Kasse, der den Körper eines älteren Mannes hat, sagt, die Pappbecher gebe es tatsächlich nur zum Kaffee. Ob ich dem Jungen die drei Pappbecher vielleicht kaufen könne, will ich wissen, und der Kassierer sagt: Tatsächlich nur zum Kaffee. Also frage ich, ob ich einen oder drei Kaffee kaufen müsse, um drei Becher zu bekommen, und er sagt: Tatsächlich drei. Der Junge ist bereits gegangen.

Ich hoffe, dass der Kassierer mich noch in ein Gespräch über das Bäumepflanzen verwickelt und mir anbietet, für die Greenwashing-Aktion der Firma Shell zu spenden. Dieses Mal würde ich genau die richtigen Worte finden. Dass nämlich die Ölindustrie als Erste erkannt hat, was der Ausstoß von Kohlendioxid für das Klima bedeuten könnte, und rein gar nichts unternahm – im Gegenteil.

Der Physiker Edward Teller sprach schon auf einem Kongress der Ölgiganten im Jahr 1959 von einem Treibhauseffekt – drei Jahre vor der ersten Single der Beatles, vier Jahre bevor Martin Luther King einen Traum hatte, fünf Jahre vor Gründung der Gemeinde Baunatal. In den Achtzigern vertuschte Shell eigene Studien, die Schäden durch fossile Verbrennung prophezeiten – während der

Konzern in Erwartung des steigenden Meeresspiegels seine Ölplatt-formen anheben ließ. Anstatt das eigene Geschäftsmodell zu über-denken, investierte die Industrie jährlich dreistellige Millionenbe-träge, um den Stand der Forschung öffentlich in Zweifel zu ziehen. Und jetzt sollen wir solche Firmen dafür bezahlen, dass sie Bäume pflanzen.

Der Kassierer aber sagt bloß: Da wären wir bei 99 Cent.

Draußen schließe ich die Augen. Das Surren der Zapfsäulen und der Geruch von Benzin. Immer hören wir Autos, fast wie Meeres-rauschen. Ich nehme einen Schluck Bier und gehe auf die Wohn-blocks zu, die ich noch immer *Hochhäuser* nenne.

Der Summer ertönt, ich öffne die Haustür und steige durch das kühle Treppenhaus zwei Stockwerke hinauf bis zur Wohnung mei-ner Mutter. Ich ziehe wieder die Maske auf, wegen ihres Asthmas. Die Tür ist schon angelehnt. Aus der Wohnungstür nebenan lugt eine Frau in Leggins mit grauen, schulterlangen Haaren.

»Haben Sie geklingelt?«, fragt sie.

»Ja, bei meiner Mutter«, sage ich.

»Ach so, dann war das drüben.«

»Ja, das war hier, tut mir leid«, sage ich.

»Muss Ihnen nicht leidtun.« Die Frau winkt ab.

»Einen schönen Tag noch«, sage ich.

»Und das ist Ihre Mutter, da nebenan?«, fragt sie noch, als ich den Türknauf schon in der Hand halte – als wäre ich jetzt eines Verge-hens verdächtig.

Aber auch gut, dass man hier aufeinander achtet.

»Ja, genau, das ist meine Mutter«, sage ich, während ich eigentlich schon drinnen stehe, aber noch den Kopf zu ihr rausstrecke.

»Alles klar«, sagt sie. »Schönen Tag.«

Meine Mutter kommt mir im Flur entgegen.

»Schön, dass ihr da seid«, sagt sie und umarmt mich.

»Nette Nachbarin«, sage ich.

»Von wegen«, sagt meine Mutter und schaut durch den Türspion nach draußen. »Das war die Frau Matzke.«

Wenn meine Mutter »die Frau Matzke« sagt, klingt es wie »der 11. September«. Eine Chiffre des Schreckens. Meine Mutter nimmt einen Brief von der Pinnwand und wedelt damit.

»Die haben uns bei der Hausverwaltung angeschwärzt.«

Ich ziehe meine Schuhe aus und überfliege.

Sehr geehrte ... mussten wir leider zur Kenntnis nehmen ... entgegen der Verlautbarung der Regelungen bezüglich der Grünfläche ... Ihre Wohnpartei ein Zelt aufgeschlagen ... strengstens untersagt ... Betreten sowie die Nutzung der Fläche ... Camping und sonstige Freizeitaktivitäten in Zukunft ... im Falle einer erneuten Zuwiderhandlung ... rechtliche Schritte ... mit freundlichen Grüßen.

Meine Mutter erklärt, wie es so weit kommen konnte.

Vor einigen Wochen habe sie eine Tischdecke auf dem Balkon ausgeschüttelt, was eigentlich untersagt sei. Die Demirs von unten, hochanständige Leute übrigens, hätten aber eine Markise, die hätten also nichts abbekommen. Frau Matzke habe sie trotzdem vom Balkon aus ermahnt und da habe sie zu der gesagt: *Rufen Sie doch die Polizei.*

»Da hat es angefangen«, sagt meine Mutter.

Letztens hat sich der Mann meiner Mutter dann ein gebrauchtes Viermannzelt gekauft und wollte es auf Vollständigkeit prüfen. Dazu hat sich zunächst der Rasen im Hof angeboten, der ist jedoch seit Neuestem übersät mit Hundehaufen. Also wollte der Mann meiner Mutter das Zelt auf dem Rasen hinter dem Haus aufschlagen. Die Nutzung dieses bolzplatzgroßen Rasengrundstücks ist jedoch untersagt, drum herum hat die Hausverwaltung einen Zaun gezogen, mit einem Tor, für das nur der Hausvogt einen Schlüssel hat. Der Mann meiner Mutter schwang sich also über das Tor, baute sein Zelt kurz auf und wieder ab. Eine Sache von zwanzig Minuten. Frau Matzke aber stand schon auf ihrem Balkon und schaute zu. Am übernächsten Tag war dann der Brief da.

Meine Mutter sagt, im Haus gebe es hochanständige Leute, total verwahrloste und alles dazwischen. Ihr Mann sagt, diese Wohnblocks seien ein *Querschnitt der Gesellschaft*, was in meinen Ohren schon unheilvoll klingt.

Der Gemeinschaftssinn in der Wohnanlage meiner Mutter reicht nicht aus, um die einfachsten Absprachen einzuhalten. Auf den Versammlungen der Bewohnerschaft hat man mehrfach appelliert, in den Biomülltonnen keine sonstigen Abfälle zu entsorgen. Doch auch weiterhin lagen darin Kippenstummel, Windeln, Gläser und Verpackungen. Jetzt gibt es gar keinen Biomüll mehr und alles kommt in dieselbe Tonne. Es reichen eben ein paar Leute, die nicht mitmachen, damit alle vernünftigen Pläne den Bach runtergehen. Vielleicht würde tatsächlich das Chaos ausbrechen, sobald man die eingezäunte Grünfläche hinter dem Haus zur allgemeinen Benutzung freigäbe. Vielleicht bilden Vorschriften und Verbote das Fahrgestell unserer Zivilisation.

Über die Vorgänge in den Wohnblocks ist meine Mutter jedenfalls im Gespräch mit drei hochanständigen Frauen in ihrem Alter, mit denen sie sonntags auf die Felder hinaus geht. Sie alle sind Eigentümerinnen der Wohnungen, in denen sie leben, worin sie sich von den meisten Leuten unterscheiden. Den Mieterinnen und Mietern liegt auffallend wenig am Erhalt der Anlage. Manche Wohnung wird nur noch wochenweise vermietet, an Trupps von Handwerkern auf Montage. Die Damen sind sich einig, dass sich das soziale Klima des Wohnblocks in den letzten Jahrzehnten verändert hat. Sie wollen hier nicht alt werden und halten Ausschau nach neuen Wohnungen.

Unsere Tomatenpflanze steht auf dem Balkon, inmitten verblühter Hyazinthen.

Nimo sitzt am Esstisch und studiert eine Bauanleitung. Er trägt eine OP-Maske mit aufgedruckten Pandabären. Vor ihm steht der Rohbau eines Sockels, den ich nicht wiedererkannt hätte. Daneben liegt die Packung von *Lego Architecture*, auf der die amerikanische Freiheitsstatue abgebildet ist – 1685 Teile, Sockel und Statue, empfohlen ab sechzehn Jahren. Unser provisorisches New York kann mit dieser Figur kaum mithalten. Statt eines Gesichtes hat die Statue auf der Packung einen glatten Baustein in der Form eines Bügeleisenabdrucks. Auf dem Tisch liegt die Quittung. 64,90 Euro.

»Schimpf jetzt nicht mit mir«, sagt meine Mutter.

Sie rührt am Herd den Grießbrei um. Ihr Küchenfenster bildet einen Rahmen um die drei Schlote des Werkes hinter den Dachgiebeln, an denen noch immer Dampf emporquillt, anstatt dass Rauch aus ihnen aufsteigt. Die Statue sei im Preis reduziert gewesen, sagt meine Mutter, sie hätte vorher 100 Euro gekostet und Nimo habe sie unbedingt haben wollen, wegen New York, weil ich ihm wohl davon erzählt hätte. Sie habe mich ja noch fragen wollen vorher, aber –

Wir sind uneins über diese Dinge. Deshalb ist es gut, wenn ich meine Mutter mit Nimo allein lasse. Sie sehen sich selten. Jede Woche schreibt sie eine Postkarte mit einem kleinen Bilderrätsel darauf. Wenn sie dann endlich Zeit mit ihm verbringen kann, will sie ihn *ein bisschen verwöhnen*, wie sie es nennt, denn das sei die Aufgabe einer Oma. Doch weil dies eben alle Großeltern und Urgroßeltern als ihre Aufgabe sehen und die meisten noch lebenden Paare dieser Konstellation inzwischen geschieden und neu liiert sind, beträgt die Anzahl involvierter Personen rasch mehr als ein Dutzend, von Halbonkels, Großcousinen und Patentanten mal abgesehen. So strömen die Geschenke ohne Unterlass in sein Leben. Ich hatte früher die Befürchtung, man könnte damit einen Schaden in seinem Gehirn anrichten und Nimo darauf trainieren, sein Glück im Materiellen zu suchen, während der Überfluss die Freude am einzelnen Geschenk erstickt. Mittlerweile ist es mir auch schon egal. Nimo ist in Ordnung.

In meiner Kindheit wähnte ich mich bereits im Überfluss, da meine Eltern mir den Eindruck vermittelt haben, zu ihrer Zeit habe man nur mit Stöcken und Steinen gespielt. Und während meine Eltern sich früher gegen alle Anzeichen kindlicher Dekadenz gewehrt und stets auf ein Genug plädiert haben, scheint ein solches Genug jetzt keine logische Kategorie mehr zu sein. Zudem sind Großeltern schwerer zu erziehen als Kinder und zeigen, im Gegensatz zu ihren Enkeln, keinerlei Reue, wenn man sie bei einer Untat ertappt.

»Wenn du nichts sagst, dann fühle ich mich bestraft«, sagt meine Mutter.

Ich sage, sie könne mich beim nächsten Mal gern fragen.

Sie stellt den Grießbrei und Schüsseln auf den Tisch. Nimo zieht die Maske ab und beginnt zu essen. Meine Mutter gießt mir etwas von dem stillen Mineralwasser aus dem Bioladen ein, von dem sie sagt, es schmecke so gut.

»Überhaupt sagst du nie was«, sagt meine Mutter. »Jede Information muss ich dir aus der Nase ziehen.«

Ich hätte ihr zum Beispiel noch nie von New York erzählt, obwohl sie da schon immer mal hinwollte. Dabei sei es so wichtig, dass wir miteinander reden. Niemand könne wissen, wie viel Zeit uns noch bliebe. Meine Mutter rechnet jederzeit mit großem Unglück, weshalb sie mich vor Urlauben stets anruft und abfragt, ob ich noch ihre Bankkarte hätte und ob ich wisse, bei welcher Nachbarin der Schlüssel zu ihrer Wohnung liege und wo ich den Schlüssel zum Schließfach hätte und bei welcher Bank das sei.

»Ich will wissen, worüber du nachdenkst«, sagt meine Mutter.

Worüber ich nachdenke –

Über Mineralwasser zum Beispiel und wie es die Abfüller geschafft haben, den Menschen ein unnötiges Produkt zu verkaufen, das diese für unverzichtbar halten.

Wir nehmen doch ausreichend Mineralien über unsere Nahrung auf. Das Mineralwasser meiner Mutter hat sowieso einen ausgesprochen niedrigen Mineralgehalt und außerdem keine Kohlensäure, weshalb sie den Geschmack als *weich* bezeichnet und es insbesondere für Babynahrung, Whiskyverkostungen und zur Anzucht von Urzeitkrebsen geeignet ist. Sonst spricht nichts dafür, dieses Wasser in Glas- und Plastikflaschen abzufüllen und in Lastwagen kreuz und quer durch die Republik zu transportieren. Außerdem hat das Unternehmen bereits mehrmals seine Quellen gewechselt und das Wasser unter dem gleichen Namen weiterverkauft, was in der Branche wohl üblich ist, jedoch auch bedeutet, dass dieses Wasser, dessen Geschmack meine Mutter beschwört, keine Identität hat und jenseits des Marketings nicht existiert. Ein Liter Leitungswasser kostet weniger als einen halben Cent. Ein Liter des Mineralwassers aus dem Bioladen kostet mehr als hundertmal so viel und man kann es – in ausgewählten Naturkostläden – auch für das Zweihundertfache bekommen. Irgendjemand hat über dieses Wasser eine sehr gute Geschichte erzählt. Sie handelt von der Natur und dem Versprechen, ihr durch den Kauf dieses Wassers ein Stück näher zu kommen.

Wieso aber soll ich darüber mit meiner Mutter reden, wenn es doch ihr Lieblingswasser ist?

Meine Mutter sorgt sich, dass ich mich sorge, und wenn ich ihr sage, worum ich mich sorge, dann sorgt sie sich noch mehr, und ich sorge mich dann auch noch um ihre Sorge, weshalb ich nichts sage und sie sich sorgt, dass ich mich nicht um sie sorge.

Sie fragt, ob alles in Ordnung sei bei uns in Tübingen. Vom Bürgermeister höre man ja mehr als von mir. Erst gestern sei er wieder im Fernsehen gewesen. Sie nennt ihn *ihren Boris* und nimmt es den Grünen übel, dass sie ihn aus der Partei ausschließen wollen.

Es sei ja nie *alles* in Ordnung, sage ich. Im Großen und Ganzen gehe es uns aber gut. Eigentlich müsse ich was für die Firma Greenbot machen. Aber ich käme gerade zu nichts und sei jetzt im Moment ein bisschen müde, vielleicht auch wegen des Zahns.

Ob das vielleicht nicht doch Long Covid sei, sagt meine Mutter. Das mit meiner Müdigkeit sei schon verdächtig, bei einem jungen

Mann wie mir. Im Podcast von Markus Lanz und Richard David Precht, da habe Richard David Precht zu Markus Lanz gesagt, als Autor, da brauche man zwei Schreibtische, und an einem davon dürfe man ausschließlich schreiben. Vielleicht würde das helfen.

Ich schenke mir ein weiteres Glas Mineralwasser ein und werde noch stiller.

Ach, sagt meine Mutter. Sie wolle eben wissen, was mich bewegt.

Dass mich gerade die drei Schlote bewegen, sage ich.

Ob es sein kann, dass wir etwas Wesentliches übersehen, gerade weil es sich die ganze Zeit vor unseren Augen abspielt?

Meine Mutter dreht sich um und sagt, sie hätte schwören können, die Schlote würden rauchen.

Ein deutscher Philosoph nannte es die »Apokalypseblindheit«.

Er hieß Günther Anders – eigentlich hatte er Günther Stern geheißen, aber der Chefredakteur der Tageszeitung, für die er vor der Machtergreifung Hitlers gearbeitet hatte, fand, er habe schon zu viele Artikel verfasst und solle nun lieber »irgendwie anders« heißen. Günther *Anders*, geboren 1902, war jedenfalls Jude, erlebte zwei Weltkriege, flüchtete vor den Nazis nach Frankreich, dann in die USA, kehrte im Wettrüsten der Supermächte zurück nach Europa, kämpfte von dort aus gegen den Vietnamkrieg und setzte drei Ehen in den Sand.

Mit Weltuntergängen kannte er sich aus.

Im Atombombenabwurf über Hiroshima und Nagasaki sah er die endgültige Zäsur in der Geschichte der Menschheit. Die Zukunft sei jetzt nichts mehr, was auf uns zukomme, sondern etwas, das der Mensch entweder herstelle – oder sich selbst unmöglich mache. Die Menschen seien fortan die »Herren der Apokalypse«, also in ihr »letztes Zeitalter« eingetreten, markiert durch das Potenzial der Selbstauslöschung. Gleichzeitig aber schien ihm der Mensch unfähig, sich das Maß der Bedrohung klarzumachen. Anders diagnostizierte eine Blindheit gegenüber dem allzu realistischen Endzeitszenario. Er erklärte sich das damit, dass die Bedrohung viel zu groß und umfassend ist, als dass wir sie uns überhaupt vorstellen können. In der Unfähigkeit, sie zu denken und zu artikulieren, gründe auch unsere Unfähigkeit, ihr gegenüber Angst zu empfinden.

Unsere Angst braucht eine Gestalt, auf die sie sich richten kann, wie das Monster unter dem Bett oder einen Flugzeugabsturz. Bis obenhin angefüllt mit einer Vielzahl von Sorgen gegenüber kleineren Gefahren, verschwenden wir jedoch keinen Gedanken an die ultimative Katastrophe, den schwarzen Punkt am Horizont, der immer näher kommt.

Günther Anders sah seine Aufgabe in der Überwindung dieser Blindheit. Er bereiste Auschwitz und Hiroshima, die Orte größten Schreckens, um sich selbst ein Bild zu machen, anstatt nur durch Medien, durch deren Darreichungsform die Fakten beinahe schon wieder der Wirklichkeit entrückten. Er hoffte, dass wir gerade durch das unerbittliche Vorgreifen der Apokalypse, mittels literarischer Imagination, eine Apokalypse vielleicht verhindern könnten. Wir müssten also das Nichts denken lernen und so zu unserer möglichen Zukunftslosigkeit vordringen. Unsere einzige Chance liegt ihm zufolge darin, zu unserer Angst zu finden und dadurch endlich handeln zu können. Zu verstehen, dass wir im Grunde schon verloren sind, und von nun an genau deshalb alles dafür zu tun, so wenig wie möglich zu verlieren.

I want you to panic.

Mit diesem Satz meinte Greta Thunberg wohl jene Angst des Günther Anders. Sie meinte sicher nicht, dass wortwörtliche Panik und kopfloses Handeln jetzt das Richtige seien, wie die älteren Herren der politischen Elite es gerne unterstellen wollen, während sie sich selbst in der Rolle derer sehen, die *einen kühlen Kopf bewahren*. Als wären die Köpfe nicht allzu kühl gewesen, über Jahrzehnte hinweg. Klimaschutz ja, sagen sie, aber *mit Augenmaß*. Technologische Innovation. Intelligente Lösungen. Doch von alldem träumen sie nur, während das finale Jahrzehnt längst angebrochen ist, in dem wir die Folgen unseres Handelns noch mildern können. Bevor weitere Kipppunkte des Klimasystems überschritten werden und wir das Ticket für eine ungebremste Höllenfahrt lösen.

Heute und hier, am Esszimmertisch meiner Mutter, scheint es mir aussichtslos.

Meine Mutter sagt, das sei schon wieder ein bisschen abgehoben. Ob ich mich genug bewegen würde. Ob ich im Winter hochdosiertes Vitamin D einnehme und genügend schlafe. Es tue ihr leid, dass ich ein schwarzes Loch in mir trage, zumal sie auch ein solches in sich spüre und offenbar nicht habe verhindern können, dass seine negative Kraft auch auf mich übergegangen sei. Dabei habe sie doch mein Bestes gewollt – Waldorfschule, Geigenunterricht und dass ich mit einer befreundeten Familie nach Amerika durfte.

»Eigentlich hattest du alles«, sagt sie.

Sie selbst habe ja nicht einmal Eltern gehabt.

Wie das sein könne, dass jemand keine Eltern habe, will Nimo wissen, der jetzt am blassgrünen Umhang der Freiheitsstatue arbeitet. Wo sie denn dann hergekommen sei.

Am Anfang war ein stockdunkler Kartoffelkeller. In ihrer frühesten Erinnerung ist meine Mutter eingesperrt. Als die Tür aufging, nach Äonen – das muss der Tag ihrer Geburt gewesen sein. Draußen hat sie die Menschen getroffen, die sich ihre Eltern nannten. Die Mutter sagte: *Mir ist es nicht gut ergangen und euch soll es nicht besser gehen.* Der Vater zerschlug Rohrstöcke auf seinen Töchtern.

Richtige Eltern würden so etwas nicht tun.

Vielleicht hätte sie die Alten nicht pflegen sollen, sagt meine Mutter. Vielleicht hätte sie die Zeit lieber mit mir verbringen sollen.

Irgendwann werde ich die richtigen Worte finden, um ihr zu sagen, dass ich von ihr mehr über die Kraft der Vergebung gelernt habe als von Jesus Christus und dem Pfarrer Schade, der mir bloß erfundene Sünden vergeben hat, während sie es geschafft hat, den Frieden mit ihren Eltern zu machen, ganz ohne deren Zutun. Dass ich ihre Geschichte deshalb schon etliche Male erzählt habe und sie vielleicht in den Leben anderer Menschen wirkt, ohne dass wir es wissen.

»Passt schon«, sage ich.

Meine Art zu sagen: *Ich liebe dich.*

Vor der Haustür meines Vaters ruft Bierchen nach uns. Der Kater läuft zwischen meinen Beinen umher, sodass ich fast über ihn stolpere. Ich befülle seinen Napf und fische mit einer Schaufel die Klumpen aus seinem Klo. Dann wünschen wir unserem Urzeitkrebs eine gute Nacht.

Carlos scheint nie zu schlafen. Wir haben ein Spiel daraus gemacht, zu den unmöglichsten Zeiten nach ihm zu schauen, wann immer wir ins Bett gehen, aufstehen oder einer von uns nachts wach wird. Entweder schwimmt er oder er gräbt. Jetzt gräbt er, und zwar ganz an den Rand seines Aquariums gedrängt, und seine Blattbeinchen strampeln wie im Zeitraffer. Fast scheinen sie zu flirren. Manchmal lässt er sich vornüberkippen, sodass er mit dem Kopf zuerst in sein Loch taucht.

Seine flache Schädelplatte nutzt er wie einen Keil, der ihm hilft, noch tiefer zu kommen. Ständig graben die Triops, auf der Suche nach Nahrung oder um ihre Eier vor dem Kannibalismus gestresster Population zu schützen. Carlos wirbelt Körner auf, die in Zeitlupe zu Boden fallen wie in einer Schneekugel. Wann immer wir das Wasser wechseln, scheint ihn das noch zusätzlich zu beleben. Wenn der Schlaf der kleine Bruder des Todes ist, dann ist Carlos' Wachzustand der große Bruder des Lebens. Ewig lebt er, bis zu seinem jüngsten Tag.

Bierchen hat sich auf seinem Kissen zusammengerollt, ungefähr auf Höhe des Stadtteils Brooklyn.

»Gute Nacht, Carlos«, sagt Nimo.

»Gute Nacht, Nimo«, sage ich mit der Stimme des Urzeitkrebses, die eine hohe, beinahe fiepende ist.

»Gute Nacht, Bierchen«, sagt Nimo und streichelt dem Kater über den Kopf.

»Gute Nacht, Nimo«, sagt Bierchen.

Noch einmal versucht Nimo ihn mit dem Glockenball zu locken. Bierchen öffnet nur ein Auge. Er will nicht mehr jagen.

Auf unserem Matratzenlager unter der Dachschräge schlage ich *Die unendliche Geschichte* auf. Ich habe das weinrote Buch mit den goldenen Ornamenten im Regal bei meiner Mutter gefunden. Auf der ersten Seite steht eine Widmung in den zackigen Buchstaben meines Vaters. *Für mein Schatzi. Dein Bär.*

Nimo zieht seinen Schlafanzug an. Er häuft die Kuscheltiere auf sein Kopfkissen und lässt sich aus dem Stand hineinfallen. Weil ich genau neben ihm liege, sehe ich nichts mehr von ihm, nur ein Delfin ragt mir entgegen, ein verformter Riesenteddy und Alfred J. Quak, die gelbe Plüschente. Ich beginne vorzulesen, von der spiegelverkehrten Inschrift auf der Tür des Antiquariates, das einem gewissen Herrn Koreander gehört. Nimo fragt, was noch mal Koriander sei, und ich sage, dass dieses Kraut so riecht wie das Sekret der Stinkwanzen, die wir manchmal versehentlich zertreten, die von China aus als Plage über Europa gekommen sind und die ihre Existenz auf unserem Balkon, über den sie in unsere Zimmer gelangen, besonders milden Wintern und heißen Sommern verdanken.

Der Junge, der in das Antiquariat geht, heißt Bastian Baltasar Bux und hat einen kummervollen Tag gehabt. Er liebt Bücher über alles, hat jedoch kaum Geld dabei. Also stiehlt er *Die unendliche Geschichte*, so wie ich das Buch meiner Mutter gestohlen habe. Er schleicht auf den Dachboden seiner Schule und beginnt zu lesen. Bald verschwindet er selbst in der Geschichte und findet nicht mehr hinaus. Bastian Baltasar Bux ist die einzige Verbindung zwischen der Wirklichkeit und Phantásien. Er muss das Reich der Fantasie retten, denn eine finstere Macht ist dabei, von Phantásien Besitz zu ergreifen.

Wie eine Flutwelle, eine Lawine, die jedoch kein Geräusch verursacht, wälzt es sich durch Phantásien und schlingt alles auf, was ihm auf seinem Weg begegnet – alles Leben, alle Farbe, jeden Duft, jeden Laut und jedes Gefühl. Was dem Nichts anheimfällt, verschwindet, als hätte es nie existiert.

Der Mond scheint durch das Fenster herein.

Und je mehr Atrèju das ganze Ausmaß des Verhängnisses begriff, das da über Phantásien hereingebrochen war, desto deutlicher malte sich in seinem anfangs so verschlossenen Gesicht offene Bestürzung.

»Und von all dem«, murmelte er schließlich mit blassen Lippen, »habe ich nichts gewusst.«

Die Bettdecke neben mir raschelt.

»Papa?«, sagt Nimo mit gedämpfter Stimme aus seinem Haufen heraus.

»Ja?«

»Ich kann mir das Nichts nicht vorstellen. Wenn ich versuche, mir das Nichts vorzustellen, dann schließe ich die Augen. Und dann fühle ich mich, als wenn ich rückwärts von einem Baum falle. Aber ich falle und falle und komme nie unten an.«

Sein Kopf erhebt sich aus dem Plüsch.

»Kannst du dir das Nichts vorstellen?«

»Ich glaube, niemand kann sich das Nichts vorstellen«, sage ich. »Das Nichts ist das Unvorstellbare.«

Wenn ich jetzt versuche, mir das Nichts vorzustellen, und dabei meine Augen schließe, dann denke ich an Willi Hoffmann aus Bedburg, der eigentlich aus Otzenrath stammt. Ich sehe das große Loch, das sich dort durch die Landschaft frisst und alles verschlingt, was ihm auf seinem Weg begegnet – alles Leben, alle Farbe, jeden Duft, jeden Laut und jedes Gefühl.

AM RANDE DES WAHNSINNS
Bedburg, Rheinland

Im Rheinland klaffte ein Loch in der Landschaft und an dem schieden sich die Geister. Wenn man es sich groß vorstellte, dann stellte man es sich immer noch zu klein vor. Das Auge verlor sich darin. Von oben sah es aus wie der Krater eines Asteroiden oder ein Brandloch in einem Flickenteppich aus grünen und gelben Feldern.

Dort, wo jetzt das Loch war, hatten früher auch Dörfer gestanden. Eines davon war Otzenrath gewesen, das Zuhause von Willi Hoffmann. Seit zwanzig Jahren lebte er mit seiner Frau jetzt schon in einem Einfamilienhaus mit Klinkerfassade am Rande des Städtchens Bedburg. Doch er sagte, er fühle sich morgens beim Brötchenholen noch immer wie im Urlaub. Nur, dass es nicht die Art von Urlaub sei, nach der man sich sehne. Ihm sei, als müsse er eigentlich bald zurückkehren in sein Dorf und sein altes Leben dort wieder aufnehmen, wo es unterbrochen worden war.

»Ich komme nie mehr nach Hause«, sagte Hoffmann.

Denn dort war das Nichts.

Bevor Otzenrath abgerissen worden war, um dem Loch Platz zu machen, bevor das Glas und das Metall getrennt, der Schutt auf Kipplastern abtransportiert und der Boden abgebaggert worden war, Schicht um Schicht, war Hoffmann mit seinem Hänger hingefahren, ein letztes Mal in die Heimat, und hatte gerettet, was auf den Hänger passte. Die steinernen Stufen seiner alten Schule zum Beispiel, die er dann vor seinem neuen Haus zwischen den Blumenbeeten eingelassen hatte. Die dichten, schweren Vorhänge aus dem Gerätelager der Feuerwehr, die jetzt hinten in seiner Werkstatt hingen. Oder die roten Feldbrandsteine, welche die Vorfahren zweier Familien, deren Namen und Nachfahren er kannte, gemeinsam auf einem Acker gebrannt und dann jeweils in ihren Höfen verbaut hatten und die jetzt in der Treppe seiner Veranda wieder vereint waren.

Das war nicht ganz legal gewesen, denn sein Dorf hatte da längst dem Konzern gehört. Aber Willi Hoffmann fand, das sei das Mindeste, was ihm zustehe. Er hatte versucht, für sich eine Geschichte zu schaffen, wo keine Geschichte gewesen war.

Ich setzte mich an seinen Esstisch, um mit ihm über das große Loch zu sprechen und was es bedeutete.

»Ja, wie soll man das erklären«, sagte er. »So was gibt's ja nicht, eigentlich, so was ist ja nicht normal.« Seine Stimme klang heiser.

Er sprang auf, kaum dass er sich zu mir gesetzt hatte.

»Komm mit, Junge, das musst du gesehen haben. Damit du die Dimensionen begreifst.«

Ich hatte nicht einmal Zeit, mein Mineralwasser auszutrinken.

Geografisch gesehen lebte Willi Hoffmann am Rande des Wahnsinns.

Er rief seiner Frau noch durchs Treppenhaus zu, dass er mal kurz weg sei, und stieg mit mir ins Auto. Wir fuhren aus dem Städtchen hinaus und über Feldwege bis hinter eine geöffnete Schranke auf das Gelände, das dem Konzern gehörte. Wir passierten eine Brücke, unter der lange Fließbänder den wertvollen Mutterboden von der Grube abtransportierten, zu zwei kleineren Baggern, die ihn zu Bergen aufhäuften. Sofort kam ein weißer Jeep angefahren, vom Werkschutz, der hier alles mit Kameras überwachte. Doch den Blicken der beiden Sheriffs hielt Hoffmann stand. Die Bauern bewirtschafteten hier Felder, die sie vom Konzern gepachtet hatten, links der Fahrbahn zogen zwei Traktoren ihre Bahnen. Die Bauern hatten eine Plakette hinter ihrer Windschutzscheibe, an denen die Sheriffs sie erkannten. Willi Hoffmann hatte auch so eine Plakette, frag nicht, woher. Also winkten sie ihn durch.

»Es war verdammt schön im alten Ort«, sagte er. »Wir brauchten diese Arschlöcher nicht mit ihrem Geld. Wir brauchten kein neues Dorf.«

Neu-Otzenrath. Seelenloses Neubaugebiet. Da war er gar nicht erst hingezogen.

Hoffmann war 61 Jahre alt und arbeitete in der Chemieindustrie, Bereich Logistik. Seine Wangen waren glattrasiert, sein graues Haar noch voll. Er war der Vorsitzende der FDP-Fraktion im Bedburger Gemeinderat. Dort arbeitete er am liebsten mit den Grünen zusammen, denn auf gute Busverbindungen, Fahrradwege und die Haltung zu den Kohlegruben Hambach, Garzweiler und Inden, diesen elenden Löchern, konnte man sich einigen. Die Landes-FDP wiederum, die wollte, dass die Löcher weiter fraßen und schluckten, die konnte ihm gestohlen bleiben.

Im hinteren Bereich des Lochs, wo die gigantischen Schaufelradbagger alle Kohle ausgehoben hatten, ließ der Konzern wieder Erde aufschütten. Vorne, da drehten sich die Schaufelräder weiter. So fraß sich das Loch durch die Region und hinterließ eine vernarbte Landschaft ohne Gedächtnis, das *ausgekohlte Terrain*. Eine schier unendliche Ebene, Flachland von mehr als 100 Quadratkilometern Größe wie im hohen Norden. Willi Hoffmann bretterte den schnurgeraden Feldweg entlang, der gesäumt war von jungen Birken.

»Dat sind doch keine Bäume hier«, rief Hoffmann, der sich schon wieder aufregte bei dem Anblick, »dat sind begrünte Zahnstocher.«

Einst waren hier Berge und Wälder gewesen. Immer wieder tauchten Felsbrocken auf, Fremdkörper, wie aus dem Himmel in den Boden gefallen, daran Gedenktafeln. Sie erinnerten an die Dörfer, die hier früher gestanden hatten, bevor das Loch gekommen war und sie im Nichts verschwunden waren. *Hier stand früher Oma-*

gen, 1976 von Rheinbraun nach Bedburg Kaster umgesiedelt. Rheinbraun hieß heute *RWE.* Es waren Grabsteine ohne Leichname, wie für die Gefallenen ferner Schlachten.

»Die Leute reden nur über solche Sachen, wenn es einen einzigen großen Knall gibt«, sagte er. »Wenn du zum Beispiel einen Motorradunfall hast und ins Krankenhaus kommst, weil deine Beine, Arme und Rippen gebrochen sind. Dann nehmen alle Anteil.«

Der Tagebau aber sei ein langsamer, unaufhaltsamer Prozess. Wie wenn der Motorradfahrer sich erst die Hand bricht, dann das Schienbein, später die Schulter, dann die andere Hand, und es über Jahrzehnte so weitergeht. Irgendwann gewöhnen sich alle daran, so hart es auch ist.

Das Leben der anderen geht weiter.

»Es gibt Leute, die können das verdrängen und sich ihre scheißneue Wohnung schönreden«, sagte Willi Hoffmann. »Ich konnte mich nie damit abfinden. Mir raubt es die Lebensfreude.«

RWE organisierte Bustouren auf dieser Strecke, auf denen geschulte Guides die ökologischen Vorzüge der neuen Landschaft erklärten. Hoffmann machte nach, wie das klingen musste. *Sehen Sie hier, den Steinhaufen zur Rechten, Lebensraum für Insekten. Dort, tausend neue Bäume gepflanzt. Da drüben die alte Kapelle von Holzweiler, wiederaufgebaut, allein auf weiter Flur. Da treffen sich an Sonntagen die Rentner aus dem alten Ort.*

Wirklich wahr?

»Natürlich nicht, aber ist doch scheißegal«, rief er und ein heiseres Lachen platzte aus ihm heraus.

Bei so einer Affenrundfahrt würden sie ihn sowieso nicht mitmachen lassen. Wegen dem, was damals in Etzweiler geschehen war. Dort hatten sie es vor der Zerstörung gewagt, mit ihren Bussen aufzukreuzen und die Umsiedlungen schönzureden. Den zweiten Bus hatte er sich gekrallt, vorne an die Tür geklopft. *Mach mal auf, dat Ding.* Er hatte sich mit der Schülergruppe unterhalten.

Wie viel Geld kriegst du für dein Haus?, hatte einer gefragt.

Dir geht's also ums Geld, hatte Hoffmann erwidert. *Geld hab ich dabei, hier, 50 Euro. Gib mir doch mal deine Schuhe, deine Hose und deinen Pullover.*

Der Junge hatte nicht verkaufen wollen.

Ach so, hatte Hoffmann gesagt, *du willst nicht verkaufen? Ich will auch nicht verkaufen!*

Da sei richtig Rabatz gewesen. Danach sei kein Bus mehr dahingekommen.

Willi Hoffmann parkte sein Auto an der Abbruchkante. Er konnte jedes einzelne Dorf aufzählen, das dort, wo jetzt das Nichts war, einst gestanden hatte: Epprath-Tollhausen, Königshoven, Morken-Harff, Reisdorf, Garzweiler, Belmen, Stolzenberg, Elfgen, Priesterath diesseits der Autobahn, die sie sogar verlegt hatten, damit das Loch weiter hatte vordringen können. Otzenrath, Borschemich, Holz, Spenrath, Pesch jenseits der Autobahn.

Wann hörte ein Dorf auf, ein Dorf zu sein? Wann würde das Utzenrother Platt für immer verklingen? Wann würde ein Mensch zum letzten Mal diesen Namen aussprechen, genau diese Abfolge von Lauten?

Otzenrath.

Ot-zen-rath.

Ein paar Bierchen in der Dorfkneipe. Die Klinkerbauten. Das hohe Kirchenschiff, verkleidet mit hellem Backstein, und der Klang der drei Glocken. Für manche war das die Welt gewesen.

Am meisten vermisse er die Gerüche, sagte Hoffmann.

»Darüber denkst du gar nicht nach«, sagte er, »das wird dir erst klar, wenn sie weg sind.«

Die Häuser seiner Freunde hätte er mit verbundenen Augen erkannt. Und in der letzten Dorfkirche hingen Weihrauch und Vaterunser aus 150 Jahren in Sandstein, Granit und Basaltlava. Das kannst du nicht nachmachen. Die neue Kirche sah aus wie ein großer Bauklotz, daneben ein kubischer Turm aus nacktem Beton. Sie roch nach deutschem Neubaugebiet, nach Energieeffizienz und Vollkaskoversicherung.

In die groben Richtungen konnte Hoffmann noch zeigen. Doch wo die Dörfer genau gestanden hatten, tja, das war unmöglich zu sagen. Das Auge fand keinen Halt und keine Fixpunkte bis zu den Rändern des Lochs, weit draußen.

Das Loch.

Die Schaufelradbagger gruben riesige Terrassen in die Erde, stufenweise nach unten. Ein ständiges Brummen und Rumpeln ging von ihnen aus, den ganzen Tag über und nachts bei Flutlicht. Die Luft über der Grube flirrte vom Staub, und dahinter sah alles aus wie gemalt. Mit jeder Ebene wurde die Erde dunkler. Sie arbeiteten sich durch Ocker, Braun und dunkles Grau. Die unterste Schicht war tiefschwarz und schien, vollständig freigelegt, alles Licht zu schlucken. Dort lag die Kohle. Boden der Tatsachen, hier im Rheinland. Quelle gestrigen Wohlstands.

Das Loch war nicht das Nichts. Das Loch war ein Loch, und ohne sein Außerhalb war kein Loch denkbar. Das Loch war ein Portal, das ins Nichts führte. Das Nichts endete nicht dort, wo das Loch endete, es wehte durch die Gassen der Dörfer am Grubenrand und lag über dem flachen Land, das man erschaffen hatte, wo das Loch einst gewesen war. Das Loch blieb immer in etwa gleich groß. Das Nichts aber wuchs mit jedem Tag, an dem die Schaufelräder sich drehten. Es wuchs in den Herzen der Menschen, die es befallen hatte wie eine Pest, ein Schatten, ein Alptraum.

Eine große Anziehungskraft ging von dem Loch aus. Diese Kraft war das Nichts. Wer weiter weg wohnte, der sah nichts Ungeheures darin, nur ein Monument menschlichen Ehrgeizes. Es schien eine unsichtbare Grenze zu geben zwischen dem Gebiet, in dem das Nichts schon das Leben bestimmte, und einer sicheren Entfernung, wo das Loch die Menschen nicht zu kümmern schien. Manche fuhren extra hin, um hineinzublicken. Der Konzern hatte Aussichtsplattformen an den Grubenrand gewalzt. Die Leute schossen Selfies und Gruppenfotos, manche kamen her, um Burger und Pommes aus Papiertüten zu essen, und schmissen den Müll dann den Hang hinunter. Sie schauten, als stünden sie auf der Spitze eines Berges und blickten in eine blühende Alpenlandschaft. Dabei war dies nur ein Mond ohne Leben.

Es gab nichts zu sehen.

Auf der anderen Seite ragte klein der Kirchturm von Keyenberg empor. Dahinter lagen Kuckum, Oberwestrich, Unterwestrich und Berverath – die Dörfer, die als nächste fallen sollten. Willi Hoffmann sagte, wenn er daran nur denke, dann fühle sich das an, als wenn ihm einer ein Messer im Herz rumdrehe. Bald sei es doch vorbei mit der Kohle, das wusste er, das wusste die Regierung. Könnten die Ungetüme nicht einfach ein wenig nach links oder rechts schwenken und die Dörfer verschonen? Das wäre doch menschlich.

»Der letzte Tote in einem Krieg stirbt immer umsonst«, sagte er. »Aber die wollen ihn unbedingt erschießen, mit der letzten Kugel im Lauf.«

Der Konzern hatte Gnade nicht nötig. So viele Familien hingen von RWE ab. Die Gemeinden hielten Anteile, der Staat kassierte die Steuern. Und die Bauern mussten das Land des Konzerns pachten, weil der hier mit Abstand die meisten Hektar besaß. Wenn der Konzern verdiente, dann verdienten alle, und deshalb verteidigten ihn manche bis aufs Blut. Menschen wie Willi Hoffmann waren Kollateralschäden. Die Umsiedlungen mussten eben sein, sagten die Leute. Die hatten das aber auch geschickt eingefädelt.

Erst im Nachhinein war Hoffmann manches klar geworden.

Damals hatte der Konzern eine eigene Musikkapelle gehabt, die bei den Dorffesten spielte. Vertreter des Unternehmens liefen bei Schützenumzügen mit, das Unternehmen sponserte gesellschaftliche Anlässe und stellte dafür die Toilettenwagen. Brot und Spiele.

Das Logo prangte auf Trikots, an Sportplätzen und in Turnhallen von Schulen. RWE war überall.

Warum tauchte dieser adrette junge Mann immer sonntags mit Kuchen bei der katholischen Frauengruppe auf? Warum wollte der mit den älteren Damen unbedingt über das Dorfleben plaudern? Damals stellte sich noch niemand solche Fragen. Auch der RWE-Fotograf, der immer zu den Festen kam, war ihnen nicht verdächtig. Er sprach nicht mit ihnen, trank keinen Tropfen Alkohol und fotografierte sie alle andauernd: beim Tanzen, beim Saufen und beim Diskutieren. Nie hatte jemand die Bilder zu Gesicht bekommen. Aber Willi Hoffmann war sich sicher: Man hatte darauf ziemlich gut ablesen können, wer sich mit wem verstand und wo in der Gemeinschaft die Bruchlinien verliefen. Also auch, wen man wie von einem Verkauf überzeugen könnte und wer andere mitziehen würde.

Zuerst hatten sie die Hauptmänner der Feuerwehr auf ihre Seite gebracht, die Vorsitzenden des Schützenvereins und des Fußballclubs. Das machten die immer so.

Es klang, als spreche er von der Mafia.

»Das *ist* hier die Mafia«, sagte er.

Seit dem Ende des Zweiten Weltkrieges waren in der Bundesrepublik Hunderte Dörfer für die Kohle zerstört und etwa 100 000 Menschen umgesiedelt worden, in den Revieren im Rheinland und in Brandenburg. *Zum Wohle der Allgemeinheit* dürfe enteignet werden, hieß es im Bergrecht. Also hatten sich die Leute immer einigen müssen, mit RWE im Rheinland und der LEAG in der Lausitz. Doch konnte es heutzutage überhaupt noch zum Wohle der Allgemeinheit sein, Kohle abzubauen und zu verbrennen? Von welcher Allgemeinheit war da die Rede? Die Staaten dieser Welt hatten doch ein Abkommen geschlossen: Sie wollten die Erwärmung des Planeten begrenzen, möglichst auf 1,5 Grad bis zum Ende des Jahrhunderts. Im Rheinland brach Deutschland seinen Teil der Vereinbarung, nicht nur symbolisch, sondern rein rechnerisch, obwohl wir sogar unseren Kindern einbläuten: *Versprochen ist versprochen und wird nicht gebrochen.*

Der Konzern und die CDU-Regierungen in Land und Bund hatten immer gesagt, man brauche die Kohle noch für die Energiesicherheit des Landes. Manche Studie sagte längst was anderes.

Als Willi Hoffmann RWE den Kampf angesagt hatte, war er allein gewesen gegen die Übermacht. Er hatte Kleinkriege an vielen Fronten geführt – vor Gericht, mit Sprühdosen oder mit einem großen Zaun um eine Grundwasserpumpe des Konzerns auf dem Grundstück seiner Mutter. Die große Ungerechtigkeit hatte nur darin bestanden, dass die Mitarbeiterinnen und Mitarbeiter des Konzerns abends nach Hause gingen und ihren Feierabend hatten, während Hoffmann mit diesem Kampf hatte leben müssen, der ihn bis in die Träume verfolgte. Als er aufgeben musste, hatte der Konzern ihn auf 980 000 Euro verklagt. *Aber das ist eine andere Geschichte und soll ein andermal erzählt werden.*

Wenn Hoffmann dort drüben auf die andere Seite fuhr, in eines der bedrohten Dörfer, dann wurde ihm schlecht. Alles dort erinnerte ihn an Otzenrath – die alten Häuser, die bis an den Bürgersteig gebaut waren; die Gassen, die hinaus auf die Feldwege führten; das Vibrato einer jahrhundertelangen Geschichte. Wenn er dort die Augen schloss, konnte er das Leben noch hören, das längst verklungen war. Palavernde Großväter, die auf Stühlen vor den Häusern saßen. Kinder, die in den Gassen Fußball spielten. Das Klappern der Töpfe. Eine Mutter, die zum Essen rief.

Kämpfen sollten die da drüben, um jeden Preis. Das sagte Hoffmann den Verbliebenen.

Und der Kampf hatte begonnen.

DIE OFFENBARUNG DES JAN UDO

Nimo kichert im Schlaf.

Ich knipse die Stehlampe aus und gehe im matten Schein des Nachtlichts durchs Zimmer, wobei ich aufpasse, keine der Playmobilfiguren zu zertreten. Ich öffne die linke Schublade meines Schreibtisches, in der ich zwischen Zetteln, Streichhölzern und Blättchen eine Packung trockener Zigaretten und eine Tüte mit einer Grasblüte finde. Das Gras schmeiße ich in den Mülleimer, die Zigaretten stecke ich in die Hosentasche. Auf der anderen Seite des Dachbodens, hinter der Rigipswand, rauche ich aus dem Fenster. Mein Kopf wird leicht wie ein Gasballon.

Mit meinem Laptop unterm Arm gehe ich die marmornen Stufen hinab. Die Zeitschaltuhr im Wohnzimmer hat bereits die Stehlampen angeknipst. In New York ist jetzt helllichter Tag. Ich schalte den Fernseher an, doch der erstrahlt bloß in Blau, so sehr ich mich auch um die richtige Kombination von Knöpfen auf den verschiedenen Fernbedienungen bemühe. Ich starre noch eine Weile hinein, ziehe einmal die Brille meines Vaters auf und sehe das Wohnzimmer wie durch Ölschlieren. Ich schalte aus. Am Esstisch klappe ich den Laptop auf. Ein Signal ertönt, ich habe 28 neue Nachrichten, vier davon von der Firma Greenbot.

Bierchen springt von der Fensterbank, streckt sich gähnend auf dem Teppich und hüpft mir dann auf den Schoß. Er beginnt gleich das Milchtreteln, wobei er an meinem T-Shirt nuckelt und beim Massieren meines Bauches die Krallen ausfährt. Erst jetzt bemerke ich, dass ich durch die Nachrichten des Tages scrolle. *USA testet neue Hyperschallwaffe, Bier könnte um 30 Prozent teurer werden* und *Erstmals Pflanzen in Monderde gezüchtet*. Ich lese von der Sorge, dass die Russen ein ukrainisches Atomkraftwerk unter Beschuss nehmen könnten, und davon, dass die Innenministerin die Anschaffung von Notvorräten empfiehlt – *lesen Sie hier unsere Checkliste*.

Kaum schlagen die Uhren 23 Uhr – mein Vater muss sie allesamt wieder angestellt haben –, da gehen im Wohnzimmer die Stehlampen aus. Deckenlampen hat mein Vater nach einer der Renovierungen nicht mehr installiert, was ich erst bemerke, als ich an den Dimmern in der Wand drehe. Auch die Zeitschaltuhr an der Stehlampe, die sonst New York und den Ozean beleuchtet, reagiert nicht auf meine Versuche, sie außer Kraft zu setzen. Selbst als ich sie herausziehe und den Stecker der Lampe direkt in die Steckdose stecke, geschieht nichts. Die Welt, die unsere Eltern erschaffen haben, entzieht sich zunehmend ihrer Benutzung. Ich klappe den Laptop zu und steige die Treppen wieder nach oben, wo ich ins Zimmer schleiche und die Zigaretten wegwerfe.

Auf der anderen Seite des Dachbodens öffne ich das Fenster, um die Hitze des Tages zu entlassen. Der Mond sichelt mich an. Über die Giebel der Mehrfamilienhäuser und das Leiselfeld hinweg kann ich das Werk sehen mit seinen Schloten, den Ziehharmonikadächern und dem Dampf, der von unten aufsteigt.

Ungefähr in Nimos Alter bin ich einmal drin gewesen, an einem Tag der offenen Tür. Alles um mich herum war Fabrik, so weit das Auge reichte. Die Arbeiter in ihren Graumännern mit dem VW-Logo auf der Brust radelten mit blauen Fahrrädern über das Gelände, weil ihre Wege so weit waren. Überall standen die zur freien Benutzung. Mein Onkel Jürgen, der jüngere Bruder meines Vaters, führte mich und meine Eltern herum. Er blieb in einer Werkshalle bei einem von Hunderten Getrieberohlingen stehen, der zwischen den anderen aufgebahrt war wie ein Heiligtum. Dann beugte er sich zu mir runter, zeigte auf eine Stelle und sagte:

»Siehst du diese Löcher da? Die habe ich sechs Jahre lang da reingebohrt.«

In diesem Satz lag eine unbestimmbare Schwere.

Nach Jahren der Schichtarbeit am Band hat er dann einen Com-
puterlehrgang belegt und einen Job im neugebauten »Ersatzteil-
zentrum« draußen auf den Feldern bekommen. Später nannten sie
es »Original Teile Center«. Weil »Original« hochwertiger klang und
»Center« international. Als mein Onkel mir das eines Tages erklärte,
verstand ich vielleicht zum ersten Mal, dass die richtigen Worte alles verändern können. Der Schriftzug des neuen Namens prangt
seitdem an dem gigantischen Blechkubus an der Autobahn, neben
den Logos der Automarken VW, Škoda, Seat und Audi. Da dieser
Kubus keine Fenster hat, ist es unmöglich, seine wahre Größe zu
schätzen. Abends erstrahlt er in einem satten Blau, das dem Blau im
Fernseher meines Vaters ähnelt.

Früher drohte das Werk auch mir mit einer Zukunft.

Unten führt ein Hund einen Menschen spazieren. Er hat eine Fährte
aufgenommen und zieht den Menschen an der Leine über den Bürgersteig. Der Mensch trägt eine Jogginghose und eine Kapuze über
dem Kopf. Der Hund pisst durch den Zaun in die Hecke auf das
halbmondförmige Gemeinschaftsgrundstück vor den Reihenhäusern. Der Mensch muss warten.

Früher gab es dort weder Hecke noch Zaun. Der Rasen war von
mannshohen Sträuchern und Büschen gesäumt, die im Frühling
blühten: lila Lavendel, Rhododendron und die gelbstrahlende
Gewöhnliche Mahonie. Wenn ich mittendrin stand, war die Welt
drum herum verschwunden. Der Rasen buckelte, wo Wurzel-
stränge eines unterirdischen Geflechts zutage traten. Auf Höhe
unseres Hauses etwa wuchs eine Trauerweide, unter deren Ästen
ich wie unter einer Kuppel geborgen sitzen konnte. Zwei große Birken bildeten das Zentrum meines Dschungels. Ich nannte sie *die
Zwillinge*. Eine von ihnen hatte zwei Stämme, sodass ich besonders

leicht hinaufkam, wenn ich mich dazwischenklemmte und dann mit meinen Beinen hochdrückte. Dort oben hielt ich Ausschau nach feindlichen Schiffen, die versuchten, auf meine Insel zu gelangen, oder fand Schutz vor Raubtieren. Ich hätte schwören können, der Garten habe ein eigenes Klima gehabt, kühl und luftig noch in der größten Hitze. Schwärme kleiner Fliegen fieselten in der Luft, die Vögel suchten sich Nistplätze und ich mir geheime Gänge zwischen den ineinander verwachsenen Ästen. Es roch nach Harz und Nadelwald. Von der Küche und meinem Kinderzimmer aus blickten wir auf eine Reihe Fichten und Blautannen, und wenn wir die Augen ein wenig zukniffen, war es fast, als lebten wir im Grünen. Für einen Moment schien es, als seien wir angekommen.

Jetzt verlangt der ebene Rasen danach, von einem Roboter gemäht zu werden. Von meinem Dschungel ist nichts mehr übrig. Die Nachbarn haben nur ein paar Büsche gepflanzt, die sie mit ihren Scheren klein und rundlich halten.

Wenn meine Mutter anderen Leuten früher von unserem Haus in der Konrad-Adenauer-Allee erzählt hat, dann sagte sie immer, man habe hier *alles, was man brauche*. Nach vorne raus seien es fünf Minuten, dann erreiche man das Einkaufszentrum, nach hinten raus fünf Minuten und man stehe im Naherholungsgebiet Leiselfeld. Im Nachhinein klingt das für mich, als wollte sie sich damit selbst vergewissern, dass es ihr an nichts fehlte. Ja, man kann hier nach der Arbeit einkaufen oder spazieren gehen. Doch etwas ist auf der Strecke geblieben, als Baunatal aus den Feldern und Wiesen erwachsen ist, und sie hat das gespürt.

Ich beginne, den Dachboden zu durchsuchen. In den Kisten lagern Bilderrahmen und Fotoalben. Eins davon schlage ich auf und sehe Männer auf Festen mit Biergläsern, ältere Verwandte meiner Eltern, die meisten inzwischen verstorben. Dann meine Eltern auf einer Schneewanderung mit mir in der Mitte, wie sie mich in die Höhe ziehen und einen Moment schweben lassen. *Engelchen, Engelchen, flieg.* Das Glas eines Rahmens ist gesprungen und ich steche mir in den Finger, als ich tiefer grabe. Ein dicker Tropfen Blut fällt auf den Korkfußboden und ich wische mit meinem Fuß darüber, sodass der Socken ihn aufsaugt.

In einer anderen Kiste finde ich einige meiner alten Bücher und DVDs, von *Naked Lunch* bis *Matrix*. Darunter lagern die Zeugnisse meiner Paranoia infolge des 11. September 2001, *des* 11. September, an dem sich das Schicksal der westlichen Zivilisation in New York verdichtet hat. Da ist das Buch über Verschwörungstheorien und wie sie funktionieren, das Mathias Bröckers gerade verfasst hat, als die Flugzeuge in die Zwillingstürme einschlugen, und in dem er die darauffolgenden Ungereimtheiten und wuchernden Erklärungsansätze dokumentierte. Das Buch bestärkte mich in der Vermutung, dass eine geheime Elite hinter den Anschlägen steckte, der auch die Familie des amerikanischen Präsidenten George W. Bush angehören sollte, wofür unter anderem seine Mitgliedschaft in der Studentenverbindung *Skull and Bones* sprach.

Ganz unten im Karton liegt eine schwarze Diskette ohne Aufschrift. Die hat mir Max damals im Unterricht zugeschoben. *Hier, das musst du mal raffen.* Darauf gespeichert war das Frühwerk des Esoterikautoren Jan Udo Holey alias *Jan van Helsing*, der behauptete, einer medial begabten, also irgendwie hellsichtigen Familie zu entstammen. Das Buch hieß *Geheimgesellschaften und ihre Macht im 21. Jahrhundert* und war in den Neunzigern verboten worden, weil der Gott der Juden für Holey der Satan war und er auch sonst an antisemitische Klischees anknüpfte. Max trug fortan eine buddhistische Gebetskette, die einem Reisplätzchen ähnelte, und wickelte sein Nokia-Handy in Alufolie ein. Uns einte die Suche nach einer ungeheuren Wahrheit. Wenn wir sogar über ein so historisches Ereignis wie den 11. September getäuscht worden waren und die Öffentlichkeit davon nichts ahnte, dann war nichts mehr gewiss.

Die biblische Apokalypse hallte wider in der Literatur der Eingeweihten, die alles einzufügen wussten in die große Prophezeiung. Der Terror von Manhattan erschien so als Teil eines alten Plans, die

Menschheit zu unterjochen. Eine kleine Bande steinreicher Familien stand zur Zeit des digitalen Zeitalters vor der letzten Stufe ihrer Machtergreifung. Der Anschlag auf die Zwillingstürme diente zur Durchsetzung totaler Überwachung mithilfe biometrischer Pässe, Vorratsdatenspeicherung und einer schrittweisen Verdrängung des Bargelds bis hin zu dessen Verbot. Und durch den Fortschritt in der RFID-Technologie wurde klar: Sie wollten uns chippen. Wir sollten »das Zeichen des Tiers« tragen, wie in der Offenbarung des Johannes beschrieben, dem finalen Akt der Bibel. Ein Dritter Weltkrieg war im Gange. Das *Endgame* im Kampf Gut gegen Böse.

Schlimmer noch als das mögliche Eintreten dieser Prophezeiungen ist aber die Vorstellung, dass es am Ende gar keine tiefere Wahrheit gibt. Dass diese Welt eher so ist, wie sie zu sein scheint. Dass hinter dem 11. September nicht die Illuminaten stecken und hinter der Pandemie nicht Bill Gates. Dass Jan Udo Holey bloß ein gelernter Raumausstatter aus Dinkelsbühl bei Nürnberg ist, der genau das nicht akzeptieren will, weshalb er Bücher unter dem Namen eines fiktiven Vampirjägers verfasste und bis heute alchemistische Unsterblichkeitstinkturen anpreist, für 220 Euro das Fläschchen. Dass wir vielleicht ganz profan zugrunde gehen, ohne dass satanische Mächte im Spiel sind. Dass wir es selbst sind, die unseren Untergang besiegeln. Dass wir die ganze Zeit über in die falsche Richtung geschaut und Al Gore deshalb schnell wieder vergessen haben. Dass diese Welt, die wir dabei sind von unseren Eltern zu übernehmen, keinen tieferen Sinn birgt und am Ende vielleicht nichts Heiliges bleibt, um die Lücke zu schließen, die das Neubaugebiet in uns hinterließ. Das ist der eigentliche Horror, von dem wir nichts ahnten, damals.

Wir können hier arbeiten, einkaufen und spazieren gehen.

Wir haben alles, was wir brauchen.

Ich erwache von einem Rascheln zu meinen Füßen. Langsam setzt sich die Welt zusammen. Dann geht Nimos Gesicht vor mir auf.

»Papa, was machst du hier?«, fragt er.

Ich liege noch immer auf dem Korkfußboden, umgeben vom Werk der Nacht.

»Ich räume den Dachboden auf«, sage ich und richte mich auf.

»Sieht gar nicht aufgeräumt aus«, sagt Nimo.

Er taxiert die verstreuten Zeitschriften, Fotos und Kisten, die aussehen wie die Trümmer explodierter Tetris-Türme.

»Beim Aufräumen wird alles erst einmal unordentlicher, bevor man dann zu einer neuen Ordnung findet«, sage ich.

»Ist das so eine Sache, die man versteht, wenn man erwachsen ist?«, fragt er.

Ich nicke.

Von unten höre ich das Schreien des Katers.

Nimo geht hinunter, um zu schauen, ob er ihn mit leerem Magen zum Spielen bewegen kann, Katzen müssten doch eigentlich jagen, wenn sie hungrig sind. Er nennt es *Experiment*.

Nach dem Frühstück steigen wir in den Mercedes und fahren zu Josef und Eva, meinen Großeltern väterlicherseits. Nimo hat die Tomatenpflanze namens *Japanische Birne* auf dem Schoß. Der frühere Bahnhof des Stadtteils Großenritte ist heute die Endstation der Linie 5 aus Richtung Kassel. Dort wurde Josef mit seiner Familie und den anderen Ungarndeutschen einst angekarrt, nachdem die Soldaten der Roten Armee sie auf Viehwaggons nach Deutschland verbracht hatten und sie in der zerbombten Stadt Kassel auf umliegende Gemeinden verteilt worden waren.

Davor war ihre Welt ein Dorf gewesen.

JOSEFS SCHATZ
Csibrák, Ungarn

7. Juni 1946. Die Sonne brannte auf das Dorf im Südwesten Ungarns. Josef war seit fünf Tagen sechzehn Jahre alt. Für den Krieg war er zu jung gewesen, deshalb war er jetzt der einzige Mann, der noch zu Hause lebte. Der Vater und sein Bruder waren gefangen im russischen Arbeitslager. Im Hof seines Geburtshauses half Josef der Mutter auf den Ochsenkarren. Die Großmutter weigerte sich bis zum Schluss, hockte auf ihrem Schemel, bis der Karren bepackt war. 80 Kilogramm ihres Hab und Guts durften sie mitnehmen, pro Person. Erst als Josef das Tor öffnete und ihr noch einmal die Hand hinhielt, raffte auch die Großmutter den Rock ihrer schwarzen Tracht und stieg auf. Die Frauen hatten Enten geschlachtet, gekocht und in Schmalz eingelegt für ihre Fahrt ins Ungewisse.

Unsere Vorfahren sind arme Leute gewesen. Sie hatten Deutschland im 18. Jahrhundert verlassen in der Hoffnung auf eine bessere Zukunft. Auf selbstgebauten Booten waren sie die Donau stromabwärts nach Ungarn gefahren. Die Deutschen hatten von den Habsburgern Land bekommen, um die Steppen im Süden urbar zu machen. Unbarmherzige Sommer, meterhoher Schnee im Winter. Sie hatten die Erde ihrer neuen Heimat umgegraben; einen Spaten tief, wo sie Getreide und Gemüse pflanzten, und zwei Spaten tief, wo sie Weinreben setzten. Sie hatten kein Pferd und keinen Pflug besessen. Nach und nach hatten sie der Wüste trotzdem fruchtbare Gärten, Äcker und Weinberge abgerungen.

Nach dem Zweiten Weltkrieg mussten ihre Familien die Gegend wieder verlassen, weil sie als Deutsche galten. Niemand von ihnen wusste, wohin man sie bringen würde.

Josef fuhr mit beladenem Ochsenkarren aus der Ausfahrt. Das Dorf bestand aus nur einer Straße, an deren Rand die deutschen Siedler ihre Häuser gebaut hatten. Die einzige Abzweigung führte zur Kirche, vor der Jesus an einem großen Kreuz hing, zwischen den zwei Sündern. Immer zu Ostern hatten sie den Herrgott abgenommen und auf den Altar gelegt, dass jeder ihm die Füße küssen konnte. Am nächsten Tag hatten sie alle Pusteln auf den Lippen gehabt und das hieß, dass der Herrgott die Gebete erhört hatte. Gegen die Pusteln halfen der Wein und ein paar Ave Maria.

Was ihnen besonders wertvoll war, das hatten die Familien vergraben, damit die Russen es ihnen nicht abnehmen konnten – das gute Geschirr, das Silberbesteck oder den Schmuck. Josef hatte eine Kupferspritze im Garten verbuddelt, einen Behälter mit Riemen, den man auf den Rücken schnallen konnte, mit einem Schlauch vorne dran und einer Pumpe. Den Behälter befüllten sie mit einem Kupfersulfatgemisch und besprühten dann damit die Weinreben zum Schutz gegen Schädlinge. Die Spritze würden sie brauchen, wenn sie eines Tages wiederkämen. Die Familie hatte den Wein auf Märkten in der Umgebung verkauft, um etwas Geld zu verdienen. Es war ihr einziges Einkommen gewesen. Ansonsten hatten sie von ihrem Acker und den Tieren gelebt. Zweimal im Jahr hatte es ein Schlachtfest gegeben.

Es gab eine Wirtschaft, eine Lesestube, einen Glockenstuhl und zwei Dorfläden, die früher zwei jüdischen Familien gehört hatten, bevor die Nazis sie abgeholt hatten.

Josef lenkte den Karren über die Landstraße bis in den Nachbarort Kurd. Dort erwarteten sie die russischen Soldaten, die das Gepäck der Leute nach Wertsachen durchsuchten und sie dann einem der Viehwaggons zuteilten. Josef half den Frauen vom Karren und entlud das Gepäck. Für eine Weile stand er nur da und betrachtete die Ochsen, bis ein russischer Soldat ihn mit dem Gewehrkolben anstieß. *Dawai, dawai.* Er führte die Tiere an den Zügeln, bis sie den Karren gewendet hatten, dann gab er ihnen Hiebe auf die Hinterteile und sie trabten über die Hügel davon.

Nach über einer Woche standen die Familien dort noch immer auf dem Abstellgleis. Die Frauen kochten in großen Töpfen über Lagerfeuern. Allmählich schwanden die Vorräte. Josef fragte sich, wo wohl die Ochsen waren. Er dachte an die Hündin, die sein Geburtshaus bewachte und vor zwei Wochen Junge zur Welt gebracht hatte. Er dachte an den Hühnerstall, erbaut vom Geld, das der Großvater als Geiger in den Cafés von Milwaukee verdient hatte, wo er gerne geblieben wäre, wenn seine Frau ihm nachgekommen wäre, was sie nicht getan hatte. Er dachte an die Kartoffeln auf dem Acker, an den Speck und das eingelegte Kraut in der Vorratskammer. Dann lief er los, ein letztes Mal zurück ins Dorf.

Die Russen hätten ihm wohl in den Kopf geschossen, wenn sie ihn erwischt hätten. Doch er ging trotzdem, über die flirrende Straße bis Csibrák, wo jetzt nur noch Tiere lebten. Dort hörte er die Klagen einer hungernden Gans, die Schreie der Kühe mit ihren übervollen Eutern. Josef öffnete das Tor vor dem Lehmhaus seiner Familie. Kein Gebell. In einem Korb im Hühnerstall lagen leblos die Welpen, gegenüber in der Ecke kauerte die Hündin. Sie hob langsam den Kopf, als das Licht sie traf. Josef erstarrte: Ihre Augäpfel waren von einer weißen Haut überzogen, die Pupillen verschwunden. Er zuckte zusammen. Dann rannte er davon, ohne sich umzudrehen.

Zwei Wochen dauerte es, dann trieben die Russen sie in Waggons und der Zug setzte sich in Bewegung. Zusammengepfercht hockten sie da drin, fuhren nach Budapest und von dort aus weiter, tagelang. Irgendwann entdeckte einer durch die Luftschlitze in den Viehwaggons ein Schild mit dem Namen einer deutschen Stadt. *Passau.* Von da aus ging es weiter nach Kassel und Baunatal.

Immer wieder hat mir Josef erzählt, wie er die Ochsen davonjagen musste. Dass er zu gerne wüsste, was aus ihnen geworden ist.
Und dass diese Kupferspritze noch dort vergraben liegen musste,
mitten im Garten, die ihnen doch so wertvoll gewesen war.

Eines Tages habe ich mich auf den Weg zurück gemacht, auf den
Gleisen, auf denen meine Großeltern einst nach Deutschland gekommen waren. Mit einer Übersetzerin lief ich das letzte Stück
über die flirrende Landstraße in Richtung Csibrák. Wir fanden das
Haus, das meine Vorfahren gebaut hatten, daneben der Hühnerstall. Die Familie, die dort lebte, ließ mich ein. Ich übergab ihnen
Wodka und Pralinen und erzählte von Josef und seiner Kupferspritze. Nachdem wir die halbe Flasche geleert hatten, erklärte ich,
dass ich in ihrem Garten suchen müsste, vielleicht sogar den Rasen
umgraben. Ich hatte Angst, dass sie mich davonjagen würden, wie
es wahrscheinlich die Leute in Baunatal getan hätten, wenn man
ihren Rasen hätte durchlöchern wollen. Doch sie sagten, es wäre
ihnen eine Ehre.

Am nächsten Tag kamen wir mit einem professionellen Schatz-
sucher zurück, der den Garten mit seinem Metalldetektor ablief.
Wo das Signal ausschlug, penetrierte er die Erde mit einer Eisen-
stange. Doch er konnte nichts finden und meinte, die ungarischen
Familien, die hier nach dem Zweiten Weltkrieg eingezogen waren,
hätten die Erde noch gewissenhafter umgegraben als einst meine
Vorfahren. Nach und nach hatten sie die Schätze der Deutschen geborgen. Es tue ihm sehr leid. Manchmal suche man aber auch etwas
Bestimmtes und finde dann etwas anderes. Er zum Beispiel habe
einmal einen Ehering suchen sollen und dann eine Handgranate
der Nazis aus dem Zweiten Weltkrieg gefunden.

Josef fragte mich dann später in Baunatal, was das für Leute seien,
die dort in Ungarn in seinem Geburtshaus lebten, aus dem sie einst
vertrieben worden waren. Ihm stand dabei das Wasser in den
Augen.

Gute Menschen, sagte ich. Er sei dort jederzeit willkommen.

VOM AUSBLEIBEN DER ZWICKIBUSSIS

Wir biegen in den Grabenweg ein.

An der Ecke ist heute ein Optiker, dahinter ein Zahnarzt, ein Tierarzt und etwas weiter kommt der Hausarzt Bruckner. Die Straße ist auf beiden Seiten von parkenden Autos flankiert. Gerne würde ich dort irgendwo parken, um den Mercedes vor den Augen meines Großvaters zu verbergen. Doch ich finde keine Lücke. Also setze ich den Blinker in Richtung der Einfahrt, vor die Josef ein Viereck mit einer Diagonalen gemalt hat, das den Eindruck einer amtlichen Straßenbemalung erwecken und Falschparker fernhalten soll.

Onkel Jürgen sitzt auf der Terrasse. Eine Baseballkappe mit offenem Verschluss liegt auf seinem Kopf, auf dem Tisch steht eine Flasche alkoholfreies Weißbier neben einem Weißbierglas. Knapp unter dem Schild der Kappe hindurch schaut er seinem neuen Rasenmähroboter zu, einem Produkt der Konkurrenz, dessen Anschaffung er bereits seit Monaten erwogen hat.

Nimo überreicht meinem Onkel die Tomatenpflanze.

»Ich bedanke mich«, sagt der und salutiert.

Er ist für Haus und Garten zuständig, seit Josef und Eva es nicht mehr schaffen. Über die Jahre ist immer mehr Acker zu Rasen geworden. Jetzt ist auch das Gewächshaus verschwunden.

Mein Onkel versucht, den Roboter mit »Fass!«-Rufen dazu zu bringen, nach uns zu schnappen. Doch der hört nicht. Jeden Tag um die gleiche Zeit fährt er hier Streife, unter der Kirsche, dem

Birnbaum, den Apfelbäumen und der Pflaume. Onkel Jürgen sagt, das habe etwas Beruhigendes. Er nennt den Roboter Hans-Joachim.

Nimo hüpft die Stufen zur Haustür hinauf. Josef hat die Streben des Geländers mit Resten von Autolack gestrichen, orange und braun, ebenso wie die Metallspinne im Garten, die er Eva für die Hängepflanzen geschweißt hat (etwas schief, doch stabil seit Jahrzehnten). *Dumm kann man sein, man muss sich nur zu helfen wissen*, pflegt Josef zu sagen. Eva öffnet mit dem Summer. Sie steht am anderen Ende des kleinen Flurs im Treppenhaus unter dem grünstichigen Schild mit Goldrahmen. Darauf steht: *Grüß Gott, tritt ein, bring Glück herein.*

»Grüß Gott«, sage ich.

»Euch auch«, sagt meine Großmutter und blinzelt uns entgegen.

Sie trägt einen blauen Kittel mit rosarotem Blümchenmuster. Klein erscheint sie mir heute. Ihre Wangen hängen von den Knochen wie die Lefzen einer Dogge, und die graue Dauerwelle, für die einmal im Monat die Friseurin zu ihr kommt, ist dünn geworden. Rechts neben der Tür, auf der Treppe zu Onkel Jürgens Wohnung, stehen Einwegmasken und Desinfektionsmittel. Auch in diesem Jahr riechen alle Monate gleich. Meine Großmutter schwankt zurück ins Wohnzimmer wie auf hoher See, die Hände nach vorn gestreckt, weil sie kaum noch etwas sieht.

Ein Vorteil der Pandemie ist, dass sie auf ihr *Zwickibussi* nach alter Sitte verzichtet, wie ich es als Kind bei jedem Besuch bekommen habe, ebenso meine Cousinen und Nimo in den ersten Jahren seines Lebens. Dabei hat sie die Wangen des jeweiligen Kindes zwischen Daumen und Zeigefinger geklemmt und den Kopf an sich herangezogen, während sie einem die spitzen Lippen auf den Mund gedrückt hat. Nimo hat sich daraufhin immer hinter meinen Beinen versteckt, während Eva äffte: *Papa, Papa, Papa.* Die unbarmherzigen Küsse waren ihre Art zu sagen: *Ich liebe dich.*

Eva lässt sich in den Sessel mit der elektrisch verstellbaren Rückenlehne fallen. Josef sitzt daneben und schaut fern, die Hände über dem runden Bauch gefaltet. Dort, wo sie jeden Tag ihre Füße abstellen, ist der Teppich durchgerieben bis auf die kleinkarierte Grundstruktur.

»Huuuuhoh«, ruft Josef, als er Nimo sieht. »Alter Kämpfer!«

Er ballt die Faust und schiebt die Unterlippe vor.

»Habt ihr den Boscheck gesehen?«

Er nennt den Rasenmähroboter wie seinen Hund, der ihn immer schon am Tor erwartet hat mit wedelndem Schwanz, wenn er aus dem Werk gekommen ist, bis er im Jahr meiner Geburt von einem Nachbarn vergiftet wurde, der sich am Bellen gestört hatte. Um Josefs Handgelenk liegt eine Binde mit einem dicken Pflaster, weil er im alten Schweinestall gestürzt ist, inmitten des Gartenwerkzeugs. Über dem rechten Auge hat er einen Bluterguss und der Faden einer Naht sticht aus der Haut.

Viel zu laut dröhnt der Fernseher. Nachrichten im ZDF.

»Wie geht es dir?«, frage ich.

»Nicht gut«, sagt er.

Josef sucht jetzt nach dem Wort, das er vom Arzt gelernt hat, und findet es wieder: *Vorhofflimmern.* Das ist, wenn das Herz rast, als würde es gleich stolpern und liegen bleiben. Er streckt mir seine Finger entgegen. Die Kuppen sind krumm von Gicht.

»Ach, hör auf zu jammern«, sagt Eva und wischt durch die Luft.

Nimo und ich nehmen am Tisch im Esszimmer Platz.

Im Fernsehen zeigen sie ein französisches Dorf, dessen Einwohner kein Leitungswasser mehr nutzen können, nicht einmal zum Zähneputzen. *Wegen langanhaltender Trockenheit und Hitze kann die Wasserqualität nicht mehr gewährleistet werden.* Jeder Bewohnerin und jedem Bewohner werden zwei Flaschen stilles Wasser zugeteilt. Dann begleiten die Kameras einen Tanklaster voller Wasser, der Dörfer an der Côte d'Azur beliefert, wo die Quellen versiegt sind.

Josef seufzt.

»Deine Oma hatte neulich Wasser in den Beinen«, sagt er zu mir.

»So dick waren meine Waden«, sagt Eva und formt mit den Händen ein großes O.

»Also, an der Kotazür ist das Wasser knapp und du hast es in den Beinen«, sagt Nimo.

»Die Sanitäter haben es aufgestochen. Dann lief es aus meinem Bein, so klar wie Quellwasser«, sagt Eva im Ton des Staunens, mit dem sie früher von besonders schönen Weintrauben im Supermarkt berichtet hätte.

Ich hole die Buntstifte aus dem Schrank und die unendliche Papierrolle, die sie mal einer Druckerei abgekauft hat. Mit dem goldenen Brieföffner trenne ich Blätter ab. Nimo beginnt, ein Labyrinth zu malen.

»Wir warten auf den Tod«, sagt Josef und seine Unterlippe zittert.

»Ach Gott«, sagt Eva.

»Kennst du den Tod, Nimo?«, fragt Josef und beugt sich vor, um zu sehen, was er malt.

»Nein, nein und nochmals nein«, sagt Nimo, den Blick auf das Papier geheftet.

Josef lacht.

»Du wirst mal ein Künstler!«, ruft er und lehnt sich wieder in seinen Sessel.

»Hör auf zu gackern!«, ruft Eva.

»Ich werde Archäologe, Paläontologe und Fußballer«, sagt Nimo.

Ich habe immer geglaubt, zwei Dinge seien nicht zu ändern: das Chaos in der Welt und die Ordnung im Wohnzimmer meiner Großeltern. Statt eines großen braunen Röhrenfernsehers mit Kupfervase obendrauf bildet nun zwar ein Flachbildfernseher der Marke Telefunken das Herz dieses Ortes. Darunter stehen aber noch immer der Videorekorder von Philipps, der Plattenspieler von Grundig samt Verstärker und die VHS-Kassetten. Eine Wand mit Familienfotos. Die Schrankwand birgt Süßigkeiten und das gute Geschirr. Zu den Fotos der Enkel in der Auslage haben sie jetzt Bilder von ihren Urenkeln gestellt. Daneben die Bücher: *Ungarische Küche, Piratin Fu – ein tolles China-Buch, Duden, Dr. Oetker – Das große Buch vom Backen, Die Ereignisse des Jahres 1992, Das Bertelsmann Lexikon, Fleisch – köstlich und gesund.*

Weil meine Großmutter am 11. September Geburtstag hat, saß ich an diesem ausgezogenen Esstisch, als die westliche Zivilisation ins Wanken geriet. Gebannt starrte die Familie auf den Fernseher. Schwarzer Rauch quoll aus den Zwillingstürmen und stieg über Manhattan auf. Eva servierte gerade Nusstorte, Mandarinenkuchen und Filterkaffee, als der Südturm kollabierte. Schuttfontänen stoben in alle Richtungen und dunkle Staubwolken wälzten sich durch die Häuserschluchten. *Nun esst aber mal,* sagte Eva, *vom Hungern wird es auch nicht besser.* Dann verschwand sie wieder in der Küche. Nichts würde je wieder so sein, wie es war, haben sie im Fernsehen gesagt.

Im Wohnzimmer meiner Großeltern jedoch blieb alles genau so, wie es schon immer gewesen ist, egal, was draußen hinter den Fensterscheiben passierte. Welche Kriege und Kanzler auch kamen und gingen: Da war noch immer die Porzellanschale mit weißen und rosa Schokolinsen, da waren die Marienstatue, die von der Schrankwand herabblickte, und sicher auch der silberne Kamm in der untersten Schublade des Eckschränkchens, mit dem meine Großeltern zeit ihres Lebens die Fransen ihrer Teppiche gekämmt haben.

Jetzt kämmt niemand mehr die Fransen. Einmal die Woche kommt die Putzfrau, die angeblich alles kaputt macht, und die hat keine Zeit dafür. In dem offenen Raum hinter den Sesseln meiner Großeltern löst sich die Ordnung bereits auf. Wo einst eine Sofagarnitur und der Ausweichfernseher standen, steht nun ein Krankenhausbett. Der Couchtisch ist an die Wand gerückt und übersät mit Einmalhandschuhen, Pflastern, Mullbinden und Desinfektionsmitteln. Daneben steht ein Rollstuhl mit eingebautem Nachttopf. Weil meine Großmutter aus eigener Kraft nicht mehr aus dem Ehebett gekommen ist, hat sie in das Hinterzimmer umziehen müssen, wo sie die Höhe des Bettes mit einer Fernbedienung einstellen kann. An der Wand hinter dem Krankenbett hängt ein Gemälde mit wulstigem Goldrahmen: das Ufer eines Sees, auf dem Segelboote fahren, ein Dorf, ein Kirchturm mit Zwiebeldach und am Horizont eine Alpenlandschaft mit Gletschern. Das Bild hängt schief.

Josef sagt, vielleicht hätte ich zum Fernsehen gehen sollen. Früher hat er immer gesagt: *Sie suchen Ingenieure.* Wobei nie ganz klar gewesen ist, wer *Sie* eigentlich waren.

»Nimo, willst du kein Eis?«, fragt Josef.

»Doch, doch, ich will ein Eis«, sagt Nimo und runzelt die Stirn darüber, wie jemand auf die Idee kommen kann, er wolle kein Eis.

Er ist die ungarndeutsche Grammatik nicht gewohnt, diese verneinten Fragen als plötzliche Problematisierung des Istzustands. Sie stehen auch für einen negativen Erstbezug zur Welt, dank dem sich meine Familie die schlechte Laune nie verderben lassen muss. *Hast du keinen Hunger? Frierst du nicht an den Füßen? Ist dir nicht zu warm in deinem Pullover?* So fragen sie. Und ein bisschen klingt das immer wie ein Vorwurf.

Also gehe ich und hole Eis aus dem Keller.

Wir brauchen eine weltweite Energiewende, und das schnell …, kommt es aus dem Fernseher, als ich mit zwei Big Sandwich zurückkomme. Der Moderator interviewt den Klimaforscher Mojib Latif per Schalte. Ein Eis gebe ich Nimo und eins halte ich mir an die Wange. *… das heißt, wir könnten das Klima noch einigermaßen im Rahmen halten, wenn die Länder endlich dem Pariser Klimaabkommen Taten folgen lassen würden.*

Nimo dreht das Blatt mit dem Labyrinth um und schreibt mit großen Buchstaben darauf: *Beschwerde.*

»In Bütingen habt ihr doch einen grünen Bürgermeister«, sagt Josef.

»Unsere Stadt heißt Tübingen und unser Bürgermeister heißt Boris Palmer«, sagt Nimo.

»Neulich war er im Fernsehen«, sagt Josef. »Weil sie ihn rausschmeißen wollen, die Grünen.«

Nimo bringt ihm das Papier mit dem Labyrinth und einen Bleistift. Sein Urgroßvater soll den Weg zur Schatztruhe in der Mitte des Irrgartens finden.

»Da war doch wieder was«, sagt Josef.

In Tübingen, da ist immer was.

Josef dreht das Blatt um.

Beschwerde.

UND WIRD NICHT GEBROCHEN
Tübingen, Baden-Württemberg

Ein Oberbürgermeister in der schwäbischen Provinz wollte, dass seine Stadt das hielt, was die Staaten dieser Welt versprochen hatten – dass sie nämlich bald keinen Überschuss an Treibhausgasen mehr produzieren würden, um die Erwärmung des Planeten zu begrenzen auf 1,5 Grad zum Ende des Jahrhunderts. Die Zeit war knapp und die Staaten verpassten ihre Ziele Jahr um Jahr. Tübingen aber könnte es schaffen, seinen Teil beizutragen, glaubte der Oberbürgermeister. Er musste davon nur noch die Menschen in seiner Stadt überzeugen.

Zum Neujahrsempfang des entscheidenden Jahres 2020 betrat Boris Palmer die Bühne des spätklassizistischen Festsaals. Er trug den blauen Anzug, in dem er schon auf vielen Klimakonferenzen gesprochen hatte, und die goldene Amtskette um den Hals, dick wie ein Fahrradschloss. Hinter ihm spielte ein Jugendorchester, zusammengestellt aus Stadtteilen, die eigentlich umliegende Dörfer waren.

»Wir wissen ganz genau, was das Richtige ist«, sagte Boris Palmer am Rednerpult mit getragener Stimme, die über die Lautsprecher in den Festsaal schallte, wo gut tausend Zuschauer saßen. »Wir müssen aufhören, Erdöl, Erdgas und Kohle zu verbrennen.« Von hier aus solle ein Signal der Hoffnung um den Globus gehen.

Der Oberbürgermeister erklärte, wie er sich das vorstellte.

Gut eine Milliarde Euro würde es kosten, und das blieben tausend Millionen, wie man es auch drehte und wendete. Das war nur mit Zuschüssen von Land und Bund zu schaffen, und Palmer würde die Schmerzgrenze seiner Stadt ausloten müssen. Er rechnete es vor: Die Kommune stieß jährlich 500 000 Tonnen Kohlendioxid aus. Das entsprach etwa 135 000 Litern Heizöl oder 5000 Tanklastzügen. Dabei war Tübingen längst ein Musterschüler des Klimaschutzes. Die Stadt hatte den Ausstoß durch Gebäudesanierung und den Ausbau erneuerbarer Energien um ein Drittel gesenkt, seit Boris Palmer hier an die Macht gekommen war.

Dies war das einfache Drittel gewesen. Der Oberbürgermeister hatte seine Verwaltung Maßnahmen ausarbeiten lassen, mit denen auch der Rest zu schaffen wäre. »Uns ist schon etwas schummrig geworden, als wir das durchgerechnet haben«, sagte er.

Für die Stromversorgung würde der Tübinger Klimapakt nämlich heißen, dass die Dächer mit Photovoltaikanlagen gepflastert werden müssten, wo immer möglich, dass diese bei Neubauten bald Pflicht wären, dass außerdem Windkrafträder im Stadtgebiet aufgestellt würden und dass die Stadt in den Aufbau externer Windkraftanlagen investieren müsste, um die letzte Lücke zur rechnerischen Klimaneutralität zu schließen.

Fürs Heizen hieße das, Pumpen zu bauen, die Wärme aus dem Erdinneren gewinnen konnten, dass sie Solarthermiefelder am Stadtrand bräuchten, wo jetzt Felder und Wiesen waren, dass sie für Fernwärme wohl auch ein Holzkraftwerk betreiben müssten und es dabei wieder drauf ankäme, von wo genau das Holz dafür käme, denn hier könnte man leicht mehr Schaden als Nutzen verursachen. Ja, das hieße auch, dass sie Ölheizungen verbieten würden und sich Zehntausende Hausbesitzer neue Heizungen einbauen lassen müssten, ob sie wollten oder nicht.

Für den Verkehr hieße es, dass die Bürgerinnen und Bürger sich das Autofahren möglichst abgewöhnen und mindestens 15 000 Leute freiwillig einen PKW verkaufen sollten, dass Parkgebühren teurer, die Straßen schmaler, die Radwege breiter werden würden, dass man Radbrücken bauen müsste und der öffentliche Nahverkehr vielleicht kostenlos wäre, finanziert von den verbliebenen Autofahrern. Dass man aber auch eine Carsharing-Flotte von tausend Elektroautos im Stadtgebiet bräuchte und unbedingt die Innenstadtstrecke einer Regionalstadtbahn, über welche die Stadt schon jetzt gespalten war.

Und sofern der Gemeinderat am Ende dieses, wie gesagt, entscheidenden Jahres für den Maßnahmenkatalog der Verwaltung stimmen würde, müsste über die genaue Umsetzung all dieser Punkte noch im Einzelnen informiert, diskutiert und abgestimmt werden, in Podien, Befragungen, Volksentscheiden und Gemeinderatssitzungen, denn so sei das nun mal in einer Demokratie.

Die Bürgerinnen und Bürger hätten sicherlich einige Fragen dazu.

Wer genau sollte sein Auto abgeben? Was würde langfristig aus der Autoindustrie im Ländle? Wollten wir Windräder am Waldrand? Machte das Rauschen der Rotorblätter die Anwohner krank? Sollte die Stadt wirklich von spiegelnden Solarmodulen eingerahmt werden? Wie tief durfte der Staat in das Leben seiner Bürger eingreifen? Woher sollten die nötigen Handwerker für die großflächige Modernisierung kommen? Würden andere Teile des Stadtlebens unter dem Klimaschutz leiden? Und vor allem: Sollte eine kleine Stadt wirklich versuchen, das Klimaziel umzusetzen? Sollte das nicht zuerst China machen, Indien oder die USA?

»Das werden wir dieses Jahr offen diskutieren«, sagte Palmer. »Was wir nicht diskutieren können, ist aber der Zeitdruck. Denn bis 2030 könnte sich die Welt bereits um 1,5 Grad erwärmt haben.«

Die Dimension der kommunalen Herausforderung verglich er mit dem Moment, als John F. Kennedy im September 1962 verkündete, dass die Amerikaner bis zum Ende des Jahrzehnts auf dem Mond landen würden. Auch das hatte damals schließlich als unmöglich gegolten und unvorstellbar viel Geld gekostet. *We choose to go to the moon*, hatte Kennedy trotz allem gesagt.

»We choose to go to the moon«, sagte Boris Palmer trotz allem.

Wer grüne Politik gerne eine Nummer kleiner hatte, der war hier falsch. Das Schicksal der Welt wurde jetzt auch in Tübingen am Neckar entschieden.

In den marmornen Hallen vor dem Festsaal diskutierten die höheren Bürger dann bei Butterbrezeln und württembergischen Weinen, was zu halten sei von den großen Plänen ihrer kleinen Stadt. Ob also ihr Oberbürgermeister nun übergeschnappt war oder doch einfach nur ein Mann von Format, der tat, was dringend geboten war. Der Baubürgermeister wischte sich den Schweiß von der Stirn und sagte, er hätte da schon noch einiges zu klären mit dem Boris und jetzt müsse er mal dringend eine rauchen gehen. Eine ehemalige Landtagsabgeordnete der SPD gab hinter vorgehaltener Hand zu bedenken, dass das Verbot von Ölheizungen sozialer Sprengstoff sei, man denke nur an die alten Menschen mit schmaler Rente, die dann neue Heizungen bräuchten. Ein Mitglied der CDU stürzte noch sein Glas Trollinger, ehe er zu bedenken gab, dass ja vieles schon besser sei als vor dreißig Jahren, die Flüsse sauberer und die Luft klarer, und dass man besser mal nichts überstürzen solle. Klimaschutz ja, aber *keine Panik*, sagte er. Der Kollege von der FDP ergänzte, das *Elektroauto als solches* sei ohnehin Unfug, schließlich würden für den Abbau der Rohstoffe in Afrika die Umwelt zerstört und Menschen versklavt.

Aber der Boris, das sagten alle, sei nun mal ein Dickkopf, genau wie sein Vater.

Der Vater, der Vater, der Vater.

Immer wenn jemand fragte, warum der Palmer so war, wie er war, dann erzählte man sich die Geschichte vom Vater, dem Obstbauern und Baumschnittexperten Helmut Palmer. Der war der uneheliche Sohn eines jüdischen Metzgermeisters gewesen und hatte in der neuen Bundesrepublik gegen die Altnazis in den Machtpositionen gewettert. Er hatte an seinem Obststand auf den Marktplätzen der Region agitiert und war als Parteiloser zu 289 Bürgermeisterwahlen angetreten, vom Remstal östlich von Stuttgart bis rüber nach Freiburg. Und während ihm selbst der Sprung ins Zentrum kommunaler Macht verwehrt geblieben war, hatte sein Sohn Boris es geschafft. Im Jahr 2007, mit gerade mal 35 Jahren, war er Oberbürgermeister von Tübingen geworden. Als Erstes hatte er den Dienstwagen abgeschafft, und seitdem sah man ihn in gutsitzenden Anzügen und mit Helm auf dem E-Bike durch die Stadt fahren.

Boris Palmers Büro lag im dritten Stock des Tübinger Rathauses, eines großen, energiesanierten Fachwerkbaus mit Sgraffito-Bemalungen und einer astronomischen Uhr am Dachgiebel. Von hier aus blickte er hinunter auf das mittelalterliche Kopfsteinpflaster des Tübinger Marktplatzes, auf dem er seinem Vater schon als Kind am Obststand geholfen hatte. Dafür hatte er um drei Uhr nachts aufstehen müssen. Er erinnerte sich noch gut daran, wie sein Vater die Leute davongejagt hatte, wenn sie nach Südfrüchten oder Plastiktüten verlangt hatten.

»Er war ein konservativer, heimatlicher Ökologe«, sagte Boris Palmer, hinter sich ein Poster mit historischen Fahrradmodellen. »Es war ihm unbegreiflich, wie man Kumquats einfliegen kann, während daheim das Obst auf den Wiesen vergammelt.«

Sie nannten ihn den *Remstal-Rebellen*.

Einmal hatte sich der alte Palmer einer Ordnungshaft entziehen wollen und war, mit dem Obstlaster voll Ware, einer Polizeistreife davongefahren, ehe er mittels gezogener Schusswaffen zum Aussteigen bewegt und verhaftet werden konnte. Dabei hatte er wohl um sich geschlagen und Polizisten getroffen. Aus der folgenden Haft heraus hatte er diverse Autoritäten auf dem Postweg als Faschisten betitelt, weshalb eine weitere Vorstrafe zur Bewährung wirksam geworden und er in den Terroristenknast nach Stammheim verfrachtet worden war.

Im Alter von sieben Jahren hatte Boris Palmer seinen Vater also im Hochsicherheitsgefängnis besucht, wobei er selbst, seine Mutter und sein fünfjähriger Bruder sich bis auf die Unterwäsche hatten ausziehen müssen und gefilzt worden waren. Helmut Palmer saß dort in Einzelhaft, die den traumatischen Höhepunkt einer ganzen Serie von Gefängnisaufenthalten darstellte, zumeist wegen Beamtenbeleidigung und auf Betreiben der alten Nazis im Justizministerium.

»Man hat meinem Vater Unrecht getan«, sagte Palmer. »Auch wenn ich später verstanden habe, dass er über die Stränge geschlagen hat.«

Den Raum in diesem Gefängnis, in dem sie sich hatten ausziehen müssen und den Vater nur durch eine Plexiglasscheibe hatten sehen können, diesen Raum könne er niemals vergessen, sagte Boris Palmer, während er aus dem Fenster schaute, auf den Marktplatz. Und vielleicht war es ja wirklich so, dass er es deshalb so schlecht ertrug, wenn andere meinten, er dürfe dieses oder jenes nicht sagen. Weil er so einen Vater gehabt hatte, der für seine Meinung verfolgt worden war. Einen Vater, der gesagt hatte: *Besser, man verbrennt sich das Maul, als dass einem das Brot in der Gosch verschimmelt.*

Auch er selbst erzählte die Geschichte seiner Herkunft aus den Gefilden schwäbischer Obstbauern gerne, um für Verständnis zu werben, wenn er mal wieder für einen Skandal gesorgt hatte. Etwa weil ihm auf einem Werbefoto der Deutschen Bahn zu viele Menschen dunkler Hautfarbe zu sehen waren und er fragte: »Welche Gesellschaft soll das abbilden?« Oder weil er eine transsexuelle Parteikollegin, die sich über ihn echauffierte, bei ihrem früheren Männernamen nannte und im folgenden Shitstorm den Begriff des *Deadnaming* lernen musste. Oder weil er sich in die Diskussion um Ex-Nationaltorwart Jens Lehmann und den schwarzen Fußballer Dennis Aogo einschaltete und im Verlauf der Debatte um eine eventuelle *Cancel Culture* das N-Wort fallen ließ und hinterher umständlich erklären musste, dass er damit ja nur den Fußballer selbst zitiert habe und es ironisch gemeint gewesen sei, als er ihn als »schlimmen Rassisten« bezeichnet hatte.

Manchmal redete er mehr, als es ihm selbst und der Sache guttat.

Wo immer es öffentliche Schelte für ihn gab, ließ jedoch auch der Applaus nicht auf sich warten. Palmer war wie ein Erlöser all jener, die hilflos zusehen mussten, wie sich ihre geliebten Gewissheiten auflösten, in nonbinäre Geschlechteridentitäten, diverse Gender-pronomen, den Kampf gegen das Patriarchat, weiteren Zustrom von Geflüchteten und die Durchmischung der Ethnien. Er erhob öffentlich Einspruch gegen die akademische Überspanntheit derer, die einfacheren Leuten nun vermeintlich erklären wollten, wie sie ihr Schnitzel und ihren Schaumkuss zu nennen hätten, beziehungsweise wie *nicht* – und selbstverständlich hatte er das »Mohrenköpfle« eines schwäbischen Konditors schon gegen die geforderte Umbenennung verteidigt.

Doch halt –

– es sollte in diesem Jahr 2020 doch gar nicht um Boris Palmer gehen, sondern vielmehr um das Weltklima und darum, wie es denn aussehen würde, wenn alle das Richtige täten. Auf den Maßnahmenkatalog, der Tübingen womöglich zur Weltstadt des Klimaschutzes machen würde, war nicht zuletzt die Grünen-Fraktion im Gemeinderat stolz. Zwar ertrug sie ihren Oberbürgermeister nur zähneknirschend, doch niemand schien zu bezweifeln, dass es sich bei ihm um einen fähigen Kommunalpolitiker handelte. Wichtig waren jetzt Inhalte, vor allem die »Vorlage 11 ee/2020«, die vielleicht nicht so spannend klang wie Palmers Provinzpossen, aber umso wegweisender war.

Der Impuls, in der Stadt innerhalb von zehn Jahren die Klimaneutralität zu erreichen, war von Fridays for Future ausgegangen. Genauer gesagt von deren Fragebogen für den Gemeinderat vor den Wahlen. Alle Fraktionen hatten sich darin für das Ziel ausgesprochen. Wohl auch, weil es eher allgemein formuliert war, die Schritte dahin nicht definiert und das pauschale Beharren auf fossiler Energie niemandem mehr gut zu Gesicht stand, zumindest nicht in diesem Städtchen. In diesem Moment der Befragung hatte es nichts gekostet, sich mit dem Klimaschutz zu schmücken. Der Oberbürgermeister wiederum hatte die Verwirklichung seines politischen Lebenstraums gewittert und die Verwaltung sofort beauftragt, das durchzurechnen. Sie hatten das verbleibende CO_2-Budget Deutschlands genommen, dies auf die Einwohnerzahl Tübingens heruntergebrochen und den Nutzen konkreter Maßnahmen im Einzelnen kalkuliert, für die Bereiche Strom, Wärme und Verkehr.

So manche Fraktion versuchte sich angesichts der drastischen Maßnahmen wieder aus ihrer Zusage herauszuwinden.

»Sie haben sich selbst in die Ecke gedrängt«, sagte Palmer in seinem Büro. »Jetzt lassen wir ihnen keinen Ausweg mehr.«

Die Moral des Zeitgeistes war dieses Mal auf seiner Seite.

Er hatte ja auch auf jeden Einwand eine Antwort. Typisch, dass die Mitglieder anderer Parteien immer dann anfingen, an die Natur in Afrika, an Ressourcen und die Menschenrechte zu denken, wenn es um den Klimaschutz ging. Über den Akku des Handys mache sich niemand Gedanken, sagte er, aber der Akku der Elektroautos solle des Teufels sein. Die ebenfalls gern ins Feld geführten »armen Rentner«, die ihre Ölheizung entsorgen und eine neue Heizung bei sich einbauen müssten, die seien ja wohl zumindest Hausbesitzer und somit keineswegs arm, die könnten zur Bank gehen und sich einen Kredit über 20 000 Euro besorgen. Dann würden ihre Nachkommen statt eines Hauses im Wert von 700 000 eben nur einen Wert von 680 000 Euro erben.

»Es gibt kein Recht auf schlechte Gewohnheiten«, sagte er. »Und es gibt kein Gesetz, das schuldenfreies Sterben garantiert.«

Doch wie viele Eingriffe in den Alltag der Menschen verträgt eine Demokratie?

Palmer war entschlossen, mit seiner Mehrheit neue Regelungen durchzusetzen, die Teile der Bevölkerung vor den Kopf stoßen würden.

»Häufig ist das, was als Benachteiligung empfunden wird, lediglich eine faire Umlage der Kosten«, sagte er. Er nannte das »Verursacherprinzip«. Wenn etwa das Parkticket für Anwohner künftig 30 Euro pro Monat statt 30 Euro im Jahr kosten würde, so würde man damit lediglich die öffentliche Querfinanzierung der Autofahrer streichen. Anders als Fridays for Future strebte er keinen grundlegenden Systemwechsel an. Wenn jeder selbst für die Kosten seines Handelns aufkäme, sei die Klimakrise mit den Mitteln der freien Marktwirtschaft in den Griff zu bekommen.

Natürlich würde all das nicht auf der Basis von Freiwilligkeit funktionieren. Sonst wäre es ja wie mit der Staatengemeinschaft auf Klimakonferenzen – alle würden darauf warten, dass andere die ersten Schritte gingen.

»Wenn jeder mitmachen muss, ist das eine mentale Entlastung«, sagte Palmer. »Man muss sich nicht fragen, ob man selbst schon an der Reihe ist.«

Tübingen sollte zum Versuchsfeld für einen grüneren Kapitalismus werden.

Nun brach aber just in diesem Jahr eine Pandemie aus. Die gerade zur Massenbewegung angewachsenen Fridays-for-Future-Demos fanden nur noch online statt – also gar nicht mehr – und in der Berichterstattung war an die Stelle des Klimas nun das Virus gerückt. Der Wettlauf um einen Impfstoff war losgegangen, die Diskussion um die Verhältnismäßigkeit der Maßnahmen entfacht und Boris Palmer hatte im Frühstücksfernsehen von Sat.1 diesen Satz gesagt, der am nächsten Tag auf allen Nachrichtenplattformen zu finden war: *Wir retten in Deutschland möglicherweise Menschen, die in einem halben Jahr sowieso tot wären, aufgrund ihres Alters und ihrer Vorerkrankungen.* Die rasch folgenden Morddrohungen waren selbst für seine Verhältnisse so zahlreich, dass der Staatsschutz für seine Sicherheit sorgen musste und die Staatsanwaltschaft in der Sache gut 200 Strafverfahren eröffnete.

In dieser Zeit war er nur telefonisch zu erreichen.

Und natürlich ging es nun nicht mehr um das Klimaprogramm, auch nicht um das Virus als solches, nicht darum, was er gemeint hatte und ob an seinem Einwand, dass man zwischen dem Nutzen und dem Schaden gewisser Maßnahmen abwägen müsse, dass anderswo auf der Welt nämlich Menschen litten, wenn unsere Wirtschaft herunterfuhr, vielleicht auch etwas dran sein könnte. Nein, es ging jetzt wieder darum, *wie* er es gesagt hatte, wie man so was überhaupt sagen konnte, ob so einer für eine Partei wie die Grünen noch tragbar war und dass der Palmer eben so war wegen seines Vaters – dass er nun aber endgültig eine rote Linie überschritten habe.

Alle konnten wieder über Palmer denken, was sie schon immer über ihn gedacht hatten.

Wie kann man nur.

Oder: *Endlich sagt's mal einer.*

Die politischen Gegner schienen nur darauf gewartet zu haben. Sie verglichen seine Haltung mit der Nazirhetorik vom »unwerten Leben«. Auch die Leute aus seiner Partei gingen auf Abstand, vom Stuttgarter Oberbürgermeister bis zum Parteichef der Grünen, der sagte, seine Geduld mit dem Boris sei jetzt endgültig am Ende. Wenn sie ihn schon nicht rauswerfen konnten und er sie freiwillig wohl nie verlassen würde, so entzogen sie ihm diesmal doch die Unterstützung für die nächste Oberbürgermeisterwahl. Dann also würde Boris Palmer nicht mehr für die Grünen kandidieren dürfen, und wenn es nach der Partei ginge, dann würde das Tübinger Klimaprogramm, das hier doch eigentlich Thema sein sollte, von jemand anderem umgesetzt werden.

Boris Palmer hielt, einmal aus der Gefahrenlage entlassen, weiter Podien ab, um mit seinem Umweltbeauftragten und den Experten für Energie und Verkehr für seine Pläne zu werben. Der Versuch, eine Straße im Stadtzentrum dauerhaft für Autos zu sperren, scheiterte an einer Abstimmung in der Bürgerschaft. Gegen die Innenstadtstrecke der Regionalstadtbahn hatte sich schon eine Bürgerinitiative gegründet und auch dieser Plan wurde bald zu den Akten gelegt.

Überhaupt zeichnete sich ab, dass die Menschen Klimaschutz grundsätzlich begrüßten, jedoch ungefähr in dem Maße ablehnten, in dem sie selbst von konkreten Schritten betroffen waren. So waren sich auch einige Fraktionen des Gemeinderates ihrer Bekenntnisse nicht mehr ganz sicher. Die CDU und die konservative Tübinger Liste etwa schienen der Ansicht zu sein, Klimaschutz müsse sich am Ende immer auch finanziell lohnen, und stimmten der FDP dahingehend zu, dass etwaige Einschränkungen auf rein freiwilliger Basis erfolgen müssten, da sonst die Ökodiktatur drohe. Alle wesentlichen Punkte des Tübinger Klimaprogramms hatten diese Fraktionen deshalb mit Prüfanträgen zur Wirtschaftlichkeit überzogen, was das Verfahren in die Länge zog. In Zeiten, in denen niemand mehr den menschlichen Ursprung des Klimawandels leugnen konnte, verliefen die Fronten genau dort – entlang der Wirtschaftlichkeit.

Boris Palmer plädierte in den stundenlangen Sitzungen des Gemeinderates dafür, dass man aus dieser ewigen Verzichtslogik mal aussteigen müsse, weil man am Ende ja doch erkennen würde, dass diese neue Stadt, die aus einem Zwang heraus erwachsen und natürlich einiges kosten würde, am Ende doch lebenswerter wäre, mit besserer Luft und weniger Autos. Und dies verbessere sogar die wirtschaftlichen Aussichten, weil man sich eben rechtzeitig darauf einstelle, dass es nicht ewig so weitergehen könne und dass die fossilen Brennstoffe in einigen Jahrzehnten passé seien, so oder so.

An einem eigentlich zu warmen Herbsttag trat Boris Palmer aus dem Rathaus und entstieg der schattigen, am Nordhang gelegenen Altstadt über eine kleine Treppe, die zwischen den Häusern den Berg hinauf bis zum Schloss führte, wo die Sonne schien. Von hier aus sah er den Tübinger Wald, durch den er neulich noch mit dem Stadtförster gegangen war, vorbei an Kilometern von sterbenden

Buchen. Dabei hatte ihn die Erkenntnis mit großer Wucht getroffen, dass die Folgen des Klimawandels nicht nur ferne Länder und kommende Generationen betrafen, sondern dass wir sie hier und jetzt bereits sehen konnten, in Deutschland, im Ländle und in Tübingen, wo der Revierförster sein Lebenswerk zugrunde gehen sah.

Von hier aus sah er auch den Süden der Stadt, hinter den Gleisen, wo sich die kantigen Häuser eines neuen Musterviertels erhoben. Dort ließ sich schon heute die Zukunft Tübingens erkennen und vielleicht, wer weiß, die Zukunft aller Städte. Die fünfstöckigen Mehrfamilienhäuser auf dem Gelände des ehemaligen Güterbahnhofs waren zum Teil in Holzbauweise errichtet worden und erfüllten höchste Energiestandards. Die Bauherren waren verpflichtet, sie an das Wärmenetz anschließen zu lassen, das von Solarthermieanlagen auf einem nahegelegenen Acker gespeist werden würde. Auch die Photovoltaikanlagen auf den Dächern dort waren Pflicht, so wie bald bei allen Neubauten. Ein Drittel aller Einheiten des neuen Viertels mussten außerdem Sozialwohnungen sein – dafür hatten die Bauherren dichter und höher bauen dürfen als in der Stadt üblich.

Am Ende gewannen alle.

Doch so sehr sich eine Kommune auch anstrengte, sie würde es kaum aus eigener Kraft zur Klimaneutralität schaffen. Die Macher des Tübinger Klimapaktes schätzten, dass sie für das letzte Viertel der Wegstrecke weitreichende Befugnisse von Bund und Land bräuchten, durch neue Gesetze oder den Sonderstatus einer Klimamodellkommune. Ein Verbot von Ölheizungen etwa wäre sonst kaum möglich. Auch müsste beinahe jedes Haus der Stadt bis in zehn Jahren energetisch saniert sein. Weil in Deutschland auf den Gebäudebereich bis zu einem Drittel der städtischen Emissionen entfielen, wäre das Einsparungspotenzial enorm. Doch im Gegensatz etwa zum Straßenverkehr war der Spielraum der Kommunen hier begrenzt. Die Stadt müsste alle Hausbesitzerinnen und Hausbesitzer einzeln überzeugen – was in der kurzen Zeit allein durch

Anreize kaum gelingen dürfte. Mit einer staatlichen Sanierungspflicht sowie angemessener CO_2-Bepreisung hingegen würden Mieter und Vermieter gleichzeitig zum Energiesparen veranlasst. In der Vergangenheit waren die Bundesregierungen aber eher durch ihre Blockadehaltung gegenüber wirklichen Veränderungen aufgefallen.

Boris Palmer klagte über die jahrelangen Genehmigungsverfahren bei verschiedenen Ämtern, etwa zur Errichtung neuer Solarpanels, selbst wenn die ausgewählten Flächen ansonsten vollkommen nutzlos waren – wie beispielsweise die sogenannten »Ohren« beim Stadtteil Lustnau, im Inneren der Auf- und Abfahrten zur Bundesstraße. Dass die CDU-Politik die weltweite Führungsrolle Deutschlands in der Wind- und Solarkraft zunichtegemacht hatte, nannte Palmer den größten Skandal der Ära Merkel.

Jetzt musste er auch noch gegen den Widerstand in den eigenen Reihen kämpfen.

»Die Grünen sollten lieber konsequenten Klimaschutz betreiben, anstatt sich an meiner Person abzuarbeiten«, sagte er oben auf dem Schloss. »Ich bin meiner Partei in der Umsetzung um einiges voraus.«

Zwar sei er für die gleichgeschlechtliche Ehe und gegen Nazis – aber er sei sicher nicht der Partei beigetreten, um ständig über diese Themen zu diskutieren.

»Mit dem Klimaschutz konntest du auf den Parteitagen in den vergangenen Jahren keinen Hund hinter dem Ofen hervorlocken«, sagte er.

Hatten die Grünen es also verpasst, den Schwung von den Massenprotesten und Fridays for Future für sich zu nutzen? Würde Deutschland am Ende vielleicht genau deshalb seine Ziele meilenweit verfehlen, während das schmutzige Großreich China, mit all seinen neuen Kohlekraftwerken, auf das man die Verantwortung immer so gerne abwälzen wollte, schon längst dabei war, ganze Bergketten und Wüsten mit Solarpanels und Windkraftanlagen zu überziehen? Ausgerechnet im grün regierten Baden-Württemberg formierte sich das neue Bündnis Klimaliste zu einer Partei und trat für die Einhaltung des 1,5-Grad-Ziels zur Landtagswahl 2021 an, wohingegen die Grünen sich von diesem Ziel klammheimlich verabschiedet zu haben schienen.

»Wenn die Partei nicht bald Ernst macht, droht ihr die Spaltung«, sagte Palmer.

Und vielleicht war das eben das Schlimmste an Boris Palmer, diesem unmöglichen Oberbürgermeister, dass die anderen es einfach nicht hinbekamen. Dass die Politik so blass und fantasielos schien, von den Kommunen über das Land bis in den Bund. Dass sie vor allem im Klimaschutz eine klare Haltung und messbare Ergebnisse vermissen ließ in dieser doch so entscheidenden Zeit. Dass uns Regierung um Regierung weismachen wollte, sie hätte die Lage im Griff, während die Welt längst Feuer gefangen hatte und einem weit und breit niemand die Wahrheit zutraute.

Am Abend der entscheidenden Abstimmung über das Tübinger Klimaprogramm fanden sich wegen der Abstandsregeln nur wenige Mitglieder des Gemeinderats persönlich im historischen Ratssaal des Tübinger Rathauses ein. Die anderen waren per Videochat zugeschaltet und die Sitzung wurde live ins Internet übertragen. Um kurz vor 20 Uhr stimmten sie schließlich für die Vorlage 11 ee/2020, ohne Gegenstimmen, bei einer Enthaltung. Vom Marktplatz, wo Fridays for Future, eine Fahrradkolonne und einige Schaulustige aus der Bürgerschaft frierend standen, brandete Jubel durch die offenen Fenster.

Bald darauf kündigte Boris Palmer an, als parteiloser Kandidat zur nächsten Oberbürgermeisterwahl anzutreten, um den Tübinger Klimapakt umzusetzen. Die 100 000 Euro an Spenden, die er dafür brauchte, hatte er in wenigen Tagen zusammen. Er würde die Welt retten, so viel war klar. Notfalls auch gegen den Willen der Grünen.

Und wenn er nicht gestorben ist, regiert er noch heute.

MITARBEITER NUMMER 78

Draußen flucht Onkel Jürgen.

Josef schiebt die Gardine beiseite und schaut ihm hinterher, wie er auf der langen Einfahrt in Richtung Straße läuft, dann sehen wir ihn nicht mehr. Josefs Blick fällt auf den Hof vor der Garage.

»Was ist das für ein Auto?«, fragt er.

»Ein Mercedes«, sage ich. »Es gab keinen VW mehr.«

»Fährt er gut?«, fragt Josef.

»Gerade so«, sage ich.

Sein erstes Auto ist ein Käfer gewesen. Dann hat er Jahreswagen vom Werk bekommen, einen VW Passat und später Limousinen von Audi, die nach einem Jahr, wenn er sie wieder hergab, noch immer wie neu gerochen haben.

Das Sandwicheis, das ich mir an die Wange halte, ist weich geworden. Weil Dr. Becker mir striktes Kuhmilchverbot gegeben hat, gehe ich in den Keller und lege es zurück in die Gefriertruhe. Das Pochen in meinem Kiefer wird stärker. Der Zahn geht bald hoch. Ich nehme eine Packung gefrorene Himbeeren mit und schlucke noch eine Schmerztablette.

»In Csibrák gab es keinen Zahnarzt«, sagt Josef, als ich wieder im Wohnzimmer sitze. »Drei Dörfer weiter gab es einen Pferdedoktor.«

In der Bundesrepublik haben sie Josef etwa in meinem Alter alle Zähne gezogen, bis auf vier, die seinem Gebiss bis heute als Eckpfeiler dienen. Das war wohl üblich, sobald die ersten Zähne rausmussten, bis zu Zeiten Willy Brandts.

»Und wenn sie ein Kind nicht wollten, dann haben die Frauen ihren Bauch unter ihren weiten Röcken verborgen und das Baby dann verscharrt«, sagt Josef.

»Gar nicht wahr!«, ruft Eva. »Was er nur redet!«

Ich schiebe Nimo noch ein Blatt hin.

Onkel Jürgen kommt herein und reißt die Fenster auf.

»Schon wieder die Einfahrt zugeparkt«, sagt er. »Und wenn du was sagst, bekommst du nur dumme Antworten.«

Früher ist Josef mit dem Farbeimer zu den Falschparkern vor der Einfahrt gegangen und hat die Reifen weiß angepinselt, als wäre sein Parkverbotsviereck auf dem Asphalt gerade frisch gestrichen worden. *Dumm kann man sein, man muss sich nur zu helfen wissen.* Heute ist er froh, wenn er es bis auf die Terrasse schafft.

»Was haben sie gesagt?«, fragt Eva.

»Ich meinte: ›Entschuldigung, aber das hier ist unsere Einfahrt‹«, sagt Onkel Jürgen. »Da sagt die: ›Ich stehe hier schon seit einer halben Stunde und bis jetzt hat sich niemand beschwert.‹«

Nur unter Protest sei sie dann weggefahren.

Wegen der Pandemie warten die Leute jetzt auf den Bürgersteigen, bis sie dran sind, beim Hausarzt Bruckner, beim Zahnarzt Seifert und beim Tierarzt Wagner.

»Diese ganzen Arztpraxen ohne Parkplätze«, sagt Onkel Jürgen, »das würde heute niemand mehr so genehmigen.«

Er geht in die Küche, um das Essen vorzubereiten.

»Ich träume immer noch von Ungarn«, sagt Josef. »Dann sehe ich die beiden Ochsen vor mir und wie ich denen Hiebe geben musste, dass sie weglaufen.«

»Die alten Geschichten, also ehrlich«, sagt Eva. Die Falten zwischen ihren Brauen sind unüberbrückbare Schluchten. »Meinst du, der hat das nicht schon tausendmal gehört?«

Ich könne mich daran gar nicht erinnern, sage ich.

»Herrgott, ich glaube, ihr habt sie nicht alle«, sagt Eva.

Sie versucht mit einem Schwung ihres Oberkörpers aufzustehen, steht fast, sackt dann zurück, berappelt sich, schwingt wieder vor und schafft es. Mit ausgestreckten Armen folgt sie Onkel Jürgen in die Küche.

Josef schaltet den Fernseher aus. Er nimmt die Steuerung aus dem Seitenfach seines Sessels, fährt damit die Sitzfläche hoch – *bsssss* –, bis er schon fast steht und sich nur noch nach vorne abstoßen muss. Er greift nach dem Stock mit dem Knochengriff, der an der Fensterbank lehnt. Darauf gestützt geht er zweieinhalb Schritte zum Esstisch und sackt auf einen Stuhl.

Er legt das Blatt mit dem Labyrinth auf den Tisch. Ein wackeliger Strich führt vom Startpunkt durch alle Wände hindurch bis zur Schatztruhe.

Dumm kann man sein.

»Deinem Papa hab ich es ja schon erzählt«, sagt er und lehnt sich zu Nimo. »Aber dir noch nicht.«

Dann erzählt er von der Kupferspritze. Davon, wie sie mit dem Ochsenkarren in den Nachbarort fuhren und wie er dann noch ein letztes Mal zurücklief in sein Dorf.

Der Geruch gebratener Zwiebeln dringt ins Wohnzimmer.

»Waren die Leute in Csibrák für die Nazis oder gegen die Nazis?«, frage ich.

»Die eine Hälfte so, die andere so«, sagt Josef. »Die Nazis haben sich in der Wirtschaft getroffen und ihre Gegner im Leseclub.«

»Und dein Vater?«

»Der hat seinen eigenen Wein gemacht, der musste nicht in die Wirtschaft. Also ist er in den Leseclub gegangen«, sagt Josef.

Wie in allen deutschen Familien hat es also auch in meiner Familie väterlicherseits überhaupt keine Nazis gegeben. Gekämpft haben sie später alle, so oder so.

»Als wir hier angekommen sind, am Bahnhof, da haben die Deutschen in der Großenritter Bahnhofskneipe getanzt und gesungen«.

Da habe er sich gewundert, dass *die* den Krieg angefangen hatten und jetzt trotzdem hier feiern konnten, während die Ungarndeutschen alles verloren hatten. *Ungarische Zigeuner*, haben sie gerufen.

Vor ihm liegt eine von Evas Klatschzeitschriften mit Promi-Storys zwischen Fantasie und Wirklichkeit. Onkel Jürgen bringt das Heft für Josef mit, seit Eva nichts mehr sieht. Er liest darin, wenn er den Kicker durchhat.

»Die Welt ist nicht mehr normal«, sagt er.

Josef blättert. Prinz Harry. Florian Silbereisen. Angela Merkel. Trennungen, die dann doch keine sind. Diagnosen und Todesfälle. Und das Kreuzworträtsel, in dem er die Worte streckt, staucht oder Buchstaben zwischen andere quetscht, wie es ihm beliebt. Dass er die Rechtschreibung nicht beherrscht, erweitert den Raum seiner Möglichkeiten.

»Jetzt rufen sie wieder ›Heil Hitler‹, und wenn du was dagegen sagst …«

Ein paar Kilometer von hier hat der Neonazi Stephan Ernst den Kasseler Regierungspräsidenten Walter Lübcke auf dessen Terrasse erschossen, weil er auf einer Veranstaltung im Jahr 2015 auf störende Reichsbürger und Anhänger der Kasseler Pegida reagiert und Solidarität mit Geflüchteten gefordert hatte.

»War die Welt denn jemals normal?«, frage ich.

»Die Lage ist so angespannt«, sagt Josef. Er nimmt die Klatschzeitschrift in die Fäuste und zieht sie auseinander. »Zum Zerreißen.«

Die Zeitschrift zerreißt nicht.

Nimo arbeitet an einem Suchbild, auf das er etliche kleine Küken malt. Bei einem Suchbild gibt es keine Abkürzungen.

Wenn er die bepackten Familien im Fernsehen sehe, die ihr Land verlassen müssen, dann denke er an damals, sagt Josef. Ihm sei, als würden es immer mehr. Syrien, Afghanistan, Ukraine.

»Manchmal haben die Kommunisten doch recht«, sagt er. Er hat Adenauer gewählt, Erhard, Kiesinger, Kohl und Merkel. Das Kreuz bei der CDU ist so sicher gewesen wie das Amen in der Kirche. »Die

Reichen müssten mehr bezahlen und die Armen müssten mehr bekommen.«

Andererseits – in Ungarn hat jede Familie eine gleich große Fläche Land zugewiesen bekommen. Ein Feldexperiment der Gleichheit. Zwei Generationen später hatten die einen alles verspielt, versoffen oder sonst wie verloren. Die anderen hatten doppelt und dreimal so viel.

Was heißt das für den Kommunismus?

»Was die heute treiben, in ihren zerrissenen Hosen.«

Josef winkt ab.

»Die Reichen oder die Armen?«, frage ich.

»Die Reichen«, sagt er und schiebt die Zeitschrift zu mir über den Tisch.

Er zeigt auf das Foto einer gewissen Fürstin Charlene von Monaco, die sich die Haare an einer Seite abrasiert hat.

Hier zeigt die Fürstin ihren Undercut.

»Mir kann es ja egal sein«, sagt Josef. »Für mich lohnt sich kein neues Paar Schuhe. Aber ihr werdet es noch erleben.«

Dabei ist nicht ganz klar, was *es* genau ist.

Wenn man nirgends mehr hinkomme, sei es schon fast, als wäre man gar nicht mehr da, sagt er.

»Willst du denn noch mal wohin?«, frage ich.

Ich sehe uns schon im Mercedes zum Waldrand fahren, wie wir uns über die Sitzheizung und die leuchtenden Armaturen austauschen. Ein letzter Ausflug. Wir würden auf einer Bank Platz nehmen, von der aus wir die Stadt überblicken könnten, bis hin zum Werk. Ich höre Josef schon ein Familiengeheimnis raunen, auf dass ich es bewahre für kommende Generationen. Und vielleicht würde ich ihm endlich sagen, dass Jasmina, Nimo und ich seit Jahren keine Familie mehr sind.

Einmal die richtigen Worte finden.

»Nein«, sagt Josef, »ich will nirgends mehr hin.«

Er schnappt nach Luft.

Außer vielleicht in den neuen Aldi, sagt er. Der neue Aldi würde ihn schon interessieren.

In einem Regal ist die Fortsetzung von Josefs Geschichte archiviert. Neben einer Enzyklopädie in zehn Bänden und *Wunderwerke von Menschenhand* stehen die Videokassetten mit Aufnahmen von der goldenen Hochzeit, den Ungarnreisen und den Familienfeiern, die Fotoalben, zwei Bücher namens *Ihr Passat* und *Volkswagen. Das Buch. Mythen einer neuen Welt.*

Ich schlage ein Fotoalbum auf. Darin sehe ich Evas Erstkommunion in Schwarzweiß, ein Mädchen mit einer Kerze; überall Kinder, die schauen wie Erwachsene; Familien in Gruppenportraits, auf denen niemand lächelt, als fürchteten sie, ihre Seele sonst an den Apparat zu verlieren; Josef mit sechzehn Jahren und dem Akkordeon, das er sich in Deutschland vom ersten Gehalt seiner Ausbildung zum Schweißer gekauft hat; der Tag, als mein Vater in der Schule zum ersten Mal dem heiligen Nikolaus begegnet ist – halb lächelt er dabei und halb beißt er die Zähne zusammen. Josef in seinen Zwanzigern, vor dem neuen Haus in Großenritte, mit einem Anzug, einem Hut und einer Zigarette wie Humphrey Bogart.

Die Backsteine für sein Haus wurden einst aus den Trümmerhaufen der Stadt Kassel geborgen. Der Vorrat war schier unerschöpflich. Sie haben die Mörtelreste abgeklopft und sie aufeinander gemauert, und so ist ein neues Leben aus den Überresten des alten entstanden, wie einst in der Hauptstadt der Azteken, Tenochtitlán.

Ich schiebe das Album zurück und nehme das Buch der Bücher in die Hand, groß und schwer wie ein Dachziegel: *Die Menschen. Das Werk. Eine Zukunft.*, erschienen im Jahr 2008 zum fünfzigsten Jubiläum des sogenannten *Volkswagenwerks Kassel*. Es ist ein telefonbuchdickes Hardcover, in dem ein Portrait von jeder und jedem der damals 13 000 Mitarbeiterinnen und Mitarbeiter an ihren Arbeitsplätzen abgebildet ist, acht mal acht Fotos auf jeder Seite, von *Manuel Abdo* bis *Michael Zwirner*. Wer im Umkreis von 50 Kilometern lebt, der findet darin sicher Freunde und Freundesfreunde, Vereinskollegen, Schwiegermütter, Schwippschwager, Tantesnichten und Kumpelsväter. Auf den ersten Seiten steht, dass das in Blau und Weiß leuchtende VW-Logo auf dem Dach des Bürogebäudes das *größte sich drehende VW-Logo der Welt* sei.

»Nimm mit, was du willst«, sagt Josef.

Ich greife nach *Baunatal – Städtebauliche Entwicklungsmaßnahme*, 98 Seiten, leicht und handlich, gedruckt im Jahr 1999. Ein Buch über das Selbstverständliche.

Ich lasse es in meinen Rucksack gleiten.

Als Onkel Jürgen zum Essen ruft, stehen schon Kartoffeln auf dem Tisch mit der Wachsdecke, dazu Frikadellen und Salat aus dem Garten. Nimo nimmt an der Stirnseite Platz. Aus der Himbeerpackung, die ich mir an die Wange halte, tropft roter Saft auf die Fliesen, also kippe ich die Früchte in eine Schüssel, gebe Joghurt und Vanillezucker hinzu und verrühre alles. Immer gab es hier um 16 Uhr Abendessen, weil dann der Onkel aus dem Werk nach Hause kam. In seinem Ruhestand ist es so geblieben.

Das mit den Schloten, sagt mein Onkel, das sei so gewesen.

Einst habe das Werk mit Gießerei, Härterei und Schmiede am Tag so viel Energie verbraucht wie 460 deutsche Haushalte in einem ganzen Jahr. Man habe die Energie im eigenen Kohlekraftwerk erzeugt, zu dem die drei Schornsteine gehörten. Dann sei der Bedarf gestiegen, Volkswagen habe ein Gaskraftwerk gebaut und damit die Schlote stillgelegt. Da sei schon lange kein Rauch mehr herausgekommen. Elf Jahre müssten es sein.

»Das VW hat uns gerettet«, sagt Josef mit vollem Mund.

Baunatal ist das VW und meine Familie ist Baunatal.

Josef hatte in einem kleinen Betrieb eine Ausbildung zum Schweißer angefangen. Mit dem Geld hat er sich den Unterricht an der Musikschule leisten können, wo er Ziehharmonika spielte. *Musikant* wollte er werden. Eines Tages hat sein Chef ihn einen *unga-*

rischen Zigeuner genannt und vor die Brust geschlagen, da hat Josef *ihm geholfen*, wie er es nennt, sodass der Krankenwagen kommen musste. Fortan hielt er sich mit Aushilfsjobs über Wasser. Den Musikunterricht musste er aufgeben.

Er hörte von einem neuen Werk, das Volkswagen bauen wollte. Josef meldete sich dort und wurde Mitarbeiter Nummer 78, vier Wochen vor der offiziellen Eröffnung. Auf dem Vorplatz lagen haushohe Haufen alter Auspuffe. Sie wühlten sich durch die rostigen Teile, putzten, löteten und versetzten alles wieder in einen möglichst guten Zustand. Er verdiente als Ungelernter doppelt so viel wie zuvor, 560 Deutsche Mark. Später arbeitete er in den Hallen, in denen sie gebrauchte Zylinderköpfe, Vergaser, Kraftstoffpumpen und Kupplungen überholten. In Frühschicht und Spätschicht schwitzte er mit Gastarbeitern aus Griechenland, Italien, der Türkei und Spanien. Weil das Geld für den Hausbau knapp wurde, fing auch Eva im Werk an. Sie war die allererste Frau am Fließband.

»Ich habe die Stöpsel auf die Dichtungen der Getriebe gesetzt«, sagt Eva.

Onkel Jürgen erinnert sich kaum noch an den Tag der offenen Tür, doch er weiß, welches Teil es gewesen sein muss, auf dessen Löcher er gezeigt hat, als er sagte: *Die habe ich sechs Jahre lang da reingebohrt.* Die Flanschwelle nämlich, die das Drehmoment aus dem Getriebeinnern zu den Antriebswellen überträgt. Ich habe keine Ahnung, wovon er spricht. Drei Positionen habe es gegeben am Band, Drehen, Bohren und Schrauben. Alle acht Wochen sei einmal gewechselt worden, sagt er, damit man nicht verrückt wurde.

Wenn er von der Schicht nach Hause kam, sei der Onkel weiß wie die Wand gewesen, sagt Josef. In den Neunzigern hat Onkel Jürgen, stellvertretend für die ganze Familie, den Aufstieg vom Fließband ins Büro des Ersatzteilzentrums geschafft.

Es war ein offenes Geheimnis in Baunatal, dass Volkswagen – wie andere Autokonzerne auch – bei der Zahl ihrer jährlichen Zulassungen trickste: Vor Silvester beantragten sie für Tausende

Autos eine Kurzzulassung, die wenige Tage später auslief. Die »jungen Gebrauchten« wurden dann im neuen Jahr auf den Parkplätzen vor dem Werk verkauft. Heute soll wohl das Leasinggeschäft eine Nachfrage schaffen, wo eigentlich keine ist.

»Ich habe eine Idee«, sagt Nimo. »Man könnte alle Autofabriken in Fahrradfabriken umwandeln.«

»Wenn ihr das nächste Mal kommt, dann ist der Puting einmarschiert«, sagt Josef.

Nimo horcht auf.

»Pudding?«, fragt er.

»Er meint Putin«, sagt Eva.

»Joghurt«, sage ich und stelle die Schale auf den Tisch.

Als ich mit Nimo in den Mercedes steigen will, sehe ich ein dunkelblaues Auto am Ende der langen Einfahrt stehen. Unser Heimweg ist versperrt. Es sieht aus wie ein Golf auf Steroiden – eine Maschine aus ehemals einfachen Verhältnissen, die zu etwas Größerem mutiert ist. Ich laufe die Einfahrt hinunter und erkundige mich in der Schlange vor dem Zahnarzt nach dem Besitzer, dann beim Tierarzt, beim Optiker und beim Hausarzt Bruckner. Vergeblich. Ich google das Modell der Marke Volkswagen: *Der vollelektrische ID.4: Die nächste Generation SUV. Der neue ID.4 kombiniert das Beste aus zwei Welten: die Vielseitigkeit eines modernen SUV mit der nachhaltigen Performance eines Elektrofahrzeugs. Für alle, die alles wollen. Und zwar ohne Kompromisse.* Volkswagen hat es mithilfe von Josef, Eva und Onkel Jürgen geschafft, so viele Autos zu verkaufen, dass die Straßen davon überquellen und sie selbst nicht einmal mehr aus ihrer Ausfahrt kommen.

Meine Stadt will alles, ohne Kompromisse.

»Was machen wir jetzt?«, fragt Nimo.

Für einen Moment überlege ich, ins Haus zu gehen und Onkel Jürgen von dem neuerlichen Vorfall zu berichten. Vielleicht würde er rauskommen und die Wartezimmer sämtlicher Ärzte stürmen.

Vielleicht würde er die Polizei rufen. Vielleicht käme ein Abschlepp-wagen. Dann schreibe ich ihm: *Holen das Auto wann anders. Viele Grüße.*

»Wir machen eine Expedition«, sage ich.

»Wohin?«, fragt Nimo.

»Durch eine lange vergessene Stadt«, sage ich.

»Was gibt es dort zu sehen?«

»Die Stadt birgt viele Geheimnisse. Wenn wir sie entschlüsseln, können wir etwas über den Niedergang einer hochentwickelten Zivilisation erfahren.«

»Dann ist diese Stadt *sehenswert*«, sagt Nimo.

Waren die Maya vor Eroberern geflohen? Hatte eine große Seuche sie dahingerafft? Oder hatten sich die Dürren gehäuft, sodass ihre Ernten verdorrt und die Gegend unbewohnbar geworden war?

Die Geschichte reimt sich.

Wir wissen bereits einiges über jene, die diese Welt bewohnten. Nie zuvor lebten die Menschen so lange. Nie zuvor gab es so viele von ihnen. Ihre Wirtschaft war gewachsen und gewachsen. Manche sagten, der technologische Fortschritt im 21. Jahrhundert entsprach in etwa dem der 20 000 Jahre davor – seit die Menschen begonnen hatten, Steine zu behauen und als Werkzeuge zu benutzen.

Und doch scheint etwas mit ihnen nicht in Ordnung gewesen zu sein.

Die Hitze, die jetzt über dem Asphalt des Grabenwegs flirrt, ist ihre Hitze. Nie zuvor waren Menschen auf einer so warmen Erde gewandelt. Die Hüter der alten Welt sagten, ihnen würde schon etwas einfallen. Doch die Stimmen derer, die ihren Versprechen nicht mehr glauben wollten, wurden lauter und lauter.

Bald ließen sie Taten folgen.

VENI, VIDI, VENEZIA
Lido, Venedig

Über der Lagune von Venedig türmten sich dunkle Wolken, als Tommaso den Motor startete. Tropfen trommelten in den Bauch des Bootes, in dem gedrängt die Aktivistinnen und Aktivisten standen, die sich »Aktivist*innen« nannten oder »Aktivisti«. Als das Boot aus einem Seitenkanal der Insel Lido preschte, krallten wir uns an den Rändern fest.

»Heute wird es rau!«, brüllte Tommaso durch das Dröhnen des Motors. Er hatte die Baseballkappe tief ins Gesicht gezogen.

Wasser kam von oben, von unten, von überall.

Uns folgten zehn Boote, übervoll besetzt. Vor uns lag Venedig, das Postkartenvenedig, die historische Altstadt. Flaggen knatterten im Sturm, darauf stand unter einem durchgestrichenen Kreuzfahrtschiff: »NO GRANDI NAVI« – keine großen Schiffe. Sie sollten nicht in dieser Lagune fahren, über der ihre Abgase hingen; nicht entlang der Paläste und Prachtbauten, denen sie den Boden unter dem Fundament entzogen; nicht vorbei an Rokoko, Barock und Renaissance. Gar nicht mehr fahren sollten sie, nirgends. Und endlich aufhören, Massen von Menschen über die Sehenswürdigkeiten dieser Welt zu ergießen.

Machen Sie einen Landausflug von MSC Cruises zum berühmten Markusplatz. Besichtigen Sie die symbolträchtige Basilika, ein italienisch-byzantinisches Meisterwerk, mit wunderschönem Glockenturm und goldenen Mosaiken.

Tommaso war der Alptraum solch touristischer Hochglanzrhetorik.

Er trieb das Boot gegen die Wellen. Hinter ihm zog das Rotorblatt eine schaumweiße Spur ins Meerwasser. Eine Frau, die am Ufer mit ihrem Hund spazieren ging, winkte uns zu. Zwei Kanalarbeiter auf einem Boot reckten ihre Fäuste. In mir stieg ein gewisser Stolz auf, als meinten sie mich, was natürlich nicht stimmte, da ich nichts getan hatte für den Widerstand, in dessen Boot ich saß.

Als Nächstes werfen Sie Ihren Blick auf die Seufzerbrücke, eine verzierte weiße Schönheit aus Kalkstein.

Entlang der fernen Kaimauern auf beiden Seiten stand die Polizei mit Streifenwagen und Panzerfahrzeugen, deren Blaulicht über die historischen Fassaden huschte. Sie schauten uns durch Ferngläser hinterher und sprachen in ihre Funkgeräte.

Entspannen Sie sich am Ende des Rundgangs in einem der schicken Cafés auf der Piazza bei einem Kaffee und einer Süßspeise.

»Glotzt doch, ihr Wichser, es wird euch nichts nützen«, rief Tommaso in den Wind.

Sie konnten ihn nicht hören.

Über die Dächer des Industriehafens hinweg sahen wir schon die schwarz rauchenden Schornsteine der *MSC Lirica*. Die Einfahrt dort wurde von umherschwirrenden Polizeibooten bewacht, die mit Blaulicht und Sirene auf und ab fuhren.

»Bravo! Bravo!«, brüllte Tommaso, sein Gesicht verzerrt, als sei etwas in ihm gekippt. Bei jedem Versuch, die Blockade zu durchbrechen, wurden wir vom Polizei-Schwarm umgelenkt. Hinter ihnen erhob sich der perlweiße Koloss, höher als die höchsten Kirchtürme Venedigs, dreihundert Meter lang.

»We are unstoppable, another world is possible!«, riefen die Aktivisti im Chor, bootsweise versetzt, weil sie einander im Dröhnen nicht hören konnten. Ein Polizeiboot umkreiste sie, von dem aus Beamte ihre Kameras auf sie richteten.

»Andiamo, andiamo! Na los, ihr Wichser!«, rief Tommaso.

Er rammte das Polizeiboot.

»Mein Boot hat keine Bremsen!«, rief er.

Zwischen unseren nassen Füßen lagen Kisten mit angefaultem Obst und Gemüse, regional und bio, eigentlich für das große Schiff bestimmt. Jetzt aber flogen Zwiebeln und Äpfel auf die Polizeiboote, überreife Tomaten zerplatzten an den Fenstern und auf den Uniformen der Beamten.

»Verpisst euch, rettet die Flüchtlinge im Mittelmeer«, rief Tommaso den Grenzpolizisten auf ihrem Schnellboot zu und schwang seinen Mittelfinger. Dann fuhr er in die Seite eines Carabinieri-Bootes, das uns den Weg abschneiden wollte. Mit einem Schlag, lautlos im Tosen und Sirenengeheul, zersprang das Sicherheitsglas des Fensters in tausend Stücke und klappte aus dem Rahmen. Tommaso zog die Schultern hoch und breitete die Arme aus, als wollte er sagen: *Was kann ich dafür?*

Ich wunderte mich, dass ich nicht erschossen wurde, hier in der Lagune, mit diesen Leuten, die sich vor nichts zu fürchten schienen.

Die Aktivisti drehten ab, verteilten sich auf der weiten Wasserstraße stadtauswärts und schalteten die Motoren aus. Wenn sie nicht zum Kreuzfahrtschiff kämen, würde das Schiff zu ihnen kommen. Ein kalter Wind umwehte unsere durchnässten Klamotten.

Erkunden Sie die romantische Stadt Venedig auf den geheimnisvollen Kanälen.

Wir warteten.

Die Fläche für das Klimacamp auf dem Lido, wo die Häuser der Einheimischen dicht an dicht mit Ferienbungalows und Hotels standen, hatten die venezianischen Jugendlichen dem verwilderten Gelände der *Casabianca* abgerungen, einer kleinen Backsteinfestung aus den italienischen Unabhängigkeitskriegen. Zwei Wochen lang hatten sie Gestrüpp gerodet. Das Grundstück gehörte dem Militär, doch der Pächter war einverstanden mit den Campern, solange sie sich nicht an dessen freilaufenden Ziegen und ein paar

Hasenfamilien störten. Hier war Platz für einen Zeltplatz, Duschwagen und Klos, ein Küchenzelt sowie ein großes Festzelt mit Biertischgarnituren.

Nicht zufällig hielten sie ihr Camp genau an dem Wochenende ab, als auf dem Lido die Filmfestspiele von Venedig stattfanden. Die Augen der Welt waren auf diesen Ort gerichtet, an dem sich Weltstars tummelten, zwischen Polizei, Security und Militär. Ich war aus Tübingen mit Marc angereist, der in meiner Straße wohnte und den ich eigentlich kaum kannte. Er war etwas älter als ich, ein Veteran der Anti-Atomkraft-Bewegung, der mit veganen Würsten in den Neunzigern seiner Zeit voraus gewesen war und heute einen graumelierten Irokesenschnitt trug. Für ihn war die Lehre aus den Demos und Straßenschlachten mit der Polizei, die dann zum Atomausstieg geführt hatten, dass große gesellschaftliche Veränderungen immer von einer radikalen Minderheit erkämpft wurden, bevor dann die Masse – zustimmend, indifferent oder widerwillig – folgte. Die Angst vor einer Eskalation spiele dabei immer eine Rolle, sagte er. So wie vielleicht die Existenz der bewaffneten Black Panthers dazu gedient habe, dass sich der US-amerikanische Mainstream schließlich für die gemäßigtere Bürgerrechtsbewegung der Schwarzen geöffnet hatte. Ohne Kampf kein Ende der Sklaverei.

In Venedig hallte die Geschichte wider und wider.

Eine neue Bewegung war entstanden und nahm allmählich Fahrt auf. Ich wollte wissen, wer diese Leute waren und ob man sich eventuell schon aus einer Notwehrlogik heraus dort anschließen müsste. Vereinigungen aller Art waren mir seit meiner Zeit im Jugendhandball suspekt – wobei der herrschende Notstand vielleicht schwerer wiegen sollte als die Berührungsängste.

Dies galt es nun zu klären.

Die Jugendlichen von Fridays for Future Venedig begrüßten ihre Gäste, vor allem aus Deutschland und Italien. Uma, eine 18-jährige Venezianerin mit schwarzen Zöpfen, hielt aus dem Stegreif eine

Wutrede über den Zustand des Kapitalismus. Anschließend klärte sie die Formalitäten.

»Wir haben für unsere Verpflegung in den kommenden Tagen eine politische Entscheidung gefällt«, rief sie. »Es wird veganes Essen geben. Alle Zutaten dafür stammen von einer der umliegenden Inseln, nur einen Kilometer entfernt.«

Applaus brandete auf.

Manche hatten sich schon über die hohen Essenspreise beschwert.

Ein älterer Italiener, Halstattoos und Schneidezahnlücke, lehnte sich mit einem qualmenden Joint zu mir herüber.

»Heute Nacht schnappen wir uns eine Ziege, Kamerad«, sagte er auf Englisch. »Du hältst sie fest und ich schneide ihr den Hals durch.«

Dann schlug er mir mit der flachen Hand auf den Rücken und wandte sich mit einem rasselnden Lachen ab, das in einen Hustenanfall überging. Er war einer der älteren Linken hier, die schon lange versuchten, das System zu stürzen, und im Klimaaktivismus nun ein zeitgemäßes Vehikel gefunden hatten. Mit der schwarzen Kleidung, den Bauchtaschen, den Lonsdale-Shirts und der amerikanischen Rapmusik aus den Lautsprechern unterschieden sich auch die italienischen Jugendlichen von den deutschen Klimahippies, von denen ich in der Zeitung gelesen hatte und die hier nach und nach eintrudelten, mit Wuschelfrisuren, Wanderschuhen und Campingausrüstung.

Mir fielen drei Teenager auf, zwei Mädchen und ein Junge. Sie schienen aufgeregt, streiften über das Gelände und sprachen mit Gleichgesinnten. Um die Köpfe hatten sie weiße Bänder gebunden, bedruckt mit dem Logo von *Ende Gelände* wie das Merchandise einer Lieblingsband. Als ich sie begrüßte, stellten sie sich als Jesus, Luna und Lisi vor, Fridays for Future aus der Nähe von Berlin. Vor ihrer ersten Aktion hatten sie sich eigentlich Namen von Gottheiten geben wollen, sagten sie. Luna war immerhin Mondgöttin und Jesus, na ja, das kam drauf an, wen man fragte. Lisi war einfach Lisi. Nach dem Abitur wollte Jesus eine Gemeinschaft finden und alternative Lebensentwürfe ausprobieren, Lisi wollte Medizin studieren und Luna, tja, noch mal eine Weltreise machen, aber schon in dem Bewusstsein, dass es jetzt schon fast gar nicht mehr vertretbar war und dass man es deshalb, wenn überhaupt, so schnell wie möglich machen müsste.

Vielleicht waren sie nicht ganz so verwirrt wie ich in ihrem Alter.

Tobi, ein Mittzwanziger aus Leipzig, dessen »Interventionistische Linke« seit den G-20-Krawallen von Hamburg vom Verfassungsschutz beobachtet wurde, zeigte sich begeistert von der sanitären Situation, mit Dixi-Toiletten und extra Klo- und Waschcontainern.

»Im Vorfeld wurde uns gesagt, wir sollten Klappspaten mitbringen, damit wir unsere Scheiße vergraben können«, sagte er, während er sein Zelt aufbaute.

Mit seinem Schnauzer und der Derrick-Brille erinnerte er an einen Computernerd aus den Achtzigern. Zwar studiere er Soziologie, doch habe er bei der Erstürmung deutscher Kohlegruben wesentlich mehr über gesellschaftliche Machtverhältnisse gelernt als in der Uni, sagte er. Ich solle die Sauberkeit der Toiletten genießen, nach zwei Tagen würden die komplett zugeschissen sein, deshalb werde auch jedes dritte Klimacamp irgendwann von einer Magen-Darm-Welle heimgesucht.

Es war damals ein Jahr her, dass eine 15-jährige Schülerin namens Greta Thunberg begonnen hatte, jeden Freitag allein vor dem schwedischen Reichstag zu demonstrieren, anstatt zur Schule zu gehen. Die mittlerweile 16-Jährige war gerade in New York angekommen, begleitet von Diskussionen über Sinn und Unsinn ihrer – je nachdem, wer es rechnete – emissionslosen Segelreise dorthin. Sie würde in den kommenden Tagen Barack Obama treffen, auf dem UN-Jugendklimagipfel auf den Beginn des nächsten Massen-

aussterbens der Erdgeschichte hinweisen und ihre berühmt be-
rüchtigten Worte sagen: *How dare you?* Wie könnt ihr es wagen, von
uns Hoffnung zu erwarten, würde sie fragen, wenn ihr euch eigentlich nur für Geld interessiert und weiter das Märchen vom unendli-
chen Wirtschaftswachstum erzählt?

Eine Krise, sagte Tobi aus Leipzig, sei im griechischen Wortsinne
nicht nur die Zuspitzung einer irgendwie bedrohlichen Lage, sondern ein Wendepunkt.

»Wir erleben gerade den historischen Moment, in dem sich das
Schicksal der Menschheit entscheidet«, sagte er und nahm einen
Schluck Grappa aus der Flasche. Die Klimabewegung, das sei die
Bewegung des Jahrhunderts.

Greta war nicht mehr allein.

Am nächsten Tag waren gut 500 Leute angereist, und so musste
eine neue Fläche besetzt werden. Auf einer Versammlung wurden
rasch die moralischen Fronten geklärt: Das verwilderte Grundstück auf der anderen Straßenseite sei im Besitz einer großen Super-
marktkette, einer Repräsentantin des Kapitalismus also, die dort
demnächst eine neue Filiale errichten würde, obwohl den Einheimischen die kleinen Supermärkte ausreichten. Dann wurden Fragen und Bedenken der deutschen Aktivisti besprochen: Wie hart
wird die Polizei gegen uns vorgehen? Wie verhalten wir uns, wenn
sie kommen? Werden sie uns womöglich mitnehmen und einsper-
ren? Was droht uns schlimmstenfalls? Nachdem einige mögliche
Szenarien ventiliert waren, stand Marco auf, ein Italiener von der
Gruppe No grandi Navi.

»Leute, wir sind hier nicht in Deutschland«, sagte der seriöse
Postmarxist mit den grauen Haaren auf Englisch. »Lasst uns ein
bisschen italienisch improvisieren und dann sehen wir, was passiert.«

Die organisierten Deutschen hatten inzwischen Flaschen mit
Desinfektionsmittel gut sichtbar zwischen Toiletten und Küchen-

zelt positioniert, daran ein Schild: *No Action with Diarrhea* – Keine Aktion mit Durchfall.

Jetzt liefen die Klimacamper über die kleine Straße vor der Festung zum Zielobjekt. Zwei Typen mit weißen Maleranzügen und Tiermasken – Löwe und Affe – sprangen den Bauzaun an, rissen die Lochfolie herunter und zerschnitten von Sprechchören begleitet ein Kettenschloss mit dem Bolzenschneider. *Eins, zwei, drei, vier, wir sind für das Klima hier. Fünf, sechs, sieben acht, dieser Zaun wird plattgemacht*, riefen ein paar Deutsche. Der Zaun fiel, die Menge jubelte. Jetzt wurde gerodet, gesenst, geschnitten, zersägt und Gehölz in Schubkarren abtransportiert, bis ein neuer hügeliger Zeltplatz vor uns lag. Von Polizei keine Spur. Die Italiener sagten, das müsse wohl an dem Filmfestival liegen, die Regierung wolle womöglich keine negativen Schlagzeilen produzieren. Oder es interessierte niemanden (was sich dann dringend ändern musste). Nur ein Kleintransporter fuhr vorbei, wurde langsamer – »Vaffanculo a voi stronzi«, rief ein Typ aus dem Fenster. *Verpisst euch, ihr Arschlöcher.*

Von einem Wohnkomplex mit Ferienwohnungen kam ein sonnenverbrannter Urlauber im Unterhemd zu uns herüber. Er trug vier schwarze Abfallsäcke. »Wo kann ich denn hier meinen Müll hintun?«, fragte er mich auf Deutsch, durch den Lärm der Kettensägen, Häckselmaschinen und Rasenschneider hindurch, über den er sich ebenso wenig zu wundern schien wie über die Menschen mit den Tiermasken. Ich wusste keine Antwort. Ja, wo konnten wir denn hier unseren Müll hintun? Damit hatte er en passant die zentrale Frage der Menschheit aufgeworfen und letztlich waren wir ja genau deswegen hier.

Das Klimacamp war der Versuch, die Ratlosigkeit zu überwinden. Ein praktisches Ringen um Verständnis angesichts von etwas Gewaltigem, das schwer zu begreifen war – das man also durch eigene Aktionen sichtbar machen müsste. Alle Paukenschläge der Wissenschaften mit ihren immer neuen Zahlen und Studien hatten nicht ausgereicht, um die Weltgemeinschaft aufzurütteln, geschweige denn zum Handeln zu bewegen. Die drohende, schleichende, rasende Katastrophe schien abgekoppelt von unserem Erleben, verschleiert in Abstraktion.

Es fehlten einem die Worte.

Die Krise hatte keinen roten Faden, keine Dramaturgie, keine Protagonisten, Helden oder Bösewichte, keinen greifbaren Konflikt zwischen A und B und deshalb keinen Schauplatz. Klimacamps aber waren Fabriken des fehlenden Stoffes, sie produzierten Bilder, auf denen David dem Goliath eins auswischte, Menschen sich gegen die Maschinen auflehnten oder ein Idyll vor der Zerstörung durch gesichtslose Konzerne bewahrt werden sollte. Bei der Besetzung einer Kohlegrube im Rheinland oder in Brandenburg ging es ja nicht um die ökonomische Schädigung des Konzerns, die marginal blieb, sondern darum, dass jemand davon Zeugnis ablegte. So entstand die Geschichte einer globalen Ungerechtigkeit, deren Ursprung der Kapitalismus, deren Folge die Zerstörung unserer Lebensgrundlage und deren Geschädigte wir selbst waren – vor allem aber Menschen des globalen Südens und kommender Generationen.

Und auch wenn sogar manche der Aktivisti wegen öffentlicher Personenkulte um Greta Thunberg und Luisa Neubauer mit den Augen rollten, brauchte es diese Einzelnen, um eine Geschichte zu erzählen, die in Köpfen verfing und Herzen erreichte. Zumal die Erzählfabriken der PR-Agenturen auf der Gegenseite längst auf Hochtouren liefen, mit Narrativen von sauberem Erdgas, von individueller Verantwortung, einem grünen Kapitalismus mit satten Gewinnen, von Klimaschutz als Weg voller Entbehrung oder als Ding der Unmöglichkeit, von dem Widerspruch von Ökologie und Ökonomie oder der nahenden Rettung durch – vielleicht, ganz sicher, irgendwann – kommende Technologien.

Manche träumten vom Sozialismus, andere wollten eine Räterepublik. Den Glauben an das Bestehende, an wirksame Reformen und ein richtiges Leben im falschen hatten sie längst aufgegeben. Alles hing an der Systemfrage. Beinahe so, als könnten wir mit deren Lösung auch den menschlichen Hang zur Niedertracht ausmerzen. Als wäre es ein Leichtes, für die Folgen der geforderten Umbrüche die Verantwortung zu übernehmen, für die fundamentale Neuordnung des Wirtschaftssystems in der klimatisch gebotenen Dringlichkeit. Als hingen nicht gerade die weniger Privilegierten auch vom Funktionieren unseres guten alten Schweinesystems ab – während die Überreichen sie andererseits schröpften und eine bessere Ordnung gewiss verhinderten.

In einer derartigen Vertracktheit konnte man leicht für die Menschen von morgen etwas Gutes wollen und dabei für die Menschen von heute Schreckliches anrichten. So konnte die Frage, wie man den Armen im Hier und Jetzt am besten half, mitunter anders ausfallen, als einem lieb war. Ich hatte die Befürchtung, dass man sie vielleicht erst weniger arm machen müsste, bevor man mit ihnen gemeinsam die Natur und das Klima schützen konnte, und dass dieser Weg für gewöhnlich über billige, verfügbare, also momentan fossile Energie führte. Während es also sein konnte, dass der Kapitalismus sterben musste, damit wir leben konnten, musste er vielleicht gleichzeitig leben, damit andere nicht sterben würden.

Wie sollte man das in einen Sprechchor packen.

5, 6, 7, 8 – komplizierter als gedacht.

Geschweige denn in eine Schlagzeile.

Ich schreckte auf, fand mich auf meiner Isomatte im Zelt, es war noch dunkel. Dann wieder der Ruf einer Frauenstimme auf Englisch.

»Aufwachen, alle aufwachen. Heute Nacht haben unsere Kameraden den roten Teppich des Filmfestivals besetzt. Sie brauchen Unterstützung. Eine neue Brigade greift jetzt an. Alle aufwachen!«

Sie wiederholte das mehrmals im gleichen Ton, während sie über den Zeltplatz streifte. In mir regte sich Widerstand. Ich hatte den

Dienst zur Verteidigung meines Landes verweigert, und jetzt empfing ich Befehle von einem jungen Menschen, dessen präfrontaler
Cortex – bei allem Respekt – noch in der Entwicklung war.

Oder war ich nur nicht bereit, Verantwortung für das Schicksal
der Menschheit zu übernehmen?

Über dieser Frage dämmerte ich wieder ein.

Ich betrat das Festivalgelände ausgeschlafen und mit einem
schlechten Gewissen. Helle Bodenplatten vor palastähnlichen Ge-
bäuden führten zum weiß leuchtenden Palazzo del Cinema, auf
dessen Flachdach die Fahnen der europäischen Länder wehten.
Davor, auf einem roten Teppich, so groß wie ein Handballfeld, la-
gerten die Aktivisti in der Hitze des Morgens. Es roch nach dem
Schweiß in Jugendzimmern. Ich stieg über ein Mäuerchen und landete neben Amalia und David aus Süddeutschland, die mir unter
ihrer knisternden Rettungsdecke Platz machten, mit der sie sich –
silberne Seite nach oben – kühlten. Sie sahen mir die Verspätung
nach.

Der schwäbelnde David war Ende zwanzig und über die Proteste
gegen das Atomkraftwerk Neckarwestheim zur Klimabewegung
gestoßen. Erneuerbare Energien seien sein Hauptanliegen, sagte er,
Weltrevolution und Gendertheorie eher nachrangig. Amalia trug
ein schwarzes T-Shirt ihres Vaters, auf dem der US-amerikanische
Bluesmusiker Richie Havens bei seinem Woodstock-Auftritt zu
sehen war. *A long way from my home yeah, yeah | singing freedom freedom
freedom freedom freedom freedom freedom freedom freedom freedom.*

Sie hatte Fridays for Future in einer pfälzischen Kleinstadt mit-
gegründet. Mit ihren Freundinnen rede sie viel über Politik, sagte
sie, doch keine von denen würde je mitkommen auf so eine Aktion.
Bis vor Kurzem hatte auch sie selbst nicht losziehen dürfen. *Wenn
du achtzehn bist*, hatte ihre Mutter immer gesagt, wenn Amalia sich
berufen gefühlt hatte, zu den Kohleblockaden von *Ende Gelände* zu
fahren. Immer wieder: *Wenn du achtzehn bist.* Jetzt war sie achtzehn.
Und als sie ihrer Mutter erzählt hatte, dass sie nach Venedig fahren

würde, hatte die gefragt, ob sie sich jetzt auch noch in die Angelegenheiten anderer Länder einmischen müsse.

Amalia mischte sich ein, solange ihr Geld reichte.

Sie ließ ihren Ausweis zu Hause, raspelte sich die Fingerkuppen ab und bestrich sie mit Sekundenkleber. Sie stieg mit anderen in Kohlegruben, besetzte Schaufelradbagger oder blockierte den Güterverkehr der Kraftwerke. Sie ließ sich abführen und in die Käfige der Gefangenensammelstellen sperren. Dreimal mussten sie einen warnen, bevor sie einen wegtragen oder mit Schmerzgriff abführen konnten, erklärte Amalia. Sie bleibe immer bis zum Schluss, denn was brächte eine Blockade, wenn man dann aufstünde, wenn die Polizei es befehle. Einmal, in der Verwahrung, hatte sie ein Beamter beiseitegenommen. Sie sei noch so jung. Und es sei wichtig, sich als Gesellschaft an bestimmte Regeln zu halten. Amalia aber fand, es komme drauf an, wessen Regeln das waren.

Eigentlich sollte sie jetzt fürs Abitur lernen, wie ihre Klassenkameradinnen, und hatte deshalb Gewissensbisse. Verhielt sie sich den anderen gegenüber respektlos, weil sie auf die leichte Schulter nahm, wofür die so sehr büffelten? War es nicht ungerecht, dass die Lehrerinnen und Lehrer bei ihr ein Auge zudrückten, wegen der guten Noten? Doch Amalia sah keinen Sinn in dem Weg, der für sie ungefähr vorgezeichnet war: Abi, Weltreise, Studium, Beruf.

»Wenn du achtzehn bist, dann geben dir ständig alle Tipps, was du mit deinem Leben anfangen sollst«, sagte sie. »Nur mir ist das überhaupt nicht klar.«

Sie wusste nur, was sie nicht wollte.

Die meisten Jobs schienen ihr angesichts einer globalen Krise bedeutungslos – oder sogar destruktiv, wenn sie damit zur Zerstörung der Ökosysteme noch beitrug. Und was sollte es bringen, inmitten des planetaren Notstands Germanistik zu studieren? Die drohende Apokalypse hatte den Referenzrahmen der Bedeutsamkeit verschoben. Amalia arbeitete im Obstladen in ihrem Heimatort, wobei sie sich fragte, ob das noch vertretbar war, weil Mango,

Papaya und Bananen doch so weite Strecken per Schiff und Flugzeug zurücklegten, bevor sie bei uns landeten. Es war schwer, sich als Aktivistin in dieser Welt nicht zu widersprechen. Trotzdem wollte sie es versuchen. Und genau das machte die Leute ja so wütend an dieser Bewegung, dass sich da Menschen in die Öffentlichkeit drängten, die den Versuch, sich nicht korrumpieren zu lassen, noch nicht vollends aufgegeben hatten.

Genau darin lag ihre Kraft.

Jetzt sangen sie wieder, zur Melodie von *Hejo, spann den Wagen an* ging es: *Hejo, leistet Widerstand*. Ringsum sammelten sich Polizei und Carabinieri. Sie trugen weiße und blaue Poloshirts, Baseballmützen und Designer-Sonnenbrillen. An einer Seite reihten sich Robocops mit Schlagstöcken, Helmen und kugelsicheren Westen auf. Vor ihnen, an der Wand des Palazzo, pisste ein Aktivist in einen der mitgebrachten Eimer. Die ersten Fernsehteams trafen ein.

Vor zwei Jahren sei sie auf ihrer ersten Demonstration gewesen, sagte Amalia, in Kandel, nahe ihrer Heimatstadt. Dort marschierten immer wieder Neonazis auf, seit ein Geflüchteter ein 15-jähriges Mädchen umgebracht hatte – das sogenannte *Frauenbündnis*, das von einem Mann gegründet worden war.

»Das Kleinbürgerliche dort ist beängstigend«, sagte sie. »Da marschiert der Rentner mit dem Faschisten.« Sie habe das nicht ertragen. Weil es ihr eben auch ein dringendes Rätsel sei, wie die Menschen die Nazis einst hatten gewähren lassen können. Lauter Leute, die sich an Regeln gehalten hatten.

Unter Hitler war ihr Urgroßvater der Bürgermeister ihres Heimatdorfes bei Mannheim gewesen. Er hatte Juden und Kommunisten gedeckt, indem er sie seiner Führung gegenüber verschwiegen hatte. Kurz vor der Niederlage des Deutschen Reiches hatte er sich dann für die Front gemeldet. Sein Bruder hatte im Dorf das Kommando übernommen und all jene verpfiffen, die sich bis dahin hatten verstecken können. Bei Gericht hatte man sie schon gar nicht mehr verurteilen wollen, wo doch die Panzer der Alliierten in der Ferne schon zu hören gewesen waren. Also hatte der Bruder des Großvaters vom Kind bis zur Greisin alle gezwungen, am Rande des Dorfes eine Grube auszuheben. Darin hatte er sie erschießen und verscharren lassen. Nach dem Krieg hatte er noch Jahrzehnte auf Familienfeiern gesessen, bei Kaffee und Kuchen. Ihr fiel jetzt ein, dass in den alten Fotoalben ihrer Großeltern manche Gesichter geschwärzt waren. Sie hatte nie gefragt, warum.

»Ich glaube, diese Geschichten haben mehr mit uns zu tun, als wir denken«, sagte Amalia.

»Vielleicht wäre es mal wieder Zeit für eine Befreiung per Luftschlag«, sagte ein Aktivist neben ihr, der sich Gröli nannte und zugehört hatte. Er war gut zehn Jahre älter.

»Wow, okay«, sagte Amalia.

Das verfickte System, die Bullen, sagte er. *All cops are bastards.*

»Wenn ich sehe, wie die zuhauen, will ich einfach alles in die Luft sprengen«, sagte er.

»Die Emotion kann ich schon verstehen«, sagte Amalia, »aber auf Dauer klingt das nicht so gesund.«

Es gebe immer solche und solche. Neulich im Rheinland, da habe ein Polizist sie ganz vorsichtig geschlagen. Und als der Hambacher Forst nach den Massendemos und Schlachten mit der Polizei offiziell für gerettet erklärt worden war, habe dort ein allerletzter Waldspaziergang mit Tausenden von Leuten stattgefunden. Diesmal allerdings ohne Polizei. Amalia sagte, manche Aktivisti hätten da regelrecht kopflos gewirkt, als würde ihnen zur inneren Balance ein Gegengewicht fehlen.

Es war, als bräuchten sie die Polizei. Nur so funktionierte die Geschichte. Und vielleicht brauchte die Polizei auch sie.

Am Nachmittag verließen die Aktivisti den roten Teppich, ohne Polizeieinsatz. Im Camp sprach sich herum, dass die Aktion auf der ganzen Welt in den Nachrichten war, von Indien über Australien bis Südafrika. Die Tagesschau sendete zwanzig Sekunden über die Filmfestspiele, davon fünfzehn über die Besetzung des roten Teppichs und Mick Jagger, der auf einer Pressekonferenz in Venedig sagte: »Ich bin froh, dass die das tun. Weil sie diejenigen sind, die diesen Planeten einmal erben werden.«

Während des Klimacamps versank Bangladesch in Rekordregenfällen und Erdrutschen – ein Drittel der dortigen Landfläche sei überschwemmt, meldeten die Zeitungen. Auf den Bahamas wütete Hurrikan Dorian in diesem Jahr, der stärkste Wirbelsturm seit Beginn der Aufzeichnungen. Immer öfter wurde auch das historische Zentrum von Venedig geflutet. Die Stadt versuchte sich mit High-tech-Barrieren für etwa 5,5 Milliarden Euro gegen den Untergang zu wehren, deren Bau von Korruptionsskandalen überschattet war – etwa 27 Millionen Euro waren verschwunden, weshalb 35 Funktionäre inklusive des Bürgermeisters verhaftet worden waren.

Unterdessen fuhren weiter Kreuzfahrtschiffe ein und untergruben das Fundament der ohnehin sinkenden Stadt: Zuerst drückte jeder Schiffsbug Zehntausende Kubikmeter Wasser gegen die Kaimauern und die Pfähle, auf denen die Häuser standen. Dann floss das Wasser wieder zurück und trug etwas von dem Sand und der feuchten Erde ab, die hier alles zusammenhielten. Sie verbrannten hochgiftiges Schweröl und die Reedereien hielten trotz möglicher Alternativen daran fest, weil es billiger war. So stießen sie Unmengen CO_2, Feinstaub, Ruß, Schwefel und Stickoxide aus – und verbanden ein lokales Problem mit der globalen Krise.

Kreuzfahrtschiffe waren ein Feindbild, auf das man sich einigen konnte. Symbole für die Ignoranz der Wohlhabenden. Das perfekte Ziel.

Auf der Versammlung am Tag vor der großen Aktion gab Tommaso bekannt, dass ein Schiff am Kreuzfahrtterminal von Venedig stand, das laut Plan am nächsten Tag auslaufen würde. Daran sollte es gehindert werden. Eine deutsche Aktivistin hob die Hand:

»Ich dachte, wir sind dagegen, dass die Schiffe nach Venedig kommen«, sagte sie. »Wäre es da nicht besser, ein Schiff zu blockieren, das in den Hafen *hinein*fahren will?«

Ja schon, antwortete Tommaso, doch hinein wolle leider keins an dem Tag. Gerade fuhren also strenggenommen zu wenig Kreuzfahrtschiffe nach Venedig. Ausgerechnet jetzt, wo man sie einmal gebraucht hätte.

Die Aktivisti waren auf ihren Booten schon durchgefroren, als die *MSC Lirica* mit knapp drei Stunden Verspätung den Hafen verließ. Sie wurde von Schleppschiffen durch die Lagune gezogen, eskortiert von Polizeibooten. Blaulicht fiel auf den haushohen Bug. Die ausschwärmenden Aktivistenboote gaben Geleit in zweiter Reihe, fuhren flaggenschwenkend nebenher und brüllten die Passagiere hoch oben auf dem Zwischendeck an.

»Verpisst euch aus Venedig!«, rief Tommaso, der in seiner Wut nur noch Italienisch konnte. Eine Hand hielt das Steuerrad unseres Bootes, die andere reckte er mit ausgestrecktem Mittelfinger. »Schande! Schande!«

Die Leute dort oben wirkten überrascht. Sie schauten uns zu wie einem Delfinschwarm. Manche winkten. Jetzt flog das Gemüse über die Polizeiboote in Richtung Kreuzfahrtschiff. Doch zu kurz – die fauligen Tomaten, Zwiebeln und Äpfel vom biologischen Landbau der Nachbarinsel fielen ins Meerwasser, lautlos im Getöse.

Ich hob eine Ochsenherztomate auf, die mir vor die Füße gekullert war. An zwei Stellen war sie eingedrückt und von weißem Schimmel überzogen. Ich versuchte mich an das Gefühl zu erinnern, als ich für den *GSV Eintracht Baunatal* Handbälle über eine ganze Spielfeldlänge geworfen hatte. Natürlich würde ich das Schiff treffen – es wäre das letzte Kreuzfahrtschiff, das sich je nach Venedig getraut hätte, die gesamte Branche wäre am Ende und mit ihr der Kapitalismus, sobald das Fruchtfleisch am Backbord zerplatzte. Weich und voll lag die Tomate in meiner Hand.

Dann fuhr mir ein Boot durchs Blickfeld. Darauf saßen die drei Jugendlichen aus der Nähe von Berlin und reckten den Kreuzfahrern die Mittelfinger entgegen. Das Mädchen, das bald eine Weltreise machen wollte, schien von allen am lautesten zu schreien.

»Fuck you! Fuuuck yoooooooooou!«

Ich ließ die Ochsenherztomate in den aufgeweichten Gemüsekarton fallen und sah mich um. Niemand schien mich zu beachten. Ich zog meinen Kugelschreiber sowie ein feuchtes Oktavheft aus der Tasche meiner Regenjacke und begann zu schreiben, in großen, verwackelten Buchstaben: *Über uns dunkle Wolken, als T. den Motor startete.*

DIE ENTSTEHUNG DER WELT

Die drei Schlote weisen uns die Richtung.

Als Archäologen suchen wir nach Orten, an denen einst Menschen gelebt haben. Dort legen wir die Relikte einer vergangenen Zeit frei. Wir studieren die Literatur und untersuchen alle Objekte mit äußerster Sorgfalt, bis wir zu einer Deutung früherer Lebensumstände gelangen. Eine endgültige Wahrheit werden wir kaum finden. Doch vielleicht können wir dem Geschehenen ein Stück näher kommen als unsere Vorgänger. Und allen Nachfolgenden ebnen wir mit unserer Arbeit den Weg hin zu weiteren Steinen jenes Wahrheitsmosaiks, das doch immer unvollständig bleiben muss.

Was also ist schiefgelaufen in diesem einst blühenden Städtchen?

Unser Vorteil ist, dass wir nicht mehr graben müssen.

Die Ampeln funktionieren noch. Erst als ein grünes Männchen aufleuchtet, gehen wir hinüber, als wäre das jetzt nicht auch schon egal. Auf der anderen Straßenseite liegt ein Spielplatz. Dort stehen ein Holzgerüst mit Rutsche, eine Schaukel, eine Wippe. Geräte, mit denen Erwachsene den Spieltrieb der Kinder in geregelte Bahnen lenken wollten. Nimo klettert auf das Dach der Rutsche, um sich einen Überblick zu verschaffen.

Hier können wir erste Hinweise sammeln.

Der Spielplatz war umgeben von einem Zaun.

»Der Platz der Kinder war geschwunden, in den Gedanken der Menschen wie auch in ihren Städten«, sage ich.

Nimo schwingt sich auf die Rutsche und gleitet hinab.

»Gemeinheit!«, ruft er nach seiner Landung.

Einst sind Straßen, Höfe, Trümmerhaufen und Brachflächen die Spielplätze gewesen, dann aber waren die Kinder den Autos im Weg, die fortan das Gesetz der Straße bestimmten. In den Dekaden nach den großen Kriegen haben die Menschen den Kindern deshalb Gehege errichtet, ähnlich den Affen in ihren Zoos – die Klettergerüste und Schaukeln hier und dort ähnelten sich tatsächlich, weil sich die Bewegungen der Affen und der Menschen ähnelten. Wobei man außerhalb der Kindergehege kaum solche Geräte fand, was darauf hindeutete, dass die Menschen im Laufe ihres Lebens aufhörten, sich zu bewegen wie Affen, und vielleicht auch deshalb zahlreiche Gebrechen entwickelten.

Die Menschen hier waren immer älter geworden. Im Jahr 2022 soll jeder Vierte über 65 Jahre alt gewesen sein und im Jahr 2050 wäre es laut damaliger Berechnungen schon jeder Dritte gewesen, hätte die Zivilisation so lange überdauert. Das heißt, es gab nur noch wenige Kinder, die lauthals durch die Straßen zogen und die Wohngegenden mit ihrem Krach erfüllten – hingegen gab es viele, die sich daran störten. Das nannte man »demografischen Wandel«. Ein Problem war damit absehbar: 100 Arbeitenden standen im Jahr 2000 nur 24 zu versorgende Alte gegenüber, 2030 waren es 47 und 2035 schon 55. So mussten sich die Rentenbeiträge auf absehbare Zeit verdoppeln oder die Ausschüttungen halbieren, was sich aber niemand zu sagen traute. Das nannte man »demografische Katastrophe«.

Wir laufen durch das kleine Gewerbegebiet und passieren den Bahnhof Großenritte mit der Gaststätte aus Fachwerk und rotem Backstein, wo nach dem großen Krieg die Deutschen tanzten und die Geflüchteten aus Ungarn ankamen. Ich rieche noch den Rauch ihrer Zigaretten. Die ausgedünnte Nachkriegsgesellschaft und der folgende Babyboom vermittelten den Menschen ein Gefühl von Kontinuität, als könne es ewig so weitergehen.

»Weil in diesem Land die Mehrheit entschied, hatten die jungen

Menschen immer weniger zu sagen«, sage ich. »Auch die Stadträte und Regierungen bestanden hauptsächlich aus älteren Leuten.« Menschen, die selbst wenig Zukunft übrig hatten, bestimmten über jene, die reich an Zukunft waren.

»Aber warum haben sie so wenige Kinder gekriegt?«, fragt Nimo. Die Kinder, so hat man ihm erzählt, entstünden aus der Liebe. Doch das ist nicht die ganze Wahrheit.

Eine Antwort liegt wohl im vorvorletzten jener Reiche, die hier kurz hintereinander untergegangen sind. Ein Herrscher namens Otto von Bismarck führte damals die Altersversicherung ein, nach der Krankenversicherung und der Unfallversicherung. Ein gute Versorgung im Alter war nun auch ohne viel Nachwuchs möglich.

Die Industrialisierung hatte zuvor viele Menschen ins Elend gestürzt. In den wachsenden Städten hausten sie wie die Ratten, gebeutelt von Typhus und Tuberkulose. Sie arbeiteten in finsteren Hallen, umgeben von Rauch, Schmutz und geschmolzenen Metallen. Arbeiterinnen und Arbeiter blieben arm und starben früh, während das Bürgertum immer reicher wurde. Die neue Leibeigenschaft hieß Lohnarbeit, und obwohl sie besser verdienten als in der Landwirtschaft, mussten sie teure Wohnungen von Spekulanten mieten. Sie arbeiteten jeden Tag 12, 13, 14 Stunden, um sich das Recht auf ein Leben zu verdienen, mussten dazu noch ihre Kinder arbeiten schicken, zum Reinigen der Maschinen in den Fabrikhallen oder in die Bergwerke, wo sie in besonders enge Stollen krochen. Immer wieder brandeten Unruhen auf.

Für Bismarck waren die Versicherungen Instrumente der Macht – er schuf sie, um Beamte und Soldaten an den Staat zu binden und die Arbeiterschaft zu befrieden und von sozialistischen Ideen abzubringen, die zunehmend um sich griffen.

In seinen Abhandlungen über die Überalterung der Gesellschaft nannte Frank Schirrmacher die Familie eine »Überlebensfabrik«, weil sie im Krisenfall das gegenseitige Wohlergehen sichere, während all die Einzelkämpfer, mochten sie auch noch so groß und stark sein, miteinander konkurrierten und deshalb untergehen müssten. Die soziale Sicherheit hatte durch Bismarcks Reformen zwar zugenommen, das Überleben im Rudel aber verlernten die Menschen. Angesichts der schwindenden Geburtenraten hingen sie fortan vom Staat ab, diesem ganzen fragilen System also, das auf so spektakuläre Weise zu scheitern drohte.

In der Blüte war der Niedergang unvorstellbar.

Egal, was die Zahlen sagten.

Auf dem kleinen Hügel mitten im Wohngebiet steht ein uralter Hinkelstein. Nach oben hin läuft er spitz zu und wenn ich danebenstehe, überragt er mich noch. An seinem Fuße müssen die Menschen einst ihren Göttern gehuldigt, Schafen die Kehle durchgeschnitten und Honigwein gesoffen haben. Die Straße heißt »Am Opfertriesch«. Eine Legende besagt, ein Riese habe den so genannten »Hünstein« einst vom Hirzstein geworfen, einem bewaldeten Berg in Sichtweite, um den Kirchturm von Kirchbauna zu zerschmettern. Doch habe er das Ziel verfehlt und so sei der Stein eben in einem Großenritter Feld – also hier – gelandet. Der Bauer, dessen Grund dies einst gewesen ist, hat das Relikt auf Anraten des Pfarrers hin in der Erde versenkt, vermutlich aus Angst vor dem Zorn vergessener Götter. Erst der Dorflehrer und Heimatforscher August Boley hat den Hünstein im Jahr 1932 aufgespürt, woraufhin ihn ein Team von Archäologen ausgrub, zusammen mit einigen Scherben, einer Bernsteinperle und dem Stück eines Steinbeils.

Wir verdanken den Hünstein denen, die vor uns gingen.

Ich nehme im Schatten des Steins Platz und reiche Nimo die Trinkflasche. Dann krame ich das Buch aus dem Rucksack, das ich bei Josef und Eva eingepackt habe. *Baunatal – Städtebauliche Entwicklungsmaßnahme*. Die Geschichte dieser Stadt passt auf wenige Seiten. Nimo hängt sich von hinten über meine Schulter, seine Stirn berührt beinahe das aufgeschlagene Buch.

»Was ist das?«, fragt er.

»Dies ist eine uralte Schrift aus dem Jahr 1999«, sage ich. »Sie berichtet vom Ursprung dieser Zivilisation.«

Auf den ersten Seiten ist eine altertümliche Karte abgebildet, auf der in groben Umrissen die einstigen Dörfer verzeichnet sind. Darüber steht, schon im ersten Jahrhundert vor Christi Geburt habe der fruchtbare Boden in der Region erste Menschen hier siedeln lassen. Baustrukturpläne, Gutachten, Grundrisse, Bevölkerungsentwicklung, dann die einzelnen Quartiere mit Luftaufnahmen. Ich blättere vor bis zum Hünstein, nach dem dieses Viertel benannt ist. Da steht, dies sei ein Menhir, behauen im 4. Jahrtausend vor Christus. *Mittendrin ein Stück Steinzeit.* Der Stein kennt viele Geschichten. Wir legen unsere Ohren an seine Oberfläche und schließen die Augen.

Am Hünstein fand Max einst zum Höhepunkt seines Wahns.

Er hatte infolge des 11. September die Bücher immer kleinerer Verlage mit immer exklusiveren Wahrheiten aufgespürt – dass die Erde von innen hohl sei und das Mittelalter nur eine Erfindung, dass wir von Echsenmenschen regiert würden, dass die Erde ein Strafplanet außerirdischer Wesen sei und die Nazi-Eliten mit Flugscheiben an den Südpol entkommen wären, wo sie eine geheime Basis betrieben. Eines Tages dann rief er mich an und sagte, er habe jetzt verstanden. Ich fragte, was, und er sagte: Alles. Als ich zu ihm kam, riss er das Telefon samt Dübeln aus der Wand, zerschnitt das Kabel und zog den Computerstecker. Mit der Überwachung habe es jetzt ein Ende. Er legte mir seine Theorie dar, die Illuminaten spielten darin eine Rolle, die Bewohner des Planeten Aldebaran, der Rapper Tupac Shakur sowie er selbst, Max Magnus Steinbach. Er zeigte hinaus in den nasskalten Herbsttag und sagte: *Das ist kein Regen, das sind die Tränen meiner Feinde.* Wir müssten jetzt übrigens los. Mit großen Schritten liefen wir zum Hünstein, zur *urzeitlichen Antenne,* wie Max sagte. Dort verlas er ein Dekret, in dem er dem Satan ausdrücklich untersagte, weiter auf Erden zu herrschen. Dann wollte er den Zettel anzünden und die Asche verstreuen, jedoch war das Papier vom Regen durchgeweicht. Also riss er es in Stücke und vergrub es mit bloßen Händen im Schlamm.

Für einen Moment nimmt der kühle Hünstein das Pochen in meinem Kiefer ganz in sich auf. Ich öffne die Augen. Ein Mann räumt einen Sprudelkasten in den Kofferraum seines Seat-Kombis. Die Klappe schließt sich wie von selbst.

Von der Straße, die sich in den Ortsteil Altenbauna zieht, gehen verkehrsberuhigte Sackgassen ab. In unserer Quelle können wir nachlesen, dass diese Fjorde der Wohnlichkeit als Treffpunkte gedacht gewesen waren, *fast wie im Dorf*, dass die Pläne trotz anfänglichen Zuspruchs aber nicht aufgingen, weil sich die Menschen nach einigen Straßenfesten mehr und mehr ins Private zurückzogen. *Und manch ein Bewohner hier rümpft auch schon mal die Nase, wenn die Kinder zu laut sind beim Spielen.*

Am Straßenrand liegt ein Platz, in dessen Mitte ein Brunnen steht. Um ihn herum sind die Häuser im Halbrund angeordnet. Früher sprudelten hier Fontänen, das Wasser floss durch die Becken und über Stufen, von da aus durch einen schmalen Kanal auf die Mitte des Häuserhalbkreises zu, durch ein Tor ins nächste Viertel, entlang verkehrsberuhigter Pflastersteinstraßen, durch ein Aquädukt mit Kurven und Türmchen, an dem Bänke zum Verweilen einladen. *Der Brunnen bietet nicht nur eine besondere Attraktion, sondern ist auch eine technische Meisterleistung.*

Dieses Bauwerk, das wie die Miniatur von etwas Großartigem wirkt, hat mich als Kind fasziniert, weil man kleine Boote vom Brunnen aus fahren lassen konnte, über Hunderte Meter, bis das Wasser durch ein Gitter in der Erde verschwand. Hier, auf dem Platz mit dem Brunnen, haben an heißen Tagen Familien ihre Decken ausgebreitet, die Kinder planschten, und wenn man die Augen schloss, dann klang es wie in einem Freibad.

Der Brunnen liegt trocken.

Ein Collie rennt auf Nimo zu, mit heraushängender Zunge und

wedelndem Schwanz. Ihm folgt eine ältere Frau mit dreiviertellanger Sporthose und einer großen Pilotenbrille. Wir nicken uns zu.

»Seit wann ist in diesem Brunnen eigentlich kein Wasser mehr?«, frage ich.

»Seit dem Abgasskandal«, sagt sie. »Der hat vieles verändert.«

Dieselskandal, Abgasskandal, Dieselgate. So nennen es die Medien.

Die Diesel-Thematik. So nennt es VW.

Im Rahmen einer großen Kampagne in den USA, wo die Abgasnormen für Diesel strenger sind als in Europa, hatte VW einen »Clean Diesel« beworben – die Symbiose aus Umweltschutz und Dieselkraftstoff, genau das Richtige für Menschen, die alles auf einmal wollten, ohne Kompromisse. In der Fernsehwerbung diskutierten drei amerikanische Großmütter darüber, ob ein Diesel denn nun schmutzig sei oder nicht, bis die Besitzerin ihren weißen Schal vor den laufenden Auspuff hielt, der weiß blieb. So sauber sollte der Diesel sein.

Im Jahr 2015 wurde bekannt, dass die Volkswagen AG in weltweit elf Millionen Fahrzeugen eine Software genutzt hatte, die auf dem Prüfstand die Werte giftiger Stickoxide verfälschte. Im Normalbetrieb fuhren die Abgasreinigungsanlagen wieder herunter, womit der Ausstoß die Grenzwerte in den USA bei Weitem überschritt. Der potemkinsche VW-Diesel, mit dem der Konzern noch einmal alles aus dem Verbrennungsmotor hatte herausholen wollen, legte die Betrugskultur einer ganzen Branche offen. Am Ende war eher die Frage, wer *nicht* betrogen hatte. Der Skandal kostete Volkswagen rund 32 Milliarden Euro – der gerichtliche Vergleich, die Entschädigungen und die Rückrufe. Die Gewerbesteuereinnahmen aller VW-Standorte brachen ein.

»Unsere Straße wird seitdem nicht mehr gereinigt«, sagt die Frau mit dem Collie. »Und auf der Hauptstraße haben sie im Winter nicht gestreut.«

Baunatal hat das schwierigste Jahr seiner Geschichte gehabt, weil VW das schwierigste Jahr seiner Geschichte gehabt hat.

Die Frau sagt, eigentlich hätte sie da erst begriffen, wie gut es ihnen vorher gegangen sei. Das Leben auf diesem Platz sei erstorben. Nur Jugendliche nutzten ihn noch als Treffpunkt, zum Kiffen und Dealen. Sie schiebt ihre Pilotenbrille auf die Nase und läuft mit ihrem Hund in Richtung des Radweges, der sie auf die Felder führt.

Was wäre Baunatal ohne VW. Vielleicht wäre es hier wie in Detroit oder Flint, Michigan. Wie an all den Orten, die den Bach runtergegangen sind nach dem Abzug der großen Autofirmen. Arme Leute und postindustrielles Brachland. Irgendwann würden wir Technopartys in leerstehenden Fabrikhallen feiern.

Nach dem Tod des Diesels hat der Konzern seine Liebe zu den E-Autos entdeckt und bewirbt sie mit Bildern sommerlicher Landschaften, als würde er gutes Wetter verkaufen. Da klassische Getriebe im Klimawunderland obsolet werden, braucht das Werk in Baunatal ein anderes Geschäft. Es hat den Zuschlag für die Produktion zukunftsträchtiger Bauteile bekommen – E-Antrieb, Ein-Gang-Getriebe, Guss- und Karosserieteile für den vollelektrischen ID.3, der den angeschlagenen Standort in die Verlängerung rettet. Doch die Angst vor Entlassungen geht um. Die Arbeiterschaft spaltet sich längst in jene, die noch alte Verträge haben, und Zeitarbeiter von Fremdfirmen, die man im Zweifel schnell wieder los wird. Trockene Brunnen sind immer schon Omen eines kommenden Untergangs gewesen.

Wieso haben sie ihr Ende nicht kommen sehen?

Diese Frage stellen Studierende dem US-amerikanischen Geografen Jared Diamond immer wieder, wenn er mit ihnen über Aufstieg, Blüte und Niedergang vergangener Zivilisationen spricht. Seit Jahrzehnten geht er der Frage nach, welche Faktoren über das Schicksal bestimmter Gesellschaften entschieden haben – von Umweltbedingungen und klimatischen Veränderungen über Beziehungen zu anderen Gesellschaften bis hin zu kulturellen, politischen und sozialen Eigenschaften. Er sezierte etwa die Geschichte der Osterinseln, der Maya und jener Wikinger, die in Grönland ein stilles Ende fanden.

Eine Gemeinsamkeit untergegangener Reiche besteht für Diamond darin, dass sie innerhalb weniger Jahrzehnte nach ihrem Höhepunkt kollabiert sind. Er vergleicht diesen Prozess mit dem Wachstum von Bakterien in einer Petrischale, die nach einer Anlaufphase durch Zellteilung zum exponenziellen Wachstum übergehen, um dann nach einer kurzen Phase des »dynamischen Gleichgewichts« (in der ebenso viele Zellen entstehen wie absterben) rapide zugrunde zu gehen, wenn die Nährstoffe aufgebraucht und die maximale Populationsdichte erreicht ist.

Wie also ließe sich der Stand einer noch bestehenden Zivilisation beurteilen auf der Achse von Aufstieg – Blüte – Niedergang?

Mathematisch gesprochen solle man nicht den absoluten Wert betrachten, sagt Diamond – nicht die Bevölkerungszahl oder ihren Reichtum, sondern die erste und zweite Ableitung davon. Die Vergangenheit und die Gegenwart zusammen bilden die Glaskugel, in der mögliche Zukünfte erscheinen.

Wir erreichen das verkehrsberuhigte Viertel Lindenhof mit seinen vierstöckigen Mehrfamilienhäusern und kleinen Gassen, die zwischen Reihenhausblöcken hindurchführen. *Der Rahmenplan sah vor, hier städtische Räume zu schaffen, die einerseits Geborgenheit und Intimität ausstrahlten, andererseits den Anwohnern auch Begegnung und Kommunikation erlaubten.* Auf den Plätzen, die zwischen den Häusern auftauchen, haben die Kinder früher wohl Fußball gespielt. In einem Hochbeet aus Backstein, zwischen roten und weißen Rosen, steht ein Schild: *Fußballspielen verboten – Der Magistrat der Stadt Baunatal.* Unsere Quelle berichtet von Konflikten: *Das Konzept sah für die Plätze unterschiedliche Funktionstypen vor. Ein regelrechter »Nachbarschaftsplatz« als Treffpunkt, ein Platz zum Feiern und zum Diskutieren entstand. Doch Anwohner fühlten sich gestört. Der Platz wurde schließlich wieder zurückgebaut.* Es war wohl nie ganz einfach, hier ein Abenteuer zu erleben.

»Vielleicht müssen wir noch viel weiter zurückgehen, um zu verstehen, was schiefgelaufen ist«, sage ich.

Wie weit, will Nimo wissen.

Bis zu einem Klimawandel vor 12 000 Jahren, als die Erde aus ihrer Eiszeit erwacht ist. Zuvor hatten Kältesteppen das Land mit ihrem hohen Gras überzogen. Sie wurden beherrscht von großen Säugetieren, von Moschusochsen, Wisenten, Rentieren, Wollnashörnern und Mammuts. Die Erde bebte unter dem Galopp ihrer Herden. Als die Temperaturen stiegen, verwandelte sich die Tundra in Wälder, womit die dominanten Arten nicht mehr genügend Gras zum Fressen fanden. Sie zogen sich in kältere Regionen zurück – oder starben aus. Die damaligen Menschen mussten sich anpassen. Sie hatten die Tiere mit Wurfspeeren gejagt, nun fehlten sie ihnen als Nahrungsquelle. Mit leichterem Jagdwerkzeug wie Pfeil und Bogen erlegten sie Füchse, Hirsche und Vögel. Auf dem fruchtbaren Halbmond aber, einem Regengebiet im Norden der arabischen Halbinsel zwischen dem heutigen Iran und Ägypten, geschah etwas Ungeheuerliches. Menschen fingen an, Samen von Wildpflanzen in die Erde zu setzen. Und wer etwas einpflanzte, der musste auch da sein, wenn es Zeit für die Ernte war. Also begannen Menschen sich niederzulassen. Sie nutzten Ton- und Keramikgefäße zur Aufbewahrung ihrer Speisen für schlechtere Zeiten. Sie erfanden den Ritzpflug. Manche Gruppen lebten nach alter Art weiter, sie streiften umher, jagten und blieben unabhängig von der Witterung. Die Bauern aber mussten ihr Leben an der Annahme ausrichten, dass die Bedingungen stabil blieben, wo sie ihre Äcker anlegten. Dass das Leben morgen noch ungefähr so wäre wie das Leben heute.

Wir überqueren die Straße zum Haus meines Vaters.

»Hier sehen wir bereits die Weiterentwicklung des Ackerbaus«, sage ich, als wir das halbmondförmige Gartengrundstück betreten. »Man könnte von einer *anthropogenen Vegetationsdecke aus Gräsern* sprechen, die keiner landwirtschaftlichen Nutzung dient.«

Wir legen uns in die Mitte des Rasens. Unter meinem Nacken kräuseln sich die absterbenden Spitzen. Ich male die großen Wanderbewegungen in den Himmel.

Im Verlauf der Jahrtausende breiteten sich die Bauern von Osten nach Westen aus, entlang der Wärme und des Wassers. Die Wanderung verlangsamte sich, wo sie auf kältere Regionen stießen und die Wachstumstage ihrer Pflanzen weniger wurden. Mitteleuropa erreichten sie im 6. Jahrtausend vor Christus. Die Gruppen sesshafter Menschen wurden größer. Sie brauchten weniger Fläche als die Jäger mit ihren weiten Jagdgründen und fanden eine neue Art der Zusammengehörigkeit. Das Leben wurde sicherer, das Überleben der Kinder wahrscheinlicher, die Zukunft berechenbarer.

Die Angst auf den gefährlichen Pfaden der Jagdgründe war nun kein täglicher Begleiter mehr. Doch eine neue Angst rückte an ihre Stelle. Ihre Dörfer und Landstriche konnten von Krieg und Katastrophen getroffen werden. Und sie saßen darin fest. Zum ersten Mal bekamen die Menschen ein Gefühl für das mögliche Ende ihrer Welt. Der Philosoph Peter Sloterdijk bezeichnete den neuen Boden der Sesshaften als *heilig* und *verflucht*. All das, was ihnen das Leben bedeutete, konnten sie mit einem Schlag verlieren.

Klimaforscher haben aus den Jahresringen alter Hölzer und Eiskernbohrungen abgeleitet, dass Menschen bereits im Jahre 8500 vor Christus vermehrt Treibhausgase in die Atmosphäre ausgestoßen und diese von ihren natürlichen Zyklen entkoppelt haben. Zum einen, weil sich die Weltbevölkerung aufgrund des Ackerbaus multiplizierte und mit ihren Lagerfeuern Kohlendioxid erzeugte. Zum anderen, weil die Flächen, auf denen sie Reis anbauten, Methan ausstießen. Die Menge dieser Treibhausgase war vergleichsweise unbedeutend bei einer Weltbevölkerung im einstelligen Millionenbereich. Doch scheint es, als habe die Menschheit damit jenen Pfad eingeschlagen, auf dem wir bis heute voranschreiten. Der Mensch hat sich der Natur gegenübergestellt und sie lehrte ihn das Fürchten.

Doch mit der neuen Angst entstand auch neuer Mut.

TROPFEN AUF DEN HEISSEN TORF
Ulan-Ude, Sibirien

Als der Beamte Andrey Borodin mit dem Auto die Stadt verließ, brannte mal wieder der Straßenrand. Trockenes Gras ging auf Hunderten Metern in Flammen auf, zurück blieb nur verbrannte Erde. Die Menschen in den entgegenkommenden Autos schauten nicht einmal richtig hin, als wären Feuer, Rauch und flirrende Luft ein Teil ihrer Landschaft. Niemand rief deswegen die Feuerwehr. Die wäre sowieso nicht gekommen.

»Wenn die Bauern ihre Wiesen mähen wollen, zünden sie sie einfach an«, sagte der 45-jährige Borodin. »Jeden Tag geht so ein Feuer irgendwo auf den Wald oder die trockengelegten Sümpfe über.«

Dann brannte eben der Wald. Dann brannte eben der Torf. Der Wetterdienst meldete *Rauch* hier genauso wie Regen, Schnee und die Tagestemperaturen. Dann musste man eben die Fenster geschlossen halten. Und wenn die Rauchentwicklung mal wieder besonders stark war, hieß es, man sollte die Wohnung möglichst nicht verlassen, bis die Feuer sich wieder gelegt hätten. Hier, in der russischen Republik Burjatien, waren die Menschen daran bereits gewöhnt. Andrey Borodin aber gewöhnte sich nicht daran. Er wollte die Brände bekämpfen. Und die Ignoranz, die sie entfachte.

Borodin hielt auf einem Parkplatz am Waldrand. Unter Pinien, Fichten und Erlen rosteten tonnenweise Autoteile. Ein Stück weiter lag ein Haufen zerborstener Fenster, daneben Bierflaschen. Jede Scherbe könne den Waldboden entzünden wie ein Brennglas, sagte

Borodin. Und überall das trockene Reisig, das die illegalen Holz-
fäller zurückließen, die hier ihren Raubbau betrieben. Brennt wie
Zunder. Es war Sommer, dreißig Grad – für die Gegend um seine
Heimatstadt Ulan-Ude hatte der Wetterdienst die Tage wieder
Rauch angesagt.

Mit Händen, die eher Tastaturen gewöhnt waren, drückte Borodin die starken Äste der Zirbelkiefern zur Seite und trat auf eine
Lichtung, nein, ein weites Brandloch im Wald. Flammen hatten es
unlängst ins Grün gefressen, nur einzelne verkohlte Baumgerippe
ragten noch in die Höhe. Es war eine Fläche so groß wie ein Fußball-
stadion, und jedes Leben schien aus ihr gewichen. »Die Zeit ist reif
für eine neue Generation«, sagte Borodin in die Stille hinein. »Wir
müssen den jungen Menschen beibringen, wie man die Natur be-
schützt.« Kaum hundert Meter weiter hatte jemand einen Haufen
Elektroschrott abgefackelt.

Früher war Andrey Borodin PR-Mann einer Telefonfirma gewesen und hatte nach dem Fall des Eisernen Vorhangs in Ulan-Ude die
ersten Raves organisiert. Später hatte er das städtische Tourismus-
büro geleitet. Heute war er hauptberuflich mit der Entwicklung der
Region betraut – und organisierte eine Truppe freiwilliger Feuerwehrleute, die sich den Flammen entgegenstellten.

Mit dem Klimawandel stieg das Maß der Zerstörung. Der Staat
spielte den Ernst der Lage herunter und ließ die Feuer lieber aus-
brennen, statt in den Schutz der Wälder zu investieren. Jahr um Jahr
fraßen sich Flammen durch Millionen von Hektar Land in der Taiga
und früheren Moorgebieten, die zu Sowjetzeiten trockengelegt
worden waren. Die Torfbrände dort waren besonders tückisch.

Im Vergleich zu einem Waldbrand konnten sie ein Tausend-
faches an Rauch entwickeln, auch weil sie unterirdisch brannten
und monatelang andauerten. Selbst der stärkste Regen löschte sie
nicht. Die Torfschichten waren über Jahrtausende aus den Resten
abgestorbener Pflanzen entstanden. Verbrannten sie, entwichen
große Mengen CO_2. Der Rauch blieb nah am Boden und zog Hun-

derte Kilometer weit. Als 2010 die trockenen Moore um Moskau brannten, lag die Stadt wochenlang im Smog – die Sterberate verdoppelte sich schlagartig. Durch russische Torfbrände sollen damals bis zu 100 Millionen Tonnen CO_2 ausgetreten sein, was etwa einem Zehntel der jährlichen Emissionen Deutschlands entspräche.

Andrey Borodin hatte seine Feuerwehrgruppe mit vier Gleichgesinnten gegründet. Sie hatten erste kleine Brände mit gebrauchten Feuerwehrschläuchen und Wasserpumpen gelöscht, bald darauf auch Flutschäden beseitigt oder die Suchtrupps unterstützt, wenn mal wieder jemand in den schier endlosen Weiten der sibirischen Taiga verloren gegangen war. Sie besuchten Schulen, Dörfer und Universitäten, um mit den Menschen über das Feuer zu sprechen. Wie man Brände vermied. Wie man sie löschen konnte. Ihr Name, ins Deutsche übersetzt: »Freiwillige Feuerbekämpfer Transbaikal«.

Heute zählte die Truppe 150 Mitglieder.

Und das sollte erst der Anfang sein.

100 Kilometer weiter westlich, am Sandstrand des uralten Baikalsees, der als tiefster See der Erde galt, eröffnete Andrey Borodin das Trainingscamp. Er demonstrierte ein Ritual seiner burjatischen Ahnen, den Indigenen des Gebiets, um die Geister dieses Ortes gnädig zu stimmen: Dazu tunkte er einen Ringfinger in eine Tasse mit Milch und spritzte einen Tropfen in jede Himmelsrichtung, den Rest schüttete er in Richtung Sonne. Dabei sei es wichtig, nur positive Gedanken zu haben, sagte er. Gut drei Dutzend Menschen taten es ihm gleich.

Die meisten von ihnen waren Mitte zwanzig oder jünger. Sie kamen von Greenpeace, waren ökologisch interessierte Studierende, Pfadfinder oder Mitglieder von Freiwilligentrupps aus anderen Regionen. Dies war die neue Generation, in die Andrey Borodin seine Hoffnung setzte. Er träumte von einem Schulungszentrum, das die Helfer landesweit vernetzen könnte. An vielen Orten Russlands hatten sich schließlich kleine Gruppen wie seine formiert. Keine

Selbstverständlichkeit, denn in der Sowjetunion hatte es solche Graswurzelbewegungen nicht gegeben und in der Zeit danach waren die Leute erstmal mit der wirtschaftlichen Krise und sich selbst beschäftigt gewesen.

Am Baikalsee, dem Symbol unberührter Natur, versammelten sich die Vorboten einer neuen Zivilgesellschaft.

»Noch immer können viele Menschen in Russland nicht verstehen, warum jemand arbeiten sollte, ohne dafür bezahlt zu werden«, sagte Andrey.

Er kannte die wichtigen Leute der Gegend und warb um ihre Unterstützung. Dabei musste er möglichst diplomatisch vorgehen. Keine Behörde ließ sich gerne von einem Freiwilligen sagen, dass sie ihre Arbeit nicht richtig machte. Vor allem dann nicht, wenn sie ihre Arbeit nicht richtig machte. Borodin sagte, er habe im Jahr 2016 endgültig begriffen, dass er sich nicht auf den Staat verlassen könne. Damals war in ganz Russland eine Fläche abgebrannt, die in etwa dem Staatsgebiet Österreichs entsprach. Als der Rauch über Ulan-Ude gekommen war, hatte man dort nicht einmal mehr von einer Straßenseite zur anderen schauen können. Sechs Wochen lang.

Er konnte nicht warten, bis die wichtigen Leute bereit waren zu handeln.

Das Trainingscamp war straff organisiert – Lehr- und Praxiseinheiten von 7.30 Uhr bis 21.30 Uhr, striktes Alkoholverbot, Nachtruhe um 23 Uhr. Disziplin und klare Verantwortlichkeiten waren in der brennenden Taiga überlebenswichtig. Sie teilten einander in Schichten zur Nachtwache ein, weil es schon vorgekommen war, dass solche Camps von Nationalisten angegriffen worden waren, die unter den Freiwilligen mit ihrer impliziten Kritik am Staat antipatriotische Umtriebe witterten. Die Freiwilligen Feuerbekämpfer Transbaikal kooperierten hier mit Greenpeace-Leuten aus Moskau, die in ihren olivgrünen Uniformen wirkten wie ein Sondereinsatzkommando im Ferienlager. Sie hatten das Sagen, denn unter den Amateuren waren sie Profis.

Sieben Tage lang sollten die Freiwilligen lernen, wie sich Feuer ausbreiteten, wie sie Geld für Löschaktionen über Fundraising-Plattformen sammeln konnten und wie sie am besten mit der Presse sprachen. Sie schmetterten Kommandos durch den Pinienwald, wichen kippenden Baumstämmen aus und bargen Verletzte mit aufgeschminkten Brandmalen inmitten qualmender Rauchbomben. Nicht alle, die hier mitmachten, würden später Brände bekämpfen. Doch alle würden ihr Wissen weitergeben, auf die eine oder andere Weise.

Das war dringend notwendig – denn für neun von zehn Bränden waren Menschen verantwortlich. Sie setzten nach alter Sitte Grasland in Flammen, um den Boden fruchtbarer zu machen. Sie verbrannten ihren Müll, weil es keine geregelte Abfallversorgung gab. Sie legten Feuer in Waldstücken, um einem größeren Brand vorzubeugen oder die verkohlten Bäume gegen eine niedrige Gebühr fällen zu dürfen. Sie verloren oft die Kontrolle.

Bildung war im Kampf gegen die Flammen wichtiger als Wasser.

Yura Kostenko, 22 Jahre alt, tätowiert an Hals und Händen, bewegte sich mit der Gelassenheit eines sibirischen Braunbären durch das Camp. Nassgeschwitzt von der letzten Löschübung ließ er sich auf eine der aus Baumstämmen gezimmerten Bänke fallen. Er warf seine Baseballkappe auf den Tisch und verschnaufte. Zwei Jahre war es nun her, dass Andrey Borodin an seine Universität gekommen war, an der er Rettungswesen studiert hatte. Danach war sein Leben nicht mehr dasselbe gewesen.

»Andrey hat uns eingeladen, mit ihm zu Löscharbeiten in den Wäldern zu fahren«, sagte er. Kostenko war dem Ruf mit einer Gruppe von Freunden gefolgt. »Irgendwann sind meine Freunde zu Hause geblieben. Und ich hatte das Gefühl, dass ich noch gebraucht werde.«

Und er wurde gebraucht.

An professionellen Feuerwehrleuten fehlte es dem Staat ebenso wie an Ausrüstung und Benzingeld für die Einsätze. Wahrscheinlich fehlte es auch am nötigen Willen. Die Regierung Wladimir Putins hatte den Schutz russischer Wälder zugunsten wirtschaftlicher Nutzung gelockert und die Waldaufsicht auf überforderte Regionalverwaltungen übertragen. In den damals schon unterbesetzten Forstbehörden, zuständig für die Brandbekämpfung, waren gleichzeitig 70 000 Stellen gestrichen worden. Nur die Feuer wurden nicht weniger.

Yura Kostenko liebte Rapmusik, den lieben Gott, seine Mutter und Russland – auch wenn er fand, dass sich die Politik nicht um einfache Leute wie ihn scherte. Sein pausbäckiges Lächeln war das eines kleinen Jungen. Sein abgebrochener Schneidezahn war der eines Mannes, der sich im Wehrdienst mit einem Offizier geprügelt hatte und der danach im Militärgefängnis gelandet war. Den Kommandos von Andrey Borodin und seinen Leuten zu folgen, fiel ihm da schon leichter.

Bei den Freiwilligen Feuerbekämpfern war Yura Kostenko – aus Versehen – zum Anführer des Suchtrupps für Vermisste avanciert. Als neulich in einem Dorf ein zweijähriger Junge verschwunden war, war die ganze Region auf den Beinen gewesen. Kostenko war eigentlich gekommen, um den Hauptverantwortlichen des Freiwilligenkorps zu unterstützen. Der hatte plötzlich gehen müssen und dann, na ja, hatte Kostenko übernommen.

»Weil ich unsere Uniform anhatte, dachten die Leute, ich wüsste schon, was ich täte«, sagte er. »Alle haben sich an mich gewandt.« Am Ende hatte er 3000 Suchende koordiniert.

Obwohl er studiert und sich im Einsatz bewährt hatte, war es für ihn fast unmöglich, in den Bereichen Rettung oder Feuerbekämpfung eine bezahlte Arbeit zu finden. Wäre es anders, bräuchte es nicht so viele Freiwillige. Er wohnte in einer Wohnung mit seiner Mutter, seinen Großeltern und zwei jüngeren Geschwistern. Das Geld war knapp. *Yura, du brauchst einen richtigen Beruf*, sagte seine Mutter, wenn er wieder hinaus in die Wälder fuhr, um tagelang

Feuer zu löschen oder Vermisste zu suchen. *Das ist mein Beruf, Mama,* sagte er dann.

In der nächsten Übung musste er eine Gruppe von zehn Personen kommandieren. Mit verbundenen Augen sollten sie eine benzinbetriebene Pumpe am See aufbauen, einen Feuerwehrschlauch daran befestigen, diesen ausrollen und an einem Aufsatz anbringen, von dem wiederum zwei Schläuche abgingen. Kostenko durfte dabei nur einen einzigen Laut in verschiedenen Tonlagen nutzen, um mit ihnen zu kommunizieren. *Huh!* Er rannte zwischen den irrlichternden Freiwilligen hin und her, trieb sie zusammen, signalisierte Richtig und Falsch durch Intonation und sammelte jene ein, die sich verlaufen hatten. »Sieg! Sieeg! Sieeeeg!«, brüllte nach 14 Minuten und 31 Sekunden der Übungsleiter von Greenpeace, als das Seewasser aus den Schläuchen in Richtung des Pinienwaldes spritzte.

Nach dem Camp war vor dem Einsatz.

60 Kilometer südlich des Baikalsees, nahe ihres Städtchens Selenginsk, bog Ekatarina Grudinina von der Landstraße ab und fuhr auf ein Birkenwäldchen zu. Ihr Lada schaukelte über den Feldweg. Hinter ihr folgte ein gemieteter Kleinbus voller Freiwilliger, in dem Yura Kostenko seine Rapmusik laut aufgedreht hatte.

Grudinina war die stille Anführerin der Feuerwehrleute. Tagelang hatte sie im Vorfeld das Camp mitaufgebaut, dann Vorträge gehalten, Lebensmittel besorgt und als Kommandeurin des Küchenzeltes schließlich alle mit Porridge, Würsten und Eintopf versorgt. Im Auftrag von Greenpeace koordinierte sie seit Neuestem die Löscharbeiten der Freiwilligen in ganz Burjatien, Irkutsk und der Baikalregion, darunter auch Andrey Borodins Leute. Niemand zweifelte daran, dass sie die Richtige für diesen Job war. Wann immer um sie herum alles in Aufregung geriet, blieb ihre Miene ohne Rührung, glatt wie das Wasser des Baikalsees an einem windstillen Tag.

Die 36-Jährige war Mutter, IT-Beraterin, Kassiererin im Obstge-schäft und bis vor Kurzem auch noch Büroangestellte gewesen. Viele Jobs, sagte sie, aber der Kampf gegen die Brände, das sei ihre Berufung. Der letzte Urlaub? Sechs Jahre her. An den Schläfen unter ihrem gelben Kopftuch kräuselten sich die ersten grauen Haare.

»Ich habe meine Arbeitsplätze oft gewechselt. Mir wird lang-weilig, sobald sich die Vorgänge wiederholen«, sagte sie mit einem kleinen Lächeln. »Mit dem Feuer ist es anders. Es zwingt mich, jedes Mal neu nachzudenken.«

Ihr Heimatort war umgeben von bewaldeten Torffeldern, von denen es allzu viele gab in dieser Region – wie in vielen Regionen der Welt. Statt als Feuchtgebiete zu CO_2-Senken zu werden und Treibhausgas zu binden, hatten trockengelegte Moore, auf denen Landwirtschaft betrieben wurde, durch Luftzufuhr den umgekehr-ten Effekt (in Deutschland zum Beispiel machten die Flächen 5 Pro-zent der Emissionen aus). Wenn der Torf dann auch noch brannte, potenzierte sich der Schaden – und Ekatarina Grudininas Heimat versank im Rauch.

Ein toxischer Geruch lag in der Luft.

Sie parkte den Wagen am Wegesrand. Hinter ihr kam der Bus zum Stehen und die Freiwilligen stiegen in ihren olivgrün-orangen Uniformen aus. Sie luden die Pumpen ab und platzierten sie am nahegelegenen Kanal, entrollten die Schläuche und verteilten Schaufeln. Dann stapften sie in einen Gespensterwald. Beißender Rauch waberte zwischen den Birken, und nur der liebe Gott konnte wissen, warum Yura Kostenko sich auch noch eine Zigarette an-zündete. Lediglich in den grünen Kronen wirkten die Bäume noch lebendig, die weißen Stämme wurden nach unten hin pechschwarz. Baumriesen mit verkohlten Wurzeln lagen kreuz und quer, von unten her abgetötet, umgekippt. Hier drunter schwelte der Torf. Die Freiwilligen trieben Thermometerstangen in die Erde und maßen bis zu 500 Grad.

An der heißesten Stelle begannen sie ihren Kampf.

Sie fällten eine Handvoll toter Bäume und trieben ihre Spaten und Schaufeln in den Boden. Einen Meter tief mussten sie graben. Wasser schoss aus den Schläuchen und mit einem lauten Zischen stiegen Dampfschwaden auf.

»Es genügt nicht, einfach Wasser daraufzuspritzen«, rief Ekatarina Grudinina unter dem Visier ihres Helmes, den Feuerwehrschlauch in der Hand. »Wir müssen den Boden umrühren wie ein Frühstücksporridge, bis kein Klumpen mehr übrig ist.«

Die Feuerwehrleute standen schon bis zu den Schienbeinen im Schlamm.

Nach fünf Stunden hatten zwei Dutzend Menschen unter größter Anstrengung etwa 40 Quadratmeter gelöscht.

Ekatarina Grudinina hatte auf der anderen Seite des Kanals inzwischen längst neue Brandherde entdeckt. Sie waren größer. Es waren viele.

»Wir haben Leute, die sie löschen würden«, sagte sie. »Aber wir haben kein Geld mehr.« Nach dem extremen Feuerjahr 2016 hatte die Truppe mal 1,5 Millionen Rubel von der Republik Burjatien bekommen, umgerechnet etwa 19 000 Euro. Das Geld war für Ausrüstung, Mietbusse, Benzin und Verpflegung draufgegangen. Das Verhältnis der Behörden zu den Freiwilligen blieb gespalten. Wie politisch waren ihre Anliegen? Was war ihre Agenda? Und konnte man die Bekämpfung von Feuern unterstützen, die es von offizieller Seite aus gar nicht gab?

Mit einem neuen Gesetz wollte die Regierung die Trupps dazu bringen, ihre Mitglieder zu registrieren. Es hieß, sie bekämen dann feste Gebiete zugewiesen, eine Krankenversicherung und finanzielle Unterstützung. Dafür müssten sie sich lediglich mit den Behörden abstimmen. Die Freiwilligen fürchteten, dass der Staat sie unter Kontrolle bringen wollte. Ekatarina Grudinina sagte, sie könne gut ohne so eine Regierung leben.

Sie gähnte, als sie in der Dämmerung in ihren Lada stieg. Nach fast zwei Wochen im Zeichen der Feuer freute sie sich auf ihr Zuhause, auf ihren Sohn, ein richtiges Bett und Milch vom Bauern statt aus der Tüte. Vor ihr schlich der Kleinbus über den Feldweg.

So sehr sie sich auch anstrengen würden und so viele Freiwillige sie um sich versammelten, niemals würden sie die Feuer in den Griff bekommen, solange sich nichts an diesem maroden System änderte, in dem sie lebten. Trotzdem sei es richtig, so zu handeln, als ob, sagte sie. Das Richtige zeichne sich nun mal dadurch aus, dass es das Richtige sei – und nicht das, was einen endgültigen Sieg verspreche.

Der Lada schaukelte über die Schlaglöcher wie ein Schiff auf hoher See.

Hinter ihr stieg Rauch auf.

DAS HABITAT

Strahlen der Morgensonne treffen uns durch das Aquarium. Wir berühren das Glas beinahe mit unseren Nasenspitzen.

Carlos ist außer sich. Er liegt auf dem Rücken und strampelt mit den Beinen in der Luft, die Wasser ist. Krampfend biegt sich sein Körper zu einem U. Immer wieder, wobei er jedes Mal ein Stück vom Boden abhebt, für einen Moment zu schweben scheint und dann hinabsinkt, bis er wieder auf dem Sand aufkommt. Ich will ihm helfen in seinem Kampf, weiß aber nicht, wie. Nimo ist still geworden. Die Frage, was mit unserem Freund los ist, kann ich ihm nicht beantworten, obwohl ich in seinen Augen wohl der führende Experte für die Zusammenhänge der Welt bin.

Vielleicht hat Carlos etwas Falsches gegessen. Vielleicht haben wir die Wasserqualität vernachlässigt, Gemüsereste übersehen oder zu viele Futterflocken hineingestreut. Alles Theorie. Er liegt jetzt rücklings auf seinem Panzer und streckt den Schwanz in die Höhe, was an einen Menschen erinnert, der versucht, in den Schulterstand zu kommen. Der Schwanz zuckt, als wolle er dort etwas abschütteln. Plötzlich fährt er herum und vollführt Drehungen um seine eigene Achse. Nichts dergleichen haben wir je gesehen.

»Oh oh«, sagt Nimo, und das denke ich auch. Ich lege meine Hand auf seinen Rücken, zur Beruhigung.

Es ist schwer mitanzusehen – und ich spüre, dass hier auch etwas Größeres auf dem Spiel steht. Es ist meine Pflicht gegenüber Nimo, dafür zu sorgen, dass es Carlos gut geht. Natürlich liegt auch mir etwas an dem Triops selbst – weit weniger jedoch, als ich gegenüber Nimo jemals zugeben würde. Mit dem Leben des Krebses halte ich vielmehr Nimos inneren Frieden aufrecht, während ich ihn mit meinen Geschichten sonst eher beunruhige. Wir hätten einen Fastentag für Carlos einlegen sollen, wie erfahrene Züchter es tun, um die Wasserqualität stabil zu halten und den Jagdtrieb des Triops zu fördern. Vielleicht hätten wir ihn nicht mit nach Baunatal nehmen dürfen. Der ganze Stress. Carlos landet auf den Beinen und buckelt in heftigen Stößen wie ein Pferd, das versucht, einen Reiter abzuwerfen, und dann – scheint sein Geist hinter ihm aufzusteigen. Vom Schwanz her erhebt sich ein durchsichtiges Ebenbild seiner selbst, das in der Sonne funkelt. Es schwebt für einen Moment über ihm, als hätte seine Seele den Körper verlassen.

Die Haut, aus der Carlos sich soeben geschält hat, sinkt zu Boden und bleibt dort liegen. Carlos steht uns gegenüber im Sand. Er scheint uns anzuschauen mit seinen drei schwarzen Augen. Derart wiedergeboren, bäumt er sich auf und bewegt die vordersten Beine, die mit antennenartigen Fühlern weit über ihn hinausreichen. Als wolle er uns zuwinken und sagen: *Alles OK.*

»Hallo Nimo«, sagt der Triops mit der Stimme, die ich ihm verliehen habe.

Haaaaaallooo.

Wir brechen in Jubel aus, springen durch das Wohnzimmer meines Vaters, sodass wir Bierchen von seinem Kissen verscheuchen, und hüpfen auf dem Sofa herum, was eigentlich streng verboten ist. »Car-los, Car-los!«, rufen wir. Wie sehr wir alle am Leben sind, Nimo, Carlos, Bierchen und ich. Dass wir das spüren, in diesem Moment, ist das Geschenk des Triops an uns.

Es gibt nichts Friedlicheres als ein Habitat, in dem soeben noch ein Kampf tobte. Wie neu schwimmt Carlos im Aquarium seine Runden. Vorsichtshalber suche ich mit dem Garnelenkescher nach Resten von Gemüse, finde auch einen Karottenwürfel in den Edelsteinen, auf dem schon weiße Härchen wachsen. Wenigstens in diesem Aquarium müssen wir darauf achten, dass es nicht zu viel des Guten gibt, denn es ist ein universelles Gesetz, dass das den Tod bringt. Anschließend fische ich nach der Haut, schöpfe mit einer Suppenkelle ein Drittel des Wassers ab und schütte frisches nach.

Ich will die Dinge in Ordnung bringen.

Es hat wenig Sinn, bei der Rettung des Regenwaldes anzusetzen, bei internationalen Abkommen, beim Sturz des Kapitalismus oder der ganz großen Rede vor den Vereinten Nationen. In Nimos Leben – und damit auch in meinem – kann es schon einen Unterschied machen, ob das Aquarium unseres Triops sauber ist oder nicht. Von da werde ich mich weiter vorarbeiten, zum Ozean und nach Gondwanaland. Vielleicht werden wir unsere Welt retten, wenn es uns nur gelingt, immer die nächstgrößere Einheit in Ordnung zu bringen, bis wir an unsere Grenzen stoßen. Und dann einen Schritt weiter gehen. Und noch einen. Am Ende käme ich beim alles umfassenden Chaos in mir selbst an.

Mit der Nagelschere meines Vaters tauche ich meine Hand in das Becken und schneide Reste von Blättern herunter, die Carlos angefressen hat. Sie kosten die Pflanzen unnötig Energie und manche drohen schon abzufaulen. Die meisten erwische ich mit dem Kescher noch bevor sie zu Boden gesunken sind. Mithilfe einer Spritze kann ich auch die kleinen Kotbrocken am Grund entfernen. Und als es schließlich das bestmögliche Aquarium unter den gegebenen Umständen ist, atme ich auf. Mit der äußeren Ordnung hat sich auch in meinem Inneren etwas geklärt.

Ich sortiere die Fernbedienungen auf dem Wohnzimmertisch wieder nebeneinander, parallel zur Tischkante. Schallplatten, die noch auf dem Teppich liegen, schiebe ich zurück an ihren Platz in der alphabetischen Ordnung. Dann füttere ich den Kater, dessen Klagelied meine Arbeit vom Keller aus begleitet hat.

Nimo macht sich daran, die Carrerabahn auf dem Parkett unter dem großen Fenster aufzubauen. Die übrigen Tomatenpflanzen –

Berner Rose, Noire de Crimée und Andenhorn – stellen wir in die Mitte des Zimmers, sodass sie nicht im Weg sind. Sie verwandeln die Bahn in eine Dschungelpiste. Die Banden, die für den Rand der Steilkurve bestimmt sind, lassen wir weg. Banden seien unwissenschaftlich, sagt Nimo nämlich, da wir auf diese Weise nie erfahren würden, was mit den Autos geschieht, wenn wir zu schnell fahren.

Mit einem *Miaaaaau* kommt Bierchen durch den Türspalt. Er verstummt abrupt. Die summenden Rennwagen haben seinen Blick gefangen. Mit großen Augen geht er in Lauerstellung und sein Kopf verfolgt die Runden, die wir fahren. Wenn die Autos aus der Kurve fliegen und sich auf dem Parkett überschlagen, bewegen sich seine Beine, als würde er innerlich den Absprung proben. Sein ganzer Körper bebt. Etwas Uraltes ist in ihm erwacht.

Dann dreht er sich um und huscht durch den Türspalt davon.

Hitze liegt über dem Wohngebiet wie eine Drohung des nahenden Mittags.

Aufgrund der Trockenheit der letzten Wochen muss der Rasen nicht gemäht werden. Im Grunde ist es um ihn geschehen. Die Äste der Thujahecke aber ragen durch den Zaun auf den Bürgersteig. Ich öffne die Garage meines Vaters. Dafür drücke ich den Knopf einer Fernbedienung – Symptom der zunehmenden Automatisierung seines Lebens –, woraufhin das Tor aufgeht. Ich finde die Heckenschere im Regal hinter den Fahrrädern.

Die Gartenarbeit ist eine Art, den Nachbarn zu signalisieren, dass wir gemeinsame zivilisatorische Werte vertreten. Vor ihren Augen, die hinter den fadenscheinigen Gardinen vielleicht längst auf mich gerichtet sind, werde ich meine Dienste darbringen, als Opfer zu Ehren aller Sesshaften. Dafür habe ich mir den Blaumann meines Vaters angezogen. Auf dem Bürgersteig werfe ich die Heckenschere an. Ich höre meinen Vater noch sagen: *Wenn es nach mir gegangen wäre, dann hätte es diese Scheißhecke nie gegeben.*

Wann genau die Dinge aus dem Ruder gelaufen sind, ist im Nachhinein immer schwer zu sagen. Das gilt für die allerersten Siedler und die Städte der Mayas, für die Machtergreifung Hitlers, den deutschen Forst und die westliche Zivilisation, die Mittelstadt, die Stadt überhaupt, die Ehe meiner Eltern und das halbmondförmige Gemeinschaftsgrundstück vor dem Haus meines Vaters.

Das alles hätte so nicht passieren dürfen.

Hatte wohl so passieren müssen.

Im Stress dichter Besiedelung sind neue Menschheitskonflikte entstanden und damit auch Formen, mit ihnen umzugehen. Das Denken, das Fühlen, das Sprechen und das Handeln mussten ausdifferenziert, versachlicht und normiert werden, damit die neue Ordnung Bestand hatte. Ohne den Verlust persönlicher Freiheit war keine Zivilisation denkbar. Der Bürger wurde von sich selbst enteignet, weil es fortan nicht mehr in erster Linie um sein Wohl, das seiner Familie oder seines Rudels ging, sondern eine größere Gesellschaft in Betracht gezogen werden musste. An die Stelle eines besonders erfahrenen Clanmitglieds rückten die Verwaltung und der Funktionär. Das Heilige wurde von der Welt getrennt und die Religionen verfügten darüber. Der Einzelne war nun Fußsoldat einer Ordnung, die am nächsten Tag ohne ihn genauso Bestand hätte.

Ach, nicht einmal dieser Gedanke ist von mir.

Es gibt kein Entkommen aus der Zivilisation in meinem Kopf.

Mit dem Rattern der Heckenschere steigt der würzige Geruch der Thuja auf, von dem mir aus dieser Nähe leicht übel wird. Ob mein Vater an der Reihe ist oder nicht, spielt keine Rolle mehr, denn die Hecke muss geschnitten werden, und mit seinen 67 Jahren gilt er in der Nachbarschaft als junger Mann. Der Job wird dadurch erschwert, dass gleich hinter der Hecke der Zaun steht und alle abgesägten Äste zwischen Hecke und Zaun fallen, sodass ich mich immer wieder hinunterbeugen muss, um sie aus dieser Kluft zu fischen und in der braunen Tonne zu entsorgen. *Und den Scheißzaun gäbe es auch nicht, wenn es nach mir gegangen wäre.*

Es ist nicht nach meinem Vater gegangen.

Früher durchzog das Wurzelgeflecht der Büsche und Bäume die Erde und den Rasen, jetzt dribbelt Nimo mit dem Fußball über eine ebene Fläche. Einerseits wirkt das Kind auf dem Zierrasen fehl am Platz wie ein großer Käfer auf einer Hochzeitstorte, andererseits eignet sich die Reihe kleiner Büsche gut für Dribbelübungen, bei denen er das Durchbrechen einer Abwehrreihe trainiert.

Tja, so ist das in einer Demokratie.

Zunächst entfernten die Nachbarn die Büsche und Sträucher ringsum. Dann zogen sie einen Zaun um das Gemeinschaftsgrundstück, sodass es niemand mehr unrechtmäßig betreten konnte. Nicht, dass dies öfter vorgekommen wäre, doch die bloße Möglichkeit einer solchen Grenzüberschreitung muss sie beunruhigt haben. Sie nannten es *Einfriedung*.

Auch nahmen sie Anstoß daran, dass auf ihrem Garagenvorplatz gelegentlich Autos wendeten, die sie mit dem Blick aus ihren Küchenfenstern der Hausarztpraxis gegenüber zuordneten. So spannten sie eine Kette über die Einfahrt zum Garagenvorplatz, vom letzten Pfahl des Zaunes bis zu einem Pfosten auf der anderen Seite. Von nun an rammten Fremde, die Reihenhausbewohner selbst sowie deren Gäste mit ihren Autos regelmäßig die gespannte Kette oder den freistehenden Pfosten, vor allem nach Einbruch der Dämmerung. Es wurde immer unmöglicher, sich selbst und anderen den Sinn dieser Kette zu erklären. Auch der Pfosten musste regelmäßig für Hunderte D-Mark repariert werden, weshalb zumindest die Kette und der Pfosten bald wieder verschwanden und das gelegentliche Wenden der Fremden kein Problem mehr zu sein schien.

Dass sie die Trauerweide fällen würden, meinen *Korkenzieherbaum*, hatten wir nicht kommen sehen. Kaum war mein Vater zu einer längeren Dienstreise aufgebrochen, warfen die Nachbarn die Kettensäge an und trieben sie in den Stamm. Meine Mutter, die diesen Baum zu verschiedenen Jahreszeiten in Aquarell gemalt hatte, rannte noch hinaus und stellte die Nachbarn zur Rede. Ich hörte von der Haustür aus zu. Die herunterfallenden Blätter hätten *immer so eine Sauerei* auf dem Rasen verursacht, erklärten die Nachbarn.

Vor den Zaun haben sie bald noch eine Hecke gepflanzt, und warum man beides braucht, Hecke und Zaun, bleibt mir ein Rätsel.

Gerade als es schien, als seien die Nachbarn endlich zufrieden, erschütterte ein großer Sturm unsere kleine Welt. Äste stürzten auf Autos und Ziegel von Dächern – vor allem im Leiselfeld, wo der Wind über freie Flächen hinwegfegen konnte und dann mit großer Wucht auf den Stadtrand traf. Ich bin danach durch unser Wohngebiet gelaufen, um die Schäden zu begutachten. Der Boden war bedeckt von Zweigen und Blättern. Leere Mülltonnen und Gartendekoration waren durch die Straßen geschleudert worden.

Die alte Ordnung war auf links gedreht.

In unseren Gärten hatten die Bäume dem Sturm standgehalten. Auch die Dachziegel ruhten noch auf den Dächern. Nur kleinere Äste mussten wir vom Rasen räumen, das Laub zusammenrechen und die Mülltonnen wieder an ihre Plätze stellen. Äußerlich war die Ordnung schnell wiederhergestellt. Im Inneren unserer Nachbarn aber hatte der Sturm irreparable Schäden hinterlassen.

Wenig später rückten sie mit einer Horde Arbeiter in orangen Westen an. Mit Kettensägen legten die Männer zunächst alle Nadelbäume um. Die Bäume könnten beim nächsten Sturm schließlich brechen und auf die Häuser stürzen, sagten die Nachbarn, und in diesem Fall würde keine Versicherung der Welt zahlen – schließlich hätte man mit einem Sturm jetzt rechnen müssen. Das sah auch mein Vater ein. Die Arbeiter fällten die Bäume, zersägten die Stämme, zerschnitten die Äste und gruben die Wurzeln aus. Es glich einem Exorzismus. Nur die Zwillingsbirken konnten – zum Glück, dachte ich – unsere Häuser im Falle eines Sturmes nicht treffen. Doch ich hatte die Nachbarn unterschätzt.

Die zweite Birke sah ich noch fallen, als ich aus der Schule kam. Die erste lag bereits zerstückelt auf dem Rasen. Eine ungeheure

Wut stieg in mir auf und mischte sich mit Fantasien von roher Gewalt. Doch ich grüßte die Nachbarn recht freundlich. Auf dem Hof vor den Garagen zog ein Arbeiter an seiner Zigarette. Lärmschutzkopfhörer hingen um seinen Hals.

»Weißt du, warum Birken immer zu zweit gepflanzt werden?«, rief er mir im Dröhnen der Kettensägen zu.

Ich sah ihn an. Sein Gesicht glänzte von Schweißperlen, an seinen Wangen klebten Holzspäne und Staub.

»Weil es heißt, dass die letzte Weltenschlacht unter einer einzelnen Birke stattfindet«, sagte er und trat die Kippe auf den Pflastersteinen aus. »Wer will das schon, in seinem Garten?«

Auf dem Rasen lagen die Stücke der weißen Stämme noch beieinander, als müsste man sie nur zusammensetzen, um wieder einen vollständigen Baum zu erhalten. Ich tauchte durch den Lärm und schulterte ein Baumstück, das ich gerade so noch tragen konnte. Durch die damalige Haustür schaffte ich es die marmorne Treppe hinauf bis ganz oben in mein Zimmer unter die Dachschräge. Dort, neben unserem Matratzenlager, steht es bis heute.

Ich fege die Schnittreste der Hecke auf dem Bürgersteig zusammen und werfe sie in die braune Mülltonne. Auf einem Balkon des Mehrfamilienhauses gegenüber steht eine Frau und bläst Rauch in die Luft. Sie ist ungefähr in meinem Alter. Auf ihrem übergroßen Tanktop steht *Muscle Beach California*, über einer Silhouette, die wohl Arnold Schwarzenegger zu seinen Zeiten als Mister Universum darstellen soll. Ich nicke ihr zu, sie nickt mir zu. Dann ziehe ich die Mülltonne zurück auf ihren Platz im Hof.

Geograph und Kollapsforscher Jared Diamond erzählte in seinen Bestsellern und Kursen an der University of California lange eine Geschichte, zu schön, um wahr zu sein. Verdächtig gut eignete sie sich als Parabel für unsere planetare Situation. Sie handelte von den Rapanui – den Einwohnern der Osterinsel. Diese Insel liegt mehr als 3000 Kilometer vom Festland Südamerikas entfernt im

Südpazifik, 2000 Kilometer sind es bis zur nächsten. Einsam ist das Eiland wie die Erde im Weltall.

Als am Ostersonntag des Jahres 1722 drei holländische Schiffe unter dem Kommando von Jakob Roggeveen die Insel entdeckten, staunten die Seeleute. Sie fanden riesige Steinfiguren mit groben Gesichtszügen, die mit enormem Aufwand behauen und an die Küste geschafft worden sein mussten. Die meisten waren allerdings umgekippt, immer mit dem Gesicht nach unten. Statt einer hochentwickelten Zivilisation fanden sie nur wenige Einheimische, die in Höhlen hausten und deren undichte Kanus kaum zum Fischen geeignet waren. Captain James Cook soll die Menschen, die er 1774 auf der Insel antraf, als *klein, mager, ängstlich und elend* beschrieben haben. Etwas Gewaltiges musste hier geschehen sein. Das Schicksal der Rapanui war ein Rätsel, um das sich fortan Mythen rankten und das die Forschung beschäftigte.

Etwa in den 1990ern meinten Jared Diamond und andere Forscher, eine Erklärung ableiten zu können.

Als im 12. Jahrhundert der polynesische König Hotu Matua mit seinen Leuten auf der Insel gelandet war, hatte er sie noch menschenleer vorgefunden – übersät mit Wäldern der Jubaea, einer hochwachsenden Honigpalme. Als jedoch die Europäer gekommen waren, soll die Landschaft kahl und die Landvögel ausgerottet gewesen sein. Die Rapanui mussten die Wälder gerodet haben, schlossen die Forschenden, für Baumaterial, Feuerholz und – vor allem – für den Transport und das Aufstellen der über 900 Moai, der Steinfiguren, die sie einst zu Ehren ihrer Ahnen geschaffen und bei deren Errichtung die Clans einander wohl zu übertreffen versucht hatten. Sie waren von da an auf Fischfang und Landwirtschaft angewiesen gewesen. Doch hatte Holz zum Bau neuer Kanus gefehlt, und der kahl geschlagene Ackerboden war erodiert in Sturm und Regen, wogegen die verzweifelten Inselbewohner mit Steinhaufen angekämpft hatten. Der Bau der Statuen war so abrupt beendet worden, dass Archäologinnen und Archäologen später noch das Werkzeug neben unfertigen Vulkangesteinsbrocken gefunden hatten.

Auf Hunger waren Bürgerkriege gefolgt, in deren Verlauf verfeindete Clans einander die Statuen zerstört hatten. Es gab Hinweise auf Kannibalismus. Jared Diamond erzählte, einer mündlichen Überlieferung zufolge sollte die übelste Beschimpfung dieser Zeit gewesen sein: *Das Fleisch deiner Mutter steckt zwischen meinen Zähnen.* Die Gesellschaft war in sich zusammengefallen. Nur wenige hatten überlebt.

In Diamonds Kursen fragten die Studierenden wieder, warum die Rapanui ihr Ende nicht hatten kommen sehen. Was hatte sich wohl der Inselbewohner gedacht, der die allerletzte Palme gefällt hatte? Sie sammelten einige Vorschläge:

– *Keine Sorge, neue Technologien werden uns helfen, einen Ersatz für Holz zu finden.*

– *Das ist mein Baum, es ist mein Recht ihn zu fällen, die Regierung soll sich raushalten.*

– *Die Ängste der Umweltschützer sind überzogen, da wir nicht wissen, ob es vielleicht noch Bäume am anderen Ende der Insel gibt – wir brauchen mehr Forschung.*

Mittlerweile gilt als wahrscheinlich, dass Diamonds moralische Nachhaltigkeitsparabel nur ein Teil der Wahrheit ist. So sollen die polynesischen Siedler auf ihren Booten Ratten eingeschleppt haben. Unter den optimalen Bedingungen, mit ausreichend Nahrung und ohne natürliche Feinde, muss sich deren Population alle sechs bis sieben Wochen verdoppelt haben. Ein einziges Paar Ratten konnte somit innerhalb von drei Jahren siebzehn Millionen Nachfahren haben.

Wie viele es auch gewesen sein mochten, sie ernährten sich von den Samen der Palmen und müssen den Prozess der Entwaldung beschleunigt haben. Zudem könnte der Anteil der Europäer am Kollaps größer gewesen sein als zuvor angenommen. Schon die ersten Holländer unter Kapitän Roggeveen entführten hundert

Männer von der Insel. Die Bevölkerung litt an eingeschleppten Krankheiten und war den Fremden mit ihren Gewehren, Pistolen und Entersäbeln hilflos ausgeliefert. In den 1860ern nahmen Europäer rund tausend Rapanui als Sklaven gefangen, und schon im nächsten Jahrzehnt lebten auf der Insel nur noch etwa hundert Menschen.

Die Wissenschaft hat mit dem Journalismus gemeinsam, dass zu viele Nachforschungen noch die allerschönste These zerstören.

Diese neue Geschichte zum Niedergang der Rapanui ist jedoch nicht weniger lehrreich als die zuvor tradierte. Sie sagt, dass wir uns auf der Suche nach der Wahrheit nicht mit der erstbesten Erklärung zufriedengeben dürfen. Dass wir es sonst vielleicht verpassen, ausreichend komplexe Lösungen für unsere Probleme zu finden. Dass Wahrheiten nicht gut altern und dass die Wissenschaft die beste Art ist, sich fortwährend zu irren, weil ihr Ziel das Korrigieren ihrer vorherigen Irrtümer ist.

Die Geschichte sagt auch, dass die Menschen vergangener Zeiten weniger dumm waren, als wir manchmal glauben, und außerdem fähig, Weltwunder zu erschaffen. Aber eben auch nicht vorausschauend, konsequent oder stark genug, um sich gegen eine zunehmende Zahl von Widrigkeiten zu behaupten. Dass sie uns vielleicht gerade deshalb ähnlicher sind, als wir denken.

Nimo folgt mir auf den Dachboden. Dort, zwischen den ausgekippten Kisten, Familienalben, Magazinen, Büchern, Spielzeug, DVDs, Bastelutensilien, Notizen und Akten, die ich in den vergangenen Tagen auf dem Korkfußboden verteilt habe, fragt er mich, was ich jetzt vorhätte.

Ich sage, wenn heute etwas nicht in Ordnung sei, dann müssten wir morgen etwas anders machen als gestern.

WATAPATA TABU SANA

Stone Town, Sansibar

Sansibar war, ehrlich gesagt, nur aus der Ferne ein Paradies.

Auf den beiden Inseln vor Tansania war die Armut genauso real wie die sogenannten Traumstrände und die türkisfarbenen Buchten. Und weil die Meeresbiologin Mondy Muhando gerade von ihrem Studium am Leibniz-Zentrum für Marine Tropenforschung in Bremen zurückgekehrt war, fiel ihr mancher Gegensatz in ihrer Heimat besonders ins Auge.

Sansibar war das Venedig Ostafrikas geworden, ohne die Wasserstraßen zwar, doch es gab kaum einen Laden, kaum ein Lokal in der Hauptstadt Stone Town, das nicht auf Touristen ausgerichtet war. Da waren also die – von hier aus gesehen – wohlhabenden Urlauber, für die sich die Stadt in einen Themenpark exotischer Genüsse verwandelt hatte. Und da waren die jungen Männer in den Forodhani Gardens, einem kleinen Park mit Meerblick, die den Fremden überteuerte Spezialitäten feilboten, weil sie nicht würden heiraten können, wenn sie nicht zu etwas Geld kämen.

»Viele Menschen in Sansibar sind arbeitslos«, sagte Mondy Muhando, als sie durch die engen Gassen der Hauptstadt lief. Vor allem junge Leute suchten verzweifelt ihren Platz in der Gesellschaft, sagte sie. »Das System zwingt uns, neue Wege zu gehen.«

Die Häuser waren aus weißem Korallenkalkstein und Mangrovenholz gebaut. Manche Fassaden bröckelten, angegriffen von der tropischen Witterung. Mit Schnörkeln verzierte Holzpforten, die

die Geschichten der Erbauer erzählten, Fensterbögen, Moscheen und Prunkbauten zeugten von arabischen, indischen und swahelischen Einflüssen. Zum ersten Mal seit Wochen empfinde sie wieder so etwas wie Klarheit darüber, was nun ihre Aufgabe sein könnte, sagte sie. Nach ihrem Auslandsjahr in Deutschland hatte Mondy Muhando sich in einer merkwürdigen Schwebe befunden, zwischen Masterabschluss und einer möglichen Doktorarbeit, zwischen ihrer Insel und dem Festland, wo ihr Freund lebte, zwischen einer Karriere und der Frage nach dem Sinn des Lebens. Sie hatte sich für ihre Heimat entschieden, wo wütende Männer sie in den Dörfern seit jeher fragten, warum sie kein Kopftuch trage. Gerade deshalb war es eine Entscheidung auch für die Frauen hier. Und für die Algen, an denen sich deren Zukunft entscheiden würde.

Sie hatte einen Termin mit dem Zanzibar Seaweed Cluster. Diese Organisation, für die sie arbeiten wollte, unterstützte Menschen dabei, eine Algenzucht aufzubauen und diese gegen die Folgen des Klimawandels zu schützen. Als Helferin in Feldstudien hatte Muhando bereits in Dörfern gelebt, in denen vor allem Frauen, die vorher kein Einkommen gehabt hatten, den Anbau und die Ernte übernahmen. Die steigenden Temperaturen bedrohten dieses Geschäft, das rund 8 Prozent des Bruttoinlandsproduktes von Sansibar ausmachte.

Die Techniken des Algenanbaus waren in den Achtzigerjahren von Südostasien nach Sansibar gekommen und hatten verfangen. Die Rotalgenarten *Eucheuma denticulatum* und *Kappaphycus alvarezii*, die kommerziell *Spinosum* und *Cottonii* genannt wurden, enthielten besonders viel Carrageen. Das Bindemittel wurde weltweit bei der Herstellung von Lebensmitteln, Medikamenten und Kosmetika eingesetzt, hielt Eiscreme und Zahnpasta geschmeidig. Die Industrie machte mit verarbeiteten Algen Milliardenumsätze. Ein paar Krümel davon fielen auf Sansibar ab, immerhin. Es sollte mehr werden, mithilfe des Zanzibar Seaweed Clusters, in dem Menschen

aus Wissenschaft, NGOs, Regierung und den Dörfern zusammen-
arbeiteten.

Rajab Ameir, 54 Jahre alt, koordinierte die Arbeit der Organisation. Er wollte Mondy Muhando heute auf eine Tour über die Insel
mitnehmen, um ihr die Gemeinschaften zu zeigen, in denen der
Algenanbau seine Wirkung bereits entfaltet hatte.

»Vor allem in den abgelegeneren Teilen der Inseln hungern immer noch viele Familien«, sagte er. »Wir sind dazu da, sie aufzurütteln und ihnen zu zeigen, dass sie ihr Leben zum Besseren wenden
können.«

Sie stiegen also in den Jeep und nahmen die Straße nach Osten,
durch sattgrüne Wälder aus Bananenstauden, Papayabäumen und
Kokospalmen. Dazwischen standen Hütten, in deren Schatten die
Bewohner ruhten. Ameir sang von Country Roads in West Virginia
mit seiner tiefen Stimme, die klang wie durch einen Lautsprecher.

In Paje, einem Dorf an der Ostküste, stiegen sie aus. Kaum hatten
ihre Füße den Sandboden berührt, eilten zwei Jungs herbei, die
fragten, ob sie zu den Algenfrauen wollten, sie könnten sie dort
hinbringen, gegen eine kleine Gebühr. Rajab Ameir sagte ihnen, sie
sollten in die Schule gehen. Mit Kleingeld würden sie später keine
Familie ernähren können.

Mwanaisha Makame trat aus ihrer Steinhütte auf die sandige Dorfstraße. Sie grüßte die Besucher, ließ sich aber von ihrem Weg nicht
abbringen. Die Stunden der Ebbe waren kostbar. »Geh, bring mir
die Leinen«, rief sie einem Mädchen auf Swaheli zu, das schweigend
gehorchte. Makame knotete ihr rotes Kopftuch vor der Stirn zusammen, hob ein Bündel mit Holzpfählen darauf und balancierte
es auf dem Kopf zum Strand. Wellblechdächer und Kokospalmen
spendeten ihr letzte Schatten, bevor sie in die erbarmungslose Morgensonne trat. Hinter ihr liefen im Gänsemarsch die anderen Frauen
aus Paje. In wehenden Gewändern wateten sie in die türkisfarbene
Lagune, wo sie die *Spinosum*-Alge züchteten.

»Die Algen sind ein Geschenk des Ozeans an die Frauen«, sagte Makame, knietief im Wasser. »Sie haben uns stark gemacht.« Sie trieb Pfähle in den Meeresgrund, dazwischen spannte sie Leinen, an die sie fingerlange Ableger der glitschigen Pflanze band. Die 48-Jährige hatte die Arbeit auf den Wasserfeldern schon als Mädchen von ihrer Großmutter gelernt, zu einer Zeit, als Frauen eigentlich zu Hause bleiben sollten. Geldverdienen war auf den vorwiegend muslimischen Inseln immer Männersache gewesen.

»Am Anfang sind die Frauen auf die Algenfelder gegangen, um ihren Männern zu helfen«, erinnerte sich Mwanaisha Makame. Doch der Lohn der harten Arbeit sei wenig mehr gewesen als ein Taschengeld. Die Männer seien bald wieder fischen gegangen oder hätten am Tourismus verdient. Makames Großmutter und deren Freundinnen hingegen hätten weitergemacht. »Unsere Großmütter waren Pionierinnen«, sagte sie.

30 Cent für ein Kilo *Spinosum* und 60 für ein Kilo *Cottonii*: Die Frauen von Paje hatten bald nicht mehr ihre Ehemänner fragen müssen, wenn sie Geld für ein Stück Seife oder Kleider brauchten. Auf einmal wurden sie nach ihrer Meinung gefragt, hatten eine Stimme im Dorf. Heute verdienten in Sansibar 20 000 Frauen mit dem Algenanbau ihren Lebensunterhalt.

Zwar raunte mancher noch, dies sei das Ende der guten Sitten. Doch alle hatten etwas davon. Die Frauen bezahlten mit ihrem Geld Schulgebühren und Arztbesuche. Sie ließen die Blätterdächer ihrer Hütten durch Wellblech ersetzen und konnten Rindfleisch kaufen statt immer nur Huhn und Fisch. Ihr kleines Einkommen war ihnen sicher erschienen wie der Wechsel der Gezeiten – bis ihnen das Meer unheimlich geworden war.

Über die Jahre waren die Fluten immer näher an das Dorf herangekommen. Das Wasser war wärmer geworden, die Wellen stärker. Und wegen der Überdüngung des Ozeans durch ungeklärte Abwässer aus der Landwirtschaft war die Oberfläche manchmal so übersät von der giftigen Grünen Spanalge, dass die Frauen mit rotem Ausschlag und geschwollenen Augen von den Feldern zurückkamen.

»Vor zehn Jahren bemerkten wir, dass unsere Pflanzen langsamer wuchsen oder abstarben«, sagte Makame.

In der Nähe des Strandes, vor dem weiße Kitesurfer johlend ihre Bahnen zogen, schöpfte sie eine dahintreibende *Spinosum* aus dem Wasser. Die sonst grünen, knubbeligen Zweige waren weiß angelaufen, wie schockgefrostet. In Trockenzeiten, nach besonders heißen Tagen, kam diese Krankheit über die Pflanzen, ließ sie brüchig werden und verfaulen. Die Algen lösten sich in nichts auf. Lange hatten sich die Frauen das nicht erklären können. Dann war Dr. Flower Msuya in ihr Dorf gekommen und hatte vom Klimawandel erzählt.

Sie nannten sie »Dr. Flower«. Die Algenforscherin war 1959 in einem Dorf am Fuße des Kilimandscharo geboren worden und unterrichtete auf dem Festland an der Universität der tansanischen Hauptstadt Daressalam. Dort hatte sie als Dozentin auch Mondy Muhando kennengelernt und für die sansibarischen Algenfrauen begeistert. Vor drei Jahrzehnten hatte Dr. Flower begonnen, auf den Inseln zu forschen. Für ihre Studien hatte sie in den Dörfern der Farmerinnen gelebt und die Frauen waren ihr ans Herz gewachsen. Umso mehr, als sie als Nichtmuslima und berufstätige Frau selbst mit den Widerständen der traditionellen Gesellschaft zu kämpfen gehabt hatte.

Dann hatte sie mitansehen müssen, wie der schleichende Anstieg der Temperaturen das Einkommen der Frauen bedrohte – und damit ihre gesellschaftliche Stellung.

In den Neunzigerjahren hatte sie im Wasser maximal 31 Grad gemessen. Heute waren es bereits bis zu 37 Grad. Die Algen standen unter Dauerstress und produzierten eine feuchte Substanz, die Bakterien anzog. Daher die weißen Verfärbungen und die faulen Stellen. *Ice Ice* hieß die Plage hier. Hinzu kam die zunehmende

Erosion der Küste, wodurch die Schad- und Nährstoffe vom Land in den Ozean gelangten. Viele Pflanzen waren auch von einem Epiphyt befallen, einer Aufsitzerpflanze, welche die Textur der Algen veränderte und die Ernte wertlos machte. Das Ökosystem war aus dem Gleichgewicht geraten und die Ernte in manchen Jahren um ein Drittel eingebrochen.

Das höherwertige *Cottonii* reagierte besonders empfindlich auf Hitzestress, weshalb Farmerinnen – wie in Paje – immer häufiger auf das weniger lukrative *Spinosum* angewiesen waren. Dazu kam die schwierige Marktlage. Die Preise unterlagen so starken Schwankungen, dass sich der Anbau zeitweise kaum noch lohnte. Manche Frauen hatten bereits aufgegeben, viele waren kurz davor. Ihre Dörfer drohten zurück in ihre patriarchale Ordnung zu kippen.

Während Mondy Muhando und Rajab Ameir mit den Frauen von Paje im Meer standen, besuchte Dr. Flower Msuya mal wieder eine Konferenz in Deutschland. Seit Jahren reiste sie nun schon um die Erde, um der Welt von den Algenfrauen Sansibars zu erzählen. Deren Geschichte schien wie ein Lehrstück über die sozialen Folgen der Klimakrise – und dafür, dass man die größten Schäden vermeiden konnte, wenn man es wagte, neue Wege zu gehen.

Im Jahr 2006 hatte Dr. Flower das Zanzibar Seaweed Cluster gegründet. Sie hatte Vertretern der Regierung von Sansibar erklärt, dass im Meer vor ihrer Küste ein unterschätztes Kleinod gedieh. Dass man die Algen essen oder zu Seife und Kosmetika verarbeiten konnte. Dass alleine das Pulver, das große Firmen aus den hier angebauten und getrockneten Algen für Carrageen gewannen, bis zu zwanzigmal mehr wert war als die getrockneten Algen selbst. Das bedeutete, dass an der Arbeit der sansibarischen Algenfarmen vor allem andere Leute an anderen Orten verdienten. Ein neues Geschäftsmodell musste her.

Studien zeigten, dass die Algen bei niedrigeren Temperaturen besser wuchsen, etwa in der Regensaison oder im Schatten von Mangrovenwäldern. Also riet Dr. Flower Msuya den Farmerinnen, mit ihren Pflanzen etwas weiter hinauszuziehen, dorthin, wo das Wasser tiefer und kühler war. Und sie ermutigte Kooperativen, einen Teil ihrer Ernte selbst zu verarbeiten, anstatt alles an ausländische Unternehmen zu verkaufen. Die Frauen gaben Dr. Flowers Ideen eine Chance. Schließlich stammten sie von Pionierinnen ab.

In Paje hatte es begonnen.

Mwanaisha Makame und die anderen Frauen zogen Leinen mit Algen aus dem Wasser, groß wie Kopfkissen. Jetzt, nach sechs Wochen, war der Carrageengehalt am höchsten. Sie schnitten die Pflanzen von den Leinen und stopften sie in Säcke, die sie auf ihren Köpfen zurück ins Dorf trugen. Dann legten sie die Ernte vor ihrer kleinen Fabrik zum Trocknen aus. Makame führte Rajab Ameir und Mondy Muhando in den Produktionsraum, in dem drei Maschinen standen, die aussahen wie aus einem vergangenen Zeitalter – zum Mahlen in zwei unterschiedlichen Feinheitsgraden und zum Verrühren großer Massen.

»Nach drei Tagen waschen wir die Algen mit Süßwasser aus und lassen sie dann noch einmal zwei Tage trocknen«, sagte Mwanaisha Makame und ließ Mondy Muhando etwas in die offene Hand rieseln. »Dann machen wir Pulver daraus.«

Mittlerweile stellten die Frauen aus *Spinosum* und verschiedenen Gewürzen auch Seife, Lotionen und Shampoos her – in der Produktionshütte lag ein Duft von Nelke, Limette und Eukalyptus. Was sie von Dr. Flowers Seaweed Cluster gelernt hatten, brachten sie den Farmerinnen aus anderen Dörfern bei. Heute gab es bereits etwa dreißig Farmen, die ihre Algen selbst verarbeiteten. Ihre Produkte boten sie den Hotels und Geschäften in touristischen Hotspots an. Mittlerweile kamen auch Händler vom Festland zu ihnen, die ihr Pulver zu Kosmetika verarbeiteten und in Tansania verkauften.

»Diese Frauen können weder lesen noch schreiben«, sagte Rajab Ameir. »Aber sie sind Expertinnen für den Algenanbau und leiten mittelständische Unternehmen.«

Als Nächstes wollten die Frauen aus Paje schwimmen lernen. Denn bisher waren sie abhängig von den Gezeiten. Bei Flut konnten sie nicht arbeiten. Und sie wussten: Die Welt würde sich weiter aufheizen. Dr. Flower sagte, die Zukunft ihrer Algenfelder würde in zwei bis sechs Metern Tiefe liegen. Wenn sie sich dort draußen im Wasser sicher bewegen würden, dann könnten sie die hochwertigere Art der *Cottonii* anbauen.

Paje verschwand im Rückspiegel des Jeeps.

In Muungoni, einem Dorf an der Westküste der sansibarischen Südinsel, hatte das Seaweed Cluster bereits begonnen, Farmerinnen für den Anbau im tiefen, kühleren Wasser auszubilden.

»Die Algenfarmen zeigen uns, dass es möglich ist, mit dem Ozean Geld zu verdienen und gleichzeitig seine Schönheit zu bewahren«, sagte Mondy Muhando. »Dort entsteht eine neue Art des Wirtschaftens.«

Die Liebe zum Ozean, der Drang, ihn zu erforschen, und auch die Sorge um seinen Zustand waren ihr in die Wiege gelegt worden. Auch ihr Vater war Meeresbiologe, er untersuchte die Auswirkungen der Fischerei auf Korallenriffe rund um Sansibar und setzte sich für deren Schutz ein. Schon als Kind war Mondy Muhando mit ihm hinaus aufs Meer gefahren als Assistentin in der Feldforschung. Damals war das Fischen mit Dynamit normal gewesen, um Fische zu töten oder in die Netze zu treiben. Die alte Art des Wirtschaftens hinterließ leergefischte Meere und zerstörte Lebensräume. Doch die meisten Menschen lebten vom Meer, auf die eine oder andere Weise. Und wer sie von einem Weg abbringen wollte, musste ihnen einen anderen aufzeigen.

Die Algenfelder, die bisher vor allem von älteren Frauen bewirtschaftet wurden, waren Mondy Muhandos große Hoffnung für die Inseln. Die Farmen boten dem marinen Leben einen Schutzraum vor den Schleppnetzen der Fischer. Und man brauchte nicht viel Geld, um eine Zucht aufzubauen – nur Pfähle, Leinen und Geduld.

Doch die harte und schlecht bezahlte Arbeit hatte ein Imageproblem. Die meisten träumten eher von einem lukrativen Job im Büro oder in der Dienstleistungsbranche. So blieben viele junge Menschen arbeitslos.

»Ich will meine Generation dazu bewegen, in den Algenanbau einzusteigen, anstatt zu Hause zu sitzen und vergeblich auf eine Festanstellung zu warten«, sagte Muhando. Deshalb wollte sie die Ideen des Clusters als Botschafterin bald auch in die entlegensten Küstengebiete tragen.

Es gab noch viel zu tun. Das Seaweed Cluster stand bisher nur mit rund einem Fünftel der Algenfarmerinnen in Kontakt.

»Unsere Mission ist es, möglichst alle Frauen zu erreichen, damit sie sich dem Klimawandel anpassen können«, sagte Rajab Ameir. Die Zeit drängte. Die Zahl der produzierten Algen hatte sich von 2015 bis 2020 halbiert. Eine Alternative zum Algenanbau gab es vielerorts nicht, weil sich der sandige Felsgrund an Land nicht für den Ackerbau eignete. In diesen Gegenden waren die Menschen früher oft abgemagert und auf die Hilfsgüter der Regierung angewiesen gewesen.

»Die Algen sind für die Familien oft der einzige Ausweg aus der Armut«, sagte Ameir.

Am Ende einer staubigen Landstraße gaben Bäume den Blick auf die Pete-Inlet-Bucht frei: Fischerboote lagen vor Anker, Frauen standen hüfttief im flachen Wasser, richteten Pfähle auf und banden nach alter Methode Algenableger an Leinen. Männer schlugen neue Stufen in die Klippen, um den Abtransport der Ernte zu erleichtern. Auch hier, in Muungoni, waren die Rotalgen im flachen Wasser immer öfter krank geworden, die Zukunft der Felder hatte im Ungewissen gelegen. Dann hatte Dr. Flower mit den Menschen vor Ort eine neue Technik ausprobiert, die alles verändert hatte.

Sieben Frauen aus dem Dorf bestiegen das weiße Motorboot, das ihnen das Seaweed Cluster für den Modellversuch gegeben hatte.

Am Bug stand in Swaheli: *Watapata Tabu Sana*. Frei übersetzt: Sie werden großen Ärger kriegen.

»Das ist ein Signal an alle, die jetzt neidisch auf uns sind«, sagte die Farmerin Zakia Abdallah und lachte. »Wir werden uns nicht einmal vom Shaitan persönlich aufhalten lassen!«

Mit an Bord hatten sie Netze, ein stabiles Plastikrohr – und den Fischer Mohammed, den sie den Bullen nannten, weil er wie einer arbeitete. Er warf den Motor an und gemeinsam fuhren sie hinaus aufs Meer.

Im tiefen Wasser kamen Sansibars Algenfarmerinnen noch nicht ohne die Männer aus. Alle Fischer waren Männer, sie besaßen die Boote und konnten sie steuern. Außerdem hatte noch keine der Frauen schwimmen oder tauchen gelernt. Das Zanzibar Seaweed Cluster würde aber bald die ersten Schwimmkurse organisieren. Die Überhitzung der Meere trieb die Frauen einmal mehr dazu, über sich hinauszuwachsen. Eine große Herausforderung: Im Schnitt waren die angehenden Schwimmschülerinnen 46 Jahre alt.

Dort, wo Plastikflaschen als Bojen auf dem Wasser trieben, stoppte der Bulle das Boot. Zakia warf den Anker. Mit Taucherbrille sprang Mohammed ins Wasser, um einen großen Busch *Cottonii* hochzuholen. Die Frauen brachen davon kleine Äste als Ableger ab und bereiteten sie für den Anbau vor: Nach einer Minute hatten sie mithilfe eines Plastikrohrs ein gutes Dutzend kleiner *Cottonii* in einem Schlauch aus grobmaschigem Fischernetz aufgereiht und warfen sie über Bord zu Mohammed.

Würden sie die Algen wie im flachen Wasser einfach an Leinen knoten, würden sie hier, in der stärkeren Strömung der Tiefe, abbrechen und davontreiben. Die Netzschläuche wurden zwischen schweren Steinen am Meeresgrund und an der Oberfläche treibenden Flaschenbojen befestigt. Die »Tubular Net Method« hatte Dr. Flower in Brasilien gelernt und mit einer indonesischen Professorin an die hiesigen Gegebenheiten angepasst. Eine ihrer Studien hatte ergeben, dass dank dieser Methode 40 Prozent der Farmerinnen bereits die Hälfte oder mehr zum Einkommen ihrer Familien beitragen konnten. Man hörte von Dörfern, in denen die Frauen jetzt das Sagen hatten.

»Mit dem Boot zu arbeiten ist großartig«, erzählte Zakia den beiden Besuchern Muhando und Ameir, die im Kanu neben ihr hertrieben. »Ich hätte mir nie erträumt, dass wir so etwas mal tun würden«, sagte sie. »Aber Allah hat es so gewollt.«

Alles gehe hier draußen schneller und leichter als im flachen Wasser, wo Wellen und Stürme oft die Felder verwüsteten und die Pflanzen von den Leinen rissen. Außerdem gedeihe das hochwertige *Cottonii* in der sechswöchigen Wachstumszeit deutlich besser: »Die Algen werden hier draußen etwa doppelt so groß.« Allerdings brüte der Kaninchenfisch allzu gerne in den Netzen und ernähre sich auch von den Pflanzen. Andererseits – auf diese Weise fingen sie bei der Algenernte jetzt auch Fische.

Mondy Muhando sagte, dies könnte die nächste große Innovation auf dem Gebiet der Algenfarmen sein: die Nutzung verschiedener Arten am selben Ort. Zum Prinzip der Ko-Kultur forschten Wissenschaftlerinnen und Wissenschaftler aus Tansania und Sansibar gemeinsam mit dem Institut in Bremen, an dem sie studiert hatte. In ihrer Feldforschung in den Algenfeldern hatte sie einst beobachtet, welchen Effekt Seegurken auf die Pflanzen hatten. »Wenn die Arten zusammen kultiviert werden, wachsen beide besser«, sagte sie. Seegurken und Algen bildeten eine Art Nährstoffkreislauf. Und weil Seegurken in China als Delikatesse galten, würden die Frauen von Sansibar in Zukunft nicht nur mehr Algen ernten, sondern dazu noch ein weiteres Produkt verkaufen können. Damit wären sie unabhängiger von schwankenden Marktpreisen.

In der *FAO Hatchery* in Stone Town, einer Brüterei der Ernährungs- und Landwirtschaftsorganisation der Vereinten Nationen, wurden junge Meerestiere bereits in fruchtbarer Koexistenz gezüchtet. Die Anlage war ein Versuchsfeld für »Integrierte multitrophe Aquakultur«: Fische und Garnelen schieden aus, was filternde Muscheln,

Seegurken oder Algen ernährte. Diese Form nachhaltiger Aquakultur würde einst einen entscheidenden Beitrag zur Ernährungssicherheit der Zukunft leisten können, in einer Welt mit über acht Milliarden Menschen, in der eine höchst klimaschädliche Landwirtschaft längst über die Grenzen ihrer Kapazitäten hinausgeschossen war. Gleichzeitig wurde das fruchtbare Land weniger, ebenso wie Süßwasser und Phosphor zum Düngen.

»Zwei Drittel unseres Planeten sind mit Wasser bedeckt«, sagte Mondy Muhando. »Es ist höchste Zeit, dass wir es geschickt nutzen, anstatt die Fehler zu wiederholen, die wir an Land bereits begangen haben.«

Die Algen, so schien es, könnten die Basis für eine neue Ordnung sein.

Gegen Abend besuchten Rajab Ameir und Mondy Muhando noch einmal die Frauen im Küstendorf Paje. Die Algenfarmerinnen versammelten sich in ihrer Produktionshütte und schnitten Bananenblätter zurecht, in die sie ihre Seife wickelten. Mwanaisha Makame schüttete zusammen mit einer Freundin die Zutaten in den Bauch der Rührmaschine: *Spinosum*-Pulver, Natriumcarbonat, Kokosöl, Silikat, Zitronengras. Jetzt, wo das Geschäft mit den Algen höhere Gewinne abwerfe, so erzählten sie, werde es auch für Männer wieder attraktiver. Dass die mit einstiegen, wollten die beiden aber nicht.

»Schließlich mussten wir lange kämpfen, um uns das alles hier aufzubauen«, sagte Makame.

Dafür nahmen sie jetzt ihre Enkeltöchter mit auf die Unterwasserfelder.

DIE OPERATION

In den leeren Kisten stapele ich Türme und baue Tetris-Reihen, auf dass sich alles in Wohlgefallen auflösen würde. Nimo steuert die elektronische Heimorgel in der hintersten Ecke des Dachbodens an. Sie ist mit einem Tuch abgedeckt wie ein Gespenst. Mit der sogenannten *Verkleidungskiste* habe ich, ohne darüber nachzudenken, das entscheidende Hindernis aus dem Weg geräumt.

Nimo steigt über Bücherkartons und gelangt unter die Dachschräge. Er zieht das Tuch herunter und entdeckt zwei Etagen Klaviatur, Reihen von Plastikreglern mit Markierungen, die man aus der Orgel herausziehen oder hineinfahren kann, sowie etliche bunte quadratische Knöpfe mit roten Lämpchen. Auf dieser Orgel brachte mein Vater mir *Weißt du, wie viel Sternlein stehen* bei. Irgendwann gab ich auf, oder er. Nimo wischt mit der Hand über die Tasten, *brrrrrrrrrrt*. Kein Ton. Ich erkläre ihm, dass dies eine elektronische Orgel sei und dass man dafür Strom brauche.

»Warum hat der Opa die Orgel?«, fragt Nimo.

»Weil er Musiker werden wollte.«

»Kann er darauf spielen?«, fragt er.

»Niemand kann darauf spielen«, sage ich. »Die Orgel ist kaputt.«

»Warum hebt er sie dann auf?«

Ich sage, die Orgel sei nicht zum Spielen da. Nimo runzelt die Stirn. Wofür genau sie da ist, weiß ich nicht. Ich weiß auch nicht, warum sie abgedeckt ist, obwohl sie durch bloßes Herumstehen kaum weiter beschädigt werden kann. Vielleicht will mein Vater sie verstecken, im hintersten Winkel seines Hauses. Oder beschützen. Warum hat er die Orgel nie repariert? Vielleicht soll es genauso sein, wie es ist.

Acht Jahre lang führten meine Eltern eine Wochenendbeziehung, in deren Mitte ich geboren wurde. Mein Vater musste in der Firmenzentrale der Sarowa in Hamburg arbeiten und meine Mutter wollte ihm nicht in die fremde Stadt folgen. Er arbeitete von 8 bis 17 Uhr, prüfte Fälle und versuchte, in der Ferne nicht einzugehen. Diese Zeit liegt im Dunkeln. Ich weiß nur, dass er in seiner Ein-Zimmer-Wohnung abends Bier gegen die Einsamkeit trank. Dass er dabei Musik von den Beatles hörte und sich die elektronische Orgel nach Anleitung zusammenbaute, Hunderte Stunden, Tausende Teile. Das war günstiger, als die Orgel am Stück zu kaufen. Doch vielmehr war es der eigentliche Zweck der Orgel, ihn mit schier endloser Kleinarbeit zu beschäftigen.

Die Orgel war zwischen meinen Eltern immer wieder ein Streitpunkt. Einst hatte sie im Arbeitszimmer meines Vaters gestanden. Als sie kaputtging und nicht repariert wurde, drängte meine Mutter darauf, sie zu entsorgen. Mein Vater brachte es nicht übers Herz, und so einigten sie sich auf den Dachboden. Doch stand sie auch dort im Weg, bei der Isolierung der Dachschräge, beim Verlegen des Korkfußbodens, immer musste sie mit gemeinsamer Anstrengung von meinem Vater, meiner Mutter und mir hin und her geschoben werden. Mein Vater sagte dann immer, die Orgel habe ihm einst geholfen, die Einsamkeit zu überwinden in Hamburg. Als ginge noch immer diese Kraft von ihr aus. Als dürfe er sie nicht im Stich lassen.

Einer Intuition folgend räume ich den Weg bis zur Mitte des Raumes frei und versuche, die Orgel zu bewegen. Sie ist schwer wie ein voller Kleiderschrank und massig wie zwei Klaviere. Mit Nimos Hilfe schaffe ich es gerade, die Orgel so zu verschieben, dass sie in diesem Raum unmöglich ignoriert werden kann. Das Tuch falte ich zusammen. Ich schaue mir die Orgel eine Weile an und sehe sie wie durch ein Aquarium. Sie hat drei goldene Fußpedale.

Ich sage Nimo, dass sein Opa in Wahrheit der einzige Mensch ist, der auf dieser Orgel spielen kann. Dass er dafür nicht einmal Strom braucht. Dass er Abend für Abend die zwei Etagen hinaufsteigt mit Knien wie neu, sobald die Zeitschaltuhren die Lichter ausmachen. Dass sich dann die Kartonstapel vor ihm erheben und von der Orgel schon ein Glimmen ausgeht. Dass er sich seine Kopfhörer aufsetzt und zu spielen beginnt, *Sweet child in time*, im roten Schein der Knöpfe. Dass er damit dieses Haus in sich zusammenhält und womöglich die ganze Stadt. Und dass von seinem stummen Dienst kein Mensch etwas ahnt. Dass ihn deshalb niemand wirklich kennt, nicht einmal meine Mutter, die beinahe drei Jahrzehnte an seiner Seite lebte.

Das Reich des Nicht-Erinnerns ist so viel größer als das Reich des Erinnerns.

Eines Tages wird auch mein Sohn einen Dachboden durchkämmen, vielleicht sogar diesen Dachboden. Dabei wird er auf die Spuren meines vergangenen Lebens stoßen. Vielleicht wird er versuchen zu rekonstruieren, wer sein Vater war. Alles, was wir jetzt erleben, wird dann längst verschwunden sein im Nichts. Einen leisen Widerhall wird er spüren, vage Gefühle zu einer verstrichenen Zeit, zwei, drei Szenen. Schlaglichter, scheinbar wahllos. Gerüche, die ihn plötzlich, wenn sie in seiner zukünftigen Gegenwart auftauchen sollten, für einen Moment zurückversetzen – oder für immer vergessen wären.

Was wird er auf meinem Dachboden finden?

Ich lasse meinen Blick über die verstreuten Gegenstände schweifen. Keine Zeugnisse irgendeiner Leistung, auf die ich stolz sein könnte. Vieles ist einfach zu schade zum Wegschmeißen gewesen. Vielleicht könnte ich zum Autor meiner eigenen Geschichte werden, indem ich ein paar Urkunden, Zertifikate und ein persönliches Dankesschreiben des UN-Generalsekretärs fabrizierte, die ich dann zwischen dem historischen Material verteilen könnte. Den gelben

Gürtel meines alten Judoanzugs würde ich gegen einen schwarzen tauschen. Bücher zum 11. September und von Paulo Coelho ließe ich verschwinden. Et voilà.

Nimo geht in mein Zimmer. Hinter der Rigipswand höre ich ihn in dem Karton mit dem Playmobil wühlen.

Vor etwa hundert Jahren trieb es den US-amerikanischen Historiker Thornwell Jacobs um, dass ein überwältigend großer Teil seiner Zivilisation eines Tages vergessen sein würde, wie es das Schicksal aller Zivilisationen war. In den 1920ern recherchierte er zu den alten Ägyptern und staunte, wie wenig die Menschen der Neuzeit über deren Leben wussten, wie viel folglich für immer verloren war. Alle Annahmen speisten sich aus wenigen bruchstückhaften Quellen, nämlich den Grabstätten der Pharaonen und der sumerischen und babylonischen Könige, die gerade geöffnet worden waren.

Er wollte selbst dafür sorgen, dass die zukünftige Quellenlage besser sein würde. Seine Generation solle die erste sein, die ihre archäologische Pflicht erfülle, sagte er.

Im Keller der von ihm geführten Privatuniversität im Bundesstaat Georgia wandelte er deshalb einen Swimmingpool, eingelassen in Felsgrund, in eine Kammer um, die er mit einem Steindach und einer Stahltür versehen ließ. Über Jahre hinweg sammelte Jacobs gemeinsam mit einem Archivar verschiedenste Zeugnisse zivilisatorischer Entwicklung, weltweiter Sitten und Bräuche sowie das geballte Wissen der Menschheit bis in ihre Gegenwart.

Sie bannten 960 000 Buchseiten auf Mikrofilm, inklusive Bibel, Koran, Homers *Ilias* und Dantes *Göttliche Komödie*. Etwa 250 Filme zeigten Industrie, medizinische Eingriffe, Alltagsleben, Unterhaltungskino und Dokumentationen. Sie ließen bekannte Kostümdesignerinnen verschiedenste Miniaturkleider anfertigen und diese dann Puppen anlegen, die unter Glaskuppeln konserviert wurden, inklusive Schnittmustern zur Nachahmung. Alltagsgegenstände fanden ihren Weg in die Sammlung, ein Radio, eine Schreibmaschine, eine Kasse, ein Taschenrechner, eine Plastikfigur von Donald Duck, Zeitungen, Musikinstrumente und eine versiegelte Budweiser-Bierflasche. Schließlich auch Tonaufnahmen von Hitler und Mussolini, von US-Präsident Roosevelt und Popeye.

Um die Artefakte vor dem Altern zu schützen, packten sie die meisten von ihnen in Behälter aus rostfreiem Stahl, innen mit Glas ausgekleidet und mit Stickstoff befüllt. Am Eingang der Kammer platzierten sie einen Projektor, ein Gerät zum Lesen von Mikrofilmen sowie einen Apparat, der den Findern der Kammer ermöglichen sollte, die englische Sprache zu erlernen. Für den Fall, dass es in der fernen Zukunft keine Elektrizität gäbe, legten sie einen Generator bei, der Strom aus Windkraft erzeugen konnte.

All das war für die Menschen des Jahres 8113 bestimmt, in dem die *Krypta der Zivilisation* geöffnet werden sollte – 6177 Jahre nach ihrer Vollendung. Dies ergab sich für Thornwell Jacobs aus dem ägyptischen Kalender, der wiederum 6177 Jahre zuvor begonnen hatte. Mit seinem Projekt wollte er die Mitte dieser Zeitleiste bilden. Am 25. Mai des Jahres 1940 wurde die Kammer im Rahmen einer Zeremonie luftdicht versiegelt und die Stahltür zugeschweißt. Die letzten Gegenstände, die Einzug in die Sammlung hielten, waren auf Stahlplatten übertragene Berichte aus dem *Atlanta Journal* zum Zweiten Weltkrieg sowie eine Tonaufnahme von Thornwell Jacobs, auf der er sagte: »Die Welt ist dabei, unsere Zivilisation für immer zu begraben, und hier in dieser Krypta überlassen wir sie euch.«

Es war der Versuch, die Geschichte der eigenen Zivilisation selbst zu schreiben.

Thornwell Jacobs Idee verbreitete sich rasch. In seinem Geiste wurde 1990 die Internationale Zeitkapselgesellschaft gegründet, die bis heute über 1400 Zeitkapseln weltweit registriert hat. Die Gründer schätzen, dass es auf der Welt gut 15 000 Zeitkapseln geben könnte.

Die meisten davon sind längst verschollen oder vergessen.

Ich stapele die DVDs übereinander und betrachte das Cover von *An Inconvenient Truth*, dem Klimafilm von Al Gore aus dem Jahr 2006, auf dem drei Schlote weißen Rauch in den Himmel blasen, der einen Strudel bildet. Die Hülle ist aus Pappe und wirkt recycelt. Darauf steht, dass der Film zwei Oscars bekommen hat und auf Filmfestivals ausgezeichnet worden ist.

Gore hat ihn gedreht, nachdem er jahrelang mit seiner Diashow durch die Weltgeschichte getourt war, nachdem er den Wahlkampf gegen den Ölindustriellen George W. Bush (Sohn des Ölindustriellen George H. W. Bush) verloren hatte, nachdem die Flugzeuge in die Zwillingstürme von Manhattan geflogen waren und die Amerikaner den *War on Terror* ausgerufen hatten, eingeläutet durch einen Feldzug gegen Afghanistan. Mit gefälschten Beweisen für Massenvernichtungswaffen hatten sie einen völkerrechtswidrigen Krieg gegen den Irak vom Zaun gebrochen und die dortigen Ölfelder unter ihre Kontrolle gebracht, die zu den größten der Welt zählten und zuvor in Nationalbesitz gewesen waren. Fortan profitierten Shell, BP, ExxonMobil – und Halliburton, die Firma, die vom Ölindustriellen Dick Cheney geleitet worden war, bevor George W. Bush ihn ins Amt des Vizepräsidenten gehievt hatte. Unter anderem entwarf Cheney gemeinsam mit Konzernbossen eine Energiepolitik, die zum Ziel hatte, den Verbrauch fossiler Brennstoffe und damit auch ihre Gewinne zu steigern. Halliburton erhielt nach Beginn des Irakkrieges Aufträge vom Pentagon mit einem Volumen von 24 Milliarden US-Dollar. Cheney, der selbst nie Militärdienst geleistet hatte, legalisierte Folter und schaffte mit seiner Invasion die Bedingungen für den späteren Aufstieg des »Islamischen Staates« und salafistischer Netzwerke, auch in Europa.

Während ich mit meinem Freund Max also darauf gewartet hatte, dass wir von den Illuminaten gechippt werden, hatte sich die eigentliche Verschwörung direkt vor unseren Augen abgespielt.

Das *Cost of War*-Projekt einer amerikanischen Universität bilanziert: In seinen zwanzig Jahren hat der *War on Terror* mit Maßnahmen in 85 Ländern 950 000 Menschen das Leben gekostet – mindestens 400 000 davon Zivilisten, für die es auf meinem Schulhof nie eine Gedenkminute gegeben hat – sowie acht Billionen, also 8 000 000 000 000 US-Dollar. Es war wohl wie immer nicht der richtige Zeitpunkt gewesen, um über eine drohende Klimakatastrophe zu reden.

Nichts wird je wieder so sein, wie es war, hatten die Medien und die Politikerinnen und Politiker des Westens wiederholt, als wären sie die Sprachrohre der US-Außenpolitik. Dabei war nach diesem Tag, an dem die Zwillingstürme in sich zusammengefallen waren, das meiste noch viel mehr so, wie es vorher schon gewesen war. Egal, welche Geschichte die westliche Zivilisation gerne über sich selbst erzählt.

Ich kann jetzt auch darauf verzichten, die Hülle getrennt von der DVD im Papiermüll zu entsorgen. So schließt sich der Deckel meines alten Mülleimers über den drei Schornsteinen auf dem Cover von Al Gores nutzlosem Film.

Dann sage ich Nimo, dass wir jetzt losmüssten, zu meiner Mutter, und dass mich Herr Dr. Becker dann endlich von meinem schmerzenden Zahn befreien werde. Nimo hat alle Playmobil-Pferde übereinandergestapelt, sie reichen mir bis zum Knie.

Morgen wäre ich wieder wie neu.

Ich stelle die Tomatenpflanze auf dem Tresen ab und sage Clarissa, dies sei eine Noire de Crimée für Herrn Dr. Becker als Dankeschön für seine jahrelangen Dienste.

»Äh, vielen Dank«, sagte sie. Sie wisse aber gar nicht, ob der Herr Doktor ein so begeisterter Gärtner sei.

Eine Tomate sei ein guter Anfang, sage ich.

Clarissa bringt mich ins obere Stockwerk, raus aus dem Zitronengrasduft, durch das kühle Treppenhaus in einen cremefarbenen Vorraum mit grünen Polstersesseln, der wirkt wie die Empfangshalle eines Wellness-Start-ups. Über einem vielleicht nie besetzten

Tresen aus Schichtholz prangt ein dunkelgrünes B, von hinten beleuchtet. Es riecht hier nach Rosenwasser und Desinfektion. In der Ecke steht ein Tank. Er brummt, als ich mir Wasser zapfe, das durch mehrere Schichten verschiedener Edelsteine in den Pappbecher läuft. Ich darf in das Behandlungszimmer *Bali* gehen, in dem Clarissa schon alles vorbereitet.

An der Wand hängt ein Triptychon aus Fotoleinwänden mit einem Wasserfall, sattgrünen Reisterrassen und einem Dschungeltempel. Ich setze mich in den Stuhl, Clarissa legt mir ein Papierlätzchen um und stellt die Kopflehne ein. Auf einer Papierunterlage auf Dr. Beckers Silbertablett vor mir richtet sie ein gutes Dutzend Instrumente in gleichmäßigem Abstand nebeneinander an. Eine Zange etwa, deren Kopf rechtwinklig abknickt, sodass damit auch hintere Zähne gut greifbar sind. Kulturtechnisch betrachtet ist man hier nicht weit vom Tierarzt eines mittelalterlichen Dorfes entfernt. Denn Zahnziehen bleibt Zahnziehen, ob Pferd oder Mensch, da können tausend Jahre vergangen sein, es hilft kein Mondflug und kein Rosenwasser. Neben der Zange liegt eine chirurgische Nadel, durch deren Öse ein grüner Faden gezogen wurde. Immerhin kein glühendes Eisen.

Clarissa hält mir einen Stift und einen Zettel hin.

»Wollen Sie mir den Namen und die Nummer Ihrer Kontaktperson geben, damit wir die benachrichtigen können, sobald Sie aufgewacht sind?«

Ich sage ihr, dass mich niemand abholen kann, dass ich aber über die Risiken aufgeklärt bin und das Haus meines Vaters nur fünf Gehminuten von hier entfernt liegt. Dass ich kein Auto mehr fahren würde, versprochen. Nicht einmal Autoscooter, sage ich. Clarissas Lippen bilden einen Strich. Meine klammen Handflächen wische ich an meiner Jeans ab.

»Dann dürfen wir Sie nachher wirklich nicht gehen lassen«, sagt Clarissa. Sie habe da leider überhaupt keinen Spielraum. Herr Doktor würde sonst haften im Schadensfall. Den Nachhauseweg nicht zu überleben, das gehöre nicht zu meinen Ängsten, sage ich. Ich müsse doch nur einmal über die Ampel und von da aus durch die Fußgängerzone.

»Sie können auf den Dämmerschlaf natürlich auch verzichten«, sagt Clarissa nun in einem schärferen Ton. Sie legt die Lehne des Stuhls zurück und ich blicke auf eine Horde von Äffchen, die im Wasser eines dreistöckigen Springbrunnens planschen.

»Sooooo«, höre ich Dr. Beckers tiefe Stimme im Flur. Er kommt herein auf den Sohlen seiner weißen Reeboks und vergisst dabei nicht zu lächeln, als wäre er noch vor Publikum unterwegs durch seine eisige Schlittschuh-Welt.

Als Kind plagte mich die Angst, man würde mich im Zuge einer ausufernden Behandlung einmal in der Praxis des Dr. Becker festhalten. Irgendwann, stellte ich mir vor, würde mein Vater nach Hause gehen. Meine Eltern würden sich zunächst noch fragen, wie es mir wohl ginge, dann, ob es mich je gegeben hatte, und in einigen Monaten hätte ich kein Echo mehr in der Welt.

Jetzt ist es so weit.

»Am Wochenende habe ich erst an Sie denken müssen«, sagt Herr Dr. Becker und schiebt ein Wägelchen mit einer Lösung in einer kopfüber hängenden Flasche an mich heran. Er habe da nämlich Notdienst gehabt.

Am Samstag, kurz vor Mitternacht, sei ein junger Mann – na ja, etwa in meinem Alter – zu ihm in die Praxis gekommen, als letzter Patient. Er habe eine Kette um den Hals getragen, deren Anhänger aussah wie eine Reiswaffel aus dem Biomarkt, nur in klein. Betäubungsmittel habe er kaufen wollen – Lidocain, Articain, Mepivacain, wenn möglich auch Adrenalin, wegen der verstärkenden Wirkung. Dies sei aber kein Süchtiger gewesen, wie man vielleicht meinen könnte. Nein, er habe sich nur einrichten wollen für den »großen Reset«, wie er es genannt habe, die endgültige Machtergreifung einer globalen Elite nämlich, welche die Menschheit unterjochen und in die totale Abhängigkeit zwingen wolle. Der Vatikan spiele dabei wohl ebenfalls eine Rolle. Der Mann habe vom Großvater angeblich einen Schrebergarten in Hanglage geerbt, diesen über Jahre hinweg unterhöhlt und diese Höhle dann mit einer verborgenen Tür versehen. Er lagere dort Konservendosen und diverse Werkzeuge, darunter auch mehrere Äxte und Macheten, wie Herr Dr. Becker auf Nachfrage erfahren habe.

»Das muss man sich mal vorstellen«, sagt Herr Dr. Becker und schaut Clarissa über mich hinweg an.

Natürlich habe er ihm keine Medikamente verkauft, dafür etwas Magnesium, Omega-3-Kapseln und Vitamin D, hochdosiert.

Er selbst frage sich nun, ob die Gesellschaft eines Tages nicht vielleicht zusammenbreche, weil die Menschen genau davor Angst hätten, und dann jede Menge irrationaler Entscheidungen träfen, also kraft einer sich selbst erfüllenden Prophezeiung. Und – jetzt sieht er mich wieder an – ob die Medien da nicht einen gewaltigen Anteil hätten mit ihrem ewigen Angstgebet, mit Krieg und Pandemie und Klimakrise. Ob die *Medien* – wenn ich die Frage gestattete – da nicht eher Teil des Problems seien als Teil der Lösung. Er sticht mir nun eine Kanüle in die Vene, die durch einen Schlauch mit der Lösung verbunden ist.

Bisher wurden mir Zähne nicht im Dämmerschlaf gezogen. Erst beim Einsetzen der Implantate durch einen Kieferorthopäden ist diese Sondermaßnahme für 159 Euro nötig gewesen, da die Eingriffe lange dauern konnten. Dabei bohren sie einem den Kieferknochen auf und treiben Gewinde hinein. Jetzt aber hat Herr Dr. Becker mir den Dämmerschlaf empfohlen, da er unter meinem Zahn einen besonders großen Entzündungsherd ausgemacht hat. Er erwarte starke Blutungen. Eine Mischung aus Schmerz- und Schlafmitteln würde mich nun weit genug davontragen, dass ich die Behandlung angstfrei überstünde, angeblich wie in Watte eingepackt, tatsächlich aber eher wie nach einem Knockout. Ich habe dem zugestimmt, da mir somit die sinnliche Teilnahme an einer höchst unangenehmen

Prozedur erspart bliebe – die Betäubungsspritze in einen entzündeten Zahnhals, das Lockern des Zahns in der Zahntasche mithilfe der Zange, durch kräftiges Ruckeln, das Krachen des brechenden Zahns und das Ausschaben der Wurzelreste aus gekrümmten Höhlen, unter sprudelnd hervortretendem, übel schmeckendem Blut, von dem immer etwas die Kehle herunterrinnt, trotz Sauger.

Eine Valium würde es jetzt auch tun, sage ich, damit hätte ich gute Erfahrungen gemacht. Dr. Becker lacht, schüttelt den Kopf und sagt, in seiner Praxis bekäme eben nicht jeder Apokalyptiker die Drogen, die er gerne hätte.

»Für Sie hoffe ich jedenfalls, dass die Zivilisation noch eine Weile Bestand hat«, sagt Dr. Becker. »Sie stehen vor einer aufwändigeren Renovierung des Mundraumes und es dürfte schwer werden, dafür im kollektiven Überlebenskampf das entsprechende Personal zu finden.«

Zwei meiner Zähne seien von Karies befallen, das lasse sich bei einem weiteren Termin beheben. Ansonsten rate er mir dringend, alle übrigen wurzelbehandelten Zähne entfernen zu lassen, da ich sonst früher oder später mit gesundheitlichen Problemen zu rechnen hätte, die sich nicht immer ganz einfach auf die Störfelder in meinem Mund zurückführen ließen. Man würde dann im Dunkeln tappen.

Die gezogenen Zähne würde er durch Keramikimplantate ersetzen.

Auf meine Nachfrage hin schätzt Dr. Becker den Selbstkostenbeitrag einer solch umfassenden Behandlung, inklusive der Vergünstigung durch die Zahnzusatzversicherung, auf *round about* 20 000 Euro. Diese allerdings könnten – wie besprochen – in Raten gezahlt werden.

»Das Organische ist nur ein Tropfen im Meer des Anorganischen«, sagt Herr Dr. Becker, als er sich über mich beugt, mit seinem Mundschutz und der Klappbrille auf der Nase. »Sigmund Freud.«

Dafür aber hielten wir Menschen uns doch ganz gut, sagt er. Und wenn auch – selbstredend – alles vergänglich sei, würde er glatt mit mir um eine Kiste guten Merlot wetten, dass die Welt bis zum Abschluss der gesamten Behandlung, die über die nächsten Jahre bei mir anstünde, nicht unterginge. Wobei das ja eine Definitionssache sei. Da müsste man sich zuvor eben genau einig werden, wie man sich so einen Weltuntergang vorzustellen habe. Wann er genau beginne. Und ab wann die Welt dann als untergegangen gelte.

Dem können wir gemeinsam auf die Spur kommen.

MISSION ERDE II
Manhattan, New York

Ich hatte bei der Raumfahrtbehörde der Vereinigten Staaten bisher an Mondlandung und Marsmissionen gedacht und nicht an den Planeten Erde. Schon gar nicht an den drohenden Kollaps unserer Zivilisation.

»Die NASA hat mit außerordentlich cleverer Technologie vielen Wissenschaften den Weg geebnet«, sagte Dr. Gavin Schmidt am Broadway. »In den Sechzigern entwickelten unsere Pioniere Instrumente, um etwas über die Geschichte der Planeten zu erfahren, über die Wolken der Venus oder die Windstrukturen des Jupiter.« Irgendwann hätten sie dann bessere Karten von den Polkappen des Mars gehabt als von denen der Erde. In den Siebzigern habe die NASA ihre Methoden dann auf hiesige Verhältnisse übertragen.

Vor uns krochen die Autos im stockenden Verkehr vorbei, der vielleicht eher ein fließender Stau war. Die Ampel sprang auf Grün. Wir überquerten die Straße in Richtung Hudson River.

»Hier gab es viel mehr zu messen als etwa auf der Venus. Von der vielfältigen Oberfläche bis in die Schichten der Atmosphäre, von Wasserdampf über Sandstürme bis zum Ozon«, sagte Schmidt. Die NASA hatte die Instrumente und Programme angepasst, riesige Datensätze erstellt und Modelle zusammengeführt, um bestimmte Prozesse zu verstehen. »Jetzt schließt sich der Kreis«, sagte er. »Wir können unser Verständnis der Erde nutzen, um potenziell bewohnbare Exoplaneten zu erforschen.«

Schmidts NASA-Institut, das Goddard Institute for Space Studies, befasste sich jedoch vor allem mit der Frage, wie bewohnbar unser eigener Planet unter verschiedenen Bedingungen bleiben würde.

Weil keine andere Institution so lange und kontinuierlich Daten im Weltraum gesammelt hatte wie die NASA, hatte sie Veränderungen über große Zeiträume hinweg beobachten können. Da war etwa GRACE gewesen, die Mission zur Kartierung der Erdgravitation mittels zweier Satelliten: Weil die Schwerkraft von der Masse abhing, war sie etwa über einem hohen Berg stärker als über dem Ozean. »Durch die Messungen über fünfzehn Jahre hinweg bekamen wir nicht nur ein genaues Bild von der Form unseres Planeten, wir konnten auch genau bestimmen, wie viel Eis von bestimmten Gletschergipfeln geschmolzen ist, wie viel in Grönland, Alaska oder der westlichen Antarktis«, sagte Schmidt. Die Messdaten von GRACE hatten nachgewiesen, dass sich die Antarktis-Eismasse innerhalb von drei Jahren um ca. 150 Kubikkilometer verringert hatte, was einem Anstieg des Meeresspiegels um 0,4 Millimeter pro Jahr entsprach.

Wir setzten uns auf eine Bank an der Promenade zum Fluss hin und atmeten Wolken in die kalte Luft.

Gavin Schmidt war gerade Vater einer Tochter geworden. Zukunftsfragen waren neu sortiert. Und Verdrängung hin oder her, er wurde spätestens an seinem nächsten Arbeitstag wieder daran erinnert, dass die Menschheit auf eine Katastrophe zusteuerte. Ich fragte ihn, wovor er sich persönlich am meisten fürchtete.

Er überlegte einen Moment.

»Hättest du mich vor zwei Jahren gefragt, dann hätte ich dir etwas von veränderten Regenfällen erzählt, von zunehmenden Sturmfluten und extremen Dürren«, sagte er. Heute allerdings glaube er, dass die größte Bedrohung nicht auf der physikalischen Ebene liege, sondern vielmehr darin, wie unsere Gesellschaft darauf reagieren werde. »Wenn unser System überstrapaziert wird, geschehen grauenvolle Dinge.«

Schmidt dachte da an Supersturm Sandy in New York, nach dem plündernde Gangs durch evakuierte Nachbarschaften gezogen waren. Er dachte an Hurrikan Katrina, der vor allem an der Golfküste der USA gewütet hatte. Der Großraum New Orleans war besonders betroffen gewesen: Brüche im Deichsystem hatten dazu geführt, dass ein Großteil der Stadt unter Wasser gestanden hatte. Da hätten sich die Leute bewaffnet und seien aufeinander losgegangen.

»Schwarze wollten aus einem überfluteten Viertel eine Brücke überqueren und die Weißen haben von der anderen Seite auf sie geschossen«, sagte Schmidt. In einem Altenheim hätten Pfleger Bewohner getötet, weil sie die Leute nicht rechtzeitig hätten evakuieren können. »In unserem System baut alles aufeinander auf. Jede Störung hat eine Kaskade von Folgen.«

Wenn nun in einer Stadt eine Katastrophe passiere, könnten die Leute noch in die nächste Stadt gehen und würden dort Hilfe bekommen, eine Unterkunft und etwas zu essen. Wenn nun aber viele Orte von unterschiedlichen Problemen gleichzeitig betroffen seien, funktioniere das nicht mehr. Dann sei jeder nur noch mit der eigenen Krise beschäftigt.

»Leider hat der Klimawandel diese Dynamik«, sagt Schmidt. »Viele Dinge geschehen an vielen Orten gleichzeitig.«

Ob er glaube, dass die Welt noch zu retten sei, sagte er, das hinge stark von seiner Tagesform –

THE HESSIANS

Als ich zu mir komme, höre ich Dr. Becker sprechen wie durch Plüsch. Dann bin ich wieder ganz da. Er verlangt nach diversen Instrumenten, deren Namen ich sogleich wieder vergesse, und hantiert damit in meinem Mund herum. Auf dem Tablett vor mir liegen blutige Tupfer und der Zahn in zwei Teilen. Alles sei gut verlaufen, sagt Dr. Becker. Er schneidet einen Faden ab und legt ein Stück Watte in die blutende Lücke. Der Geschmack von Eisen.

»Und? Wie fühlen Sie sich jetzt?«, fragt er.

»Wie vorher«, sage ich.

»Bei manchen dauert es länger«, sagt Dr. Becker und tätschelt meine Schulter. Sicherlich würde auch ich bald eine Veränderung in meinem allgemeinen Befinden spüren. Mitunter geschähen nach Zahnextraktionen wundersame Dinge im Leben der Patienten. Sie beschrieben Gefühle der Erleichterung. Depressionen und Ängste lichteten sich oder die chronischen Rückenbeschwerden verschwänden schrittweise. Kurzum, die Welt sehe danach mitunter ganz anders aus. Er sagt, ich solle mit Clarissa einen Termin zur Kontrolle ausmachen. Dann könnten wir auch die weitere Behandlung planen. Ein Vierteljahr lang solle der Knochen jetzt ausheilen, dann stehe die nächste Operation an, zum Einsetzen des Implantates in meinen Kiefer, das dann wiederum mindestens ein halbes Jahr lang einwachsen müsse.

»Bis dahin«, sagt Dr. Becker und hält mir seine Faust hin. »Bleiben Sie ruhig, egal was passiert.«

Clarissa begleitet mich in ein anderes Zimmer, das sie den *Aufwach-raum* nennt. Dabei fasst sie mich leicht am Oberarm, als könne ich jeden Moment umkippen. Ich solle mich auf die Pritsche legen und ein paar Stunden dösen. Sie werde mir Bescheid geben, wenn ich entlassen sei.

Ich bin hellwach.

An den Wänden hängen gerahmte Bilder von Dr. Jonas Becker, Herrn Dr. Beckers Sohn, der in den Konferenzräumen von Schweden bis Jamaika die Hände verschiedener Funktionäre der Zahnmedizin schüttelt. Zum Anzug trägt er eine Baseballkappe. Daneben: gerahmte Zertifikate diverser Fortbildungen im Bereich ganzheitlicher Zahnmedizin und Ernährungskunde, auf denen ebenfalls sein Name steht.

Ich google den Junior und stoße auf Instagram Stories, in denen sich Dr. Jonas Becker beim Trainieren filmt und über »Atomic Habits« spricht, die das übermenschliche Potenzial in einem aktivieren sollen. *Dr. Joni – Dentist and Biohacker.*

Ich finde eine Art Imagefilm, der an diese mit Stockvideomaterial unterlegten Motivationsreden auf YouTube erinnert. Der Übermensch von heute hat Morgenroutinen, schüttelt Taue im Fitnessstudio, fährt mit umgedrehter Kappe einen Großstadtgeländewagen durch den Sonnenschein und sagt, wir müssten *einfach wieder Kind sein*. In einem Videoblog preist er die Kraft der Acai-Beere an und bewirbt das Superfood-Müsli-Start-up eines Freundes. Der Großteil der Videos, in denen er mitunter Englisch spricht, dreht sich um die gesundheitlichen Risiken konventioneller Zahnbehandlungen. *Sie haben einen wurzelbehandelten Zahn, Ihnen wurden Weisheitszähne entfernt, Metallimplantate eingesetzt oder gar Amalgamfüllungen?* Hier ist jeder gemeint. *Gesund beginnt im Mund*, heißt es. *Die Wurzel allen Übels* seien wurzelbehandelte Zähne. Das endgültige Ziel: *Optimal Health.*

Es ist Zeit zu gehen.

Aus dem OP-Zimmer höre ich einen Staubsauger, ansonsten

scheint im oberen Stockwerk niemand mehr zu sein. Ich schleiche durch das Treppenhaus und just auf Höhe der unteren Praxisräume sehe ich, wie sich die Türklinke bewegt. Mit zwei Sätzen springe ich um die Ecke, von einer Treppe zur nächsten, und als ich höre, wie sich die Tür öffnet, beginne ich zu rennen. Ich jogge noch eine Weile, ohne mich umzudrehen, und spucke zwischendurch das Blut aus, das in meinen Mundraum läuft. Leute in der Fußgängerzone drehen sich nach mir um.

Es geht mir besser.

Als Ramon anruft, liege ich auf dem Sofa und halte mir eine Kühlpackung an die Wange. Mit dem Abklingen der Medikation fühlt sich mein Kopf an wie aus Glas. Obwohl ich mir das schon einige Male untersagt habe, fährt meine Zunge an der Wunde in meinem Kiefer entlang, wo der Zahn war und jetzt mehrere dicke Fäden aus dem Zahnfleisch ragen.

»Rate mal, wer aus Amerika zu Besuch ist«, sagt Ramon.

Wir kennen nur einen, der in die USA ausgewandert ist.

»Jakob«, sage ich.

»Bis morgen im Lande. Wann kommst du rum?«, sagt Ramon.

Bierchen liegt auf meinem Bauch und schläft.

Der Mercedes steht bei Josef. Mein Vater ist mit seinem Auto im Urlaub. Der Bus fährt einmal pro Stunde auf die Dörfer raus, aber abends käme ich damit nicht mehr zurück. In der Garage steht noch das Fahrrad, doch ich habe striktes Sportverbot von Dr. Becker und gerade erst die Blutung gestoppt. Ich denke an den Berg, auf dem Ramons Dorf liegt, und daran, wie lange es dorthin steil bergauf geht.

»Dicker, das Fahrrad von deinem Vater ist ein E-Bike, das ist wie Motorradfahren«, sagt Ramon.

In meinem Inneren wächst eine böse Blume. Als würde sich der gerade noch kräftige Körper gegen einen Angriff aus den eigenen Reihen stemmen. Die ferne Intuition, Schlaf würde helfen. Ich sage

Ramon, Motorradfahren sollte ich erst recht nicht, nach der Medikation.

»Sagen wir acht Uhr«, sagt Ramon.

»Auf keinen Fall«, sage ich.

»Oder sieben«, sagt er.

Im Garten gegenüber steht der Nachbar und gießt den Rasen mit dem Gartenschlauch. Die Kinder planschen im Pool. Dabei sollen wir doch Wasser sparen. Ramon hat aufgelegt.

Ramon wollte schon immer in Baunatal bleiben, denn er besitzt die Treue eines deutschen Boxers (ich meine den Hund, allerdings hat er auch die krumm gehauene und nach allen Seiten hin seltsam bewegliche Nase eines Boxkämpfers). Trotz zahlreicher Schulverweise hat er es geschafft, eine legale Laufbahn einzuschlagen und sich, statt zum Logistiker bei Volkswagen, zum Koch ausbilden lassen. Weil die Grundstückspreise in Baunatal in den vergangenen Jahrzehnten explodiert sind und er eben nicht bei VW ist, musste er mit seiner Familie aufs Dorf ziehen, die Bauna hinauf. Eigentlich gut so, hat er mal gesagt, denn wenn du mitten in Baunatal bist, kannst du Baunatal nicht sehen – so wie auch das Aussehen des eigenen Hauses weniger wichtig sei als das der Nachbarhäuser, weil man die ja schließlich anschauen müsse, wenn man aus dem Fenster schaue.

Als ich bergan in seine Straße fahre, bin ich durchgeschwitzt und die Naht in meinem Mund schmeckt nach rohem Fleisch. Ramon und Jakob stehen vor dem Haus, als seien sie nie voneinander getrennt gewesen. Ramon trägt Unterhemd und einen bunten Rucksack mit Blumenmuster. Jakob hat eine umgedrehte Baseballmütze auf, unter der sein blonder Pferdeschwanz hervorschaut. High five und Faust. Bei unserer Umarmung spüre ich, dass Ramon an den Schultern und Armen etwas an Muskelmasse verloren hat, wohingegen Jakob noch immer so knochig ist wie früher, bis auf das Bäuchlein, das sich jetzt unter seinem T-Shirt wölbt.

Ich überreiche Ramon die Tomatenpflanze *Andenhorn*, wobei die obere Hälfte, die während der Fahrt aus dem Rucksack ragte, abgeknickt ist. Ramon sagt, er stelle sie zur Regeneration in den Gewölbekeller mit den Wärmelampen. Er verschwindet in die Garage und von dort in verschachtelte Gänge.

Als Teenager versprach er uns, dass seine Freunde in seiner Villa wohnen dürften, sobald er es als Profibasketballer in die NBA geschafft hätte. Dieser Durchbruch wäre wohl der einzige Grund für ihn gewesen, die Region zu verlassen. Jetzt aber steht sein Haus nicht in New York, nicht in Boston, nicht in San Antonio. Es hat die knittrige Gestalt eines Fachwerkhauses und ein Kellergeschoss, in dem man sich bücken muss. Darin aber wohnt der Geist eines Zuhauses – und ich weiß, ich könnte jederzeit einziehen, wenn es darauf ankäme.

Wir gehen den Weg durchs Dorf hinaus auf die Felder in Richtung Autobahn. Ich habe eine Flasche alkoholfreies Bier aus der Kiste meines Vaters mitgebracht, Jakob nippt an einem kleinen *Hütt naturtrüb* und Ramon an einer guten Flasche Weißwein, die er von der Arbeit hat mitgehen lassen, weil er sich dahingehend weiterbilden wolle, wie er sagt. Sie hätten jetzt einen neuen französischen Koch, der was von Wein verstehe.

Ramon ist blass. Morgens steht er um 4 Uhr auf, um im Hotel das Frühstück anzurichten, und kommt um 16 Uhr oder um 20 Uhr oder irgendwann dazwischen nach Hause zu einer Küche, die erst mal aufgeräumt werden muss, zu seiner Frau und den vier Kindern sowie zwei Hunden, die Auslauf brauchen. Er schläft selten mehr als fünf Stunden, hat aber volle schwarze Locken und kein einziges Loch in den Zähnen. *Du musst nur jeden Tag mindestens zehn Liegestützen machen*, so hat er mich früher zu motivieren versucht. Und heute, da ich einsehe, wie recht er auf einer tieferen Ebene hatte, sagt er: *Du musst nur jeden Tag mindestens hundert Liegestütze machen.* Was uns früher als eine Hürde erschienen ist, war nicht einmal das Vorspiel heutiger Widrigkeiten.

Jakob habe ich vor zehn Jahren zum letzten Mal gesehen. Er versucht mir zu erklären, was er bei seiner Arbeit für einen amerikanischen Finanzdienstleister macht. Was ich verstehe, ist, dass er mit Headset in seiner Küche umherläuft in seinem Haus in den Hügeln Kaliforniens, wo er Deals mit Großkunden abschließt und zwischendurch Blaubeermüsli isst. Dass er nie mehr als fünf Stunden arbeitet. Seine Frau sei aus San Francisco und Anwältin in einer Großkanzlei. Die Ehe laufe gut – obwohl er selten zu Hause sei und in diesem Jahr bereits 6000 Kilometer auf dem Fahrrad zurückgelegt habe.

»Weil«, sagt Ramon.

»Was, weil?«, fragt Jakob.

»Die Ehe läuft gut, *weil* du 6000 Kilometer Fahrrad gefahren bist.«

»Maybe«, sagt Jakob.

Seine Mutter stammt aus den USA, sein Vater aus Altenritte. Wenn er hier ist, dann isst er Gehacktesbrötchen mit Senf und Zwiebeln, morgens, mittags, abends. Ansonsten hat er die deutsche Hälfte seiner Identität abgestreift. Er fragt mich, was ich so mache, verliert jedoch rasch das Interesse und redet dazwischen. Wahrscheinlich hat er nur Rasenmähroboter und Weltuntergang verstanden.

In einem der Gärten am Bürgersteig steht ein älterer Herr im Unterhemd und gießt die Blumen mit dem Gartenschlauch. Wir grüßen ihn im Vorbeigehen und er grüßt zurück, aber nur, indem er in Zeitlupe mit dem Kopf nickt und uns dabei fixiert, was weniger nach *Guten Tag* aussieht als nach *Ich habe euch im Blick*. Er dreht seinen Kopf mit, als wir an ihm vorbeigehen.

»Der guckt nur, der macht nix«, sagt Ramon.

»Was hat er denn?«, fragt Jakob.

»Zu viele neue Gesichter. Die Alten sterben weg und junge Familien von außerhalb ziehen her«, sagt Ramon. »Das ist denen suspekt.«

Vielleicht steht er noch immer da, mit seinem Schlauch in der Hand, und schaut uns hinterher.

Jakob sagt, so schlimm habe er Deutschland gar nicht in Erinnerung gehabt. Gestern sei er bei den Wasserspielen im Bergpark Wilhelmshöhe gewesen, wo das Wasser die Kaskaden hinabstürzt. Das Publikum dort sei im Schnitt siebzig Jahre alt gewesen und jeder schien schlechte Laune zu haben. In Amerika, da seien sogar die Obdachlosen besser drauf.

Vorgestern habe ich in der Zeitung gelesen, dass die Wasserspiele wegen der Trockenheit verkürzt worden sind, von 20 auf 18 Minuten, um den Betrieb die ganze Saison über sicherzustellen, und dass außerdem viele Bäche der Region bereits kein Wasser mehr führten. Jakob hat davon nichts bemerkt. Was sind schon zwei Minuten.

»Wir sind ein zähes nordhessisches Bergvolk, das seit jeher auf die Fresse bekommen hat«, sagt Ramon. »Zweitausend Jahre Krieg und Seuchen, Dicker. Bei uns herrschen schlechte Laune und eine natürliche Fremdenfeindlichkeit.«

Ramon ist von mehr Schulen geflogen als ich saubere Klimmzüge schaffe, also ungefähr sieben. Doch neben dem Basketballspielen hat er das Gesamtwerk Martin Suters gelesen, die Analysen Peter Scholl-Latours und einen Stapel *GEO Epoche* inklusive *Kapitalismus* und *Der Dreißigjährige Krieg*.

Wir gehen die Bauna entlang, entgegen der Stromrichtung. Vor uns öffnet sich der Blick auf die Felder und die Autobahn. Lastwagen wummern vorbei. Ramon hält mir die Weinflasche hin, obwohl ich erzählt habe, dass Dr. Becker mir ein striktes Alkoholverbot auferlegt hat.

»Es geht um den Geschmack, Dicker«, sagt Ramon. »Probier doch mal.«

Das Glas, aus dem mein Kopf besteht, ist noch immer trüb.

Im Wein, da könne man rund 500 Aromen und Aromavorstufen unterscheiden, sagt Ramon. Ich nehme einen Schluck und versuche dabei, meine Zunge auf die Naht zu pressen, um die Wunde zu schützen.

Meine Leute haben schon ganz anderes überstanden.

Das zähe nordhessische Bergvolk.

– Dein Ernst?

»Na ja Dicker, irgendeine Truppe ist immer eingeritten, um uns zu befreien oder zu unterjochen. Die Römer sind hier übelst am Expandieren gewesen, bis sie im Teutoburger Wald von den Germanen auf die Fresse gekriegt haben. Das war im Jahre neun nach Christus, nicht mal 100 Kilometer von hier. Attila der Hunnenkönig ist paar Hundert Jahre später mit seinen Horden eingefallen, Dicker, und hat auf seinen Raubzügen alles auseinandergenommen, bis er von den Germanen und den Römern auf die Fresse gekriegt hat. Dann hat die Völkerwanderung angefangen, die deutschen Stämme haben sich herausgebildet und jeder Herrscher wollte immer der Geilste sein. Und egal, welche umliegende Großmacht gerade mit welcher entfernten Herrscherfamilie Beef hatte, Dicker, die Schweden, die Habsburger, die Engländer oder die Franzosen, die haben sich nicht bei sich vor der Haustür getroffen, neee, sondern auf deutschem Boden, weil das schön in der Mitte lag. Karl der Große hat erst mal die Langobarden plattgemacht, Dicker, 28 Jahre Krieg gegen die Sachsen geführt, um die zu christianisieren, und versucht, die Mauren in Spanien zu bezwingen. Der hat die Selbstständigkeit der Bayern beendet und sich in Rom zum Kaiser krönen lassen. Er hat eine Linie um die ganzen früheren Kleinstaaten gezogen und gesagt, so, jetzt benehmen sich hier drin mal alle für ein paar Jahre. Und *fast forward* fügt sich alles zusammen und zerfällt wieder in Territorialstaaten, ein Riesendurcheinander, bis wir dann in der Mitte des Jahrtausends dreißig Jahre Krieg auf deutschem Boden haben. Da war die Party komplett vorbei, Dicker. Und während wir uns hier im Schlamm die Schädel eingeschlagen haben, da haben sie in Italien Renaissance gemacht, herausgefunden, wie man Perspektive malt, und Weintrauben in marmornen Hallen gegessen. Am Ende war bei uns die Hälfte der Bevölkerung draufgegangen, in Schlachten, an Seuchen oder Hunger. Im 18. Jahrhundert hat Landgraf Friedrich II. von Hessen-Kassel dann

Soldaten nach Amerika geschifft, um die Briten im Amerikanischen Unabhängigkeitskrieg zu unterstützen und denen New York klarzumachen. Die *Hessians* waren da drüben berüchtigt, Dicker, nordhessische Söldner, bis an die Zähne bewaffnet, von denen Tausende in Manhattan gestorben sind. Die Hälfte der Überlebenden ist trotzdem einfach dageblieben, weil sie genug hatten von Nordhessen –«

»Verständlich«, sagt Jakob.

Ramon nimmt einen Schluck aus der Flasche.

»Wo soll ich weitermachen?«, fragt er. »Beim Pfälzischen Erbfolgekrieg, bei Napoleon, dem preußischen Polizeistaat, dem Ersten Weltkrieg oder bei Hitler? Kein Wunder, dass die Deutschen einen Stock im Arsch haben. Aber glaub mir, Dicker, jeden Morgen, wenn ich in den Frühstückssaal komme, um den reichen Leuten noch mehr Speck und Rührei zu bringen, und ich sehe, was die für Fressen ziehen, dann will ich sie anspringen und Kopfnüsse verteilen. Die sitzen da, haben den übelsten Ausblick auf die Stadt und den Bergpark und die Sonne taucht den Himmel in goldenes Licht, aber die Herrschaften gucken, als sei gerade jemand gestorben. ›Guten Morgen‹, sag ich dann und zurück kommt nur Gegrummel, und ich denke: Ich hab guten Morgen gesagt, du Hurensohn. Aber ich lächele nur und frage: ›Ist alles in Ordnung bei Ihnen?‹ Deutschland, Dicker. Hör mir auf.«

Jakob meint, vielleicht hätten die Deutschen deshalb den Flachspüler erfunden, diese Stufe im Klo, auf der die Scheiße liegenbleibt, damit man sie sich vor dem Spülen noch einmal anschauen kann. Man schaue also zurück, sagt Jakob, und sehe eine stinkende, braune Masse, und so verstünden wir besser, wo wir herkämen, wir Deutschen, auch wenn der Rest der Welt uns und den Flachspüler nicht versteht.

Ich habe nie *GEO Epoche* gelesen.

Ramon sagt, das könnte man eins zu eins so schreiben, alles.

Ramon und ich sitzen auf der Holzbank am Brombeerstrauch. Jakob liegt auf dem Asphaltweg zum Feld hin. Ich pflücke eine Handvoll der Beeren, die an stacheligen Ästen über unseren Köpfen hängen. Von hier aus überblicken wir die Dörfer und ganz unten Baunatal, bis ans Werk mit seinen Ziehharmonikadächern. Die Zivilisation im Zenit. Wenn dies das Höchste ist, was wir in Zeiten des Friedens zu erschaffen vermochten, und selbst die Wohlhabendsten nicht richtig happy sind, dann stellt sich doch die Frage nach dem Sinn des Lebens. Vielleicht müssen wir uns mit der Abwesenheit von Schmerz als dem ultimativen Ziel begnügen.

Jakob sagt, ich solle nicht so viele Brombeeren essen, die enthielten Sorbit und davon könne man Durchfall bekommen. Vielleicht hat Jakob Angst vor Früchten, die man direkt vom Strauch pflücken kann, weil er jetzt Amerikaner ist und das irgendwie nicht *safe* findet. Dr. Becker hat mir Beeren empfohlen, aufgrund des hohen Vitamin-C- und des niedrigen Fruchtzuckergehalts – vor allem Brombeeren. Gesunde Nahrung ist, als Ergänzung zur Nahrungsergänzung, ein wichtiger Teil meines Heilungsprozesses.

»Habt ihr mal was von Max gehört?«, frage ich.

Die beiden schütteln den Kopf. Seine Spur verliert sich in Kassel.

»Ich glaube, solange wir nichts von ihm hören, können wir froh sein«, sagt Jakob.

Ob wir noch wüssten, wie die Gießerei des Werkes einmal gebrannt hat, fragt Ramon, wie die Flammen über den Hallen loderten und dichte Rauchgebirge die Schornsteine empor in den Himmel wuchsen. Wie wir mit dem Auto von Ramons Eltern dort hingefahren sind, Max, Jakob, Ramon und ich, und die Bullen gesagt haben, wir sollen uns verpissen, und wir dann geraucht haben auf dem Baunsberg, vor dem Panorama unserer kleinen brennenden Welt. Das war kurz bevor Max in die Psychiatrie gekommen ist, anfing, mit seinen Eltern in den katholischen Gottesdienst zu gehen, und verkündete, er glaube fortan nur noch, was in der FAZ stehe; bevor Jakob und ich weggezogen sind und Ramon sein Fachabitur gemacht hat mit einer Rekordzahl an Fehlstunden. Wer hätte ahnen können, was uns alles widerfahren würde? Die ersten Hochzeiten und Beerdigungen. Dass ich bald keine Zähne mehr haben, Jakob in Amerika leben und Ramon eines Tages auch Wein saufen würde. Dass die Nachrichten klingen würden wie der Liveticker der Apokalypse.

Die neue Heißzeit!

Vater Rhein verlässt sein Flussbett

In Indien schmilzt der Asphalt, Vögel stürzen vom Himmel

Ramon holt eine neue Weinflasche aus dem Rucksack und zieht einen Schuh aus. Er stellt die Flasche hinein und schlägt sie mit der Sohle gegen die Bank, immer wieder. Stück für Stück drückt der schwappende Inhalt den Korken heraus, bis er ihn mit den Zähnen herausziehen kann. *Plopp.* Er hält mir die Flasche hin.

»Aus Burgund«, sagt er, den Korken noch im Mund, wie bei einer Sprechübung. Er schaut mich mit hochgezogenen Augenbrauen an, als würde er mein Urteil erwarten. Mir ist schon ein bisschen schlecht.

»Siehst du«, sagt Jakob, »Sorbit.«

»Aaaaaaach«, sagt Ramon und schlingt seinen Arm um meinen Hals. Wenn ihm früher schlecht gewesen sei, am Tag nach dem Saufen, und er schon beinah vom Bett aus in seinen Mülleimer gekotzt habe, dann habe ihm immer eine ganz bestimmte Sache geholfen, komischerweise.

Er zieht ein langes Blättchen aus seiner Bauchtasche.

Dr. Becker –

»Ohne Tabak«, sagt Ramon.

Der Mond geht groß über den Hügeln auf, obwohl wir wissen, dass er immer gleich groß ist und sich Gelehrte seit Jahrhunderten über die sogenannte »Mondtäuschung« streiten. Er leuchtet ja auch hell, obwohl wir wissen, dass er selber nicht leuchtet. Die untergehende Sonne taucht den Himmel über uns in oranges Licht. Baunatal ist das galaktische Zentrum, um das die Himmelskörper rotieren. Wenn man bedenkt, was da unten im Tal schon alles los war, ist dies das Gemälde eines Idylls. Ein jenseitiger Ort fast. Keine Erfüllung mehr als zehn Minuten mit dem Auto entfernt.

Ein Widerhall der Geschichte.

Die letzte Metropole der Maya lag im Norden der Halbinsel Yucatán.

Mayapan war in etwa so groß wie Baunatal – und von 1200 bis 1450 die größte Stadt auf dem Gebiet des heutigen Mexiko. Sie war das wirtschaftliche, politische und religiöse Zentrum der Region. Bis zu 17 000 Menschen sollen dort gelebt haben (oder 12 000 oder 20 000, je nachdem, wen man fragt).

Die Erzählungen der Historiker kreisten meist um das blutige Ende der Stadt – die Rede war von Aufständen und Kannibalismus. Doch es gab viel mehr über sie zu erzählen.

Archäologische Funde bezeugten bürokratische Professionalität, fortschrittliche Stadtplanung und Formen der Gewaltenteilung, statt dass es einen allmächtigen Gottkönig gegeben hatte wie in früheren Städten. Die öffentlichen Plätze und Tempel waren größer als in den Städten der religionsbasierten Maya-Klassik, Monumente hingegen kleiner. Auch Begräbnisse der Herrschenden schienen weniger pompös ausgefallen zu sein.

Die Maya waren dort in einer neuen Zeit angekommen.

Der Anfang Mayapans lag wohl im Ende der nahegelegenen Metropole Chichen Itza, deren Geschichte aus Hypothesen, brüchigen Spuren und Legenden bestand.

Mündlichen Überlieferungen und christlicher Geschichtsschreibung zufolge war ein Fürst der mächtigen Familie Cocom in Chichen Itza gefangen genommen und als Menschenopfer in eine der mit Wasser gefüllten Kalksteinhöhlen geworfen worden. Nachdem er dies aber überlebt hatte, führte er wohl einen Krieg gegen seine Peiniger, der zur Zerstörung von Chichen Itza und zur Gründung Mayapans geführt hat, wo die Familie Cocom fortan regierte. Die Stadt wuchs rasant.

Im Zentrum der Stadt lag ein weiter Platz mit drei Bauwerken: Erstens ragte dort der Turm eines Observatoriums empor, von dessen Plattform aus die Maya dem Lauf der Sterne und der Planeten folgten wie Göttern, die zwischen Erde und Unterwelt wandelten. Zweitens stand dort der *Tempel der bemalten Nischen,* auf dessen Wände im Inneren wiederum fünf Tempel gemalt waren – um Nischen herum, welche die Eingänge symbolisierten. Und drittens das höchste Gebäude von allen, die Pyramide des Kukulkan, Gott der vier Elemente, der Auferstehung und Wiedergeburt, den die Maya als gefiederte Schlange darstellten und von dem sie glaubten, am Tage des Weltuntergangs würde er auf die Erde zurückkehren.

In der Blütezeit war Mayapan das pulsierende Herz eines weiten Handelsnetzes. Die Bewohnerinnen und Bewohner waren berühmt für ihre Handwerkskunst. Auf dem großen Marktplatz boten sie ihre Waren an, die über Yucatán hinaus verbreitet waren: Töpfergefäße, Klingen, Muschelschmuck, Skulpturen, Steinwerkzeug, Baumwollkleidung, den schwarzen Edelstein Obsidian und Schwungscheiben für Handspindeln. Grundlage für das Funktionieren dieser komplexen Gesellschaft war der Import von Rohmaterialien und Lebensmitteln. Produkte der Landwirtschaft mussten zugekauft werden, obwohl einige Bauern ihre Felder bestellten und zu jedem Haus auch eine *Milpa* gehörte, ein Garten für symbiotische Pflanzen wie Mais, Kürbis und Bohnen.

Handwerkerinnen und Handwerker lebten in größerem Wohlstand als Angehörige des Militärs oder Bauern. So verschob sich die Expertise der Bevölkerung und die Menschen nahmen einen gewissen Grad an Abhängigkeit in Kauf zugunsten kultureller Höchstleistungen. Sie vertrauten darauf, dass ihre Ordnung fortbestehen würde. Über Jahrhunderte ging ihre Rechnung auf. Ihr Wohlstand wuchs weiter.

Wie genau Mayapan untergegangen ist, liegt im Zwielicht der Geschichte. Im 15. Jahrhundert müssen Unruhen eskaliert sein. Die

Herrscherfamilie Cocom hatte wohl begonnen, Angehörige ihres Volkes gegen Güter zu tauschen und als Sklaven zu verkaufen. Angeführt von einem Fürsten der Familie Xiu aus einem nahegelegenen Städtchen, wüteten die Aufständischen im Zentrum. Sie zerstörten Tempel, Schreine und Paläste und töteten jedes männliche Mitglied der Familie Cocom, das sie zu fassen bekamen. Erst kürzlich hat ein Forschungsteam der University of California herausgefunden, dass eine große Dürre den Untergang Mayapans zumindest beschleunigte. Wissenschaftlerinnen und Wissenschaftler verschiedener Fachrichtungen hatten für die Studie etwa Höhlenminerale, aber auch historische Dokumente nach Hinweisen auf klimatische Veränderungen durchsucht.

Im Zuge der sogenannten »Kleinen Eiszeit« war Zentralmexiko ausgetrocknet, auch die Azteken westlich der Halbinsel Yucatán hatten Hunger gelitten. In Europa hatte der Klimawandel zu Epidemien, Missernten und Hungersnöten geführt. Der Dreißigjährige Krieg hatte Deutschland nicht zufällig in dieser Zeit verwüstet. Der Druck auf die Menschen war allerorten gestiegen – und hier wie dort waren die Bevölkerungszahlen infolge des Klimawandels eingebrochen. Forensische Untersuchungen an gefundenen Knochen belegen einen Anstieg gewaltsamer Tode für diese Zeit. Die Dürre war der letzte Faktor einer langen Gleichung, die diese Zivilisation in den Abgrund führte. Schließlich war den Überlebenden nichts anderes übriggeblieben, als die Stadt hinter sich zu lassen.

Jakob sagt, Klimawandel habe es schon immer gegeben.

Ja eben, sage ich, daran sähen wir, was uns bevorstehe.

Ramon sagt, er würde ja gerne Solarzellen installieren, doch sein Kreditrahmen sei ausgeschöpft. Gerade habe er den Tank im Keller mit 5000 Litern Heizöl befüllt, dessen Preis sich übrigens verdoppelt habe und für dessen Finanzierung er Pflanzen in einem verborgenen Raum in seinem Kellergewölbe züchte, deren fortlaufend generierter Ertrag im Zweifelsfall noch gerade so als Eigenbedarf durchgehen könne.

Ob ich mal eine Zivilisation im Zenit sehen wolle. Er schnippt den glimmenden Stummel auf den Weg.

Kommt, sagt er, wir gehen durchs Dorf.

Die Bauna kann man innerorts glatt vergessen. Sie führt in einem kleinen Kanal an Privatgrundstücken entlang und tunnelt die Straßen durch Betonröhren. Das Wohngebiet ist in der Dämmerung wie ausgestorben.

Ramon führt uns die Hauptstraße hinab zu den letzten Ausläufern, mit denen sich das Dorf immer weiter hinaus auf die Felder ergießt, wobei gleichzeitig die Häuser des Nachbardorfes näher kommen. Die Dörfer verändern ihre Form zu den Ortsrändern hin. Während man in ihren Zentren die kühlen Gemäuer alter Kirchen findet, ehemalige Höfe, windschiefe Fassaden und Fachwerk, dann etwas abgenutzte 60er- und 70er-Jahre-Häuser, bevor die Bauten in den Optimismus der 80er und den Überschwang der 90er übergehen. In den äußersten Schichten stehen die Wohntempel der nächsten Zeit.

Die Häuser hier haben scharfe Kanten und schauen misstrauisch durch die Fensterschlitze energieeffizienter Bauweisen. Es sieht immer so aus, als sei davor gerade gefegt worden. Aus den Vorgärten des letzten Jahrtausends sind hier längst gepflasterte Plätze geworden, die sich zum Abstellen von Autos und Mülltonnen eignen. Blau von Swimmingpools schimmert durch Hecken. Statt Beeten mit Geranien und Vergissmeinnicht sehe ich gemauerte Becken voller Kieselsteine verschiedener Größe. Es ist der Abschied vom Rasen, soweit möglich. Nur wenige Büsche wachsen akkurat geformt aus den ausgesparten Erdinseln. Ein steinerner Buddha streckt zwei Finger in Richtung Himmel.

»Das alles ist VW«, sagt Ramon. »Niemand aus der Gastronomie könnte sich so ein Haus hier leisten.« Dann sehe ich es wieder –

– ein weißer Kubus mit bodentiefen Fenstern im Erdgeschoss, der Platz davor ist eine Prärie aus Pflastersteinen, an der auch eine verschlossene Doppelgarage steht. Rechteckige Marmorsäulen stützen ein Vordach über der Haustür. Ein Kiesbett formt davor ein O, in dessen Mitte ein Ensemble aus zwei steinernen Bänken und einem Steintisch steht. Diese Urzeitmöbel scheinen jedoch zu klein und zu abweisend, als dass sie jemals jemand benutzen würde. Daneben ragt ein Rabe aus schwarzem Metall aus den Steinen, wie verkohlt.

»Das Ende der Welt«, sage ich.

»Das neue Baunatal«, sagt Ramon.

»Hast du noch Steaks zu Hause?«, fragt Jakob.

Ramon hat immer Steaks zu Hause.

Wir machen uns auf den Weg, die Hauptstraße hinauf.

Ramon sagt, er esse eigentlich kein Fleisch mehr. Nur dass er es dann doch tut, wenn er Freunde zum Grillen einlädt, und das kommt oft vor. Er sei erleichtert, wenn er bald den Job in der Mensa annehme, sagt er. Dann habe er mehr Zeit für die Familie und außerdem müsse er nicht mehr so viel klauen im Hotel – keinen Champagner und keine Kanister voll Olivenöl, keine eingeschweißten Steaks, Jakobsmuscheln und halbe Lammleiber, keine seltenen Fische und Whiskyflaschen. Im Hotel arbeiten und *nicht* klauen, das ginge nicht, sagt er. Der Inhalt seiner drei Kühlschränke und der Vorratskammer im Keller sei mehr wert als sein BMW.

Als er in seiner Küche dann die Steaks aus der Folie schält, rieche ich das rohe Fleisch. Ich fahre mit der Zunge über meine Wunde und frage mich, was wir da eigentlich tun. Ramon sagt, wer sich immer zu viele Gedanken mache, dem fielen die Zähne aus dem Gesicht.

Ein Steak, drei Gläser Crémant, zwei Handvoll Königsgarnelen und einen warmen Obstsalat an Vanilleeis später fahre ich mit dem E-Bike die Hauptstraße runter, wobei mein Kopf zur Seite klappt und ich Mühe habe, meine Augen offen zu halten. Der Mond ist jetzt so nah, ich könnte eine Leiter aus der Garage meines Vaters holen und dann bis da hochsteigen. In meinem Bauch formt das Fleisch einen Ziegelstein. Auch ich bin erleichtert, wenn Ramon den Job in der Mensa annimmt. Den Verkehrskreisel am Ortsausgang umrunde ich einige Male.

Ich biege noch einmal ab in das neueste Neubaugebiet am Ortsrand. Wo möglich, befahre ich die Privatgrundstücke, drehe Runden auf dem Pflaster breiter Einfahrten und sonne mich im Schein der anspringenden Lampen. Bei den Urzeitmöbeln halte ich an. Ich steige über Geröllkäfige, erschrecke über die Lautstärke meiner Schritte im Schotterfeld, erreiche das Innere des O und setze mich auf den Tisch zwischen den beiden Steinbänken, der nicht viel höher ist als ein gewöhnlicher Stuhl. Ich zähle drei Atemzüge und halte still.

Das Licht geht aus. Ich schicke meiner Mutter und Nimo eine Sprachnachricht, für morgen früh.

Eine Geschichte zum Aufwachen.

SCHON IMMER HANNELORE
Kuckum (neu), Rheinland

Die Eheleute Guth liefen durch den Rohbau ihres nächsten Lebens und sagten, das alles sei ein Riesenfehler gewesen. Vor Jahren schon hatten sie die Hoffnung aufgegeben, dass ihr Dorf vor dem Tagebau gerettet werden könnte. Also hatten sie ihr Haus in Kuckum, in dem sie noch immer wohnten, an RWE verkauft. Sie gingen auf die sechzig zu. Herr Guth hatte es mit der Hüfte, seine Frau hatte es mit den Knien. Also hatten sie gedacht, sie sollten möglichst bald von vorne anfangen, in *Kuckum (neu)*.

Bis vor Kurzem war Bruno Guth, von Beruf Elektromechaniker, auf jeder Demo für den Erhalt der Dörfer gewesen. Er hatte die Polizisten angesprochen und gefragt, ob sie eigentlich wüssten, worum es hier ging. Mit dem Fahrrad war er zu den Aussichtsplattformen des Tagebaus gefahren und hatte Ausflüglern gesagt, sie sollten nicht alles glauben, was auf den Infotafeln von RWE stand.

Jetzt war er beschäftigt mit seiner Baustelle.

»Es gibt tausend Kleinigkeiten, über die du dich aufregen kannst«, sagte er, als er über eine Leiter ins nächste Stockwerk stieg. Hier werde das Falsche angeliefert, dort verschwinde eine Ladung. Man bekomme keine Handwerker, und wenn doch, dann seien sie überteuert. Er kenne Neubausiedlungen, da wohne fast niemand mehr aus den abgebaggerten Dörfern, weil die Leute sich die Raten ihrer neuen Häuser nicht mehr hätten leisten können.

Gerade war der Dachstuhl fertig geworden. Das Ehepaar hatte

die Stellen, an denen die Arbeiter ihrer Meinung nach geschlampt hatten, mit rotem Filzstift markiert – den zu großen Riss im Balken, die schief hineingedrehten Riesenschrauben, die Ritzen im Mauerwerk. Der Chef der Firma hatte daraufhin gesagt, sie seien die schwierigsten Kunden, die er je gehabt habe, am liebsten würde er ihre Baustelle niederbrennen.

Im neuen Ort ragten mehr Kräne in den Himmel, als man auf Anhieb zählen konnte. Die Leute liefen auf Baugerüsten herum, schoben Holzlatten in Kreissägen, verputzten Fassaden. Ein Hämmern, Kreischen, Wummern und Klopfen. Was fertig war, sah aus wie eine Ansammlung von Musterhäusern. Zusammengewürfelte Baustile, Steingärten, Kunststoffsichtschutze, Marmorstufen, bodentiefe Fenster, Geröllkäfige, Rasensprenger und Bewegungsmelder. In Beton gegossene Trostpflaster für die verlorene Heimat. Die Grundstücke waren umgeben von metallenen Zäunen, Typ *Doppelstabmatte*, denn Einfriedung war hier Pflicht. Als müsse man sich gegeneinander wappnen. Als würde so ein Zaun irgendein Unheil aufhalten, wenn es darauf ankäme.

Wer umgezogen war, dem schickten sie die Toten hinterher. RWE ließ die Gräber im alten Ort ausbaggern. Särge und Knochenreste schafften sie her und gruben sie auf dem hiesigen Friedhof wieder ein. Der neue Ort hatte dieselbe Postleitzahl wie der alte Ort. Eigentlich aber war dies auch kein Ort, sondern ein neues Viertel am Rande der Stadt Erkelenz.

Seine Frau rief ihn nach draußen.

»Guck mal, Bruno«, sagte sie und deutete aufs Dach, das gerade fertig gedeckt worden war. Ob sich die zuletzt verlegten Ziegel nicht von den ersten, vor einigen Wochen verlegten Ziegeln unterschieden. Gemeinsam schauten sie hinauf. »Ist das Silbergrau statt Schiefergrau?«, sagte sie. »Oder ist das nur der Staub?«

Die eigentliche Frage war wohl, wie das neue Haus je gut genug sein sollte, wenn sie lieber gar nicht umziehen wollten. Sie konnten einander keine Antwort geben.

Bruno Guth ging hinters Haus, wo einmal sein Garten liegen würde. Noch bestand er aus planierter Erde, darauf Stapel von Pflastersteinen und Arbeitsgerät. *Sein* Garten würde es erst dann werden, wenn er darin die Beete angelegt, Gemüse gezüchtet und Bäume gepflanzt hätte. Hier sei vorher ein Acker gewesen, sagte er, die Erde entsprechend ausgelaugt. Und zufällig sei er Zeuge geworden, wie das Straßenbauunternehmen ausgehobene Erde auf sein Grundstück gekippt und dann verteilt hatte.

»Die haben ihre Lehmpampe hier entsorgt«, sagte Guth. »Was soll ich als Hobbygärtner damit anfangen?«

Er kniete sich hin, nahm einen Erdklumpen in die Hand und zerbröselte ihn. Hier würde er Obstbäume einpflanzen. Langsam würden die sich an den Standort gewöhnen. Doch er würde sie nicht mehr groß werden sehen.

Auf den ersten Blick fiel nicht auf, dass im alten Kuckum etwas nicht stimmte. Die Hausfassaden reichten hier bis an die Bürgersteige, wie in dieser Gegend des Rheinlandes üblich. Klinker, Fachwerk und Bauernhöfe. Das Unkraut in den Fugen dieser oder jener Einfahrt stand höher, als es sich für einen Haushalt hier ziemte. Zweige von Hecken ragten über die Bürgersteige, dahinter zugeklebte Briefkästen und heruntergelassene Rollläden. Gardinen und Stoffblumen auf den Fensterbrettern wahrten aber den Schein des Wohnlichen. Immer wieder zogen Plünderer durch halb verlassene Dörfer, brachen in Häuser ein, rissen Kupferkabel aus den Wänden und suchten nach verwertbarem Metall. Efeu eroberte die Fassaden.

In mancher Wand wuchsen auch die Risse wie Ranken und Straßen waren so weit aufgeplatzt, dass Fahrradreifen in die Spalte passten.

Dies seien aber keineswegs Bergschäden vom Tagebau, hatten die Experten des Konzerns versichert. Mit den vielen Wasserpumpen auf den Feldern ringsum – deren Nebenwirkungen auch Absenkungen des Erdreichs waren – hätten diese Schäden gar nichts zu tun. In Wahrheit war das Nichts längst dabei, von den Dörfern Besitz zu ergreifen. Durch jeden Riss drang es in die Welt.

Drei Tage vor dem Sturm auf die Kohlegrube traf sich der bürgerliche Widerstand auf dem Hof der Familie Dresen. Gemeinsam wollten sie kleine Holzhäuschen bauen, als Bilderrahmen für eine Ausstellung. Der Künstler von außerhalb hatte wohl gedacht, er täte ihnen einen Gefallen, wenn er sie die Häuschen selbst bauen ließe. Dabei war dies nur ein weiterer Termin von vielen, für den sie einander per WhatsApp-Gruppe mobilisieren mussten. Das Thema der Ausstellung war, natürlich, der Kampf um ihre Dörfer.

»Man kann nur schwer nein sagen«, sagte die gelernte Friseurin Marita Dresen, 56 Jahre alt. »Man denkt ja immer: Was, wenn ausgerechnet die nächste Aktion über Sieg und Niederlage entscheidet?«

Also schnitt ihr Mann Wilfried jetzt mit der Kreissäge die Latten auf die richtige Länge, die Männer schliffen und verschraubten sie, die Frauen trugen gelbe Farbe auf. Letzte Woche erst hatten sie die denkmalgeschützte Kirche in Keyenberg besetzt, weil die Pfarrei dem Deal mit RWE als Erstes zugestimmt und damit die Dörfer samt Kirchen aufgegeben hatte. Sie waren nach dem Gottesdienst geblieben und hatten gesungen, *Großer Gott wir loben Dich*, zwölf Strophen in Endlosschleife, umstellt von der Polizei.

»Jetzt kommt die Ausstellungseröffnung und das Aktionswochenende«, sagte Marita Dresen. »Und morgen ist eine Demo von Fridays for Future in Mönchengladbach, da müssen wir auch hin.«

»Da *wollen* wir hin, Mama«, sagte ihr Sohn David, der Philosophie in Bonn studierte und für den Kampf zurück nach Hause gezogen war.

»Ja, da *wollen* wir hin«, sagte Marita Dresen.

Ihre Familie war hier seit mehr als hundert Jahren zu Hause. Das Backsteinhaus, in dem die Dresens wohnten, war früher der Kuhstall von Maritas Großvater gewesen. Ihr Mann Wilfried hatte ihn eigenhändig ausgebaut mithilfe der Leute aus dem Dorf. Drei Kinder hatten sie darin großgezogen. Hinter dem Wintergarten erstreckte sich eine Obstwiese, 15 000 Quadratmeter, die bis an ein Bächlein heranreichte. Sie hatten einen Hund, drei Pferde, ein Dutzend Hühner. Ein Grundstück wie dieses gab es nicht mehr zu kaufen, schon gar nicht im neuen Ort. Ihre Baufläche sollte 750 Quadratmeter messen. Wohin mit den Tieren?

Überlegen Sie doch mal, hatten die Vertreter des Konzerns gesagt, *bald sind Sie ohnehin zu alt für Ihre Pferde*. Das wollte Marita Dresen aber gerne noch selbst entscheiden. Es sei, als müsse man um etwas kämpfen, das einem doch eigentlich gehöre, sagte sie.

Von ihrem Dachfenster aus konnten sie den Tagebau sehen. Das Rumpeln der Schaufelradbagger und das Flutlicht bei Nacht. Im rheinischen Kohlerevier hing der Rechtsanspruch der RWE AG seit jeher wie ein Damoklesschwert über den Familien. In Kuckum und den umliegenden Dörfern hatten sie darauf spekuliert, dass die A61 sie schützen würde. Die hatte zwischen ihren Dörfern und der Grube gelegen. Einen Autobahnabschnitt abreißen und ein ganzes Straßennetz neu ordnen, das wäre RWE zu aufwendig, hatten sie gedacht, das könnte die Politik nicht erlauben. Sie hatten falsch gedacht.

Maritas Vater kam über den Hof gelaufen und kippte einen Eimer Pferdeäpfel auf den Misthaufen. Wer waren all diese Leute? Marita erklärte, dies seien ihre Verbündeten. Der 85-Jährige trug seinen Hut, einen Arbeitskittel und Gummistiefel. Er machte noch jeden Tag den Stall sauber. Doch er geriet allmählich aus der Welt. Demenz, sagten die Ärzte. Die sagten auch, der Vater brauche Routinen und Sicherheit. Störungen seien unbedingt zu vermeiden.

»Eigentlich tue ich das alles nur für meine Eltern«, sagte Marita Dresen. »Ich glaube, sie würden den Umzug nicht überleben.«

Zwei Tage vor dem Sturm auf die Kohlegrube verwandelte sich der Hof der Dresens in eine Feldküche. Eine von vielen. 4000 Menschen wurden beim Klimacamp erwartet, das sich auf Äcker und Sportplätze verteilte. Fünfzehn Aktivistinnen und Aktivisten hatten ihre Zelte im Garten der Dresens aufgeschlagen und Reissäcke, Gemüsekisten und Konserven in der ausgebauten Partygarage bis unters Dach gestapelt. Ein junger Mann in Sackhose lud mit einem Hubwagen eine Europalette von einem Lastwagen, 1500 Packungen Hafermilch, kurz vor dem Verfallsdatum.

»Leck mich am Arsch«, sagte Wilfried Dresen, der das aus sicherer Distanz beobachtete. »Das ist alles hochprofessionell organisiert.« Als Montageleiter eines Möbelhauses erkannte er ein funktionierendes Unternehmen, wenn er eines sah.

Seit seine Frau Marita und die Kinder im Widerstand waren, geschahen ungeheure Dinge in Wilfried Dresens Partygarage. Immer öfter waren dort Gruppen junger Leute zu Gast, die auffallend lieb miteinander umgingen. Sie reisten ohne Papiere an und stellten sich mit falschen Namen vor. Manchmal, wenn er sich abends ein Bier aus dem Kühlschrank in der Garage holte, saßen sie da in weißen Maleranzügen und bemalten einander die Gesichter. Sie bestreuten sich mit Glitzer und tauchten ihre abgeraspelten Fingerkuppen in Sekundenkleber. Sie sagten nie Auf Wiedersehen. Doch wenn er morgens aus dem Haus ging und Polizeihubschrauber über der Grube kreisen sah, wusste er, dass sie ihr Ziel erreicht hatten.

»Die sind schon hardcore«, sagte Wilfried Dresen. »Richtig hardcore.«

Er selbst sei ja nur am Rande dabei. Wenn es etwas zu transportieren, zu zersägen oder zu verschrauben gab. Am liebsten hatte er klare Anweisungen. Die jungen Leute aber waren ganz anders drauf. Die fragten immer, wie man sich fühle, und auf ihren Versammlungen redeten sie alles kaputt. »Aber auch gut kaputt«, sagte er. Im Hambacher Forst hatten Aktivisten ihre Scheiße von den Baumhäusern aus über der Polizei ausgekippt. »Ich hab das in den Nachrichten gesehen und gedacht, die müssen alle bekloppt sein«, sagte er. »Aber ich habe noch nie so nette Menschen getroffen.«

Wilfried Dresens Normalität wurde zunehmend brüchig. Sein Sohn David hatte ihm Dokus über Tierhaltung gezeigt. Jetzt aß die Familie kein Fleisch mehr. Er fand mittlerweile auch, dass deutsche Möbelfirmen nicht unbedingt Teakholz verarbeiten sollten. Gab es nicht genügend heimische Hölzer, für die man keinen Monsunwald in Südostasien roden musste? Und dass ein Energiekonzern ihnen Haus und Hof wegnehmen durfte, um an die Kohle darunter zu kommen – das konnte doch nicht sein in einem freien Land.

Immer öfter standen jetzt einzelne Autos in ihrer Straße, in denen immer jeweils ein Mann und eine Frau saßen. Sein Sohn David sagte, die falschen Pärchen verfolgten ihn beim Spazierengehen. Tochter Tina fuhr ihrem Vater über den Mund, wenn er über Aktionen sprach und Handys im Raum waren. Wilfried Dresen fragte sich, ob das wirklich sein konnte, dass die seine Familie überwachten.

Ein Tag vor dem Sturm auf die Kohlegrube. Am Rande des Ascheplatzes verschwamm für ein paar Stunden die Grenze zwischen dem neuen und dem alten Leben. Der SV Niersquelle Kuckum spielte gegen den FC Wanderlust Süsterseel, Wilfried hieß hier »Möbi«, das Vereinsheim hieß »Zur schattigen Laube« und die Frau, die das Bier durchs Fenster reichte, war schon immer Hannelore. Kuckum spielte in Hellblau, Süsterseel in Schwarz-Weiß, wie Manchester City gegen Juventus Turin. Unverhohlene Drohungen an den Schiedsrichter. Das 1:0 fiel in der ersten Minute.

Hallo, ihr Säcke, Na, du Arsch, der Ton war rau, wo Männer sich liebten. Wilfried Dresen und seine drei Kindheitsfreunde Dede, André und Dietmar standen am Bierkasten wie um ein Lagerfeuer. Es waren die letzten Spiele in Kuckum, auf derselben Asche, die sie aus der eigenen Jugend noch in ihren Knien trugen, wie sie schworen. Dresen war der Einzige, der noch nicht umgezogen war. An den Erfolg des Widerstandes im alten Ort glaubte hier keiner mehr.

»Ich will, dass wir im neuen Ort wieder vereint sind und das Leben endlich weitergehen kann«, sagte André.

»Der alte Ort muss weg«, sagte Dietmar. »Ich würde das nicht aushalten, wenn jemand anderes in meinem Haus wohnt.«

Dede war Polizist und außerdem bei den Grünen. Er sagte: »Egal, wer wo wohnt, wir gehören zusammen.«

Der Konzern hatte zuerst die Vorsitzenden der Schützenbruderschaft und des Fußballvereins überzeugt, die Leiter der Kirchengruppen und den Brandmeister der Feuerwehr. Im neuen Ort sollte alles schöner und besser werden. Der geplante Fußballplatz für zwei Millionen Euro, für Kuckum und Keyenberg, war ein Juwel in der Kreisklasse A. Bald wäre Schluss mit Asche.

Fünf Minuten vor Schluss fiel das 3:1 für Kuckum. Regenfäden blitzten im Flutlicht. Wilfried Dresen lief allein zurück ins Dorf. In einer dunklen Seitenstraße mit Wendehammer stand das alte Haus von Kumpel Dietmar: Klinkerfassade, Wintergarten und große Rasenfläche. Die Rollläden waren halb heruntergelassen. Dürfte mittlerweile von innen verschimmelt sein, sagte Wilfried Dresen, da lüfte ja keiner. Er hatte das Haus mit seinen Kumpels aufgebaut, wie auch das eigene und die der anderen. Das war normal gewesen hier im Dorf.

»Alles für nix«, sagte er und zuckte mit den Schultern. Auf dem Mittelstreifen der leeren Hauptstraße lief er nach Hause.

Dann war der Tag gekommen.

Die ersten Aktionsgruppen der Klimabewegung hatten sich schon vor Sonnenaufgang auf den Weg gemacht. Auf Twitter überschlugen sich die Meldungen: Die Schienen vor dem Kohlekraftwerk Neurath waren besetzt. Dreihundert Personen, die auf einem Feld am Tagebaurand übernachtet hatten, waren schon in die Grube gelangt. Eine Gruppe blockierte das Kohlekraftwerk Weisweiler, eine weitere das Gaskraftwerk Lausward in Düsseldorf und drüben in Keyenberg waren sie in die alte Gaststätte eingedrungen, die schon RWE gehörte, hatten sie besetzt und die Türen verrammelt, während die Polizei sie umstellt hatte. Eine Sprecherin erklärte, man habe die Gaststätte *wiederbelebt* (so wie man Reihen von Polizisten nicht *durchbrach*, sondern prinzipiell *durchfloss*).

Der Widerstand um Marita Dresen traf sich in Hochneukirch, einem Stadtteil von Jülich, der auf der anderen Seite des Tagebaus lag, also bloß Glück gehabt hatte. Von hier aus sollte die Demo zum Erhalt der Dörfer starten. Während sich die Menschen auf der Hauptstraße um einen Demowagen versammelten, beschwerten sich die ersten Anwohner. »Was soll die Scheiße, ich will hier durch«, rief ein Mann durch das Fenster seines Opel Corsa. Er hupte zweimal kurz und einmal lang. »Idioten!«, rief er.

Marita Dresen trug ein Banner mit der Aufschrift *Alle Dörfer bleiben*. Sie sagte, das Komische sei eigentlich, dass der Tagebau schon ein paar Dörfer weiter niemanden mehr interessiere. Dass die Leute ihn gar nicht wahrzunehmen schienen und sogar überrascht waren, wenn man ihnen erzählte, dass einem das ganze Dorf weggebaggert werden sollte. Als würde man in unterschiedlichen Welten leben.

»Unsere Freunde treffen sich zu den Festen und gehen zusammen zum Fußball«, sagte Marita Dresen, »aber zu unserer Demo kommen sie nicht.«

Früher hatte man doch zusammen gefeiert und das Kuckum-Lied gesungen. Wie konnten die das alles aufgeben? Schützenumzug, Oktoberfest und Karneval wurden jetzt im neuen Ort gefeiert. Neulich hatte eine Freundin, die bereits umgezogen war, Marita Dresen im Supermarkt angegangen. *Marita*, hatte sie gesagt, *ihr habt sie doch nicht alle mit eurem Widerstand.* Jetzt war das nicht mehr ihre Freundin. Man frage sich schon, ob man vielleicht längst verrückt geworden war. Oder ob die anderen verrückt waren. Oder beides – weil es das war, was der Tagebau mit einem machte.

»Ich glaube, jeder geht einfach anders mit seinem Schmerz um«, sagte sie.

Die Polizei ließ sie anderthalb Stunden warten. Ein Block der »Anti Kohle Kidz« war in weißen Maleranzügen erschienen – ein radikaler Ausläufer der Fridays for Future für jene, denen das Hochhalten von Schildern nicht mehr genug war. Die Polizei hatte jetzt die angemeldete Demoroute gesperrt, die gefährlich nah am Tagebau vorbeiführte. Eine neue Route musste verhandelt werden.

Dann, endlich, setzte sich der Zug in Bewegung über die Landstraße, und aus den Boxen des Demowagens dröhnte *Highway to Hell.*

Marita Dresen hatte neue Freundinnen. Eine alte Gemeinschaft war zugrunde gegangen und eine andere entstanden. Und wenn das Dorf erst mal gerettet wäre, dann würde das Leben schon zurückkehren, sagte sie. Man könnte doch in der Kirche ein Café eröffnen und die alten Häuser renovieren. Viele junge Leute aus der Klimabewegung hätten die Region schätzen gelernt, die ländliche Ruhe und die Nähe zu Köln, Düsseldorf und Bonn. Kuckum reloaded.

Am Ortsausgang von Hochneukirch, wo ein Feldweg auf die Hauptstraße traf, geschah es wie auf ein stummes Kommando. Der hintere Teil des Demozuges ließ sich zurückfallen, die Spitze ging weiter. Weil die Polizei nur vorne und hinten marschierte, entstand für die Mitte ein Zeitfenster zum Ausbruch. Die ersten Leute rannten los, hinaus auf den Feldweg, zur Autobahnbrücke und den Kohlfeldern, hinter denen der Tagebau klaffte. Eine Sekunde der Entscheidung. Dann scherte Marita Dresen aus und begann zu rennen, so schnell sie konnte, inmitten einer Traube von Menschen, bis zum Seitenstechen und darüber hinaus. Blaulicht huschte über das Feld. Entlang des Tagebaurands schossen die Mannschaftswagen herbei und bremsten scharf. Hundertschaften sprangen heraus, mit Helm, Schild und Schlagstock. Roboter auf Kettenrädern fuhren über den Acker, um sprintenden Aktivistinnen und Aktivisten den Weg abzuschneiden. Dann prallten die Schwärme ineinander, Schwarz und Weiß, Kampfmontur und Maleranzug, Yin und Yang im Spiel der Kräfte.

Es würde erst aufhören, wenn die Dörfer verschwunden wären, im Nichts.

Wenn.

Die Fahrt von Kuckum (neu) zurück nach Kuckum dauerte zehn Minuten. Bruno Guth und seine Frau hatten ihr Haus dort gebaut, wo früher die Tischlerei seines Großvaters gewesen war. Den Kamin im Wohnzimmer hatte er aus Feldbrandsteinen gemauert, die noch aus diesem früheren Haus stammten. Draußen, auf der Terrasse, stand die alte Bandsäge, auf der jetzt Blumen wuchsen. Über dem Sofa im Wohnzimmer hing eine Holztafel, unterteilt in Quadrate, in die Bruno Guth jeweils das Kürzel eines Treibhausgases eingraviert hatte. CO_2, CH_4, N_2O, $HFKW$, SF_6, FKW. Er sagte, die Nähe zum Tagebau habe ihn verändert.

Guth war genau genommen Elektromechaniker für gasisolierte Schaltanlagen im Mittelspannungsbereich. Dabei hantierte er mit dem stärksten Klimagas überhaupt: Schwefelhexafluorid, SF_6. »Es ist um den Faktor 22 800 klimawirksamer als Kohlendioxid«, sagte er. Die Branche wurde strengstens kontrolliert, zumindest in Europa. Guth verschwand durch die Tür und kam mit einem Stapel Bücher zurück, wissenschaftliche Werke zum Klimawandel, die er jetzt auf dem Wohnzimmertisch auslegte. »Ich wollte der Sache auf den Grund gehen«, sagte er.

Im Prinzip sei es ganz einfach.

»Die Atmosphäre ist gerade mal 12 Kilometer dick, das ist von hier bis Mönchengladbach«, sagte er. »Da pumpen wir das ganze Kohlendioxid rein, das über Jahrmillionen in der Erde gespeichert war.« Je mehr Treibhausgase in die Atmosphäre kamen, desto weniger langwellige Wärmestrahlung konnte zurück ins All gelangen. Desto heißer wurde der Planet.

Guths Garten war auf den ersten Blick ein Kleinod. Links des Weges lag die Wiese mit den Obstbäumen – Kirsche, Apfel, Feige und Birne. Rechts davon ein langer Acker mit Tomatenstauden, wuchernden Zucchini, Sellerie und Weißkohl. Auf den zweiten Blick sah man hier schon, was der Klimawandel anrichten würde.

Der Herbstbeginn war so warm wie frühere Hochsommer. Seit Wochen hatte es nicht geregnet. Hinzu kam, dass RWE im Umkreis von mehreren Kilometern das Grundwasser abpumpte, damit der Tagebau nicht volllief. Die Erde auf den Beeten war fein wie Puderzucker und sämtliche Äpfel verbrannten an ihrer Südseite. Obstbäume im Panikmodus hatten ihre Blätter schon im Spätsommer abgeworfen. Was noch hing, war gelb. Vor zehn Jahren wäre das unvorstellbar gewesen.

»Ich verstehe nicht, dass die Menschen das nicht merken«, sagte Bruno Guth.

Seit zwei Jahren gediehen hier Wassermelonen.

Um seine Pflanzen am Leben zu halten, müsste er täglich fässerweise Wasser hier ausleeren. Zu teuer, zu anstrengend. Also musste er sich entscheiden, welche der Pflanzen er weiter versorgte und welche er absterben ließ. Den Stachelbeerstrauch und den Kirschbaum hatte er schon aufgegeben.

Bruno Guth sagte, er werde sich einen Hänger leihen. Den werde er mit seiner Heimaterde beladen, bestem Lössboden, auf dem er die Fruchtfolgen stets beachtet hatte. Dann werde er alles auf dem neuen Grundstück verteilen, über der Lehmpampe, die sie dort ausgekippt hatten. Ein paarmal hin und her, zwischen Kuckum und Kuckum (neu). Das sei nicht legal, sagte er, rein rechtlich gehöre die Erde RWE. Doch wer am Tagebau lebte, verstand irgendwann, dass Recht und Gerechtigkeit nicht dasselbe waren.

Jeder musste seinen Weg finden, damit umzugehen.

2050

Als ich mich zu Fuß auf den Weg zu Josef und Eva mache, um den Mercedes zu holen, höre ich mir die ganze Sprachnachricht noch einmal an. Im Gehen suche ich aktuellere Artikel zu den Dörfern und schicke sie meiner Mutter.

Die neue Bundesregierung aus SPD, Grünen und FDP hat im Koalitionsvertrag erklärt, sie wolle die Dörfer vor dem Tagebau bewahren. Mitten in der Energiekrise beraten sie über einen vorgezogenen Kohleausstieg bis zum Jahr 2030.

Ampel-Koalition will Garzweiler-Dörfer retten

»Lieber sterben als das Haus verlassen«

Der Postbote verirrt sich zwischen Kuckum (neu) und Kuckum

Ein Happy End ist möglich.

Die Klimabewegung hat die Front unterdessen nach vorne verlegt. Plötzlich geht es um einen beinahe erloschenen Ort, in dem nur noch ein einzelner Bauer ausharrt: Lützerath. Diskursiver Schutzwall. Dort verliefe die 1,5-Grad-Grenze, sagen sie. Wenn Deutschland die geplante Menge der darunter liegenden Kohle verfeuert, 280 Millionen Tonnen, dann wären die deutschen Klimaziele bereits passé.

Gegen Mittag fahre ich zu meiner Mutter. Nachdem ich geklingelt habe, kommt Nimo mir im Treppenhaus mit der Freiheitsstatue entgegen. Bevor ich mit ihm zur Sarowa aufbreche, will er sie unbedingt ins Wohnzimmer meines Vaters bringen. Er würde unser

New York damit vervollständigen, sagt er, obwohl eine Stadt ja nie wirklich vollständig ist.

Dort angekommen, stehen wir eine Weile vor der breiten Fensterbank, auf der die Legotürme in die Höhe ragen. Wir vergleichen die verzerrte Geografie unserer Stadt auf Fensterbank und Teewagen mit Google Maps. Wo könnte in dieser aus dem Lot geratenen Welt, die wir erschaffen haben, der Standort der Statue sein? Das Original befindet sich schräg unterhalb der Südspitze Manhattans. Nimo läuft seinem ausgestreckten Zeigefinger hinterher wie einer Kompassnadel. Er bleibt vor einem Fach des Gläserregals stehen, räumt dessen Inhalt in andere Fächer und stellt die Freiheitsstatue hinein. Bierchen schaut vom Kissen aus zu.

Dann wird es Zeit. Unsere Expedition kann nicht als beendet gelten, solange Nimo nicht die Metropole gesehen hat. Kassel – Residenz der Landgrafen und Heimat einst gefürchteter Söldner. Die große Schwester meiner Stadt, die seit ihrer Zerstörung nach einer neuen Identität sucht, sich an die Documenta klammert, an die Gebrüder Grimm und die Rüstungsindustrie, als hätte sie nichts dazugelernt.

Im Jahr 1942 gab das britische Luftfahrtministerium die Anweisung zum Flächenbombardement über Deutschland. Sie räumte dem Oberkommandierenden des Bombenkommandos der Royal Air Force, Arthur Harris, eine uneingeschränkte Nutzung der Streitkräfte ein. Als oberstes Ziel galt die feindliche Zivilbevölkerung – vor allem die Familien kriegsrelevanter Industriearbeiter. Ihre Moral sollte gebrochen, ihre Hoffnung auf einen Sieg zerstört werden. Durch die dichte Bebauung mit den leicht entflammbaren Fachwerkhäusern im Altstadtbereich kam Kassel bereits früh auf die Liste der Städte, die für einen Brandbombenangriff geeignet schienen.

Wir fahren auf die A49, vorbei am VW-Werk. Die vertraute Stimme des Hörspielsprechers erzählt uns von unserem künftigen Leben, von fühlenden Robotern, schwebenden Autos und denkenden Häusern. *Wie werden die Städte aussehen, in denen wir in Zukunft leben werden? Werden darin noch Autos fahren? Und wie werden sich die Menschen mit Nahrung versorgen? Eines ist sicher, uns stehen spannende Zeiten bevor.*

An der Ausfahrt Auestadion biegen wir von der Autobahn ab, nehmen die große Kurve vorbei an dem Puff und dem Kohlekraftwerk, und dann tauchen hinter den Baumwipfeln und der Eissporthalle die Flutlichter des Auestadions auf. Die Geschichte des hiesigen Fußballvereins KSV Hessen Kassel ist ein Martyrium und steht exemplarisch für diese vom Pech verfolgte Stadt. Der Verein hat in dem Stadion, das einst aus Kriegstrümmern errichtet worden ist, kleinere Erfolge erlebt – die Meisterschaft in der Regionalliga Süd 1964, Meisterschaften in der Oberliga, zweimal den Hessenpokal und das Viertelfinale des DFB-Pokals. Vor allem aber Demütigungen, die ihresgleichen suchen: die dreimal hintereinander knapp verpassten Aufstiege in die Bundesliga in den Achtzigern; dann der Abstieg und der verpasste Wiederaufstieg 1990/1991. In den Neunzigern folgten zwei Pleiten aufeinander, dann der Neuanfang in der Kreisliga A.

Werden einst Menschen auf dem Mars leben? Und telefonieren wir vielleicht schon bald per Brain-Computer-Interface?

»Eigentlich will ich Forscher werden«, sagt Nimo.

Ein Forscher könne sowohl Archäologe als auch Erfinder sein. Ein Erfinder, sagt er, kümmere sich um die Zukunft.

Wir biegen auf die Wilhelmshöher Allee, die als große Gerade die Stadt zerteilt. Sie führt links zum Bergpark, dort endet die Achse mit dem Herkules, einer Riesenstatue auf einem Oktagon, ganz oben hinter dem Park. Das Schloss darunter hat sich Landgraf Friedrich II. mit seinen Söldnerdeals im Kampf um New York erwirtschaftet. Wir biegen nach rechts ab, ins Zentrum. Die auferstandene Stadt ist kein Schmuckstück. Kassel ist Essen, Pforzheim, Darmstadt und Wuppertal-Barmen.

In der Nacht zum 17. Mai 1943 starteten Kampfflugzeuge der Royal Air Force, um die Staumauern von sechs Talsperren im heutigen Nordrhein-Westfalen und Hessen zu zerstören. Die Stauseen regulierten den Wasserstand der Flüsse und Kanäle, auf denen Kriegsgerät transportiert wurde. Die Wasserversorgung für die Industrie wie für die Bevölkerung sollte unterbrochen werden. Die Operation trug den Namen *Chastise*, auf Deutsch *Züchtigung*. Eine Flotte umgebauter Lancaster-Bomber warf speziell entwickelte zylinderförmige Rotationsbomben mit Rückwärtsdrall ab. Wie flache Steine hüpften sie dann auf der Wasseroberfläche in Richtung Staumauer, wurden im Drall langsamer und sanken in die Tiefe, wo sie vor dem Staudamm detonierten. Die Edertalsperre südwestlich von Kassel wurde getroffen. Die hervorbrechende Flutwelle unterschied nicht zwischen Einheimischen, Kriegsgefangenen und den Zwangsarbeitern, die in den Fabriken schufteten.

Die schwersten Luftangriffe erlebte Kassel am 22. Oktober 1943. Nachmittags starteten 569 Bomber, allen voran die Einheit *Pathfinder Force*, welche die Ziele mit Leuchtbomben für die nachfolgenden Flugzeuge kennzeichnen sollte. Um von ihrem eigentlichen Ziel abzulenken und Verwirrung zu stiften, streuten sie die Leuchtbomben zunächst über Frankfurt und Köln. Die Vernichtung Kassels, so dachten sie, wäre effizienter, wenn sie überraschend käme. Um 20:45 Uhr erreichten die Bomber den eigentlichen Zielort.

Nachdem die Pathfinder erneut die Leuchtmarkierungen gesetzt hatten, welche die deutsche Bevölkerung »Christbäume« nannte, äscherten sie Kassel ein: zuerst mit Abertausenden Sprengbomben und Luftminen, deren Druckwellen Fenster, Türen und Dächer der Gebäude aufrissen. Dann mit fast einer halben Million Stabbrandbomben, die durch die offenen Dachstühle direkt in die Fachwerkhäuser fielen. Der Feuersturm erreichte seinen Höhepunkt, als die Flugzeuge schon längst wieder abgedreht hatten. Mehr als 10 000 Menschen starben in dieser Nacht, viele erstickten, verbrannten in den Kellern ihrer lodernden Häuserskelette oder in den unterirdischen Verbindungsgängen, durch die Massen von panischen Menschen irrten wie ausgeräucherte Ameisen.

Ich parke den Mercedes in einer Tiefgarage. Von der alten Substanz der Innenstadt ist an der Oberfläche fast nichts mehr zu sehen. Was nicht ohnehin zerbombt gewesen ist, fiel dem Wiederaufbau zum Opfer. Eine klassizistische Villa etwa wich der Treppenstraße in der Fußgängerzone. Man riss alles ab, was nicht zur Zukunftsvision der *autogerechten Stadt* passte. So schufen die Stadtväter auch den Verkehrsknotenpunkt am heutigen Platz der Deutschen Einheit, einem überdimensionierten Verkehrskreisel mit drei Spuren und vier Ausfahrten, dem Endgegner jedes Fahrschülers und seit jeher ein Unfallschwerpunkt.

Weil die Trümmer einer ganzen Stadt unmöglich abtransportiert werden konnten, kippten die Überlebenden mit Lastwagen Millionen Kubikmeter Schutt in die barocke Parkanlage der Karlsaue, die unter dem Regiment des Landgrafen Karl einst nach dem Vorbild englischer Gärten gestaltet worden war. Den Trümmerhang füllten sie mit Erde auf. Zur Bundesgartenschau in den Fünfzigerjahren legten sie einen mediterranen Garten an, mit kantig-kubischen Formen, die als modern galten.

Heute wachsen dort Rosenstöcke.

Diese Filiale der Sarowa ist das zweite Bürogebäude, in dem ich meinen Vater als Kind besucht habe. Irgendwann war die Versicherung ausgezogen aus dem Muff ihres grauen Kastenbaus an der Frankfurter Straße und rein in die grellweißen Neunziger, mit türkisen Fensterrahmen, einem runden Treppenhaus und gerahmten Kandinsky-Gemälden. Dort wurde mein Vater dann auch nach fünfzig Jahren in den Ruhestand verabschiedet. Er hatte Drachenbäume und Benjamini mitgenommen, von denen er wieder und wieder Ableger herangezogen hatte, die entlang der Fensterfront in sattem Grün erstrahlten. Von außen hatte sein Büro ausgesehen wie eine Reminiszenz an den Dschungel, dem wir entkommen waren und in dem man eben genau dann starb, wenn man zu schwach oder zu langsam geworden war, um der feindseligen Umgebung standzuhalten.

Das Treppenhaus riecht noch genauso wie damals. Im vierten Stock des Bürokomplexes klopfe ich an die Tür. Sie öffnet sich mit einem Ruck, als seien wir erwartet worden.

»Und Sie schickt der Theis«, sagt der Mann, mit dem ich über meine Zukunft sprechen soll. Der Theis. Der Möller. Bei der Sarowa lassen sie die Anrede weg, wie beim Militär.

»Möller«, sagt er.

»Theis«, sage ich.

Seine vollen grauen Haare sind kurz geschnitten und vorne nach oben gegelt. Er gibt mir die Faust. Das dunkelblaue Sakko sitzt eng an seinem schlanken Oberkörper. Wir sollen ihm durch den Gang folgen. Nimo führt er zu einer Kinderecke mit Büchern, Knete und Bauklötzen. Möllers Büro ist um einiges größer als das alte Büro meines Vaters, in der Mitte ein Topf mit einem Bäumchen, auf dem Fensterbrett Wasserlilien und ein Elefantenfuß. Vor seinem Schreibtisch steht ein runder Tisch, an dem schon Möllers Kollege sitzt, der sich jetzt erhebt.

»Theis«, sage ich.

»Wicke«, sagt er.

Er ist etwas gedrungener als Möller, das Hemd weit, das Haupthaar schütter. An der Hand, die er mir entgegenstreckt, trägt er eine Smartwatch, die seinen Puls überwacht.

»Ich schreibe Protokoll«, sagt Wicke und setzt sich wieder an seinen Laptop. »Wenn wir uns auf die Konditionen geeinigt haben, setze ich gleich den neuen Vertrag auf.«

»Kaffee?«, fragt Möller und richtet seinen Zeigefinger auf mich wie einen Colt. Ich nicke. Er nimmt erst mal Tempo raus.

Möller wirft das Sakko über die Lehne seines Schreibtischstuhls und reibt die Hände aneinander. Federnden Schrittes geht er zu seiner silbernen *Olympia Cremina* mit Handhebel.

»Hab ich eine Sondergenehmigung für beantragt«, sagt er und streicht über die Espressomaschine wie über den Rücken eines geliebten Tieres. Das sei bis ganz oben gegangen. Er schaut in Richtung Styropordecke. Ganz oben war aber wohl Hamburg, Hauptsitz der Sarowa.

So eine Maschine werfe Fragen des Brandschutzes auf, in deren Beantwortung eine Versicherung mit bestem Beispiel vorangehen müsse. Möllers Vorgesetzte hatten wohl keinen Zweifel daran gelassen, dass Sicherheit für sie an erster Stelle stand – und dann doch seine Argumente zum »Lifestyleverhalten« jüngerer Generationen gehört, dass man nämlich gerade für »frischgebackene Selbstständige«, die sich privat versichern und »langfristig finanziell etwas aufbauen wollten«, schon mal einen guten Kaffee anbieten müsse. Der Filterkaffee aus der Kaffeeküche im Raum nebenan sei ungenießbar.

Über der Espressomaschine hängt ein Blechschild im Stil der Fünfzigerjahre-Reklame, darauf ein Frauenkopf mit dampfender Kaffeetasse. *Coffee! You can sleep when you're dead.*

Möller läuft Runden im Raum, die Espressotasse noch in der Hand. Ich hätte, wie gesagt, einen sogenannten *dynamischen Vertrag*, dessen Beiträge alle zwei Jahre um 10 Prozent stiegen, es sei denn, ich würde dem widersprechen. Möller empfiehlt mir, die Steigerungen bis Mitte vierzig mitzumachen und dann zu stoppen, da der Versicherungsschutz altersbedingt irgendwann nicht mehr proportional zur Beitragserhöhung steige.

Wicke tippt ohne Unterlass.

An meine Lebensversicherung sei zudem eine Unfallversicherung angeschlossen, deren Konditionen dringend einer Überprüfung bedürften. Möller entwirft Worst-Case-Szenarien. Ein Frontalaufprall mit dem Auto, eine Tretmine auf dem Balkan. Eine *Todesfallleistung mit weltweiter Deckung*, gültig rund um die Uhr, sei inklusive. Dies sei schon mal gut, urteilen Möller und Wicke einhellig, schließlich sei ich ja *in der Weltgeschichte unterwegs*. Bisher seien wir mit der Unfallversicherung aber lediglich bei einem Beitrag von acht Euro monatlich – was einer einmaligen Auszahlung im Todesfall von 50 000 Euro entspreche.

»Nach der Beerdigung bleibt da meist nicht viel«, sagt Möller und stellt die Tasse neben der Maschine ab. Wicke nickt. Zuzüglich zur Auszahlungssumme der Lebensversicherung von etwa 100 000 Euro reiche das nicht besonders lange zum Leben.

Mir schwirrt der Kopf.

»Da müssen wir jetzt ehrlich miteinander umgehen«, sagt Möller. Er setzt sich neben mich an den Tisch. »Der Junior muss durchs Leben kommen.«

Die Unfallversicherung greife übrigens nicht nur im Todesfall, sondern eben auch schon bei 50 Prozent Invalidität. In dem Fall könne man die einmalige Auszahlung etwa dem Umbau des Hauses zur Barrierefreiheit widmen. Zusätzlich würde ich dann eine lebenslange monatliche Rente bekommen. Hierzu würden sich mittels *Gliedertaxe* die dauerhaften Schäden an den jeweiligen Körperteilen summieren. Wicke schiebt mir ein Blatt mit der entsprechenden Tabelle über den Tisch. Mit dem Verlust eines Armes oder eines Beines wäre man schon bei 70 Prozent. Für einen Daumen hingegen gibt es 20, für einen Zeigefinger 10 und für einen der anderen Finger 5 Prozent.

»Der Finger oder das Bein müssten dann nicht *ab* sein, es würde schon genügen, wenn sie steif sind«, sagt Möller.

Die präzisen Kategorien eines solchen Verwaltungsapparates haben etwas Beruhigendes angesichts einer fraglich gewordenen Wirklichkeit. Wenn A, dann B. Verlust der Sehkraft oder der Stimme: 100 Prozent. Gehör: 60 Prozent. Geruch: 10. Geschmack: 5. Rein rechnerisch kann man hier zu mehr als 100 Prozent behindert sein.

Über die Höhe meiner potenziellen Invaliditätsrente – beim derzeitigen Beitragssatz – zeigen sich Möller und Wicke besorgt.

500 Euro pro Monat kämen im Ernstfall dabei raus. Und was sind schon 500 Euro, vor allem mit einer Behinderung?

»Einen Euro täglich sollten Sie schon investieren«, sagt Möller, was einer Vervierfachung des Beitrags entspräche. Wicke druckt einen entsprechenden Vertrag aus und schiebt ihn mir hin. Fürs Feeling, wie er sagt.

»Weswegen wir aber nun hier sind«, sagt Möller und zieht einen Ordner zu sich heran, auf dem steht, in Times New Roman, *LV Theis*.

»Das Auszahlungsjahr Ihrer Lebensversicherung wäre 2050 – vorausgesetzt, Sie leben dann noch, was wir alle mal schwer hoffen wollen, stimmt's, Wicke?«, sagt Möller. Wicke nickt, ohne den Blick vom Laptop zu wenden.

»Ich habe leider Bedenken, was die Zukunft unseres Planeten angeht«, sage ich.

Möller klappt den Ordner wieder zu und sieht mich an, von unten her über den Rand seiner Brille.

»Da sind wir schon zu zweit«, sagt er.

Vielleicht würde er mich verstehen.

Ich erzähle von einem möglichen Jahr 2050.

Wir steuern auf drei Grad menschengemachte Erderwärmung bis zum Ende des Jahrhunderts zu. *Mal eben raus an die frische Luft* geht nicht mehr, weil die Luft draußen nicht frisch ist. Schwer ist sie und heiß und an manchen Tagen so voller Feinstaub, dass man Türen und Fenster geschlossen hält und außerhalb der Wohnung nur noch durch eine Maske atmet. In heißeren Gefilden wird die Erde allmählich unbewohnbar. Ein, zwei Monate im Jahr erreicht die Temperatur in der Nähe des Äquators schon mehr als 60 Grad – Menschen können bei dieser Hitze draußen nur ein paar Stunden überleben, weil ihr Körper sich nicht mehr herunterkühlen kann. Pflanzen trocknen aus und sterben, die Nahrungsversorgung schwankt, zivile Unruhen nehmen zu.

Jede Gesellschaft, die unter Stress steht, kriegt durch den Klimawandel noch Zinsen auf ihre Probleme. Der Bürgerkrieg in Syrien – standen am Anfang nicht extreme Trockenperioden, Missernten und Wassermangel? Wie oft hat sich die Geschichte seitdem wiederholt: Erst kippen die Ökosysteme, dann kippen die Staaten.

Ob Kassel irgendwann mal einen Strand hätte, fragt Möller und Wicke lacht.

Waldbrände, Hurrikans, Tropenstürme und Hochwasser werden immer verheerender. Oft spielen sich die Katastrophen simultan ab, sodass es Wochen dauern kann, bis die Menschen in Sicherheit sind, bis Medikamente, Nahrung und Trinkwasser die Gebiete erreichen. Begehrt ist nicht mehr das schönste Grundstück am Meer, sondern das sicherste Haus in Höhenlage. Nach und nach gehen die Versicherungen pleite, weil das Ausmaß der Schäden exponenziell steigt. Die Klienten bleiben auf ihren Trümmern sitzen. Krankheiten kehren zurück, die wir glaubten, besiegt oder zumindest in die ärmsten Gegenden der Welt verdrängt zu haben – Pest und Cholera, Denguefieber und Malaria. Atemwegserkrankungen und Unterernährung nehmen zu. Der tauende Permafrostboden gibt Erreger frei, von denen wir nicht zu träumen wagten. Sie sind Millionen Jahre älter als menschliche Immunsysteme.

Das alles führt dazu, dass Hunderte Millionen Menschen ihre Heimat verlassen und in mutmaßlich sichere Gebiete migrieren. Man wünscht sich nicht einmal mehr Enkel, weil man ahnt, wie schlimm es noch werden wird. Vielleicht rotten wir uns in Gruppen zusammen und führen Kriege um die wenigen fruchtbaren Flächen auf unserem öden Planeten. Kann sein, dass eine Lebensversicherung im Grunde eine gute Idee ist. Aber bräuchte ich angesichts dräuender Katastrophen nicht eher ein Stück Land, auf einem Berg vielleicht, mit Stacheldrahtzaun, einem Brunnen und einem Keller voller Schusswaffen?

Möller nickt.

Das Tippen hat aufgehört.

»Soll ich jetzt eigentlich noch mitschreiben?«, fragt Wicke.

»Schreiben Sie *Klärung von Zukunftsfragen*«, sagt Möller und wendet sich mir zu.

Mit der Zukunft – das sei so eine Sache. »Wer kann sie erraten?«, fragt Möller.

Ein Blick in die Vergangenheit falle dagegen leichter.

Die Sarowa sei im Jahre 1902 von hanseatischen Beamten gegründet worden. Grundsolide Leute, deren Geist auch hier, im modernen Ambiente, fortlebe. Nie sei die Sarowa verkauft worden oder fusioniert, nie habe man am Finanzmarkt spekuliert. Ein Kaiserreich und zwei Weltkriege habe man überdauert, die Besatzung, Weltwirtschaftskrisen, Währungsreformen und eine globale Pandemie. Wer in schwierigen Zeiten etwas gespart habe, der habe auch heute noch was. Wer hingegen gedacht habe, die Welt gehe unter, der habe heute nichts.

»Kurz gesagt«, fasst Möller zusammen, »wir haben auf das Geld unserer Kunden immer aufgepasst, und das werden wir auch weiterhin tun.«

Natürlich könne in zwanzig Jahren ein Asteroid einschlagen und alles hinüber sein, sagt er. Das schon. Aber was, wenn alles gut ginge? Wenn es zumindest nicht so schlimm käme, dass das Geschäftsmodell der Sarowa gefährdet sei?

Möllers Argumentation hat die Struktur der *Pascalschen Wette*: Entweder man glaubt an Gott und er existiert tatsächlich – in diesem Fall wird man mit dem Himmel belohnt. Oder man glaubt an Gott und Gott existiert nicht – man gewinnt und verliert nichts. Ebenso verhält es sich, wenn man nicht an Gott glaubt und er nicht existiert. Glaubt man jedoch nicht an Gott und er existiert, dann bedeutet das die ewige Verdammnis. Man hat die Wette verloren. Belohnt kann nur werden, wer an Gott glaubt.

Was jedoch sowohl Möller als auch Blaise Pascal außer Acht lassen, das sind die Kosten des jeweiligen Glaubens. Also etwa die

Einhaltung von Geboten und Verboten, den Verzicht sowie Marter und Furcht. Oder, in meinem Fall, 290 Euro und 44 Cent im Monat für eine Lebensversicherung, die mein Vater für mich abgeschlossen hat, zuzüglich des vorhin berechneten Satzes für eine Unfallversicherung. Tendenz steigend. Ich frage Möller, was denn seiner Meinung nach passieren müsste, damit die Sarowa irgendwann mal nicht mehr zahlen könnte.

Er springt auf und stützt sich mit den Fäusten auf dem Tisch ab.

»Nicht weniger als die Apokalypse«, sagt er. »Der totale Zusammenbruch. Wenn wir pleitegehen, dann ist das gesamte Finanzsystem am Ende.«

Dann seien wir ohnehin zurückgeworfen auf Tribalismus und Tauschhandel. Dann kämen nur noch die durch, die sich selbst versorgen können.

Ja, eben, sage ich.

»Dann müssen wir es machen wie unser Wicke hier«, sagt Möller und klopft Wicke auf die Schulter. »Der hat einen Hof mit einem kleinen Acker und hält sich Federvieh.«

Wicke hat die Hände in den Schoß gelegt.

»Joah, wir ernten unsere eigenen Kartoffeln«, sagt er. »Das ist schon ganz angenehm.«

Möller nimmt wieder Platz.

»Wenn du den Asteroiden kommen siehst, kannst du das akkumulierte Geld abheben und davon eine Party schmeißen«, sagt er.

Wann hat er eigentlich angefangen, mich zu duzen?

»Oder du kannst dir ein Grundstück mit Acker kaufen, wenn du der Erde nach dem Einschlag noch ein paar Jahre gibst«, sagt er. »Von mir aus mit Gewehren.«

Möller lehnt sich zurück und verschränkt die Hände hinter dem Kopf, wie einer, der weiß, dass er gewonnen hat.

In der Toilette der Sarowa steht, auf dem Fenstersims über den Pissoirs, eine Figur aus blauer und grüner Knete. Mit ihrer Strahlenkrone und einer Art Fackel erinnert sie an die Freiheitsstatue – allerdings wie unter großer Hitze zerschmolzen. Sie steht auf einem bunten *Rubik's Cube*, den ich zuvor noch in der Kinderecke gesehen habe. Jetzt dient der Zauberwürfel als Sockel. Auf den weißen Fliesen drum herum zeugen bunte Knetspuren vom Bau der Statue. Auf einer Fliese, mit Wachsmalstift: eine lachende Sonne mit Schnurrbart, die auf die Statue hinabscheint. Daneben hängt ein laminiertes Schild:

Bitte hinterlassen Sie diesen Ort so, wie Sie ihn vorfinden möchten.

Sie haben es so gewollt.

Unser Weg zurück zum Auto führt über den Lutherplatz, eine grüne Insel im Grau der Stadt, aus der ein Kirchturm ragt. Auf der alten Friedhofsanlage hinter dem Zaun aus spitzen Metallstreben hoppeln Hasenfamilien zwischen steinernen Grabmalen umher. Irgendwo dort liegen die unbekannten Mitglieder der Familie Grimm. Jacob und Wilhelm Grimm hingegen sind von Kassel nach Berlin gezogen, wie die meisten meiner Freunde auch.

Eigentlich wäre das doch gut, sagt Nimo, wenn jeder den Ort, an dem er lebt, so hinterlassen würde, wie er ihn vorfinden möchte. Und wenn jeder das machen würde, hätten wir eine ganze Erde, die so ist, wie wir sie vorfinden möchten. Das wäre ein Anfang, sage ich.

Was man laut *Psychologists for Future* im Gespräch mit Kindern nicht tun soll:

– reden, ohne zu handeln

– zu viel Verantwortung auf den Einzelnen abwälzen

– sagen, dass alles gut werden wird

– ... dass neue Technologien alle Probleme lösen

– ... dass junge Menschen diese Krise bewältigen werden.

Und innerlich ergänze ich: dass diese Welt dem Untergang geweiht ist.

Was soll ich sagen.

MISSION ERDE III
Manhattan, New York

Gavin Schmidt von der NASA konnte in die Zukunft unseres Planeten schauen.

Am Goddard Institute for Space Studies erschuf er mit seinen Kolleginnen und Kollegen virtuelle Erden. Sie fütterten die Computer mit Daten zu Wolkenformationen, Verdunstung aus dem Ozean, Niederschlagsmustern und dem Schmelzen des arktischen Eisschilds. Sie versuchten zu verstehen, warum sich das Klima in der Vergangenheit verändert hatte. Warum es sich in der Gegenwart veränderte. Und wie es sich in der Zukunft unter diesen oder jenen Bedingungen verändern würde.

Er war mit mir von seinem verborgenen Institut quer über den Broadway gelaufen, bis an die Promenade des Hudson River. Dort hatte er mir die Rolle der Klimaforschung als die eines Arztes beschrieben.

Dieser Arzt – so möge man sich vorstellen – empfing einen Patienten. Er untersuchte ihn gründlich und fand, der Mann sei stark übergewichtig, treibe zu wenig Sport und habe zu hohe Cholesterinwerte. Der Arzt erklärte ihm, dass er seine Gesundheit aufs Spiel setze und einen frühen Tod riskiere. Dem Patienten gefiel nicht, was er hörte. Er wollte es nicht glauben, suchte einen anderen Arzt auf und noch einen. Alle sagten ungefähr das Gleiche. Irgendwann musste der Patient seine Lage einsehen. Doch anders als etwa bei einem gebrochenen Arm, gab es keinen Grund, sofort etwas zu unternehmen. Sicher war es wichtig, dass er sein Leben ändern würde, nur dringend war es nicht. Er würde morgen damit beginnen.

Viele Menschen waren so wie dieser Patient und begannen niemals. Sie bekamen Diabetes und starben an Herzinfarkten.

Die Klimaforschung versuchte der Menschheit und ihren Regierungen seit Jahrzehnten klarzumachen, dass sie lernen müssten, ihren Energiehunger ohne fossile Brennstoffe zu stillen. Mit ihren virtuellen Erden zeigten Forschende, was sonst passieren würde. Gavin Schmidt erinnerte an einen Satz des Chemie-Nobelpreisträgers Sherwood Rowland: »Was nützt es uns, eine Wissenschaft entwickelt zu haben, die gut genug ist, Vorhersagen zu treffen, wenn wir am Ende nur herumstehen und warten, bis diese Vorhersagen wahr werden.«

Die Menschheit hatte immer etwas anderes zu tun. Das Problem aber wuchs – Tag für Tag, Monat für Monat, Jahr für Jahr, Jahrzehnt für Jahrzehnt. Es würde von allein nicht verschwinden.

Schmidt war vor über zwanzig Jahren von Großbritannien in die USA gekommen, getrieben von Dimensionsneid, wie er sagte. Bei der NASA arbeiteten sie schon damals mit dreidimensionalen und vierdimensionalen Klimamodellen. Der Direktor des Goddard Institute for Space Studies war Dr. James Hansen gewesen, der Vater der Klimawandelkommunikation.

Als einer der ersten Forscher hatte der sich mit Warnungen an die Öffentlichkeit gewandt und bereits in den Achtzigerjahren vor dem US-Kongress erklärt, dass eine menschengemachte Erderwärmung messbar sei. Später hatte er sich bei einem Klimaprotest vor dem Weißen Haus verhaften lassen und gemeinsam mit einer Gruppe junger Menschen – darunter seine Enkelin – die Regierung wegen mangelnder Klimaschutzmaßnahmen verklagt. Lange hatte man den Wissenschaftlerinnen und Wissenschaftlern noch gesagt, sie sollten bei ihrer Forschung bleiben und sich aus der Debatte raushalten. Manche waren in die Öffentlichkeit gezerrt und als Panikmacher diffamiert worden.

»Da habe ich verstanden, dass wir direkt zu den Menschen sprechen müssen«, sagte Gavin Schmidt.

Dass die Menschen nun massenhaft Zugang zum Internet bekamen, traf sich gut. Er hatte den Blog *RealClimate* gegründet, für
den ihn unter anderem der amerikanische Verband der Geophysiker ausgezeichnet hatte. Bis heute versuchte er mit anderen Wissenschaftlerinnen und Wissenschaftlern auf diesem Blog, For-
schungsergebnisse verständlich aufzuarbeiten – und damit auch
ein Gegengewicht zur Desinformation von Ölkonzernen und Erz-
konservativen zu bilden. Deren Fraktion habe jedenfalls seit Jahrzehnten kein interessantes wissenschaftliches Argument mehr vor-
gebracht und konzentriere sich auf das Werfen von Nebelkerzen. In
den Neunzigern habe es durchaus noch manche berechtigte Zweifel gegeben.

»Da wussten wir noch nicht genau, was der Wasserdampf in der
untersten Schicht der Erdatmosphäre bewirkt oder welchen Einfluss die Sonnenaktivität hat. Doch wir haben das alles überprüft
und die Einwände widerlegt«, sagte Schmidt.

Die ersten Jahre seiner Öffentlichkeitsarbeit seien frustrierend gewesen. Die Meinungsmacher hätten überhaupt kein Interesse daran
gehabt, dass man ihnen widersprach. Im Fernsehen hatte man die
Position eines Wissenschaftlers neben die eines Menschen aus dem
Publikum oder der Industrie gestellt und so getan, als ließe sich die
Frage nicht entscheiden. Einmal war Schmidt in einer Sendung von
CNN zugeschaltet gewesen. In der Einleitung hatte der Moderator
gefragt: *Ist der Klimawandel Fakt oder Fiktion?* Unter Gavin Schmidt
war eine kleine Grafik eingeblendet gewesen, mit den Worten *Trick
or Truth? – Global Warming.*

Jährlich flossen Millionenspenden von der Industrie an konservative Think-Tanks und republikanische Kongressabgeordnete, die
den Klimawandel leugneten. Im Jahr 2001 hatte die Bush-Regie-
rung den Ausstieg aus dem Kyoto-Abkommen verkündet. Sie hatte

sich auf die mutmaßliche Entwicklung neuer Technologien berufen, welche Emissionen von Treibhausgasen eines Tages verringern würden. Unter Donald Trump waren die USA nicht nur aus dem Klimaschutzabkommen von Paris ausgestiegen, es war sogar eines der Hauptziele seiner Regierung gewesen, vermehrt fossile Brennstoffe zu fördern. Gleichzeitig hatte Trump die Budgets von wissenschaftlichen Einrichtungen zusammenstreichen lassen und Forschungen zum Klimawandel behindert. Regierungsstudien waren eingestellt worden, Wissenschaftler hatten weniger Einfluss in beratenden Gremien erhalten oder waren eingeschüchtert worden, wenn sie ihre Ergebnisse hatten veröffentlichen wollen.

Ich musste ihn fragen: Ob er glaubte, dass wir noch zu retten waren.

»Das hängt von meiner Tagesform ab«, sagte er. »Das Schlimmste können wir vielleicht noch verhindern. Doch wir werden uns anpassen müssen und sehr viele Menschen werden leiden.«

Eine Reihe von Entwicklungen gebe ihm Hoffnung. Die Jugendbewegung um Fridays for Future etwa, die Pläne für einen *Green New Deal* in den USA, der eine ökologische Wende der Industriegesellschaft vorsah. In der Regierung von Joe Biden habe das Klima zweifellos höhere Priorität als je zuvor. Sie strebte an, die gesamte US-Wirtschaft auf erneuerbare Energien umzustellen und bis 2050 klimaneutral zu machen. Als Klimaberater der NASA sollte Gavin Schmidt die Regierung unterstützen. Politische Entscheidungen sollten auf der bestmöglichen Wissenschaft basieren.

Trotz ihrer Klimaversprechen musste die Regierung nach einem Gerichtsurteil Millionen von Hektar im Golf von Mexiko für die Suche nach Öl und Gas freigeben. Die Exekutive allein könne das Ruder nicht rumreißen, erklärte Schmidt. Dazu bräuchte es eine Reihe von Gesetzesänderungen, für die der Kongress zuständig sei. Und dort hatten die Republikaner die Macht, Veränderungen zu blockieren – zumal sich auch in den Reihen der Demokraten nicht alle einig waren.

Gavin Schmidt wirkte nicht verzweifelt. Er genoss die Zeit mit seiner Tochter, lachte viel und trainierte in seiner Freizeit das Jonglieren.

Was er denn jemandem raten würde, der sich von der Lage der Menschheit und dem Ausmaß der Herausforderungen erschlagen fühle, wollte ich wissen.

»Verleih deinen Sorgen Ausdruck«, sagte er. »Alle großen Veränderungen wurden von einzelnen Menschen angestoßen, die ihre Stimme gefunden haben.«

Und dann sagte er einen Satz, der wie ein Aufatmen war.

»Was du tust, ist von Bedeutung.«

DIE SAUBERKEIT UNSERER FRONTSCHEIBEN

Wir überqueren den schmucklosen Königsplatz, um den die gebogenen Häuserblöcke mit ihren Ladengeschäften einen Kreis bilden. Sechs Straßen führen strahlenförmig von hier weg. Der Platz markiert die Mitte der Stadt.

Ringsum stehen Platanen, in denen Vögel zwitschern, und Wasserspeier aus Bronze. Nimo fährt mit der Hand durch einen Strahl. Der Platz ist von Gleisen durchschnitten, auf denen blaue Bahnen durch die Fußgängerzone fahren, 1 *Wilhelmshöhe*, 4 *Helsa*, 5 *Baunatal*. Als ich ein Kind war, stand hier, in der Mitte des Platzes, eine große weiße Holztreppe mit Aussichtsplattform, die sich über die Schienen erstreckte. Die *Treppe ins Nichts*. Erbaut von der Stadt Kassel und dann zum Documenta-Kunstwerk erklärt, war sie nach Jahren ein von Tauben vollgeschissener Schandfleck geworden. Unmut wuchs in der Bevölkerung. Der damalige CDU-Bürgermeister ließ sie dann, nach jahrelangem Rechtsstreit mit dem Urheber, über Nacht ohne Erlaubnis abreißen, was jeden anderen Menschen wohl ins Gefängnis gebracht hätte.

Wenn die Politik will, dann kann sie schon.

Josef hat mir einmal erzählt, wie er mit dem Zug von Großenritte in das zerbombte Kassel gefahren ist, nach der Ankunft in Deutschland und bevor es Baunatal als solches gab. Wie er hier auf dem Königsplatz mit seinen letzten 20 Pfennig einen Beutel Kirschen gekauft und dann auf einem Trümmerhaufen gegessen hat. Die Kirschkerne, die er in die Luft spuckte, seien wie kleine Bomben auf der Straße gelandet, *tack, tack, tack, tack.* Die Stadt war transparent geworden mit ihren Hausgerippen und abgesprengten Wänden. Menschen richteten sich in offenen Wohnungen ein wie in Puppenhäusern.

Im City Point ist gerade *Summer Sale.*

Wir steigen hinab in die Tiefgarage.

»Wenn es auf jeden Einzelnen ankommt, dann wird es Zeit, dass wir etwas tun«, sagt Nimo.

Wir könnten den Göttern ein Opfer darbringen, sage ich. Oder einen gigantischen Kühlschrank erfinden, sagt er. Oder den Kühen bestimmte Algen zu fressen geben, sage ich, damit sie weniger Methan furzen. Oder alle Straßen weiß anmalen, sagt er, damit sie das Sonnenlicht reflektieren wie eine Eisdecke. In New York, sage ich, da streichen sie die Dächer weiß. Milliardäre bauen Raketen, sagt Nimo, damit wir das Weltall bevölkern können.

Wir könnten einen Kohlebagger blockieren.

Wir könnten das Beste hoffen.

Wir könnten weitermachen wie bisher.

Er hätte da eine Idee, sagt Nimo.

Der Mercedes leuchtet auf, als ich auf den Schlüssel drücke.

Das Auto, sagt Nimo. Das wäre ein Anfang. Carlos hätte sicher nichts dagegen, mit dem Zug zurückzufahren, solange er in seinem Gurkenglas reisen könnte. Wir würden ihm eine Gurke hineinwerfen, dann wäre er beschäftigt. Wenn er unruhig würde, könnten wir ihm was vorsummen.

Ich müsste Nimo erst mal die Dimensionen erklären. Dass sein Impuls zwar nobel ist, dass wir aber alle ohnehin vielfältig verstrickt sind in dieses fossile System. Dass wir an der einen Ecke ein bisschen sparen, aber an anderer Ecke den vielfach größeren Schaden übersehen: Die Emissionen der Baubranche, des Krieges, der Schifffahrt und der Textilindustrie, die so viel mehr ausmachen als Tempolimits auf deutschen Autobahnen, Inlandsflüge und andere

Kleinigkeiten, über die sich die Menschen in den Kommentarspalten des Internets am erbittertsten streiten. Dass wir nicht viel ausrichten können, solange dieses System an der Wurzel krank ist und die Politik sich nicht an die ganz großen Stellschrauben wagt. Dass das Konzept des individuellen CO_2-Fußabdrucks von PR-Profis des Mineralölgiganten British Petroleum in Umlauf gebracht worden ist, um uns zu vermitteln, dass wir einen fundamentalen Wandel durch smarte Verbraucherentscheidungen herbeiführen könnten.

Jetzt befinde ich mich also mitten in diesem Dilemma, dass die persönliche Ambition korrumpiert wird vom Bewusstsein über die vermeintlich begrenzten Möglichkeiten – dass wir diese Ambition aber bräuchten, um zu retten, was zu retten ist.

Wir könnten Veganer werden. Wir könnten aufhören zu fliegen. Jeder einzelne Europäer könnte so nachhaltig wie möglich leben – es wäre so richtig und würde so wenig ändern. Siebeneinhalb Milliarden Menschen würden genauso weitermachen wie bisher oder sogar noch dahin drängen, wo wir längst angekommen sind, ans Ende der Fahnenstange individuellen Verbrauchertums, und dafür noch den letzten Baum ihres Regenwaldes opfern, so wie wir es längst getan haben.

Alle Anstrengung kann nichts Grundsätzliches ändern, so scheint es.

Und dennoch zählt jedes Zehntel Grad.

Wir könnten beim nächsten Mal den Zug nehmen, sage ich. Das sei eine erwachsene Art, darüber nachzudenken.

»Hat ja viel gebracht bisher, deine erwachsene Art«, sagt Nimo.

Was du tust, ist von Bedeutung.

»Das macht jetzt gerade keinen großen Unterschied, mit dem Auto«, sage ich.

»Also macht es einen Unterschied?«, fragt Nimo.

Die ungeborenen Menschen der Zukunft haben in den Verhandlungen über unseren Mercedes kein Stimmrecht. Nimos Stimme aber wiegt schwer.

Eine Studie hat gezeigt, dass die Menschen ihren Hunden und Katzen die vom Tierarzt verschriebene Medizin viel gewissenhafter verabreichen, als sie die eigene Medizin nach Verordnung ihres Arztes nehmen, die sie auch schon mal vergessen oder gar nicht erst besorgen. So ähnlich verabreichen wir unseren Kindern wohl die reinen Lehren des richtigen Handelns, ohne selbst noch auf deren Wirkung zu vertrauen. Am Ende muss ich mir meine Geschichten selbst glauben. Die Frage ist nur, was genau ihre Moral ist.

Ich muss den Motor starten, so oder so. Und ich hoffe, dass Nimo das Thema vergisst, obwohl ich weiß, dass er das nicht tut.

Die Frankfurter Straße zieht sich entlang der Straßenbahnlinie stadtauswärts.

Unsere Hörspielstimme erzählt von Robotern, die gegeneinander Fußball spielen und dabei stetig weiterentwickelt werden.

»In China haben sie Roboterbienen erfunden«, sagt Nimo, als sei das eine gute Nachricht. »Die sollen dort die Kirschbäume bestäuben.«

Ja.

Ich habe von den Technobienen auf der Website meines Telefonanbieters erfahren. Auf der Suche nach meiner Monatsabrechnung klickte ich auf den Artikel. Schon nach den ersten Sätzen konnte ich mir vorstellen, wie die Marketingabteilung einen freien Journalisten damit beauftragt hatte, einen *positiven* Artikel zu verfassen, der *Lust auf Zukunft* machen sollte. Die Wortklippen, die es auf dem Weg zum zuversichtlichen Fazit zu meiden galt, hießen *Ursache, Problem, Krise, Gefahr, Artensterben, Aussterben, Chemikalien, Schädlingsbekämpfungsmittel, Biotopverlust, Klima, Extremwetter, Lichtverschmutzung* und *Umweltgifte*. Der Fokus war die bloße Faszination für Technologie. Ohne die Leserschaft nur im Ansatz zu beunruhigen, schloss der Verfasser – der sich auf seiner Autorenseite als *Serienjunkie* bezeichnete und angab, er liebe seine Katze und seinen Grill –, die Roboterbienen seien eine *echte Alternative* und könnten *ihren lebenden Vorbildern unter die Flügel greifen*, weshalb wir uns *auf eine Zukunft mit ihnen freuen sollten.* Man konnte für so etwas gar nicht gut genug bezahlt werden. Ich denke an all die unbeantworteten Mails in meinem Postfach.

Wir erzählen einander Märchen wie Kindern, denen man eine bestimmte Wahrheit nicht zumuten will.

Ich zähle drei Atemzüge.

Wenn ich mich früher auf das halbmondförmige Gartengrundstück gelegt habe, unter die Zwillingsbirken, dann habe ich es kurz darauf an Händen und Armen krabbeln gefühlt. Trotz Fliegengitter schien es immer eine Stechmücke in mein Zimmer zu schaffen, und sobald meine Eltern mit mir in unserem Golf auf die Autobahn fuhren, zerplatzten die Insekten zu Dutzenden auf der Frontscheibe wie Paintballkugeln. *Patz, Patz, Patz.* Mit dem Scheibenwischer schob mein Vater regelmäßig ein Gemisch aus Blut, Schleim und transparenten Flügeln zur Seite. Wenn wir angekommen waren, entfernte er eingetrocknete Reste mit dem Eiskratzer und fluchte vor sich hin. Heutzutage kann man 400 Kilometer von Tübingen nach Kassel fahren und hat Glück, wenn man überhaupt einen einzigen Käfer erwischt.

Die Scheibe unseres Mercedes ist sauber.

Rechts der Straße liegt der Fuß des Kasseler Weinbergs, der nur wenig von einem Weinberg hat. Als mächtiger Kalksteinfelsen säumt er den Straßenrand, seine wuchtigen Stützmauern schlagen Bögen und münden oben in der Brüstung einer langen Terrasse.

Im Mittelalter sollen dort Reben gestanden haben, bis der Dreißigjährige Krieg alles zerstört hat und der Weinbau in Nordhessen zum Erliegen gekommen ist. Dort, wo jetzt die Frankfurter Straße verläuft, lag wohl mal ein Dorf namens Weingarten. Ein späterer Versuch des Weinbaus in Kombination mit einer Maulbeerplantage scheiterte, weil die Bauern es trotz französischer Reben nicht schafften, ein genießbares Produkt herzustellen. Damit der Weinbau in Nordhessen aufblühen könnte, müsste es noch wärmer werden.

Unten sind in den Felsen schwere Türen eingelassen. Sie führen in ein unterirdisches Tunnelsystem, ein Labyrinth aus kilometerlangen Stollen, in dem immer wieder noch unbekannte Hohlräume entdeckt werden. Früher kühlten Brauer da unten ihr Bier, die Nazis haben die Anlage dann zum Luftschutzbunker umgebaut. Als die Flieger der Royal Air Force in der Bombennacht die ganze Stadt in Brand setzten, verschanzten sich dort unten etwa zehntausend Menschen in der Dunkelheit, was die Kapazitäten um ein Vielfaches überschritt. Darunter waren auch Frauen, die im Elisabethkrankenhaus auf dem Weinberg gerade Kinder bekommen hatten. Nur wer sein Neugeborenes im Chaos nie aus der Hand gegeben hatte, konnte sich dessen Verwandtschaft später noch ganz sicher sein.

Durch dieselben Türen stiegen Anfang der Neunziger die lokalen Fans elektronischer Musik ein und feierten mit einigen Hundert Gleichgesinnten einen illegalen Rave in den Backsteingewölben. *House of Gods* stand auf den Flyern. Die Veranstalter lotsten ihre Gäste durch stickige Gänge tief ins Innere des Berges hinein, um unentdeckt zu bleiben. Den Weg durch das Labyrinth hatten sie mit schwarzen Pfeilen an den Wänden markiert, daneben ein Wort, das von einer neuen Zeit kündete: *Techno*. Sie beleuchteten die Katakomben mit Kerzen. Brandflecken an der Decke künden noch heute von dieser Nacht. Dabei drehten sie ihre hämmernde Musik – ohne es zu wissen – genau unter dem Elisabethkrankenhaus auf, womit sie die Patienten in den Wahnsinn trieben, weshalb die Polizei stundenlang die Quelle der Bässe suchen musste.

Aus dem totalen Krieg war das Diktum des Wirtschaftswachstums geworden. Ein stetig steigendes Bruttoinlandsprodukt galt als Voraussetzung für soziale Entwicklung und diente als Allheilmittel für eine traumatisierte Generation. Es war Antwort auf die Zerstörung Europas und fortan Hauptziel staatlicher Wirtschaftspolitik. Wirtschaften wir noch immer, als hätten wir gerade einen Weltkrieg überstanden?

Die Frau am Tresen der Autovermietung empfängt mich mit einem Stewardesslächeln. Nimo greift in ein Glas mit Lollis. Sie geht mit uns raus und schaut sich den Mercedes an. Dann geht sie wieder hinein und tippt etwas in den Computer. Selbstverständlich könne ich das Fahrzeug bei ihr abgeben, sagt sie. Allerdings käme mich das teurer, als wenn ich den Wagen noch die fünf Tage behielte und dann damit zurück nach Tübingen führe – zuzüglich einer Reinigungsgebühr für die klebenden Rückstände auf dem Armaturenbrett, die ich ja sonst einfach noch selbst entfernen könnte.

Der Vorgang sei insofern ungewöhnlich.

Womöglich wird nun jemand das Auto extra von Kassel in den Süden fahren und somit wäre gar nichts gewonnen.

Doch es gibt kein Zurück.

Bei uns hätte es in der Woche eben eine Änderung gegeben, erkläre ich. Es passe nicht mehr, mit dem Auto. Ich ziehe meine Kreditkarte durch den Schlitz des Gerätes.

Dann laufen wir zur nächsten Straßenbahnhaltestelle der Linie 5.

»Wie alt bin ich im Jahr 2050?«, fragt Nimo.

Ich lasse ihn selbst rechnen.

»Dann habe ich ja noch Zeit«, sagt Nimo.

»Zeit für was?«

»Eine Erfindung zu machen, die alles verändert«, sagt er.

Mit den technologischen Lösungen sei das so eine Sache, sage ich. Das sei so, wie wenn der Patient vom Arzt eine Wunderpille verlange, statt mehr Sport zu treiben und sich gesünder zu ernähren.

Ich erzähle Nimo von einer Tonaufnahme auf meinem Handy, die ich mir unter keinen Umständen jemals anhören werde. Sie ist 24 Minuten und 11 Sekunden lang, aufgezeichnet im Büro von Dr. David Keith, Professor für Angewandte Physik an der Harvard-Universität in Cambridge, Massachusetts.

Er solle das bitte nicht weitererzählen.

DAS EXPERIMENT
Harvard University, Cambridge

Monate bevor ich in die USA aufbrach, hatte ich David Keith um ein Treffen gebeten. Er hatte sofort geantwortet, grundsätzlich ja, hatte aber Arbeitsproben gefordert und gesagt, sein deutscher Kollege, der Chemiker Dr. Frank Keutsch, könne einen Blick darauf werfen. Als müsste ich mir seine Gunst verdienen. Als wäre er der Türhüter am Eingang zu einer ungeheuren Wahrheit. Ich schickte Arbeitsproben. Er schrieb nicht mehr zurück.

Keith und sein Team spannten den Bogen von der Klimakrise zu den Science-Fiction-Romanen im Bücherregal meines Vaters. Sie forschten an einer Methode, Mikropartikel in die Atmosphäre zu entlassen, sodass diese einen Teil des Sonnenlichts zurück ins All reflektierten. So könnte man den klimatischen Effekt eines Vulkanausbruchs nachahmen, bei dem sich ein Schleier aus Aschepartikeln für Jahre in der Stratosphäre ausbreitete und so die Erde herunterkühlte. Das Verfahren wäre eine mögliche Überlebensversicherung für den planetaren Ernstfall. Am Tage X, bevor die Katastrophen überhandnähmen, könnte die Menschheit so vielleicht die entscheidenden Jahre gewinnen, die sie brauchen würde, um die Emissionen von Treibhausgasen auf null zu senken.

So weit die Theorie.

Ich telefonierte mit der Geschäftsleiterin des Forschungsprogramms über den Stand des ersten großen Feldexperiments in Schweden, dessen Vorbereitung weltweit Schlagzeilen machte. Elizabeth Burns betonte, dass sie und ihr Team um die geopolitischen und ökologischen Gefahren ihres Projektes wüssten, weshalb sie schon im frühen Stadium ein unabhängiges Gremium von Expertinnen und Experten konsultiert hätten, die das Experiment begleiten würden. Man habe nichts zu verbergen, absolut nichts. Und sie werde sich für mich auch deshalb um einen Termin bei David Keith bemühen, *not a problem at all*, auch wenn sie nichts versprechen könne.

Im Feldexperiment wollte die Forschungsgruppe ihre Rechenmodelle überprüfen. Sie nannten es »Stratospheric Controlled Perturbation Experiment«, kurz SCoPEx. Dabei planten sie, von schwedischem Boden aus einen Ballon mit knapp zwei Kilogramm Kalziumkarbonat und Sulfaten aufsteigen zu lassen und die Ladung in etwa 20 Kilometern Höhe abzuwerfen. Die Angst vor den Folgen des Versuchs ging um. Manche fürchteten, das Experiment könnte den technologischen Erlösungsgedanken neoliberaler Mächte triggern, den fatalen Irrglauben, dass Klimaschutzmaßnahmen damit obsolet wären. Der Menschheit das *Solar-Geoengineering* zu ermöglichen, war vielleicht ähnlich erfolgversprechend wie einem Spielsüchtigen einen Kredit zu gewähren und darauf zu vertrauen, dass dieser verantwortlich damit umginge.

Umweltschützer, Aktivisti und NGOs protestierten. Das Experiment sei unvertretbar, ein Dammbruch, der einer verheerenden Technologie den Weg bahne. Die ökologischen Folgen seien möglicherweise selbst katastrophal. Ökosysteme könnten kippen und politische Konflikte wären vorprogrammiert. Diese Methode des Geoengineerings, der künstlichen Veränderung des Weltklimas mit technischen Mitteln, würde zwar lokal angewandt werden, wäre jedoch global wirksam.

Wie sollten sich die Staaten über deren Einsatz einigen, wenn sie schon seit Jahrzehnten an ihren eigenen Klimakonferenzen scheiterten?

Andererseits kalkulierte der Weltklimarat solche bisher nicht anwendungsreifen Technologien längst ein, um überhaupt noch Wege aufzeigen zu können, wie sich die globale Erwärmung bis zum Ende des Jahrhunderts – zumindest theoretisch – auf 1,5 Grad oder maximal 2 Grad begrenzen ließe.

Eine Anwendung des Solar-Geoengineerings, wie es die Harvard-Leute erforschten, hätte weltweit unterschiedlichste Auswirkungen:

Laut Modellen des Forscherteams würde das Klima in China trockener und heißer werden, in Indien dafür kühler und feuchter. Russland etwa könnte gegen den Einsatz sein, weil das Regime eine eisfreie Arktis und damit eine Fortführung des Status quo vorzog, während es für Inselstaaten, Küstenregionen und Wüstenvölker längst ums nackte Überleben ging. Die in der Atmosphäre verteilten Partikel könnten helfen, die globale Durchschnittstemperatur zu senken, den Anstieg des Meeresspiegels und das Tauen des Permafrosts zu verlangsamen. Gleichzeitig würden sie auch die Monsunregenfälle beeinflussen und mancherorts zu Überschwemmungen, Dürren oder Hungersnöten führen.

Was, wenn die Atommächte darüber in Streit gerieten?

Seit er für die Öffentlichkeit so etwas wie die Galionsfigur des Geoengineerings geworden war, erreichten David Keith besorgte Mails und Drohungen. Meist kamen sie von *Chemtrailern*, die glaubten, dass Regierungen mithilfe von Flugzeugen zum Zwecke der Bevölkerungsreduktion, Wettermanipulation oder Hirnwäsche giftige Partikel am Himmel verteilten. Die Beweise sahen sie in den Kondensstreifen von Flugzeugen. Natürlich musste David Keith mit diesem weltumspannenden Skandal etwas zu tun haben. Auch die kühlenden Mikropartikel würden im Fall des Falles doch von Flugzeugen ausgebracht werden, speziell für diese Höhenlagen entwickelt. Und seine Forschungen wurden nicht zuletzt von Bill Gates finanziert.

Bei meiner Amerikareise fuhr ich mit Klaus Jacob auf die Rockaways und traf Gavin Schmidt von der NASA. Keine Nachricht aus Harvard.

Dann plötzlich die Zusage. Eine halbe Stunde, hieß es, gleich morgen.

Im überfüllten Greyhound-Reisebus nach Boston, in dem es vom Klo her nach Urin roch, schaute ich mir noch mal all die Videos an, in denen David Keith das Für und Wider des Geoengineerings referierte oder einer Gruppe von recht höflichen Chemtrailern in einem Seminarraum erklärte, warum eine Geheimoperation solch gigantischen Ausmaßes unmöglich geheim bleiben könnte. Ich hatte anstrengende Tage hinter mir und war nicht vorbereitet. Das passte insofern gut, als ja auch die Menschheit auf das Kommende nicht vorbereitet war.

David Keith aber wollte, dass wir vorbereitet waren. Deshalb hatte er für sein Experiment 16 Millionen US-Dollar eingeworben.

Das Airbnb-Apartment mit Blick auf die Skyline teilte ich mir mit einer taiwanesischen Familie – einem Literaturprofessor, der beruflich in Harvard zu tun hatte, sowie dessen Mutter, seiner Ehefrau und den zwei Kindern. In der Wohnung roch es wie bei IKEA, ich war deshalb froh, als die Großmutter Hühnerteile in siedendes Fett warf. Die anderen spielten Karten am Tisch.

Ich versuchte in meinem Zimmer, das Gespräch zu planen. Ich prägte mir die englischen Vokabeln aus der angewandten Physik ein und verlor mich in wissenschaftlichen Publikationen, bei denen ich meist schon an den ersten Absätzen scheiterte. Zwischendurch klopfte der Professor an meine Tür, ob alles in Ordnung sei, seine Familie mache sich bereits Sorgen. Sie brachten mir Suppe. Der Professor bot mir etwas von dem marinierten Hühnchen an, das sie gerade zubereitet hatten. Das solle ich essen, sagte er, dabei könne ich noch etwas über das Glück lernen.

Ich schlief wenig in dieser Nacht und erwachte mehrmals in dem Gefühl, ich hätte den Wecker verpasst.

Weil der Taxifahrer mich am nächsten Morgen dann zunächst in der falschen Gegend absetzen wollte, kam ich drei Minuten zu spät zum Termin.

27 Minuten noch.

Die Tür war geschlossen, drinnen hörte ich Stimmen.

Als die Tür aufging, kam eine Studentin heraus. Das war hier wohl Keiths Sprechstunde, in der er im 30-Minuten-Takt Leute empfing, die etwas mit ihm zu klären hatten. Sein Büro war eng und ich bekam schlecht Luft.

Keith bot mir einen Stuhl an und nahm mir gegenüber auf einem orangen Sofa Platz, das so niedrig war, dass seine Knie etwa auf Höhe seiner Brust standen. Sein Körper war von einer schlanken Agilität wie bei einem Langstreckenläufer. Der Umstand, dass seine dünnen Beine jetzt so präsent waren, verstärkte diesen Eindruck. Sechs leere Champagnerflaschen standen in einer Reihe auf dem Bücherregal. Ich sah in sein längliches Gesicht, das mir so vertraut war von all den Interviews und das mich jetzt zu fragen schien: *Was nun?*

Ich sah auf die Karteikarten, die ich vorbereitet hatte – und stockte.

Meine Fragen erschienen mir nur noch als Abziehbilder etlicher Fragen, die schon lange in der Welt und hinreichend geklärt waren.

»Bitte, was kann ich für Sie tun?«, fragte Keith.

Es drängte jetzt. Und anstatt dass ich mich ordnen konnte, war alles gleichzeitig da.

Was bereits sicher war:

– Solarengineering könnte den Planeten kühlen.

– Es könnte Niederschläge beeinflussen.

– Es war spottbillig, im Vergleich zu anderen Maßnahmen oder den Folgen der Untätigkeit.

– Falls irgendwann keine Mikropartikel mehr versprüht werden würden, käme es zu einer schlagartigen Erhitzung – es sei denn, die CO_2-Konzentration in der Atmosphäre wäre in der Zwischenzeit gesenkt worden.

Was noch unsicher war:

- wie sich die Partikel in der Stratosphäre genau verteilen würden
- der Effekt auf Dynamik und Chemie der Stratosphäre
- der Effekt auf Zirruswolken
- wie sich der Niederschlag in einzelnen Regionen verändern würde
- die Folgen für Ökosysteme und Landwirtschaft
- wie genau wir die Folgen im Voraus überhaupt abschätzen konnten.

Was wiederum zu den großen Fragen führte:

- Wie viel müssten wir wissen, damit wir das Verfahren guten Gewissens einsetzen könnten?
- Wer dürfte über den Einsatz entscheiden?
- Was, wenn eine bestimmte Region Schaden nehmen würde oder Schaden zu befürchten wäre?
- Wie könnte das ununterbrochene Ausbringen der Mikropartikel bei instabiler Weltlage garantiert werden, vielleicht über Jahrzehnte hinweg?

Es schien mir unmöglich, eine Frage zu formulieren, die nicht ganz und gar überflüssig wäre. Trotzdem hätte ich jetzt einfach von einer meiner Karteikarten ablesen sollen.

Dann wäre ein Gespräch entstanden.

Keith hätte mir sicher erklärt, dass er für Bedenken gegenüber dem Solar-Geoengineering vollstes Verständnis habe. Dass SCoPEx deshalb auf zwei Ebenen ziele, auf das wissenschaftliche Experiment einerseits sowie Formen demokratisch legitimierter Führung andererseits, also *Governance*. Er selbst war ja auch Professor für Public Policy und publizierte über die geopolitischen Herausforderungen einer solchen Maßnahme. Wer sonst, wenn nicht er, könnte die neue Technologie verantwortungsvoll testen? Gerade wegen all der Gefahren sollte man die denkbaren Folgen möglichst genau kennen, hätte er vermutlich gesagt.

Er hätte für Investitionen in weitere Forschung plädiert, damit die Weltgemeinschaft zur rechten Zeit die Wahl hätte und die Menschen von morgen möglichst sachkundig entscheiden könnten, wann die positiven Folgen eines Einsatzes die negativen überwögen.

Auf die Argumente seiner Gegner wäre er eingegangen: Die mochten sein Vorhaben unverantwortlich nennen. Doch wäre es nicht eigentlich unverantwortlich, wenn man nicht *alle* möglichen Mittel im Kampf gegen die globale Klimakrise gründlich erwöge? In der Diskussion um Geoengineering sollte man doch auch an die Menschen künftiger Generationen denken und an die Menschen in ärmeren Teilen der Welt, die weniger geopolitischen Einfluss hatten, die von den Folgen der Klimakrise aber am stärksten betroffen waren.

Er hätte dann noch Gelegenheit gehabt, zu erklären, dass die Natur ihm selbst sehr am Herzen liege, dass er Umweltinitiativen unterstütze, an Möglichkeiten der Kohlenstoffspeicherung forsche und sich in seinem Wirkungskreis gegen den politischen und wirtschaftlichen Einfluss der Ölindustrie starkgemacht habe.

Ich hätte die Stirn in Falten gelegt und ihn herausfordernd gefragt, ob nicht allein die Verfügbarkeit einer solchen Technologie die Gefahr berge, dass sich Mineralölkonzerne und Regierungen zurücklehnten, und ob nicht gerade ein gelungenes Experiment dazu beitragen könnte, dass die Menschheit am Ende ihre überlebenswichtigen Ziele verpasse.

Nein, hätte er gesagt, das müsse klar sein, Solargeoengineering könne uns – wenn überhaupt – lediglich etwas mehr Zeit verschaffen, um die eigentliche Aufgabe zu lösen, also die Verbrennung fossiler Energieträger zu beenden.

Vielleicht hätte er mit der Pointe geschlossen, dass das eigentlich ungeheure Menschheitsexperiment längst im Gange war. Ganz ohne die Zustimmung eines Expertengremiums hatte es begonnen. Es bestand darin, dass wir gigantische Mengen an Treibhausgasen in die Atmosphäre entließen und nun sähen, was dabei herauskam.

Nach 24 Minuten und 11 Sekunden hätten wir uns die Hände gereicht wie Staatschefs, die einen Waffenstillstand ausgehandelt haben.

Aber nichts dergleichen geschah.

Die ersten Sekunden unserer Begegnung waren wie Minuten verstrichen.

Dann hörte ich mich eine Frage stellen.

Woran es denn gelegen habe, dass das Experiment immer wieder verschoben worden sei.

Keith verzog das Gesicht, als hätte er auf eine Stinkwanze gebissen.

Was ich damit meine, fragte er.

Ich präzisierte – ob die Verzögerungen des ersten Feldversuches nun eher fachlichen Erwägungen geschuldet gewesen seien oder dem politischen Widerstand.

»Welche Verzögerungen?«, fragte Keith und richtete sich ruckartig auf. Wovon ich denn da redete.

Plötzlich war ich im ganz falschen Film.

Obwohl ich hätte schwören können, dass er doch bereits vor gut zehn Jahren ein Feldexperiment angedacht und seitdem auch vorangetrieben und dessen Durchführung auch immer wieder mehr oder weniger angekündigt und dann jedes Mal aufgeschoben hatte, wie ich in zahlreichen Artikeln meinte gelesen zu haben, die ich doch auch ausgedruckt und markiert dabeihatte.

Nein, Verzögerungen gebe es eigentlich keine, sagte er. Und er sei es auch leid, dass die Medien solchen Bullshit schrieben. Es war jetzt schon schwierig zwischen uns. Dabei hatten wir noch über zwanzig Minuten.

Ich sah meine linke Hand eine Karteikarte aus dem Stapel ziehen, sie zitterte leicht. Darauf hatte ich mir die wichtigsten Stichpunkte einer Studie notiert, die zu dem Ergebnis gekommen war, dass Geoengineering nach derzeitigem Wissensstand keinen sinnvollen Beitrag zum Erreichen der Pariser Klimaziele würde leisten können. Die Studie erwähnte ich am Rande und fragte, welches Potenzial er selbst in Ansätzen des Geoengineerings sehe.

»Moment, Moment«, sagte er.

Ich könne hier nicht einfach mit irgendwelchen Studien um mich werfen.

Wo denn sonst, wenn nicht in Harvard, wollte ich sagen.

Er sprang auf, holte einen kleinen Laptop vom Schreibtisch und nahm wieder auf dem Sofa Platz. Er fand die von mir erwähnte Studie und überflog sie von vorne bis hinten. Dabei ließ er Halbsätze fallen, denen ich kaum folgen konnte, und zeigte sich insgesamt ungehalten darüber, dass ich dieses Dokument so lapidar als Aufhänger für meine Frage genutzt hatte. 13 Minuten noch.

Ich sah, dass dieses Interview im Nichts enden würde, wenn ich nichts unternähme.

Also sprach ich ihn auf die Finanzierung seines Projektes an, auf Bill Gates, einige Venture-Kapitalisten und Hedgefund-Teilhaber, also Leute, die potenziell von einer Verlängerung des Fossilgeschäfts profitieren könnten. Das tat ich nicht zuletzt, damit er der oft eindimensionalen Kritik an seinen Forschungen entgegentreten könnte. Keith schaute von seinem Laptop auf. Warum das kritisiert werde, müsse ich die Leute fragen, die dies kritisierten.

Das würde ich noch tun, sagte ich.

Nein, nein, nein, sagte er, so funktioniere Journalismus nicht. Es sei meine Aufgabe, haltlose Vorwürfe als solche zu erkennen und diesen Leuten dann keine Plattform zu geben.

Ein tiefer Graben lag zwischen uns. Hinter meinen Augen baute sich ein stechender Druck auf.

»Ich bin nicht Mr. Geoengineering!«, rief David Keith. »Die

Menschheit muss aufhören, die Atmosphäre als kostenlose Müllkippe für Kohlendioxid zu nutzen.«

Ich verstand ihn doch.

In den Medien hieß es öfter, Keith sei der Mann, der den Planeten kühlen wolle. Dabei wollte er lediglich ein Verfahren erforschen, mit dem dies möglich wäre. Das war ein Unterschied. Nur ein Psychopath konnte doch eine Welt *wollen*, in der der Einsatz einer solchen Technologie überhaupt nötig wäre.

Unzählige Male hatte er das in Interviews klargestellt. Ich war in diesem Moment der Repräsentant aller medialen Irrtümer jemals.

Irgendwann ging auch diese Ewigkeit vorüber.

Keith stand auf und wies mir den Weg zur Tür. In einem allerletzten Versuch, irgendeinen Dreh zu finden, mit dem sich eine Geschichte über David Keith und sein Projekt erzählen ließe, wollte ich es noch einmal versuchen, im Stehen schon, während er mich aus dem Büro geleitete. Ich hatte gelesen, dass Keith die Arktis liebte, eisige Flüsse mit dem Kanu abfuhr, schneebedeckte Inseln durchwanderte und gefrorene Seen mit Langlaufskiern überquerte. Ein Drittel seiner Zeit verbrachte er wohl in einer Kleinstadt am Fuße kanadischer Gletscher.

Es gab eine Art Kurzschluss in meinem Hirn.

Ob er sich eigentlich in besonderer Weise zur Kälte hingezogen fühle, fragte ich.

Schon als ich das ausgesprochen hatte, sackte ich innerlich zusammen.

Das Interview sei hiermit beendet, sagte er. All die wirklich interessanten Fragen zum Thema Geoengineering hätte ich übrigens gar nicht gestellt. Die Tür fiel hinter mir ins Schloss.

In der Wohnung saß die Familie am Esstisch. Wie mein Termin in Harvard gelaufen sei, fragte der Professor, und ich erzählte ihm von dem Interview bei David Keith. Er hörte zu und sagte dann: »Auch ein Affe fällt mal vom Baum.« Wenn die Schmach zu groß sei und meine Familie mich deswegen verstoßen würde, könne ich bei ihnen in Taiwan jederzeit ein neues Leben anfangen.

Seine Mutter erzählte mir an diesem Abend eine Geschichte:

Sie handelte von einem Mann, der in eine fremde Stadt kam. Er betrank sich in einer Bar. Auf dem Heimweg, spät in der Nacht, wurde der Mann von Fremden niedergeschlagen und entführt. Sie nähten ihm die Lippen zusammen, dass nur noch ein Strohhalm hindurchpasste, steckten ihn in ein Bärenkostüm und verkauften ihn an den Zirkus, wo er Kunststücke aufführen musste. Bei seiner ersten Aufführung sollte er durch drei brennende Reifen springen. Als er diese Aufgabe bestanden hatte, überwältigte ihn die Verzweiflung. Er schrieb mit seiner Tatze das Wort *Mensch* in den Sand der Manege. Der Zirkusdirektor erklärte, dies sei der neueste Trick des Bären, und das Publikum tobte. Nach einer gefühlten Ewigkeit in dem Zirkus und entkräftet von seinen abendlichen Shows, spürte der Mann im Bärenkostüm, dass er bald sterben würde. Mit einer Kralle wollte er noch seinen Namen in die Wand des Käfigs ritzen, auf dass er nicht in Vergessenheit geriete. Vielleicht käme irgendwann jemand aus seiner Familie zufällig an dem Käfig vorbei und sähe seine Inschrift. Da bemerkte er, dass er seinen Namen vergessen hatte. Mit letzter Kraft kratzte er einen Strich in das Holz. Und das Letzte, was er sah, bevor ihm schwarz vor Augen wurde und er starb, war die Wand, ganz übersät von Strichen wie dem seinen.

Die Geschichte schien mir eine treffende Metapher zu sein.

Ich wusste nur nicht, für was.

BLACKOUT

Irgendwo beim Mattenberg verläuft die Grenze zwischen Kassel und Baunatal.

Hinter der Haltestelle *VW-Werk* nimmt die Straßenbahn dann Geschwindigkeit auf, vorbei an Werkshallen und Güterzügen hinter Stacheldrahtzaun. Ich wische mir über die Stirn und kann den Schweiß des Typen riechen, der vor uns sitzt.

Die dunklen Wolken über meinem Städtchen versprechen eine baldige Erlösung. Seit Tagen reden die Leute davon, dass es bald regnen soll.

Bei den Maya hätte so mancher schon darüber nachgedacht, die Regierung zu stürzen und die entherzten Leiber der Verantwortlichen die Stufen des Tempels hinunterzustoßen. Die Priester und Könige behaupteten ja, sie würden das Wetter machen. In unserer Zivilisation taten die Hohepriester des Wachstums so, als hätten sie damit nichts zu tun.

»Was ist aus dem Experiment geworden?«, fragt Nimo.

»Das wurde abgesagt, weil die indigene Bevölkerung Schwedens protestiert hat«, sage ich.

Der Rat der Samen war der Meinung, die Gesellschaft müsse den Weg zur Nullemission finden im Einklang mit der Natur – wobei David Keith kaum widersprechen würde. Und die Forscherinnen und Forscher fanden dann auch, dass »Harvard vs. naturliebende Indigene« keine gute Geschichte wäre.

»Schon wieder abgesagt«, sagt Nimo.

»Psst«, ich lege meinen Finger auf die Lippen und schaue mich um. »Wenn David Keith das hört.«

So bald wird es keine Wunderpille geben.

Wir schießen durch einen Tunnel, dann kommen die Kleingärten und die ersten Mittelstadthochhäuser. Ich erinnere mich an das Gefühl, nach der Schule in die Ereignislosigkeit hineinzufahren. An Nahrung, Gütern und Versprechen mangelte es nie. Doch das Mittelmaß der Dinge bringt keine Helden hervor. Vielleicht bin ich deshalb ausgezogen, um die Geschichten anderer Leute zu erzählen.

Baunatal-Stadtmitte. Die Türen öffnen sich und wir steigen aus.

Ein erster Tropfen trifft meine Stirn.

Als ich die Haustür meines Vaters entsichert habe und wir den Flur betreten, sieht alles aus wie immer. Bierchen ruft nicht. Müsste rufen. Noch mit Schuhen gehe ich ins Wohnzimmer und trete fast in eine braune Lache auf dem Teppich. Auf Fensterbank und Teewagen herrscht Chaos. Unsere Hochhäuser liegen verstreut, manche sind abgestürzt und auf dem Fußboden zerschellt. Überall Pfützen. Die Brücke zu den Rockaways liegt auf dem Grund des Aquariums, das ich nun aus allen Richtungen betrachte. Das Wasser ist carlosleer. Ruhe nach der Sturmflut.

Ich höre ein Röcheln, *ch, ch, ch*.

Hinter dem Sofa liegt eine weitere Lache *Edel Cat – Kaninchen und Ente*. Bierchen kauert dort, den Hals nach vorn gestreckt.

Nimo steht in der Tür.

Ich greife unter den Wohnzimmertisch, nach Zeckenzange und Katzenbürste. Die Bürste gebe ich Nimo und bitte ihn, den Kater während der folgenden Operation zu kämmen. Das würde beide etwas beruhigen und damit auch mich. Ich schnappe Bierchen. Der strampelt und kratzt, dreht den Kopf weg, ist jedoch zu schwach und fügt sich unter Spannung. Als ich ihn auf den Rücken drehe, entfährt ihm ein Schrei.

Ich klemme seinen Schädel zwischen meine Beine und führe die Zeckenzange in sein Maul. Nimo hat eine Kralle der Hinterläufe abbekommen. Ein Kratzer auf seinem Arm füllt sich mit Blut. Er kämmt Bierchens Flanke. Mit der Zange bekomme ich die Schwanzflosse zu fassen, die noch aus dem Rachen des Katers ragt. Ich ziehe so vorsichtig wie möglich und fische Carlos heraus. Das heißt, was von ihm übrig ist. Von seinem Oberkörper fehlt die vordere Hälfte, wobei der transparente Panzer noch etwas ins Leere ragt.

Hier gibt es nichts zu beschönigen.

Bierchen verzieht sich. Ich lege eine Weihnachtsserviette auf eine Untertasse und bahre Carlos darauf auf. Nimo schneidet sich ein extralanges Pflaster zu, das über seinen halben Arm reicht.

Carlos schimmert rötlich. Nimo untersucht ihn mit der Zeckenzange. Dann begutachten wir den Schaden in unserem kleinen Manhattan.

Aufstieg und Niedergang liegen in diesem Stadtteil seit jeher nah beieinander.

Die Engländer haben die Halbinsel und die kleine Siedlung *Nieuw Amsterdam*, in etwa das Gebiet des heutigen Financial District, den Niederländern abgerungen. Sie gaben ihr einen neuen Namen und benannten sie nach ihrem Befehlshaber, Herzog James von York, dem Bruder des Königs.

Um 1700 war fast jeder zweite Einwohner ein Sklave. Die englische Besatzung war geprägt von niedergemetzelten Aufständen durch afrikanische Gefangene, von Feuerkatastrophen und Massenhysterien. Die Population der amerikanischen Ureinwohner war längst auf ein paar Dutzend zusammengeschrumpft.

Epidemien kamen und gingen. Gelbfieber. Polio. Cholera. Diphterie. Dann COVID-19.

Während des Amerikanischen Unabhängigkeitskrieges, als New York nur die Südspitze des heutigen Manhattans umfasste und gerade mal so viele Einwohner hatte wie Baunatal heute, brannte ein Viertel der Stadt nieder.

Im Jahr 1835 hatte New York sich zur Handelsmetropole multipliziert und etwas mehr Einwohner als das heutige Kassel. Im Geschäftsdistrikt brach ein Feuer aus. Weil weder die Wasserversorgung noch die Feuerwehr mit dem Wachstum der Stadt hatten mithalten können, weitete sich der Brand auf den gesamten Straßenblock aus. Händler schafften die edelsten Stoffe, Mahagonimöbel und Schmuckschatullen auf die Straßen, wo sie von Flüchtenden zertrampelt wurden. Als der Wind eine Feuersbrunst durch die Gassen blies, halfen all die Luxusgüter dem Feuer auf die andere Straßenseite. Fässer mit Schießpulver, Salpeter und Schnaps explodierten in den Lagerhallen und Tanks mit Terpentin liefen aus, sodass ein glimmender Strom durch die Straßen floss wie Lava, hinunter zum Hafen, und sich brennend über den Fluss breitete.

In den Draft Riots von 1863 – New York war mittlerweile eine Millionenstadt – rebellierten die Arbeiter aus den Slums gegen den Erlass des Kongresses, junge Männer in die Armee einzuziehen und zum Kampf gegen die Südstaaten zu zwingen, während Reiche sich freikaufen konnten. Ein randalierender Mob von etwa 50 000 Iren konnte erst gestoppt werden, als Präsident Lincoln bewaffnete Truppen in die Stadt schickte und auf die Demonstranten feuern ließ.

In den 1920ern war die Metropole ein Industrie- und Handelszentrum mit über fünf Millionen Einwohnern. Ein beispielloser Börsenrausch verdreifachte den Dow-Jones-Index. Die Spekulationsblase platzte am Schwarzen Donnerstag, welcher zum Schwarzen Freitag in Europa führte und eine Weltwirtschaftskrise auslöste, in deren Zuge Hitler das gebeutelte Deutschland übernehmen konnte.

In den 1970ern entwickelte sich New York durch Arbeitslosigkeit, eine Drogenflut und kommunale Finanzkrisen zur *fear city*. Die Verwaltung entließ Tausende von Mitarbeitern, vor allem Sicherheitspersonal, Feuerwehrleute und Polizisten. Die Mordrate verdreifachte sich innerhalb von zehn Jahren. Gangs und das organisierte Verbrechen beherrschten die Straßen.

Am Abend des 13. Juli 1977 waren die Nerven der Bevölkerung bereits strapaziert von einer brutalen Hitzewelle und der Mordserie eines okkultistischen Killers, als ein Gewitter über New York hinwegzog und Blitze die elektrischen Hauptschlagadern zerstörten. Wenig später gingen die Lichter aus, in Brooklyn, Queens, Long Island, der Bronx und Manhattan. Blackout. Tausende mussten aus dem U-Bahn-System gerettet werden. Marodierende Gruppen legten Feuer, plünderten und zerstörten ganze Nachbarschaften. Die Arrestzellen der Polizei quollen über.

Doch bot die abgehalfterte Metropole nun billigen Wohnraum in Industriehallen und wurde zum Magneten für Kunst-, Film- und Musikschaffende. In ihrer dunkelsten Zeit strahlte sie am hellsten – und gerade diese Unberechenbarkeit, in der Arm und Reich gleichermaßen gefangen waren, führte zu künstlerischen Revolutionen, dem Aufstieg von Independent-Ikonen sowie dem Urknall des Hiphop.

Gleichzeitig ging es mit der öffentlichen Sicherheit weiter bergab, beschleunigt durch das Aufkommen von Crack und die Revierkämpfe der Dealer. Im Jahr 1993 ließ Al-Qaida dann Sprengstoff in einem Transporter in der Tiefgarage des World Trade Center detonieren. Der ursprüngliche Plan war wohl gewesen, den Nordturm so einstürzen zu lassen, dass er auf den Südturm kippte wie ein Dominostein. Die tragenden Elemente des Wolkenkratzers hielten jedoch stand –

bis zum 11. September 2001.

Und jetzt auch noch das.

Die Freiheitsstatue mit dem Bügeleisengesicht hält vom Regal meines Vaters aus ungerührt ihre Fackel über das Chaos.

»Du mit deinen Geschichten«, sagt Nimo und wendet sich ab. »Immer fällt dir irgendwas ein.«

Einmal stieg ich in New York an der Haltestelle *World Trade Center* aus. Heute erhebt sich dort das blitzende One World Trade Center, das höchste Gebäude der USA, wie ein Eisblock mit geschliffenen Kanten. Die Ummantelung ist aus besonders widerstandsfähigem Glas, der Spezialstahl mit einer Brandschutzbeschichtung versehen und die Treppenhäuser sind extrabreit gebaut, damit im Falle eines Unglücks alle möglichst schnell entkommen können. Nebenan, wo einst die Zwillingstürme standen, sind nun zwei große rechteckige Becken in den Boden eingelassen, an deren Rändern Wasser hinabfließt. Auf den dunklen, hüfthohen Steinwänden ringsum stehen die Namen von fast 3000 Menschen.

Ein Mann mit grauem Ziegenbart und einer dunkelblauen Uniform kam damals mit einem Putzwagen auf mich zu und hielt direkt neben mir. In jeder Hand ein Mikrofasertuch, polierte er die Namen der Toten, bis er sich in der Fläche spiegelte. Vier Stunden bringe er damit zu, sagte er, Tag für Tag, von Gordon M. Aamoth, Jr. bis Igor Zukelmann. Ich hätte so gerne all diese Fragen gestellt – wie er denn heiße, wo er am 11. September gewesen sei, wen er hier am Memorial schon alles so getroffen habe und wie es ihm überhaupt so gehe. So wäre daraus vielleicht eine Geschichte geworden. Aber ich blieb still, weil mir manchmal eben nichts mehr einfällt, zu all dem.

»Dann – sei – mal – still!«, ruft Nimo und hämmert mit der Faust jede Silbe in das Sofa.

Das Wasser tritt über die Ufer und zwei Tränen rinnen seine Wangen hinab, rechts und links. Ich ziehe ihn an mich und er schluchzt in mein T-Shirt.

New York ist so oft getaumelt, gestürzt und wieder auferstanden, dass sich die Hochhäuser von Manhattan heute wie zum Trotz erheben, ein Feld aus Mittelfingern, gerichtet an all die Widrigkeiten, die einer komplexen Zivilisation entgegenstehen. Gegen alles, was sagt *Du darfst das nicht, du kannst das nicht, du schaffst das nicht.* Und selbst wenn die Atombombe in Manhattan erfunden wurde und die großen Havarien der westlichen Zivilisation auf New York verweisen wie Kompassnadeln – der Untergang der *Titanic* sowie der Zeppelin *Hindenburg*, der mit seinen Hakenkreuzfahnen kurz vor dem Zweiten Weltkrieg über Manhattan geflogen und dann bei der Landung in New Jersey in Flammen aufgegangen ist –, so will diese Stadt doch immer wieder beweisen, dass die Möglichkeiten unbegrenzt sind. Die Katastrophen und Tragödien haben sie erst zu dem gemacht, was sie heute ist.

New York gibt nicht auf.

Ich sage Nimo, dass es in Ordnung ist, traurig zu sein, und das fühlt sich an wie eine Niederlage. Ein schwacher Trost von jemandem, der für sein Kind einmal alles gut machen wollte.

Vielleicht gibt es auf seine drängendsten Fragen keine tröstende Antwort – nur eine dunkle Wolke über uns, die manche akzeptiert haben, andere wie besessen anstarren und wieder andere ignorieren. Wir haben die Wolke erforscht, über sie diskutiert und große Pläne geschmiedet. Wir bemühen uns, sie zu verschieben oder zu verkleinern. Doch egal, was wir tun, sie wirft Schatten auf uns, bis hinein in unsere Seelen.

Vielleicht wird es nicht mehr gut.

Heute steht in der Zeitung, dass Nigeria mit dem schlimmsten Hochwasser seit Jahrzehnten kämpft. Von Pakistan wiederum, wo doch ein Drittel des Landes überflutet sein soll, hört man schon gar nichts mehr, als hätte sich das Problem von selbst erledigt.

Es hätte nicht so kommen müssen.

Ich fische das Auto, seine Lego-Insassen und die Brückenteile, die ins Aquarium gefallen sind, aus dem Wasser und versuche, alles wieder zusammenzusetzen. Nimo findet den Leuchtturm unter dem Sofa und postiert ihn am äußersten Rand des Teewagens, zum Ozean hin. Ich wische das halbverdaute Katzenfutter vom Teppich und sprühe Desinfektionsmittel auf die Flecken.

Dicke Regentropfen klatschen gegen die Fensterscheibe.

Solange uns die Elemente in ausreichendem Maße gewogen sind, können wir noch ein paar Runden im Karussell unserer Zivilisation drehen, dessen Schrauben sich allmählich lockern, dessen Gelenke sich mehr und mehr verziehen und das sich in eine Schieflage neigt, bis –

Ich öffne die Terrassentür und trete hinaus in den Regen. Mein Blick fällt auf das verlassene Gurkenglas, in dem Carlos mit uns hätte zurückkreisen sollen. Es ist nicht *okay*.

Eins.

Zwei.

Drei Atemzüge.

Apokalypse-Denker Günther Anders wusste, dass Angst einem die Lebensfreude rauben kann. Wer von ihr gelähmt war und keinen Mut mehr fand, dem riet er zu einem Zynismus im klassischen Sinne, aus Liebe zu den Menschen. *Wenn ich verzweifelt bin, was geht's mich an! Machen wir weiter, als wären wir es nicht!* Er wollte uns Angst einflößen. Doch nicht als eine Schockstarre oder blinde Panik, sondern als Triebfeder unseres aufgeklärten Handelns. Als Quell einer ungeheuren und abgründigen Kraft, die auch der verspürt, der wirklich begriffen hat, dass er sterben muss, eines Tages. *Freilich muß diese unsere Angst eine von ganz besonderer Art sein: 1. Eine furchtlose Angst, da sie jede Angst vor denen, die uns als Angsthasen verhöhnen könnten, ausschließt. 2. Eine belebende Angst, da sie uns statt in die Stubenecken hinein in die Straßen hinaus treiben soll. 3. Eine liebende Angst, die sich um die Welt ängstigen soll, nicht nur vor dem, was uns zustoßen könnte.*

Die Angst vor der schier unausweichlichen Apokalypse kann uns die heute notwendigen Maßnahmen ergreifen lassen. Und vielleicht müssen wir erst zu unserer größten Angst finden, um ihr Gegenstück erkennen zu können.

I want you to panic.

Die Tropfen trommeln auf die Terrasse und mein T-Shirt klebt am Oberkörper. Nimo setzt langsam einen nackten Fuß auf die

Terrasse, dann den anderen. Mit einem Schrei hüpft er durch die Pfützen zu mir.

Dann schreie ich.

Dann schreit er.

Dann ich, dann er, das Gurkenglas in unserer Mitte.

»Könnt ihr mal die Schnauze halten, ey!«, ruft jemand aus dem Fenster neben dem Swimmingpool.

Unsere Schreie fließen zu einem gemeinsamen Schrei zusammen und wir ziehen ihn in die Länge, bis uns die Luft ausgeht.

Der Typ am Fenster brüllt noch irgendwas.

Dann ist es gut.

Drinnen rubbele ich Nimo mit einem Handtuch trocken. Er hält das Gurkenglas in der Hand, in dem nun wieder etwas Wasser schwappt.

Wir müssen ein Ende für diese Geschichte finden, mit dem wir beide leben können. Nimo schlägt eine Seebestattung vor. Da wir kein Meer in der Nähe haben, könnten wir stattdessen einen Fluss nehmen, der ja zwangsläufig irgendwann ins Meer führen muss. Ich googele die Bauna und sehe, dass sie bei Guntershausen in die Fulda mündet. Die Fulda wiederum trifft bei Hannoversch Münden auf die Werra und diese beiden werden dann zur Weser. Bei Bremerhaven fließt die Weser in die Nordsee. Nimo ist einverstanden.

Mündungen sind Schicksalsorte. Wo könnte man besser verstehen, dass nichts je zu Ende ist, sondern immer nur in etwas Größerem aufgeht. Wäre doch schön, wenn wir das dort auch fühlen könnten. Wenn es vielleicht sogar wahr wäre.

Über Nacht bewahre ich Carlos im Kühlschrank auf, in einer Tupperdose, damit der Kühlschrank bei der Rückkehr meines Vaters nicht fischig riecht.

Als wir am nächsten Tag zur Bestattung aufbrechen wollen, steht Nimo wieder mit dem Gurkenglas im Flur.

»Auf keinen Fall«, sage ich.

»Auf jeden Fall«, sagt er, das Glas im Klammergriff.

Ich versuche ihm zu erklären, dass wir ein paar Stunden unterwegs sein werden, da wir ja jetzt kein Auto mehr haben. Dass es deshalb keine gute Idee wäre, das Glas mitzunehmen, es sei denn, er wolle es entsorgen.

»Das Glas muss mit«, sagt Nimo.

Es ist zwecklos.

Ich bringe ihm einen Rucksack aus dem Keller, eine noch immer neuwertige Treueprämie der Tankstelle. Er kann das Glas selber tragen.

Die Gärten des Wohngebiets haben aufgeatmet.

Spaziergänger im Leiselfeld tragen die Jacken in der Hand oder um die Hüfte gebunden. Zu dem kleinen See hin stehen Reihenhausbungalows hinter hohen Hecken. Aus einem Garten sticht ein Fahnenmast mit der Flagge von Schalke 04. Direkt am Wasser sehe ich das Schild mit dem über die Jahrzehnte sinnlos gewordenen Satz: *Betreten der Eisfläche verboten. Der Magistrat der Stadt Baunatal.* Als Kind habe ich mir den Magistrat, der überall die Schilder aufstellte, als eine Art Tafelrunde vorgestellt, als Männer mit Perücken, Roben und kleinen Schwertern, die in meiner Stadt das Sagen haben.

Auf einer Terrasse deckt eine Frau ihre Sitzgarnitur wieder mit Kissen ein.

Wir sprechen nicht, als wir den Weg hinauf auf die Felder gehen. Am Horizont liegt das Werk mit den Schloten, den Hallen und den Ziehharmonikadächern. Auf dem geraden Weg inmitten der Kohlfelder werden wir unweigerlich schneller, und alle paar Schritte verfällt Nimo in einen Hopserlauf, trotz allem. Dann bleibt er stehen und wartet, bis ich ihn eingeholt habe.

»Was stellen die da eigentlich genau her?«, fragt er und zeigt in Richtung der Schlote.

Getriebe würden dort gefertigt, sage ich. Teile von Karosserien und Plattformen. Und das größte Märchen unserer Zeit.

Ja, ein Märchen.

Es war einmal ein Konzern namens Volkswagen. Der bekannte sich zu den Pariser Klimazielen und gelobte, bis zum Jahr 2050 keine Treibhausgase mehr auszustoßen. Das nannten sie den *Way to zero*, und die Kampagnen dazu bebilderten sie mit der Schönheit der Natur und jungen, an den Händen tätowierten Menschen, die sich auf Motorhauben und Rückbänken von Elektrofahrzeugen räkelten.

Den Klimawandel hatte der ehemalige Vorstandsvorsitzende Herbert Diess immerhin als *die größte Herausforderung unserer Zeit* bezeichnet. Volkswagen scheute keine Mühen und Kosten für das Klima – zumindest seit der Konzern seinen Diesel an die Wand gefahren und seine Zukunftsstrategie auf die Elektromobilität ausgerichtet hatte. Manche sagten, dies sei zu spät und nur gezwungenermaßen geschehen. Andere schienen zu glauben, dass den Vorstandsvorsitzenden dieser Zivilisation nichts mehr am Herzen lag als das Wohl der Menschheit und dass VW eben einen Weg gefunden hatte, dieses mit den Interessen der Aktionäre zu vereinbaren.

Es musste ja auch nicht gleich Schluss sein mit dem rauschenden Fest fossiler Verbrennung. Alle würden weiterverdienen können und nebenbei schon mal Fuß fassen in der elektrischen Mobilität der Zukunft, bis man dann vielleicht das Wasserstoffauto auf den Markt bringen könnte. Die Wirtschaft musste wachsen, ebenso wie die Gewinne der Aktionäre – nicht trotz, sondern gerade *wegen* der Klimakrise. Eine Win-win-Situation.

Man könnte einwenden, dass VW noch mindestens zehn Jahre lang Autos mit Verbrennungsmotor für Europa produzieren wollte, für China und die USA noch *etwas länger*, wie es hieß. Dass der Schwerpunkt dabei auf besonders verbrauchsintensiven SUVs lag und all die bis dahin produzierten Verbrenner ja auch noch lange weiter Benzin verbrauchen würden. Dass VW jährlich neun Millionen Autos herstellte und der Anteil der Elektroautos noch im niedrigen einstelligen Prozentbereich lag. Dass dies der größte Autobauer Europas und der zweitgrößte der Welt war – einer der klimaschädlichsten Konzerne überhaupt.

Aber was wäre das für ein Märchen.

Der Horizont ist jetzt ganz VW-Werk. Es steht da, unverrückbar wie die Bergwand hinter Innsbruck.

Ein *Dahinter* ist kaum denkbar.

Wir biegen rechts ab, auf den Radweg stadtauswärts entlang der Straße nach Kirchbauna. Hier liegt ein Rückhaltebecken für den Fall eines Hochwassers, in Form einer großen Wiese. Überall entlang der Bauna gibt es diese Becken, in aufsteigender Größe. Die Gemeinden haben mit ihrem Bau auf ein historisches Hochwasser im Jahr 1992 reagiert. Ich war damals sieben Jahre alt und habe mit meinen Eltern in dem griechischen Restaurant in der Baunataler Fußgängerzone gegessen. Es begann zu regnen, und innerhalb weniger Minuten stand das Wasser knöchelhoch in den Straßen. Mein Vater rannte hinaus und holte das Auto aus der Tiefgarage. Allen Regeln zum Trotz fuhr er es bis vor die Tür des Restaurants, um uns zu evakuieren.

Von dem Modell des VW Käfer auf dem Verkehrskreisel am Ortsausgang blättert der Lack. Vielleicht werden die kühnsten Versprechen des Konzerns eines Tages Wirklichkeit. Vielleicht wird er ewig blühen und mit ihm Baunatal, die Bundesrepublik und die gesamte westliche Zivilisation. Vielleicht wird dann eines Tages wieder der alte Satz meines Großvaters Josef stimmen: *Das VW hat uns gerettet.*

Vielleicht aber auch nicht.

DIE ARCHE BEN
Grenzgebiet, Sachsen

Ben Green begann den Tag mit seinem Rundgang über das Kasernengelände. Er begutachtete die Knospen, Blüten und Früchte, mit denen er sich auf den Niedergang der Zivilisation vorbereitete. Neben einer großen Baracke mit vergitterten Fenstern gediehen Beerensträucher, Weinreben und Rhabarberstauden. Er brach einen grünen Spargelkopf von einem der Beete und zerbiss ihn mit einem Knacken. Dann betrat er die Obstwiese, wo er vierzig junge Bäume eingepflanzt hatte. Green beugte sich in die Krone eines Pflaumenbaums und betrachtete die grünen Früchte.

»Na, sieh mal einer an, Viktoriapflaume, dein erstes Jahr und schon hängst du so voll«, sagte er. »Gut gemacht!«

Inmitten des Kasernenhofes hatte er sechs Äcker angelegt, jeder 85 Quadratmeter groß. Hier gediehen Kartoffeln, Bohnen, Erbsen und Kürbisgewächse. Manchen Pflanzen gratulierte er zu ihrer Entwicklung, wie dem sprießenden Kohl, anderen redete er gut zu, wie dem Pfirsichbaum, von dessen Rinde ein Hirsch gefressen hatte. »Ich wünschte, ich könnte die Bäume schneller wachsen lassen«, sagte Green. Und wie jedes Jahr im Sommer wünschte er, im Frühjahr hätte er mehr Äcker umgegraben, mehr Samen gesät, mehr Setzlinge gepflanzt und mehr Unkraut gejätet. Green wollte so schnell wie möglich unabhängig sein von dem, was man *Gesellschaft* nannte.

In der Zukunft, wie Green sie sah, war auf die Welt außerhalb seiner fünf Hektar Land kein Verlass mehr. Seit gut dreißig Jahren beschäftigte ihn der Klimawandel, inzwischen hielt er die Katastrophe für unausweichlich. Deshalb hatte er nach einem Grundstück gefahndet: möglichst groß, kühl und günstig hatte es sein sollen – fern der Städte, wegen möglicher Aufstände, und hoch gelegen, wegen möglicher Fluten. Vor drei Jahren hatte er es im sächsischen Hinterland gefunden: eine alte DDR-Kaserne, umgeben von einem Nadelwäldchen, Feldern und vereinzelten Dörfern. Hier suchte Green eine handfeste Antwort auf die große Frage der Gegenwart: Wie wollen wir angesichts drohender Untergänge leben?

Seine Antwort sollte auch gehört werden. Green postete auf Instagram, TikTok und Twitter unter dem Namen *thepirateben* über seinen Feldversuch, sich ein autarkes Leben inmitten der aufziehenden Apokalypse aufzubauen. Auf seinem Blog machte er sich Gedanken über das Gärtnern, über Veganismus und darüber, was aus seiner Kaserne einmal werden könnte. Per Newsletter informierte er seine knapp zweihundert Abonnenten über Fortschritte und Rückschläge.

»Möglichst viele Leute müssen den Ernst der Lage verstehen. Dazu braucht es eine Teenagerin wie Greta Thunberg, Visionäre wie Elon Musk und Wissenschaftler, die ihre Stimme erheben«, sagte Green. Im Vorbeigehen rupfte er ein sprießendes Kraut vom Kartoffelacker. »Und manche können sich vielleicht am ehesten mit einem alternden Gärtner identifizieren, der ein bisschen aussieht wie ein Hippie.«

Green, 49 Jahre alt, war ein großer Mann mit rotgrauer Lockenmähne und breitem Arbeiterkreuz. Er wollte den Menschen zeigen, wie sie der Erderwärmung begegnen könnten. In Worten, aber vor allem in Taten.

Er kniete sich hin und begann, Unkraut auf einem der Äcker im Kasernenhof zu jäten, damit die Bohnen ihren Platz hätten.

Als er vor drei Jahren aus der Schweiz hergezogen war, hatte er weder fließend Wasser noch Strom gehabt, geschweige denn eine Heizung. Der Boden, den er bestellen wollte, war von all den Militärfahrzeugen und Soldatenmärschen verdichtet worden. Er hatte zu graben begonnen – und keinen einzigen Wurm darin gefunden. Jetzt, im vierten Jahr seines Lebens in der Kaserne, baute Green genug Gemüse an, um davon leben zu können.

»Wenn ich es sogar hier schaffe, kann es überall gelingen«, sagte er. Er wusch sich noch immer mit einer Wasserschüssel oder unter dem Gartenschlauch. Die Stromleitungen allerdings hatte er repariert. Ein warmer Raum im Winter stand noch auf der To-do-Liste.

Green zog eine Ackerwinde aus dem Boden, ein Kraut mit kelchartigen Blüten. »Das zweitschlimmste Unkraut hier. Sieht schön aus, ist aber ein bösartiger Bastard«, sagte er und zeigte auf die lange Pfahlwurzel. In etwa einer Woche würde wieder alles voll davon sein. Jäten, Mähen, Wässern, das war der Rhythmus seines Sommers.

Er hatte den Wechsel der Jahreszeiten von klein auf verinnerlicht. Mit zwei Brüdern war er nahe Birmingham aufgewachsen. Die Eltern hatten einen englischen Ziergarten gepflegt. Die Familie war arm gewesen und so hatte er als Kind oft die Losung gehört: *Das Geld wächst nicht auf Bäumen.* Früh hatte er begonnen, Bücher über Obst- und Gemüseanbau zu lesen, und verstanden: Viele der Lebensmittel, die man mit Geld kaufen konnte, wuchsen auf Bäumen und Äckern. Fortan hatte er immer einen Garten gehabt.

Etwa den Grünstreifen hinter seinem Haus in Edinburgh, wo er die spätere Mutter seiner beiden Töchter kennengelernt und Chemie studiert hatte – bis er sich exmatrikulierte, weil er damals noch geglaubt hatte, dass man mit diesem Fach nur Böses anstellen könne. Er hatte im Garten der Schwiegermutter in Österreich ausgeholfen, wohin er der Familie gefolgt war und wo er sich das Programmieren beigebracht und sein Wissen über Kräuter vertieft hatte. Nach der Trennung hatte er in Spanien gejobbt, dann in London. Dort war er Stamm-DJ eines Pubs gewesen und hatte ein britisches *Allotment* bewirtschaftet, eine der ehemaligen Grünflächen, die in der Not des Zweiten Weltkrieges zu Gemüsegärten umgewidmet worden waren. Er war nach Berlin gezogen, hatte nun hauptberuflich programmiert und einen Schrebergarten in Potsdam gepachtet. Zuletzt hatte er in Zürich gelebt, als leitender IT-Entwickler eines Medienkonzerns, und den Garten seiner Erdgeschosswohnung umgegraben. Seine Töchter waren unterdessen erwachsen.

In seinem alten Job hatte Green viel Geld verdient. Er war in Pubs und Kinos gegangen, hatte Yogakurse besucht. Stünde es auch nur ein bisschen besser um die Menschheit, wäre er in Zürich geblieben. Die Stadt war für ihn wie ein Berlin für reiche Erwachsene. Doch es stand nicht gut um die Menschheit.

Auf die alte Kaserne war er im Internet gestoßen: 52 155 Quadratmeter Land in einer der kältesten Regionen Deutschlands. Ein Speisesaal und zwei große Baracken. Ein Grundwasserbrunnen. Green hatte eine Arche gefunden, die er durch die Zeit des Untergangs würde navigieren können.

Er war nach Berlin geflogen, hatte seine alte Wohnung verkauft und sich mit seinen Ersparnissen aus der Gesellschaft verabschiedet.

»Es ist nicht so, als hätte ich meine großartige Karriere beendet, um auszusteigen«, sagte er, während er dort auf dem Acker kniete. »Ich habe meine Karriere überhaupt nur dafür begonnen.«

Noch war er nicht am Ziel. Alle paar Monate radelte er zum Supermarkt, um Speiseöl, Zucker und Kaffee zu kaufen. Damit aus seinen Äckern schneller fruchtbare Gärten wurden, gab er Pferdemist zur Erde, den er von Bauern aus der Umgebung bekam. Wenn ihn jemand mit einem Auto besuchte, ließ er sich zum Baumarkt fahren oder holte Futtersäcke für die drei Wollschweine, die er vor dem Schlachter gerettet hatte. Er hatte nur ein Ferkel adoptieren wollen damals, doch hatte die anderen nicht ihrem sicheren Tod überlassen können.

Die Schweine sprangen wild umeinander, als er sich mit einem Eimer Pferdemüsli und ein paar Karotten ihrem Gehege näherte. Er schaltete den Elektrozaun ab und schüttete drinnen das Futter aus. Eine der beiden Säue hatte er *Brunhilde Demagogue* genannt, weil sie die Kraft besaß, die anderen aufzuhetzen (früher hatte sie *Bitch* geheißen, bis ein befreundeter Yogalehrer zu Green gesagt hatte, das gehe gar nicht). Die andere Sau hieß *Marilyn Monroe*, weil sie erstens wunderschön war und zweitens – wie eigentlich alle Schweine – auf High Heels zu gehen schien. Der fette Eber hieß *Sir Anthony Marmalade Nutless*, wegen seiner rötlichen Färbung und weil ihm der Tierarzt die Nüsse abgeschnitten hatte. Green nannte ihn informell *Fat Toni* und sagte, wenn man nicht mal seine eigenen Schweine bodyshamen dürfe, wen denn bitteschön dann?

»Ich bin schon ein elendig dummer Veganer«, sagte Green, als sich die Tiere über das Futter hermachten. »Jedes Schwein frisst so viel wie drei Menschen.«

In einigen Jahren könnte er auch für sie genug Futter anbauen, doch er bezweifelte, dass der Kollaps der Gesellschaft noch so lange auf sich warten ließe.

Er befand sich im Wettlauf gegen die Zeit.

Mit einer Tasse Kaffee setzte er sich auf einen Stuhl vor dem alten Speisesaal der Kaserne – einem speckigen Kubus, in dem sich einst Hunderte Soldaten der Nationalen Volksarmee gedrängt hatten. Er nannte ihn »Loft«.

»Der Kapitalismus ist darauf ausgerichtet, dass morgen noch alles ungefähr so funktioniert wie heute«, sagte Green. »Lieferketten und Lagerzeiten sind eng getaktet.«

Die Erderwärmung treffe auf ein Wirtschaftssystem, in dem alles voneinander abhänge und doch an jeder Ecke gespart und optimiert werde. Deshalb ging Green davon aus, dass der Kollaps mit leeren Supermarktregalen beginnen würde. Kürzlich hatte er den *Global Assessment Report on Risk Reduction* gelesen, einen Bericht der

Vereinten Nationen zum Management existenzieller Risiken, der seine Gedanken auf den Punkt brachte: Die sogenannte Effizienz des Systems habe zu weniger Spielraum bei ungeplanten Störungen geführt, hieß es darin. Naturkatastrophen, lokale Konflikte und internationale Krisen hätten eine Kaskade von Folgen für die Lebensmittelversorgung und darüber hinaus.

Bei seinem letzten Besuch im Supermarkt, nach Beginn des Krieges in der Ukraine, war das Regal mit dem Speiseöl leer gewesen. Es hatte ihn nicht überrascht.

»Die Klimakrise wird andere Krisen auslösen und verschärfen, ob Pandemien, Kriege oder Massenflucht«, sagte er. Die Gesellschaft war für ihn wie der sprichwörtliche Frosch im Topf, der nicht merkte, dass das Wasser stetig heißer wurde, bis es irgendwann kochte. »Der Kollaps ist bereits im Gange.«

Auf dem Stuhl neben ihm lag das Buch *Limits and Beyond* – die Fortsetzung von *Die Grenzen des Wachstums*, mit dem der Club of Rome in Greens Geburtsjahr vor dem ökologischen Kollaps gewarnt hatte. Green hatte es als Jugendlicher in den Achtzigern gelesen, als es eine Renaissance erlebt hatte.

»Damit hat für mich alles begonnen«, sagte er.

In den Neunzigern hatte er sich noch in der englischen Grünen-Partei engagiert und im Wahlkampf Flyer verteilt. In *Limits and Beyond* fragten die Wissenschaftlerinnen und Wissenschaftler jetzt: Warum haben wir nicht gehandelt, obwohl wir das alles wussten? Neben der ökologischen Krise stellten sie eine epistemische Krise fest, eine Krise des Verstehens – die kollektive Unfähigkeit nämlich, zwischen Fakten und Fiktion zu unterscheiden. Wie sollte die Menschheit ihre Probleme lösen, wenn jeder nur glaubte, was er glauben wollte? Mit den sozialen Medien war eine ganze Industrie der Falschinformationen entstanden.

Green hatte mitangesehen, wie der Ausstoß von Treibhausgasen Jahr um Jahr gestiegen war, obwohl die Weltgemeinschaft sich seit

1995 jährlich zu Klimakonferenzen traf. Er hatte jeden Bericht des Weltklimarats gelesen. Die Fachleute dort hatten immer düsterere Prognosen gegeben und stets mit dem gleichen Fazit geschlossen: Wenn wir bald alles täten, was möglich war (und möglich werden würde) – vom Energiesparen über schrittweisen Verzicht auf fossile Brennstoffe bis hin zum Binden von Treibhausgasen aus der Atmosphäre –, dann könnten wir die Katastrophe noch verhindern.

Die Klimaabkommen aber waren leere Versprechen geblieben.

»Anscheinend sind weder die Menschen noch die Politik zu tiefer Veränderung fähig«, sagte Green.

Der jüngste Bericht des Weltklimarats trug den Titel *Mitigation of Climate Change*, also *Milderung des Klimawandels*. »Statt der Vermeidung einer Katastrophe geht es darin also nur noch um deren Eindämmung. Und die wird immer unwahrscheinlicher«, sagte Green. Der Bericht legte dar, dass die Folgen der aktuell prognostizierten 1,2 Grad Erderwärmung mitunter drastischer waren als bisher angenommen. Green hatte seine Schlüsse ohnehin längst gezogen. »Es gibt keinen vernünftigen Grund zur Hoffnung«, sagte er, »und Optimismus entgegen allen Fakten ist eine Form des Wahnsinns.«

Umgeben von Vogelgezwitscher und dem Rauschen der Bäume ging er die nie endende To-do-Liste auf seinem Handy durch.

Dann machte er sich daran, die Tomatenpflanzen in seinem Gewächshaus auszugeizen. Im Herbst würde er kiloweise Chutneys und Saucen für den Winter einkochen, was ohne Tomaten nicht zu machen war. Er wollte jedoch nicht mit den Preppern verwechselt werden, dieser Strömung von Apokalyptikern, die sich Waffen kauften, Konserven horteten und Bunker bauten.

»Egal, wie viele Dosen Bohnen die im Regal haben, irgendwann gehen ihnen die Vorräte aus. Dann werden sie scheitern«, sagte Green. »Prepper sind fixiert auf den Kollaps. Mich interessiert das Leben danach.«

Er wollte ein geschlossenes System erschaffen, das er selbst tragen und erneuern konnte. Einen Kreislauf aus Anbau und Ernte, in dem man der Erde nur entnahm, was man auch zurückgeben konnte. Eine bessere Welt auf fünf Hektar Land – ohne Angst und Pessimismus. Seine Philosophie nannte er *Happy Doomerism*. Die Gründe für seine Zuversicht schuf er selbst.

Die Zukunft, wie Ben Green sie sah, war das Ende der staatlichen Ordnung. Auf Dürren würden Ernteausfälle folgen, auf Katastrophen unterbrochene Lieferketten, auf leere Supermarktregale die Barbarei. Er stellte sich das vor wie in dem Film *Cosmopolis*, in dem ein Milliardär mit Limousine und Leibwächter durch Manhattan zu seinem Friseur fuhr, während um ihn herum Krawalle tobten. »Ich will nicht dabei sein, wenn die Menschen in den Großstädten anfangen, sich um Rattenfleisch zu prügeln«, sagte Green. Polizisten, Feuerwehrleute und Pflegekräfte würden irgendwann Nahrung für ihre Familien suchen, statt zur Arbeit zu gehen. Er stellte sich vor, dass eines Tages Flugzeuge vom Himmel fallen würden, weil auch die Fluglotsen andere Sorgen hätten.

»Was auch immer passieren mag, es wird nie mehr besser als jetzt«, sagte er.

Mittags zog er sich in den kühlen Speisesaal zurück: eine große Fensterfront, für die er noch größere Vorhänge genäht hatte, ein Kamin, der im Winter nie genug Wärme spendete, die Wand über seinem Bett getäfelt mit Gemälden. In der Mitte des Raumes stand ein weißer Flügel. Gerade übte er das Blumenduett aus der Oper *Lakmé*.

»Die Kaserne soll ein Ort sein, an dem man sich an die guten Seiten der Menschheit erinnert und sie am Leben hält«, sagte Green. »Die Musik, die Kunst und das Ballett. All das, was im Überlebenskampf zuerst vergessen wird.«

In einem der Räume des einigermaßen intakten Seitenflügels hatte er ein Kino mit Beamer und Hunderten DVDs eingerichtet. Er träumte von einer Bibliothek mit dem geballten Wissen der

Menschheit. In seinem großen Bücherregal stand schon die *Encyclopædia Britannica* in 33 Bänden – für eine Zeit, in der es kein Internet mehr geben würde.

Er sei schon immer ein Eigenbrötler gewesen, der viel Zeit mit seinen Büchern verbracht habe, sagte er. In seinen Baracken aber sollte in Zeiten der Apokalypse eine Gemeinschaft leben. Deshalb suchte Green nach Gleichgesinnten. Etwa in der Online-Community des britischen Nachhaltigkeitsexperten Jem Bendell, der ein Paper namens *Deep Adaptation* veröffentlicht hatte, in dem es um die Akzeptanz der Klimakatastrophe ging, um die Überwindung der Trauer darüber und um ein liebevolles Leben im Rahmen der verbliebenen Möglichkeiten. In einer Facebook-Gruppe zu *Deep Adaptation* hatte Green einen Aufruf gestartet, um Leute zu finden, die ihren Frieden mit den kommenden Umbrüchen bereits gemacht hatten. *Ich fühle mich, als wäre ich der Einzige.* Er hatte fast hundert Antworten bekommen. Nicht alle hatten das Stadium der Akzeptanz schon erreicht.

Über eine Webseite für freiwillige Helfer kamen in den warmen Monaten öfter junge Menschen zu ihm. Dann kam Leben in die Baracken. Bei den gemeinsamen Abendessen und dem morgendlichen Yoga bekam Green eine Vorstellung davon, wie sich sein Zuhause eines Tages anfühlen könnte. Doch den Winter in der Kaserne hatte noch niemand mit ihm ausgehalten.

»Es ist wie ein dunkler, kalter Alptraum, der sieben Monate dauert«, sagte er. Ständig musste er Holz hacken und den Ofen füttern. Manchmal konnte er sich vor Rückenschmerzen kaum regen. Und dann erst die Depressionen, jedes Jahr zur gleichen Zeit. Ob er sich auch mal bewusst einen Tag frei nehme? »Ich nehme mir bewusst nie einen Tag frei«, sagte Green.

Über ungebetene Gäste, die den Frieden der Baracken stören könnten, machte er sich angeblich keine Sorgen. Oder er ließ nur so viel Unsicherheit zu, wie er ertragen konnte. Die Menschen auf dem Land rund um seine Kaserne hätten selbst Äcker und Vorratskam-

mern, sagte er. Die nächsten Großstädte seien mehr als zehn Tages-
märsche entfernt. Weil es in der Zukunft, wie er sie sah, kein Benzin
mehr gebe und das Essen knapp werde, könne es dann kaum jemand bis in seine Region schaffen. »In meinem Wald würden sie
mich nicht finden«, sagte er. »Sogar Leute, die schon mal hier gewesen sind, verirren sich ohne Internet.«

Nach seinem Mittagsschlaf und einem Linsencurry widmete er sich
der härtesten Aufgabe des Tages: Abseits des Kasernenhofes hatte
er dieses Jahr ein neues Feld gegraben, für Sonnenblumen, Quinoa
und Mais. Nur hatte er es dann nicht mehr geschafft, das Unkraut
zu jäten, bevor die Samen in die Erde gemusst hatten. Also kniete
Green sich hin und trieb seine Handschaufel in den Boden. Zwischen den Reihen der Nutzpflanzen grub er Kriech-Quecke aus.

»Das ist mit Abstand das schrecklichste Unkraut hier«, sagte er
und hielt es mahnend in die Höhe. »Es formt dichte Wurzelge-
flechte, bis zu zehn Zentimeter unter der Erde.« Wer die Quecke los-
werden wollte, der musste einen jahrelangen Kampf führen. Green
hatte ihn aufgenommen, einmal mehr. Sein Schweiß tropfte auf die
trockene Erde

»Ich muss möglichst viel Anbaufläche erschließen, bevor ich zu
alt dafür bin und meine Kräfte schwinden«, sagte er.

Auch das neue Feld würde ein paar Zyklen aus Anbau, Ernte und
Kompost brauchen, bis aus dem steinigen Boden ein lebendiger
Garten erwachsen konnte. Dann aber wäre Green seinem Ziel
schon nah gekommen: Die Schweine würden kaum noch Futter
vom Händler brauchen. Aus den Kernen der Sonnenblumen wollte
er schon in diesem Jahr erstmals selbst Öl herstellen. Sein Geld war
so gut wie aufgebraucht.

»Wahrscheinlich schaffe ich es, genau dann pleitezugehen, wenn
ich mit den Baracken auf eigenen Beinen stehen kann«, sagte Green.
Wenn dann auch noch die Zivilisation zusammenbrechen würde,
wäre das gutes Timing.

Green schreckte auf.

Menschliche Geräusche waren selten hier. Eine Nachbarin, die außerhalb des Wäldchens lebte, fuhr in ihrem Auto aufs Grundstück. Sie holte einen Sack voller Tomatensetzlinge alter Sorten aus dem Kofferraum, die sie übrig hatte. Green hielt mit ihr einen Smalltalk über das Gärtnern. Als sie fort war, begann er, die Wurzelballen auseinanderzudröseln und die Pflänzchen in kleine Töpfe zu setzen. Berner Rose, Ochsenherz, Noire de Crimée, Japanische Birne und Andenhorn.

Ich könnte mir ja welche mitnehmen, sagte er.

Am Abend stapfte Green wieder auf die große Obstwiese hinter der Kaserne. Mit dem Reservoir seines Grundwasserbrunnens konnte er täglich drei Bäume bewässern. Heute war eine Walnuss an der Reihe, eine Reneklode und der Prinz-Albrecht-Apfelbaum. Mit dem Schlauch in der Hand überblickte er das Gelände.

»Eigentlich kann ich mit so einer Hippiescheiße nichts anfangen«, sagte er, »aber je mehr ich mit meinen Händen in der Erde arbeite, desto verbundener fühle ich mich mit diesem Stück Land.«

Der Deutsche Wetterdienst hatte für seine Region gerade einen neuen Hitzerekord gemeldet. Mit den Bäumen aber wuchs sein Optimismus. In etwa fünf Jahren würden sich deren Äste berühren und – so schätzte er – mindestens acht Tonnen Früchte tragen. Dann hätte er genug Obst und Gemüse, um außer sich und seinen Schweinen noch ein paar Menschen zu ernähren.

Wie auch immer die den Weg zu ihm finden würden.

DU MUSST DEIN LEBEN ÄNDERN

In Kirchbauna wird es schwieriger, dem Fluss zu folgen. Von Altenbauna kommend, fließt er in einem geraden Kanal ins Dorf, zwischen Gebüschen und Bäumen hindurch, und verschwindet dann
wieder unter der Straße.

Dafür tauchen die Fragen auf. Ob das jetzt eine gute Idee ist mit
der Bestattung. Ob das überhaupt kindgerecht ist, dieses ganze
Drumherum. Ob Nimo nicht verschont bleiben sollte von der Un-
mittelbarkeit des Todes. Ob ich das alles eine Nummer kleiner auf-
ziehen sollte. Ein Grab im Garten etwa. Oder Carlos das Klo runter-
spülen und sagen, die Rohre reichten ans Meer. Nicht immer so ins
Extreme. Drei Atemzüge. Wie soll ich das überhaupt feierlich ge-
stalten, die Überreste unseres Triops aus der Tupperdose meines
Vaters ins Flusswasser zu überführen? Einfach auskippen ist keine
Option. Vielleicht, ihn auf einem großen Blatt den Fluss hinabfah-
ren zu lassen. Ahoi, alter Krustenkumpel, grüß mir die See.

Wir folgen der Straße ein Stück und versuchen, den Lauf der
Bauna im Blick zu behalten. In die Balken der Fachwerkhäuser sind
Schnörkel eingraviert, stilisierte Blüten, Tierköpfe, Jahreszahlen und
Segenssprüche. In einer Scheune ein Trödelmarkt – geschlossen.

Nimo fragt, ob das jetzt die Antwort sein solle, so eine Kaserne im
Wald.

»Die Kaserne ist eine Antwort, aber sie muss nicht unsere Antwort sein«, sage ich.

Das trifft insofern zu, als ich mir keine Kaserne kaufen kann, nicht mal einen Bruchteil davon und schon gar nicht in Süddeutschland, im Speckgürtel des schwäbischen Mittelstands. Ich kann auch nicht zu Ben Green nach Sachsen ziehen – obwohl er gesagt hat, er bräuchte einen Social-Media-Beauftragten, der sich um die ganzen Accounts kümmert. Den würde er sofort einziehen lassen und bezahlen und durchfüttern, damit er selbst nur noch graben, säen, jäten und ernten müsste. Ich kann nicht, weil bei mir zu Hause in jeder zweiten Kalenderwoche morgens um 6:30 Uhr der Wecker klingelt. Weil ich dann Nimo wecke, bei minimalem Licht, ihm Ingwertee koche, ein Brötchen aufbacke und es mit Möhrengouda belege, bevor ich ihn zur Bushaltestelle bringe und er zur Schule fährt. Weil ich weiß, dass er wiederkommt, am Nachmittag oder in der nächsten Papawoche.

Ich kann nicht, weil ich auch gar nicht will. Weil genau das mein Leben ist. Und so wird auch Nimos Mutter nicht in einen Ort namens Plöcknitz, Neuenhain, Moeckerich oder so ähnlich ziehen, dem geteilten Sorgerecht zuliebe, um sich im sächsischen Hinterland neu zu erfinden, weil sie Endzeitvisionen außerdem ablehnt und als Anlageberaterin *von Berufs wegen Optimistin* ist. Niemand hört auf, wenn es am schönsten ist. Und wenn man aufhört, dann ist es nicht am schönsten.

Aber wir werden uns ändern, so oder so.

»Der Gedanke an ein Ende hat Green neu anfangen lassen«, sage ich. »Ich glaube, das ist eine Antwort.«

Wie wäre es denn, wenn wir von dem Ende nicht nur wüssten, sondern es begriffen? Wie würden wir den Tag beginnen? Wem könnten wir Trost spenden? Welche Arbeit würden wir aufnehmen? Welches Gebet sprechen? Bei wem müssten wir uns unbedingt entschuldigen? Wem würden wir unsere Liebe gestehen?

Die Werbung sagt: *Du bist okay, so, wie du bist.* Die Apokalypse sagt: *Du musst dein Leben ändern.* Ben Green sagt, er fühle sich ausgerechnet in der Kaserne zum ersten Mal, als sei er angekommen. Das ist das Geschenk der Apokalypse an ihn.

Und so erinnert uns seine Geschichte daran, dass wir jeden Tag aufstehen und uns selbst die Wahrheit sagen können. Dass wir eigentlich keine Wahl haben, wenn wir noch eine Wahl haben wollen. Dass alles außerdem perfekt ist, auf seine Weise.

Es ist schwer zu begreifen, wie schwer das alles zu begreifen ist.

Günther Anders nannte den Menschen einen »invertierten Utopisten«. Der Utopist stelle sich eine Welt vor, die er nicht erschaffen könne. Der invertierte, also umgekehrte Utopist wiederum erschaffe mit all seinen Technologien eine Welt, die er sich nicht vorstellen könne.

Deshalb brauchen wir all die Geschichten und Infografiken, die ständigen Vorher-Nachher-Bilder von Gletschern und Aufnahmen von Eisbären im Geröll, wo kein Eis mehr ist. Deshalb glaubt Ben Green, dass er die Kälte überwinden, Acker um Acker erschließen und sich ohne fließend Wasser mit einem Waschlappen waschen muss. Damit wir uns nur endlich einmal vorstellen, was es hieße, wenn es käme, wie sie sagen. Es ist doch schließlich keine Weltuntergangssekte, die uns vor den großen Katastrophen warnt.

Die Apokalypse der Neuzeit kommt ohne heilige Schriften aus.

Ich spaziere mit meinem Sohn durch den heißesten europäischen Sommer seit mindestens 500 Jahren. Derweil häufen sich Studien, die den möglichen Kollaps der Gesellschaft oder die Wahrscheinlichkeit unseres Aussterbens behandeln. So kommt etwa eine Abhandlung im Wissenschaftsmagazin *Nature* zu dem Ergebnis, dass die Menschheit – bei fortgesetzter Waldrodung und unter Einbeziehung des zu erwartenden technologischen Fortschritts – mit 90-prozentiger Wahrscheinlichkeit auf einen globalen Kollaps zusteuere. Der UN-Generalsekretär spricht von einem Kampf um Leben und Tod, für *unsere Sicherheit heute und unser Überleben morgen* – eine Randnotiz im Strom der Nachrichten. Jüngst plädierte eine Gruppe von Forschenden dafür, Worst-Case-Szenarien der Klimakrise stärker in den Blick der Wissenschaften zu nehmen. Diese würden aufgrund ihrer geringeren Wahrscheinlichkeiten auch in den Berichten des Weltklimarates vernachlässigt, was wiederum die Gefahr verstärke, dass sie tatsächlich einträten.

Die Absicht hinter diesem Appell ähnelt der Hoffnung Günther Anders' und Ben Greens: dass man sich durch die radikale Vergegenwärtigung der Gefahren nämlich nicht nur besser wappnen, sondern den schlimmsten Folgen der Krise vielleicht sogar vorbeugen könnte, soweit noch möglich. Immerhin hat in den Achtzigerjahren die Erforschung eines möglichen nuklearen Winters dazu beigetragen, die Öffentlichkeit aufzurütteln und die Politik zur Abrüstung von Atomwaffen zu bewegen.

Ich kann Nimo nicht die ganze Wahrheit sagen.

Ich werde Nimo nicht anlügen.

Um die Triops, immerhin, müssen wir uns keine Sorgen machen.

Die Dorfstraße mäandert bergauf und knickt dann ab in Richtung Industriegebiet und Auffahrt zur A49. Wir gehen geradeaus weiter und passieren ein verrammeltes Ladengeschäft. Hinter den Schiebetüren sind die Rollläden heruntergelassen und hinter den Fenstern die Lamellenvorhänge zugezogen. *Fleischerei Scholz* steht groß über der Ladenfront, wobei die Buchstaben von *Fleischerei* nicht mehr an ihrem Platz hängen und nur die dunklere Farbe an ihrer Stelle noch erkennen lässt, was dort stand. Links und rechts des Eingangs wachen zwei weiße Löwenstatuen, die einander anschauen. Nimo hat Schweißperlen auf der Nase. Ich reiche ihm die Trinkflasche. Der Rucksack mit dem Gurkenglas ist zu groß für seinen Körper, sodass die Riemen ihm alle paar Schritte von der Schulter rutschen und er sie wieder nach oben schieben muss. Ich frage ihn, ob er das Gurkenglas jetzt vielleicht lieber wegschmeißen will. Erstens sei Loslassen wichtig, zweitens seien da oben, nur ein Stück die Straße rauf, die Glascontainer. Das Glas würde nicht reinpassen, aber wir könnten es darauf abstellen und dann würde es mitgenommen und recycelt. Das wäre jetzt die Gelegenheit. Und das wäre umweltfreundlich.

»Nein, nein und nochmals nein«, sagt er.

Dort, wo die Straße auf die Autobahn trifft, muss sie, im rechten Winkel fast, links abbiegen, und führt dann weiter entlang der Schallschutzmauern. Auf dem Straßenschild an der Ecke steht »Neuer Weg«, wahrscheinlich weil da, wo jetzt die Autobahn verläuft, früher der alte Weg war. Und obwohl ja alle ständig nach neuen Wegen suchen, nehmen wir die Unterführung in die andere Richtung unter der Autobahn hindurch. Die Fliesen an den Wänden sind weiß und blau wie im Schwimmbad. Dahinter liegen die Becken und Silos eines gewissen *Verbandes für Abwasserbeseitigung und Hochwasserschutz*. Wieder kreuzen wir die Bauna, ohne ihr folgen zu können. Sie verschwindet zwischen Unterholz und Industrie. Wir gehen den Weg hinauf in Richtung Wald.

Ich frage Nimo, ob er mit mir reisen will. Die Geschichten gehen mir aus. Und wenn es keine mehr gibt, die man erzählen kann, dann muss man sich auf die Suche nach neuen machen. Dort in den Dschungel müssten wir und ihn durchkämmen. Wir müssten schauen, ob unter dem Laub und den Wurzeln noch Pyramiden und Tempel liegen, in denen vergessene Götter auf ihr Comeback hoffen. Ein Reporter und sein rätselhafter Gefährte, ein Archäologe angeblich, den die Indigenen dieses Gebiets bald den *Wasserträger* nennen würden – weil er stets ein kleines Aquarium dabeihat, mit Handtüchern gepolstert, in einem übergroßen Rucksack. Niemand weiß, warum.

AM ANFANG
Guntershausen, Baunatal

Hinter dem Dschungel liegt der Fluss.

In Guntershausen fließt die Bauna durch die riesenhaften Bögen einer Eisenbahnbrücke und dann einmal durch den kleinsten Teil meiner Stadt. Noch einmal überqueren wir sie und lassen sie wieder zurück, zwischen einem Landwirtschaftsbetrieb und einem Holzhandel. Die Mündung muss hier irgendwo sein.

An einem Zaun am Straßenrand hängt ein Schild, darauf sind mit Buntstiften ein paar Blumen gemalt. *Hier entsteht eine Blühwiese, sobald die Witterung es zulässt.* Ein schnurgerader Weg führt von der Straße ab und hinaus aufs Feld.

Von Weitem sehe ich schon die Fulda, in die unser Fluss dort links hinter den Bäumen münden muss. Nicht das Wasser sehe ich, sondern das hohe Gras entlang des Ufers und dann dahinter, mit einer Flussbreite Abstand, die Bäume an der Böschung. Nach rechts knickt ein Weg ab, zwischen Fluss und Feldrand, gegen den Strom.

Zur Mündung müssen wir nach links, noch einmal querfeldein über den Acker und dann die Büsche dort zur Seite schieben. Dort muss sie sein.

Vielleicht werden wir ein Gebet sprechen, wenn wir Carlos fahren lassen. Nein, kein Gebet. Lieber ein Lied pfeifen, *Final Countdown*, das schon eher.

We're leavin' together / But still it's farewell
And maybe we'll come back / To earth, who can tell?

I guess there is no one to blame | We're leaving ground
Will things ever be the same again?
It's the final countdown
Dädä-däää-däää. Dädä-dät-dät-däää.

Nimo stellt den Rucksack auf einem hölzernen Picknicktisch ab, der zwischen zwei Bänken am Wegesrand steht.

»Ich habe es mir hier irgendwie anders vorgestellt«, sagt Nimo.

»Wir haben es fast geschafft«, sage ich und zeige in Richtung der verborgenen Mündung.

Hinter dem Picknicktisch steht ein Totempfahl. Das geschnitzte Wappen meiner Stadt ist darin eingelassen – wie ein aufgedunsenes, vierblättriges Kleeblatt in Rot auf Weiß. Darüber prangt eine Holztafel mit eingravierten Buchstaben: *Nur, wo du zu Fuß warst, bist du auch wirklich gewesen.*

Nimo packt das Gurkenglas aus. Das Wasser darin ist nur eine Pfütze, drei Fingerbreit über dem Sandboden. Er dreht es in der Sonne um die eigene Achse. Das Wasser leuchtet. Er schraubt den durchlöcherten Deckel ab und hält ein Thermometer hinein. 22 Grad.

»Keine Bestattung ohne die Verwandten«, sagt Nimo.

Man vermutet, dass die Eier der Triops Sensoren haben, mit denen sie Parameter ihrer Umgebung wahrnehmen, das Licht, die Temperatur, die Feuchtigkeit. Manchmal schlüpfen sie sogar ohne vorherige Trocknung. Das geschieht, wenn die Population der Triops zurückgeht, wenn also weniger von ihnen auf begrenztem Raum um Nahrung konkurrieren. Die Eier registrieren dann, dass die Konzentration der Stickstoffverbindungen abnimmt, die erwachsene Triops bei der Verdauung produzieren. Dies kann auch geschehen, wenn das Wasser durch eine erneute Flut oder Regenfälle vermehrt, also der Lebensraum größer wird. Doch niemals schlüpfen alle Nauplien. Trocknet ihr Tümpel aus und geht es mit der Population wieder mal zu Ende, so werden in der Tiefe des Sandes weitere Eier der nächsten Überschwemmung harren. Ihre Art ist gefeit vor Überbevölkerung, Sintfluten und nie dagewesenen Dürren. Die Triops sind gewappnet für alles, was kommt.

Ich setze mich neben Nimo auf die Bank. Er lehnt sich an meine Schulter. Ich zucke, als seine Haare an meinem Hals kitzeln.

Das Wasser in unserem Aquarium liegt still wie ein Gebirgssee. Es kann losgehen. In etlichen Jahren. Oder jeden Moment.

LETZTE WORTE

Bis hierhin war es eine lange Reise.

Ich danke allen, die mich auf dem Weg zu diesem Buch begleitet haben. Tom Müller, Benjamin Mildner, Lena Stöneberg und dem Tropen-Team. Den guten Geistern – Eyadi Ebobissé, Kalle Bendias, Florian Zejewski, Johannes Laubmeier, Prince Paul und Martin Rost.

Philipp Maußhardt, der Reportageschule und Michael Obert für die Chancen zur richtigen Zeit. Der Mercator-Stiftung, n-ost und dem European Journalism Centre, deren Stipendien vieles ermöglicht haben.

Meiner Familie. Baunatal. Der Katze meines Vaters.
Und allen, die mir ihre Geschichte erzählt haben.

Ich bin gespannt, wie es weitergeht.

MT